이것이 장사다

한 창 섭

프롤로그..

나는 십 남매 중 여섯 째였다. 게다가 나를 중심으로 내 위로는 25개월, 밑으로는 18개월 터구리였다. 그래서인지 내게 주어지는 사랑의 몫은 적었다. 나는 항상 두려워했다. 번듯한 자리가 있는데도 나는 늘 모서리에 앉아있었다. 양지가 있는데도 나는 늘 그늘 속에 서있었으며 곧은길을 마다하고 구부러진 길을 걸었다. 지금 늙어 생각해 보면 그것은 스스로의 선택이란 것에 변명의 여지가 없다.

그러나 그때는 아니었다.

나는 비주류非主類였다.

나는 마이너였다. 결핍과 소외가 보이지 않는 나를 성장시켰다. 다행스러운 것은 내 눈에 세상을 흘겨보는 습관은 생기지 않았다.

내 나이 마흔 무렵까지도 그랬다. 그러다 어느 날 팔자를 고쳐보기로 했다.

나는 목표를 세웠다. 행복은커녕 "덜 불행해지자"를 우선 표적으로 삼고 내 스스로를 "주류"로 이끌기로 했다. 그런 목표가 나를 위로해 주었으며, 나는 확신에 차 있었다. 긴 시간 동안의 모서리와 음지와 주변부가 확신의 근거이자 무기였다.

나는 주저 없이 장사의 길로 떠났다.

그렇다면, 장사란 무엇인가?

내 확신과 성취의 경험을 약술함으로써 여기 서문에 대신한다.

장사란 무엇인가?

덜어내는 것이다. 절박할수록 먼저 덜어내야 한다. 그렇지 않으면 성취하기 어렵다.

장사란 무엇인가?
믿는 것이다. 의심이 들수록 먼저 믿어야 한다.
그렇지 않으면 성취하기 어렵다.
장사란 무엇인가?
용기 있게 맞서는 것이다.
먼저 덜어내고 먼저 믿으려면 용기가 필요하다.
그렇지 못하면 성취하기 어렵다.

돈을 벌기 위한 학문인 경영학에는 위와 같은 말은 없다. 그러나 사람에게 모든 것을 거는 동양고전에서는 위와 같은 개념들이 장사의 근본 원리를 이룬다. 바로 "논어"와 "중용"에서 일컫는 인仁, 지知, 용勇 등이 핵심 덕목이라 할 수 있다.
자신의 이익을 먼저 덜어내는 행위는 인이고 남을 먼저 믿는 행위는 지이며, 그것을 과감히 실천하는 토대는 용이다.

그런데 왜 하필 "먼저"인가? 장사는 타이밍이기에 그렇다.
남보다 뒤쳐저 자신의 이익을 물리고 뒤늦게 남을 믿는다면, 그것은 하지 않음만 못할 수가 있다.

고전古典은 사람의 길인 동시에 장사꾼의 길이다.
그러므로 시장에서는 물건의 길을 알기에 앞서 사람의 길을 알아야 한다.
자신만의 이익을 탐하고 남을 분별할 수 없어 의혹에 찬 장사꾼이 어찌 성취할 수 있겠는가?

따라서 인,지,용 등의 인문적 덕성은 바로 "시장고전"이 되어 장사꾼의 덕성을 이룬다. 그중에 인이 장사꾼의 최상의 덕목이다.

"자기가 하고 싶지 않은 바를 남에게 시키지 말라" 또는 "자기가 서고 싶다면 남을 먼저 세워주라", "자기가 통달하고 싶다면 남을 먼저 통달하게 하라."라는 "논어"의 말씀은 곧 내가 아닌 남을 중심으로 한 말이며, 공자께서 유사한 맥락의 말씀을 반복한 것은 사람들이 이것을 실천하기 대단히 어렵기 때문일 것이다. 아마 공자 자신도 그랬을 것이다.

"자신이 손해 보고 싶지 않으면 남에게도 손해를 끼치지 말라." "자신이 벌고 싶다면 남을 먼저 벌게 하라"라는 말은 바로 "시장논어"로서의 장사꾼의 실천강령이며, 이를 실행하는 장사꾼을 우리는 "착한 가게"라고 부른다.

다만, 우리가 장사를 하는데, 고전을 미리 알 필요는 없다. 시장에서 잔 뼈가 굵은 노점상인들, 존경하는 그들은 체험을 통해 시장논어의 맥락을 꿰뚫음으로써 갑부의 반열에 오르지 않았던가?

필자는 지금으로부터 20여 년 전인 1996년 1월부터 장사꾼이 되어 2003년 말까지 작은 성취를 이루어냈다. 자신을 먼저 덜어내고, 무섭도록 두려운, 사람을 먼저 믿는 체험은 그야말로 너무도 짜릿한 전전긍긍의 역정이었으므로, 이 글을 쓰는 지금도 숨이 막힐 듯 가슴이 조여 오고, 그래서 전혀 아득하지가 않다.

모쪼록 우리의 후상後商들께서 이 글을 참고하여 불필요한 수업료를 줄여 성취하시기를 고대할 뿐이다.

목 차

제 1 장

장사꾼의 길로.

1. 서울 유학

나는 1969년 선친의 뜻에 따라 당시 선린상업고등학교에 입학했다. 십 남매 중 여섯 째인 나는 대학 입학이 거부되었다. 내 위로 형이 세 분, 누나 두 분, 여동생 셋, 막내 남동생 하나, 5남5녀 중 나는 여섯 째이다. 1969년 당시 형제들 가운데 여섯 명이 재학 중이었기 때문에 집안 형편상 나부터 컷오프 됐다. 사실, 그것도 큰 복으로 알아야 하는 것이 당시의 시대상황이었다.

여섯 째의 존재감이란 열 손가락 깨물어 아프지 않은 손가락이 없음은 유·소년기에도 확실하게 느꼈지만, 과거의 시간에 괄호가 쳐져 있는 것처럼 그 괄호 속에는 결핍과 소외의 구멍이 숭숭 뚫려져 있다. 참 재수 없는 순번, 여섯째, 백형과 막내와는 너무 격차가 벌어져 있다. 다른 비슷한 집안도 '중간'들은 대개 나와 마찬가지로 무언가 차지 않은 '덜어내져 있었던' 손실 의식이 잠재돼 있을지도 모른다.

나는 1969년 2월에 공주중학교를 졸업했다. 고향인 유구에서 중학교를 다녔다면 훨씬 좋았을 것이라는 생각은 지금도 굳건하다. 열세 살부터 열다섯 살까지의 울퉁불퉁한 시절에 객지에서의 자취와 하숙은 어린 나로서는 너무도 힘이 들었다. 나는 매주 토요일 오후와 방학을 목이 빠지게 기다렸다.

왜 그렇게 엄마를 그리워했을까, 매주마다 집에 가고 싶어 안달이 났지만 그게 그렇게 쉽지는 않았다.

"너, 또 왜 왔니? 비싼 차빌 내버려 가면서 말여!"

대청마루의 희미한 남폿불 아래에서, 우리 아버지가 토요일 늦은 오후 내게 퍼붓는 호령이었다. 그때마다 나는 쥐구멍이 아니라 엄마를 찾아야 했다. 엄마는 대개 부엌이나 샘터 주변에 계셨다.

공주에서 유구까지는 칠십 리(약 28km) 길로 당시 버스로 꼬박 한 시간 반이 걸렸고, 차비는 잘 기억나지 않지만 지금 돈으로 대략 왕복 사오천 원 정도 되지 않았나 싶다. 그때처럼 돈이 귀하던 시절, 아버지의 타박이 깃든 호령을 나는 고스란히 받아들여 수긍해야만 했다. 그렇지만 나는 왠지 모르게 순간적으로 치밀어 오르는 '부아'를 억누르고 엄마를 찾았다. 그때의 엄청난 반가움과 기쁨의 기억은 영원하다. '영원함'과 '무궁함'은 자연과 더불어 오직 한 분 '엄마'에게만 해당될 뿐이다.

그런 삼 년 간의 감질나는 고생 끝에 나는 선린상업고등학교에 입학했다. 상업고등학교의 교육과정은 당연히 상업 관련 과목이 다른 과목에 비해 월등히 많이 편성된다. 그러므로 얼핏 내가 상고에서 '상업'을 공부하여 장사의 기본을 깨우친 것으로 볼 수도 있겠지만, 사실은 상업학교 근처에도 가보지도 않은 거상들이 수두룩하다. 장사는 '그릇'이지 결코 학식이 아니다.

2. 장사꾼의 기질

《논어》에 잘 알려 진대로 '군자불기君子不器'란 가르침이 있다. 군자가 되려면 그릇이 돼서는 안 된다는 뜻이다. '그릇'이란 고집이나 고정된 사고, 그런 범위에서의 행동을 의미한다는 것이 통설이다. 2,500여 년 전의 그릇은 대개 질그릇 종류로 조그마한 변형도 불가한 것이었기에 '유연성'을 강조한 것으로 보이는데, 다른 해석도 가능하다. 질 그릇은 아차 하는 순간에 깨져버린다. 군자는 부드러우므로 쉽게 깨지지 않는다는 것이다. 어찌 군자만 그러해야 할까, 장사꾼도 마찬가지이다. 그러므로 '상인불기商人不器'라는 사자성어가 성립된다.

장사꾼의 여러 유용한 기질 가운데 단연 유연성과 단단함을 꼽을 수 있다. 항아리 속에 스스로를 구속해서도 안되고, 휘어질 수 있지만 결코 부스러져서는 안 된다. 단단함이란 강剛함을 의미한다. 바로 끈끈한 결속이다. 몸이 아니라 마음이다. 굳이 영어를 빌자면, Strong이 아닌 Hard가 된다.

나는 나도 모르는 사이에 '상인불기'에 조금이나마 접근할 수 있었다. 그것은 태반이 우리 아버지의 공이었다. 이제 곧바로 저의 장사 역정을 끄집어내기 전에, 그 배경을 털어놓는 것이 필요할 것 같다.

3. 콩자반

나는 필연적으로 단단해질 수 있는 태생적 순번과 환경에서 성장했다. 그 환경은 우리 아버지와 내가 공동으로 조성한 것이기도 했지만 중학교 생활에 이은 고등학교 생활은 그야말로 수난의 역정이었다.

첫 번째로 마주한 시련은 '콩자반'에서 비롯됐다. 당시 나는 둘째 형 댁에서 기숙하고 있었는데, 형수님이 만만찮았다. 형수는 당시 현직 여당 국회의원의 따님으로 내게는 참 버거운 존재였다. 한일은행에 근무하는 작은 형은 두주불사의 주객에다 처갓집의 권세 따위는 아랑곳하지 않는 쾌남아였는데, 대개 통행금지 시각 직전에 나를 단잠에서 깨워냈다. 대문에 초인종이 있는데도 형수가 뜬 눈으로 앉아서 기다리고 있는데도 대문을 쾅쾅 치곤 하셨는데, 하필이면 꼭 내 이름을 큰 소리로 외쳤다.

'창십아! 창십아!'(창섭인데도 형은 매번 그렇게 불렀다) 그러다가 내가 조금이라도 굼뜨면 철대문을 바스러지게 걷어찼다. 둘째 형 내외 두 분은 결혼 뒤 1년도 채 지나지 않은 신혼기였다. 그런데 깊은 밤마다 알려질 이유가 전혀 없는 내 이름이 이웃에 알려졌다. 형은 내게 우애를 표시하기 위한 방편이었겠지만 형수는 서운했을 것이다.

그런 저런 까닭으로 나는 위축됐다. 다음날 형과 겸상한 아침식사 때까지도 어깨는 잘 펴지지 않았다. 그런데, 형수의 나에 대한 서운 풀이였을까, 1969년 5월 하순, 계절의 열기가 팽창할 즈음에 내 도시락의 반찬은 매일같이 한결 같았다. 바로 콩자반이었다. 어느 날이던가 더위 탓에 목이 뻑뻑하기도 하고 사흘째 계속된 콩자반이 역겨워 다른 급우의 반찬을 축내고 나서 나는 그대로 콩자반을 형수께 반납했다.

다음 날 점심시간, 나는 노란 알루미늄 도시락 뚜껑을 열고서 한참 동안 관찰했다. 또 콩자반이었는데 관찰 결과, 어제 내 도시락에 들어 있던 내가 먹지 않고 그대로 반납한 그 콩자반이었다. 나는 다시 그대로 반납할 것을 결정하고 결행했다.

그 다음 주 월요일이었다. 나는 기대했었다. 집안 냉장고 안에는 계란이 수북했고, 갓 담근 열무김치도 오늘 아침 밥상에 있었으니까.

그러나 점심시간, 나의 기대는 허무하게 어긋났다! 또 지난 주의 콩자반이었다. 그것도 갈아 넣지도 않은 내가 반납한 바로 그것이었다. 전쟁이라는 걸 깨닫는 데는 그리 오랜 시간이 필요하지 않았다. 나는 당연히 또 그대로 거푸 반납했다. 냉전 중임에도 하교 이후에 별다른 생활 속의 변화는 없었다. 여느 때처럼 형수와 나의 시답지 않은 짧막한 대화는 여전히 이어졌다.

"도련님, 오늘 많이 더웠죠?" "네." 그 이상은 별로 없었다.

그리고 그 다음날부터는 나는 도시락 통은 아예 열어 볼 필요를 느끼지 않았다. 흔들어 보면 그뿐이었다. 그렇게 하루하루가 지나면서 나는 전의를 불태우기도 하고 비장한 마음을 불사르기도 했다. 나는 당당해야 했고 행동해야 했다. 다른 급우의 반찬을 얻어먹지 않고 도시락을 매일 맨밥으로 먹었다.

다시 금요일이다. 이제는 습관적으로 흔들어 보았다. 소리가 좀 달랐다. 열어보았다. 도시락 반찬그릇 속에서 오래된 콩자반에 하얀 곰팡이가 피어나 콩들이 엉겨 붙어 있는 탓에 나는 둔탁한 소리였다.

나는 그날 열흘간의 냉전을 '항복'으로 끝냈다. 반찬그릇 속의 썩은 콩자반은 쓰레기통에 깨끗이 버리고 도시락을 반납했다.

4. 종전 그리고 방황

그다음 주 월요일, 등교 차 대문을 나선 나는 버스정류장이 아닌 장승배기 뒷동산인 야산으로 급히 뛰어 올라가 확인했다. 바뀌어 있었다. 열무김치로, 도시락 반찬이 열무김치로. 당당한 패배였는데도 나는 왠지 모를 눈물을 꾹 누르며 버스정류장으로 치달렸다.

그걸로 끝이면 좋았는데, 그다음 주 월요일, 비 내리는 1969년 6월 상순의 어느 날, 나는 엄청난 사고에 스스로 휘말렸다.

그날 월요일 아침 나는 142번(장승배기~수색) 버스에 올랐다. 버스는 노량진을 지나 한강교를 지난다. 차창 밖으로 보슬비는 내리고 한강 위로 물안개가 피어오르는데 내 마음은 한없이 가라앉는다. '콩자반 사태'는 종결됐지만 내 마음속 한편에 커다란 응어리로 남아있다. 2/4분기 수업료도 개운치가 않았고 가장 큰 심적 갈등의 원인은 '상업학교'라는데 있었다.

뭣도 모르고 시계추처럼 두 달 가까이 학교에 다니다가 보니 나는 큰 길 건너 용산고등학교가 매우 부러워졌다. 내 신세가 갑자기 초라해지고 절망감에 빠져들기 시작한 것은 그 해 4월 경으로 기억된다. 나는 비로소 깨달았다. 상고를 졸업하고 취업으로서 내 인생이 끝난다는 것을. 나는 그 결과를 비주류로 단정 지었다.

그때 처음에는 나는 아버지나 둘째 형에게는 말을 꺼낼 엄두도 내지 못했지만, 선린상고를 자퇴하고 재수를 한다면 용산고등학교쯤은 자신 있다고 여겼다. 나는 용기를 냈다. 나는 1969년 4월 마지막 주 토요일 오후 비장한 결의를 불사르면서 고향집인 유구로 향했다. 그날 밤 나는 아버지께 패퇴당했다. 패퇴에 더해 묵사발이 났다.

둘째 형은 매우 과묵한 사나이이다. 보통 아침식사 중에나 대면할 수 있는데 거의 한마디도 없이 지나가는 날이 태반이었다. 그 해 5월 하순 나는 아침식사 중 2/4분기 수업료를 얘기했는데 형은 깜빡한 모양이다. 납기가 며칠 지난 오늘 아침, 나는 다시 얘기하면 될 일인데 그냥 밥만 먹고 집을 나왔다.

나는 한강다리를 건너고 용산, 삼각지를 지나 남영동에서 내려 청파동에 있는 학교로 걸어가야 한다. 그런데, 그날은 보이지 않는 누군가가 내 발목을 잡았다. 그는 용산 시외버스터미널 앞에서 나를 하차시켰다. 누구인지 모를 내가 나를 미리 끄집어 내린 것이었다. 나는 열여섯 사춘기였다. 만 14년 9개월일 때의 일이다.

나는 오던 길을 되짚어 남영동 방향이 아닌, 남쪽 한강교 쪽으로 어벌쩡하게 걸었다. 한강 인도교를 걷던 나는 돌연 휘몰아치는 광기에 휩쓸렸다. 나는 들고 있던 책가방을 흐르는 강물 위로 힘껏 던져버렸다.

아! 참으로 통쾌했다. 바로 해방의 참맛이었다.

해방!, 난생처음 맛보는 꿀맛이다. 책가방은 예상보다 큰 파문을 일으키며 한강의 물결에 휩쓸려 사라졌다. 고놈도 해방이다. 가방 안에는 수판도 있다. 손재주가 무척이나 둔한 나는 수판과 그 수업시간을 무척 싫어했다. 책가방을 한강에 투척한 것은 바로 고놈들과의 분리, 단절을 의미한다. 뿐만 아니라 내 주변, 둘째 형 집, 학교, 가족들과의 단절을 뜻한다. 한강 인도교를 채 다 건너기도 전에 생각에서 생각으로 꼬리를 물고 이어지던 생각이 엄마와 가족에 이르자 안타깝게도 찰나의 해방은 날아갔다. 다리를 건너 노량진, 사육신묘를 끼고 돌 무렵, 나는 내 길을 모색하기 시작했다.

프로스트의 〈가지 않은 길〉도 떠올랐지만 나의 길은 아예 없었다. 다시 되짚어 한강 쪽으로 발걸음을 옮겨 한강 인도교에 올랐다. 해방은 이미 처절한 절망으로 바뀌어 있었다. 책가방을 던져버린 지점 부근에 이르러서는 아예 강물을 외면해 버렸다.

'수면제'로 결론이 귀착됨에 따라 용산 시외버스터미널의 약국에 들러 한 사람에게 허용되는 만큼 약사가 주는 약을 구입하고, 다시 다른 약국을 또다시 찾았다. 형수는 '콩자반 전쟁'에서 백기를 든 나를 위로하려는 듯 내게 약간의 용돈을 쥐어줬기에 주머니는 그런대로 좀 됐었다.

너 댓 군데의 약국을 돌아 준비를 끝냈을 때 하늘은 푸르러졌다. 순간, 다른 길을 더듬어 찾아봤지만 길은 역시 없었다. 나는 142번 버스를 타고 장승배기에 내려 야산으로 향했다. 해발 100m도 되지 않는 뒷동산은 내가 가끔 산책하는 곳이어서 훤히 꿰고 있었는데 숲이 우거진 곳은 거의 없어 결심을 실행할 최적의 장소, 완벽한 은신처를 정하기가 쉽지 않았다. 삶과 죽음은 이미 의미 없는 것들이었다. 나는 사자使者에 쫓기듯 서둘러 쓸 만한 곳을 찾아서 단호히 결행했다.

그때 하늘은 더욱 파래지고 있었다. 아련히 떠오르는 '엄마'는 푸르지 않았다.

5. 장독대

반세기도 더 지난 1969년의 참담과 발광의 정감은 어제처럼 생생하지만, 이제는 그게 얼마나 큰 죄악인지 알기 때문에 복면을 뒤집어 쓰듯 얼굴의 일부분밖에 드러낼 수 없다. 나는 영등포의 서울시립병원에서 극단적 선택을 결행한 후 이틀이 지난 수요일에 깊은 잠에서 깨어났다. 팔뚝에는 링거가 꽂혀 있었고, 어느 택시기사가 이틀 전에 나를 이곳에 업어왔다는 것이 간호사의 설명이었다. 묻지도 않았는데 그녀가 말한 것이었고, 더 이상 듣고 싶지도 않았다. 머리에는 좀 심한 두통이 일었다. 그저 먹먹하여 잘 들리지도 않았고 창밖을 내다보고 싶지도 않았다.

그날 오후 나는 병원 문을 나섰다. 돈도 없었고 병원비도 받지 않았다. 돌이켜 보면 그때는 우리 모두가 가진 것이 없는 시절이었고 배는 고파도 인정머리는 있는 세상이었다. 택시기사도, 시립병원도, 간호사도 모두 다 그랬다. 나는 무심코 내 숙소인 장승배기 둘째 형 집으로 발길을 옮기다가 그리로 갔어야만 했는데 그만 두려움이 길을 막았다.

나는 가까운 전당포를 찾았다. 내 손목에는 아버지께서 세 달 전 입학 기념으로 사 주신 오리엔트 시계가 붙어있었고, 나는 몇 푼의 돈을 챙길 수 있었다. 국밥 한 그릇으로 허기를 달래면서 나는 잠시 장래를 생각했다. 학교나 가족 생각은 애써 외면했다. 나는 범죄자로서 혼돈의 세계로 다시 돌아온 것이었다.

대부분의 범죄자들이 범행 후 자신의 오류를 깨닫지 못하고 오히려 직진해 버리는 것처럼 나는 서울역으로 갔다.
나는 무작정 부산행 열차에 올랐고 다음날 새벽에는 부산에 내렸다. 그러나 나는 이틀을 견디지 못하고 엄마가 몹시도 그리워졌다. 가출 엿새째 되는 날에 결국 나는 공주 유구 우리 집으로 귀가했다. 나는 묵사발이 날 것을 각오했는데, 뜻밖에도 봄날처럼 따스했다. 엄마가 그랬고, 아버지도 그랬다. 나는 살았다. 살아있으므로 긴 긴 잠을 잤다.
부모님은 내게 아무것도 묻지 않으셨다.

다음 날, 나는 우리 집 뒤꼍 장독대에 이르러 내 눈을 의심하지 않을 수 없었다. 한강 강바닥에나 아니면 서해 바다 어느 곳에 처박혀 있으리라고 생각했던 내 책가방과 책들이 바로 장독대 위에 있는 것이 아닌가. 그것도 책들은 항아리 뚜껑 위에서 햇볕을 받아 누렇게 뜬 채로 가지런히 놓여 있었다.

어느 착한 뱃사공이 한강에서 가방을 건져 올렸고, 그 것을 열어 책 표지에 적혀 있는 학교 이름을 확인한 뒤 학교에 전달했으며, 연락을 받은 우리 둘째 형이 이를 인계받았다. 형은 그 가방을 다시 유구 고향의 본가로 가져왔고 엄마는 그렇게 장독대에다 젖은 가방과 책을 펼쳐 말리신 것이었다. 강에 몸을 던져 죽었을 것으로 예상되는 자식과 함께 물에 젖은 책 가지를 널어놓으실 적에, 가방이 집으로 돌아오기까지의 경로를 곱씹으시며 엄마는, 우리 엄마는 얼마나 가슴이 찢어지셨을까.

제2장

새로무역의 창업과 네이밍구 가공창의 개업

1. 첫발을 내딛다.

그로부터 27년의 세월을 넘어 1996년, 나는 마흔둘의 중년의 사내이다. 나는 기업은행에서의 17년간의 은행원 생활을 끝내고 1996년 1월 2일 '서로무역'이란 회사를 설립, 생애 최초로 장사의 길로 들어섰다. 장사꾼으로의 변신이다.

우리나라 최대의 약령시가 자리한 제기동 한약 상가 내에 나는 단출한 사무실을 얻어 남들처럼 돼지머리도 납시게 하고 뜨거운 기대 속에서 개업식도 치렀다. 형제, 친지들 외에도 제기동 약령시장의 업계 사장님들 몇몇 분들도 개업식에 참석했다. 그들은 나의 경쟁자이고 나는 그들의 경쟁자라는 것을 우리 서로는 잘 알고 있었다.

제기동 한약재 시장 상인들은 도·소매상인들과 무역 상인들로 구성되어 있는데 소매상들을 제외하고는 대개 도매업과 무역업을 겸한다. 나도 그럴 요량이다. 도·소매상인을 막론하고, 시장에서 잔뼈가 굵은 사람들이 대다수이다. 그들은 아버지나 형, 또는 삼촌 밑에서 오랜 세월 동안 약재의 성상性狀에 대해 익히고, 작두질도 능숙하다.

나의 개업식에 온 이들도 예외가 아니다. '잔뼈가 굵은'이라는 장사꾼의 보이지 않는 계급장은 그 권위와 위세가 대단하다. 막걸리 잔을 주고받다가 축하는 금방 잊어버리고, 언뜻언뜻 그 위세를 내 비치기도 한다. 느닷없이 은행원에서 약 장사꾼 행세를 하는 나에게 업자들의 눈길이 고울 턱이 없다. 취기가 좀 돌 무렵 내가 듣기에 오만과 위세와 거드름이 좀 위험 수위를 들락거리며 방자함을 보여도 나는 개의치 않았다.

마땅히 나는 그들의 경륜과 위치를 존중해야 할뿐더러 어깨 너머로 그들을 학습해야 하기 때문이다. 한 마디로 '경험'은 그들의 최대 무기이고 자산이다.

그러나 '경험'이란 세월을 단축시키면 그만이고, 나는 중국어를 한다. 내 앞길의 두렵고 험난한 길목은 배짱으로 트고 나가면 된다.

1996년 1월 3일, 나는 김포공항에서 중국 선전深圳행 비행기에 올랐다. 하늘도 푸르고 구름도 푸르고 내 마음도 푸르렀다. 그야말로 청운의 꿈이 푸르른 창공을 갈랐다.

2. 수업료를 지불하다

'상商'이란 글자는 그 모양에서 보듯 화덕 위의 솥단지를 형상화했다. 균형을 잃게 되면 국물이 쏟아지므로, 처음 화덕을 설치할 때는 신중히 수평을 헤아려야 한다. 그래서 상은 '헤아리다'라는 뜻을 갖게 되었고 다음으로 '장사'라는 의미가 부가됐다. 장사라는 것은 한껏 머리를 굴려야 한다는 것을 고대 중국인들은 이미 잘 알고 있었던 것이다.

그런데 그 장사꾼의 헤아림에 있어 정직, 정당성 여부가 예로부터 문제가 되어 왔다. 근대에 이르기까지 사농공상士農工商 가운데 상이 꼴찌에 매달린 것에 누구도 이론이 없었으며, 하물며 다산 정약용 선생 같은 분도 '상즉사商則邪'라고 장사에 대한 정의를 내렸다.

"장사에는 사악한 측면이 있다."는 의미이다. 장사꾼의 헤아림, 계산, 속된 말로 통빡에는 필연적으로 속임수가 들어있어 장사꾼과 불가분의 관계를 이루고 있다는 것이다. 물론 지금은 그 시절이 아니다. 상품의 흐름이 끊기면 사회는 바로 마비된다. 그런데도 내가 장사를 결심하고 둘째형을 뵈었을 때, 형은 내게 충고하셨다. 장사는 곧아야 한다. 상즉직商卽直이라는 단 한 마디였다.

약재 수입에 첫 발을 디딘 나는 중국 광둥성廣東省의 선전, 광저우廣州, 자오칭肇慶 등지에서 감초, 곽향, 복령 등을 사들였다. 무려 3개월간 뼈 빠지게 대륙 남단을 누빈 끝에 대형 컨테이너로 감초가 2개, 복령이 1개, 곽향이 2개 분량이었다. 부산항에 도착하면, '더블'은 문제없어 보였다.

그러나 예상은 보기 좋게 빗나가고 말았다. 더블은 더블인데 거의 마이너스 더블에 가까웠다. 산지에서 접한 상품의 샘플, 그리고 트럭에 적재하는 과정, 컨테이너에의 팩킹Packing처리까지 내 두 눈으로 불을 켜고 확인했음에도 부산항 보세창고의 내 화물은 내 물건이 아니었다. 그야말로 귀신이 곡할 노릇으로 지금도 도저히 풀리지 않는 수수께끼로 남아 있다. 특히 곽향 두 컨테이너는 건조가 덜 된 불량 화물로 거의 썩어 있어 식약처가 소각을 명했다.

'장사란 사악한 것'이라는 확인 과정을 체험하는 것은 대개 누구나 겪는 피하기 어려운 '수업료'이다. 초짜 역정의 필수 코스는 나도 역시 피할 수 없었다. 나는 내가 너무 안일했음을 후회하며 진상 확인을 위해, 또 손해 배상 요청을 위해 그 해 5월 중국의 같은 지역을 다시 방문했다. 국내에서의 손실 처리, 불량 수입품의 소각 같은 일을 직접 처리한 직후의 일이었다.

3. 허페이賀飛 그리고 감초와의 만남

　예상한 대로 중국인들이 내게 내민 것은 모두 오리발이거나, 대부분 잠적해 버렸다. 그런데 내가 선전의 여관방을 전전하고 있을 무렵 나는 우연히 나처럼 '수업료'를 지불한 한족 상인과 마주하게 됐다. 그는 내가 묵고 있는 여관 이웃 방에 거처하고 있다가 공동화장실에서 나와 조우했다. 그가 먼저 내게 말을 걸어왔다.

　그는 허페이라는 이름을 가진 중국 네이멍구자치구 사람으로, 중국 감초 최대 산지 인근의 거주민이었다. 그는 이곳 선전 수출상에게 감초 20톤을 외상으로 공급했다가 떼이게 된 처량한 사나이였다.
　동패상련(同敗相憐: 같이 실패하여 서로 가련하게 여김)의 심정으로 두 인간은 며칠간에 걸쳐 그 독한 고량주에 절여졌다. 두 사내가 맹세한 것은 '다시는 속지 말자'였는데, 그가 맹세 후 대뜸 내게 한 가지 제안을 해왔다.

　네이멍구 자신의 집에 나를 초청한 것이다. 자신과 내가 연합해 감초사업을 할 경우 이제는 둘 다 속지 않을 뿐 아니라 큰돈을 벌 수 있다는 것이 그의 주장이었다. 사실 나는 그때처럼 인간이 두려운 적이 없었다. 나는 그의 제안을 수정하여 앞으로 2박 3일간 백주를 계속 더 마시자고 했고 이런 나의 제안을 그는 선선히 수락했다. 피차 서로를 파악할 시간이 더 필요했기 때문이었다.

한약재는 생산하는 나라에 따라 크게 두 종류로 나뉘는데 우리나라에서 생산하는 한약재는 '초재草材'라고 하고 수입하는 중국산은 '당재唐材'라고 부른다. 약재소비, 유통량 면에서 볼 때 초재와 당재의 비율은 당시 대략 4:6 정도로 중국산 당재가 더 많다. 옛날에는 당재가 초재에 비해 가격이 약 두 배 정도 가량 높았지만 오늘날에는 누구나 국산을 선호하기 때문에 초재가 훨씬 더 값이 나간다.

중국산 한약재 중에서도 감초의 비중은 압도적일 뿐 아니라 기후 조건상 국내에서는 재배가 불가능하다. 국내에서도 공주시 신풍면을 비롯하여 몇몇 지역에서 감초 재배를 시도했었지만 모두 실패했다. 감초는 속성상 수분을 싫어하여, 사막 부근의 네이멍구 일대나 신장성, 또는 중앙아시아의 우즈베키스탄 등 연간 강우량 100mm 안팎의 매우 건조한 북위 40° 일대에서 생장한다.

사실 나는 감초에 매력을 가지고 있었다. 허페이와 줄곧 대작하는 가운데에서도 나는 그의 감초 얘기에 집중했다. 나는 간혹 딴청을 부리는 척도 하고 취기를 과장하여 화제를 바꿔버리기도 했지만, 그것은 나의 관심을 감추기 위함이었다. 그렇게 독한 백주를 며칠 더 마시고 나서 두 인간은 형제의 의義를 맺음으로써 5박 6일간의 술판을 종결지었다. 그는 나보다 한 살 더 먹은 1953년생이므로, 그가 형이 되었다.

그는 네이멍구 서남방 덩커우현磴口縣 태생이다. 줄곧 그 지역에서 살았는데, 빈농 출신이다. 손등은 거북등 딱지와 같아 그의 고된 이력을 드러내고 있으며 성실함이 그의 얼굴과 목덜미에 배어 있다. 그는 어렵게 중학교를 마친 다음, 고향 촌장의 추천으로 장학생으로 선발되어 현 소재지 내의 야간 고등학교 과정도 수료한 당시 중국의 교육

수준으로 볼 때 지식 분자이기도 하다.

그는 나이 스물에 현의 의료원과 약국, 약재 등을 관장하는 현의약 공사縣醫藥公司에 취업하여 당시는 약재를 관리하는 부서의 과장이었다. 그는 개인적으로 약재 사업을 해왔으며 꽤 많은 재미도 보다가 나를 만날 무렵에는 한방에 날린 것도 모자라 상당한 빚까지 떠안고 있던 사내였다.

당시 사회주의 중국에서는 교사, 교수, 공기업 직원, 공무원은 물론 심지어 의사까지도 박봉에 시달린 나머지 부업으로 사업에 뛰어들었으며 또 그게 허용되었다.

허페이의 구상은 나를 안정적 감초 공급처로 삼고자 대규모 감초 기지인 그의 고향으로 나를 데리고 가 직접 나에게 감초를 보여주려고 한 것이었다. 나는 그의 초대에 응했다. 다만 허페이의 의도와 나의 구상은 달랐다. 그러나 그때 나는 그에게 나의 생각을 말하지는 않았다.

우리는 선전에서 러시아제 쌍발 프로펠러 여객기를 타고 중국 서북부인 인촨銀川에서 내려, 다시 기차로 갈아타고 동북 방향으로 245km를 달려 1996년 5월 28일 오후 네이멍구 덩커우 허페이 형의 집에 도착했다. 일박이일 만이었다.

허페이의 부인 허위즈賀玉芝는 미리 연락을 받고 형의 친인척은 물론 동네 유지들을 비롯해 행정, 경찰공무원 들에 이르기까지 수십 명의 사람들을 불러 모아놓고 있었다. 주방에서는 여인네들이 분주히 움직였고, 특유의 중국음식 냄새가 코를 진동했다.

4. 허페이 일가

1997년 겨울 황하변에서 허페이 형(왼쪽)과 필자

허페이 형의 키는 나보다 약간 큰 173cm 정도이고 보통의 체격에다 얼굴은 멀리서 보면 좀 역삼각형처럼 보이나 가까이에서 보면 직사각형에 가까운 편이다. 눈동자는 빛을 발하여 그 총기가 그을리고 좀 못생긴 얼굴을 보완하고 있다. 다리가 긴 편인 균형 잡힌 몸매 탓으로 종합적인 외모의 평가는 긍정적이라고 말할 수 있다. 사교적이거나 수다스럽지 않은 사내다운 성격인데 나에게는 줄곧 친절하다.

그 부인은 평범한 얼굴에 좀 비만한 편으로 피부도 그리 희지는 않은 중년 부인의 외모인데 눈동자는 흐린 데다 입주위의 볼이 좀 솟아 있어 탐욕스러움을 의심하게 한다. 슬하에 남매를 두었는데 큰애가 아들이다. 14살인데 발달 장애가 그 애의 정신을 가로막아 말도 어눌하고 사고 역량은 7,8세에 머물러 있다. 이름은 원롄文聯인데 학교를 다니지 못해 문맹으로 제 이름 석자를 겨우 쓰는 정도이다.

당시 중국도 산아제한 정책을 시행 중이었는데도 아들이 그런 탓에 벌금을 무릅쓰고 낳은 아이가 원신文新이란 여섯 살 난 딸이다. 예외 없는 규칙이 드물 듯이 한족들의 경우 벌금만 물면 자녀를 추가할 수 있는데 원신의 몸값으로 당시 집 한 채 값이 넘는 2만 위안을 납부하고 호적에 등재했다고 한다.

그 원롄이 거실 내 의자 옆 우측에 계속 자리를 지킨다. 내 주위를 절대 이탈하지 않고 나를 살핀다. 좌측엔 딸내미가 내게 밀착해 있고 형의 부모, 동생, 처남, 처남댁, 외사촌 동생 내외 등의 친인척들도 내 좌우로 포진해 있다. 현縣 공상국장, 세무국장, 퇴임한 전임 경찰서장 마인주馬銀柱, 그의 사위 장샤오밍張曉明, 현직 교통경찰 쑨신궈孫新國 등이 내 전면에 반원형으로 앉아서 번갈아 가며 내게 질문을 해댄다.

이름, 나이, 가족관계, 학력, 주거지, 김영삼 대통령에 대한 국민들의 평가, 김치, 한국 사람과 조선족과의 관계, 심지어는 한국 여자의 생김새까지 그들의 질문 공세는 끝이 없다. 그들의 말은 아주 심한 사투리라서 나는 청각뿐만 아니라 온 신경을 곤두 세워야만 했다. 주독과 여독에 시달린 데다 질의응답이 피로를 더 한다. 나는 볼 일도 없는 소변을 억지로 보기 위해 밖으로 나와 화장실을 찾았는데 담장 안에는 토마토 밭만 있을 뿐 변소가 없다. 원롄이 이백 미터쯤 떨어진 동네 공중변소로 나를 안내했다.

수 십 가지의 요리가 탁자 위에 펼쳐지고 술판이 벌어졌다. 동네 아낙네 대여섯 명도 주방 일을 갈무리하고 합류했다. 그들은 거의 모두가 두 잔씩(소주잔 크기의 반 정도) 52도짜리 백주를 내게 권했다. 그 지방의 전통적 권주 예절이라 하는데 마다할 내가 아니었다. 원롄은 계속 좋은 요리는 내 앞 접시에 가져다 놓았다. 양고기를 삶은 요리인 둔양러우, 황허어黃河魚찜, 닭고기 마늘쫑 볶음, 쇠고기 피망 볶음 등이 주요 메뉴였다. 중국인들은 체면치레를 하느라 젓가락을 깔짝거렸지만 나는 거침없이 먹어치웠다.

1996년 6월 허페이 형의 부인 허위즈(왼쪽)와 왕린핑

소피를 보러 밖으로 나오려고 하면 꼭 원롄이 수행했는데, 그냥 울 안 채마밭에다 처리하라고 권하고 자신도 같이 오줌을 눈다.

그곳은 고비사막이 반경 100km 안에 위치할 정도로 건조한 곳이다. 어둡고 건조할수록 별들은 빛난다. 은하수銀河水를 왜 은빛 강 물결이라고 이름 했는지 오줌 누면서 깨달았다. 양 한 마리가 처마 끝의 기둥에 묶여 자신의 운명을 아는 듯 슬피 울어댄다. 귀빈이 오면 양을 잡아 대접하는 것이 그 지역의 풍속이다.

그날 술이 오르자 대부분 여인네들은 동네가 떠나가라 노래를 불렀다. 〈몽고인蒙古人〉을 비롯해 〈청장고원靑藏高原〉, 〈황토고파黃土高波〉또 알아듣지도 못하는 몽고 민요도 초원의 바람결처럼 시원하게 불렀다. 한바탕 질펀한 주연이 끝나고 자정 무렵이 다 되어서야 환영객들은 각자 집으로 돌아갔다.

5. 감초 가공창 설립에 합의하다

그날 밤 객들이 모두 떠난 뒤 나는 허페이 형에게 협상을 요청했다. 나를 포함해 주당들은 취했을 때 더할 나위 없이 진지하고 화통하다. 우리는 최종 담판 테이블에 마주했다. 물론 나는 백주 한 병을 다시 가져올 것을 주문했다.

나는 상호 간 단순한 감초의 수요 공급 거래상이 되기를 거부했고 대안을 제시했다.

"그대가 회사를 퇴직하고, 감초 가공창을 설립, 상호 발전을 이루자"는 제안이었다. 돌발적인 내 제안에 형은 잠시 뜸을 들였고, 이어 사업의 구체성에 대해 내게 물었다. 투자 주체, 자신의 역할, 나의 연간 개략적 감초 수입 총량 등에 대한 질문에 나는 분명하게 답했다.

(1) 투자 주체는 한창섭이고, 그대는 창장의 역할을 수행함.
(2) 그대에 대한 보수는 초기에 일반 공원의 30배로 하고, 사업의 발전추이를 감안하여 50배까지 인상함.
(3) 당분간 연간 가공감초 수입량 목표는 1,000톤으로 함.

1996년 6월 필자에게 진주進酒하는 왕린펑
(허페이 형의 처남댁)

당시 한국의 중국으로부터의 감초 수입 총량은 연간 5,000톤 정도였다. 100여 개의 무역상들이 다투어 수입하고 있었는데, 그들 대부분이 홍콩이나 베이징, 칭다오靑島의 무역상들로부터 수입하고 있었다. 그것도 대부분 편으로 썰지 않은 말린 감초 뿌리였다.

나는 허페이 형과 접촉한 뒤로 끊임없이 나만의 원대한 구상에 착수하고 계획했다. 똥이 타서 장사꾼 똥은 개도 먹지 않는다는 것을 실감했다. 술을 아무리 많이 퍼마셔도 두려운 장사꾼의 혼은 멀쩡했다.

다음 날 아침, 나는 형수에게 해장국을 주문했다. 양고기에다 토마토와 배추 그리고 마늘과 대파를 듬뿍 넣어 달라고 부탁했다. 한국의 주당들이 중국에서 겪는 큰 고통 중의 하나는 중국에는 우리나라 같은 해장 문화가 없다는 점이다.

나와 허페이 형은 아침 식사 중 다시 협상에 들어갔다. 나는 성실하게 그의 거듭된 질의에 응답했고 또 설득했다. 결국 나는 그로부터 동의를 이끌어내는 데 성공했다.

다만 그가 재직 중인 현 의약공사는 당장 '퇴직'하는 것이 아니라

'1년간 휴직'으로 처리하고 1년 후 상황을 보아 퇴직 여부를 결정하기로 합의했다. 우리는 식사를 마치고 야생 감초 기지로 향했다. 차는 형의 처남이 엊저녁의 교통경찰에게서 지프차를 빌려와 운전석에 대기하고 있었다. 우리는 채 10분도 지나지 않아 말로만 듣던 그 유명한 황하를 건넜다. 나의 전략도 1단계를 건너고 있었다.

6. 감초 천국 항진기杭錦旗

한국과 '중공오랑캐'였던 중국은 1991년부터 1년여의 교섭과정을 거쳐 1992년에 수교했다. 그래서 나는 대체로 대중국사업 1세대라고 할 수 있다. 양국의 직접 교역은 1950년 이후 단절되었었다. 중국과의 약재 교역은 고대로부터 압록강을 사이에 두고 이루어졌었는데, 1950년 이후에는 홍콩을 경유해야만 했다. 반세기 가까이 홍콩 중개 상인들의 배만 불려준 것이다.

내가 약재시장에 뛰어든 1996년에도 제기동의 적지 않은 무역상들이 홍콩 상인들과의 오랜 신뢰 속에서 거래를 유지하고 있었다. 이는 비용면에서 매우 불합리한 일이 아닐 수 없었다. 감초의 경우 네이멍구에서 홍콩까지의 물류비용에다가, 홍콩 상인들의 중간 마진, 그리고 홍콩부터 부산까지의 해상운임은 톈진天津에서 부산까지의 그것에 비해 훨씬 비쌀 수밖에 없었으니까.

제기동의 비교적 개혁적인 일부 무역상들만이 1992년 경부터 중국과 직거래를 트기 시작했는데, 1996년까지도 한중 약재의 직접 거래는 별로 활발하지 못했고, 약재 생산지에 나처럼 직접 뛰어든 상인은 거의 없었다.

우리는 황하를 남서쪽으로 가로질러 형 집에서 약 5km가량 떨어진 바라궁巴拉貢 진鎭에 도착하여 형의 하수인 격인 30대의 젊은 사내, 왕화이이王懷義를 동승시키고 목적지인 항진기로 향했다. 허페이 형은 의약공사의 약재 담당 총책을 오랫동안 수행하면서 감초를 대량으로 수매해 온 터였기에 그의 지위와 경력은 그 지역 감초 관련 종사자들을 압도했다.

나는 세 시간여를 달려 중국의 야생 감초 최대 기지인 항진기에 도착해서 왕화이이의 안내를 받았다. 주위는 온통 푸른 물결의 감초 바다였다. 감초는 다년생 식물로서 땅 밑으로 수직으로 박힌 뿌리가 약재로 쓰이는데 왕화이이가 삽으로 힘들게 한 뿌리를 캐내어 흙을 털어낸 뒤 내게 보여주었다. 직경 2cm, 길이 60cm가량의 특급 감초로서, 제기동에서는 최상품으로 치는 홍피양외감초紅皮粱外甘草였다.

감초의 푸른 물결을 바라보면서 나는 가슴이 벅차올랐다. 나는 애써 흥분한 마음을 억눌러 그들에게 마음의 동요를 들키지 않았다. 나는 허페이 형과 왕화이이에게 감초 재배 기지의 면적을 물었다. 둘 다 "타이따!(太大!: 엄청 커요!)"라고 큰 소리로 합창할 뿐, 그 누구도 야생감초 면적의 넓이를 대략이라도 알고 있는 사람은 없었다. 그냥 '무지하게, 매우 크고 넓다'고 하면 그만이지 더 자세히 알려고 하지도 않고 또 알 필요도 없는 것이 중국인들의 습성이다.

확인해 보니, 야생이라고 해서 누구나 마음대로 감초를 채취할 수는 없었다. 당국의 허가를 받은 사람에게만 일정한 면적을 대상으로 감초 채취 권한이 주어진다고 한다. 우리는 한 시간 남짓 기지를 둘러보고 귀갓길에 올랐다. 나는 돌아오는 길에 현내 교외에 위치한 공장 지대를 둘러볼 것을 허페이 형에게 요구했다.

교외에는 낡고 넓은, 그러나 비어 있는 공장들이 수두룩했다. 까닭을 알아보니 1950년대 말 마오쩌둥이 주도한 대약진운동으로 무리하게 많이 지어놓은 공장들이 제대로 그 역할을 해 보지도 못하고 버려진 것이었다.

1978년 덩샤오핑의 개혁 개방 이후 선전을 비롯한 동부 연안 도시들에서는 경제 성장의 성과가 나타나고 있었으나, 북방의 불모지인 이곳 네이멍구는 변죽만 울려대고 있는 시기였다. 나는 허페이 형에게 덩커우현 공상국장을 오늘 만찬에 다시 초대하고, 가급적 현장이나 부현장을 함께 초대할 것을 주문했다.

7. 감초 가공창 개설을 준비하다

왕화이이를 포함해 우리는 오후 다섯 시경 허페이 형 집에 도착했다. 나는 줄곧 담배를 빨아대며 시상詩想을 잡아내기 위해 골몰했다. 새벽까지 울어대던 양 한 마리는 보이지 않았다. 오후 일곱 시가 다 되어서 간부공무원들이 거실에 들어오고, 형은 내게 그들을 소개했다. 부현장 천룽궈陳容國를 비롯해 엊저녁 만났던 공상국장, 세무국장, 그리고 전직 경찰서장 마인주의 사위인 현장 비서실장(중국 직함으로는 판공실주임) 장샤오밍, 이름을 기억할 수 없는 외사국장 등 다섯 명이었다.

양고기 요리와 엊저녁보다 조금 더 세련된 수많은 요리가 차려지고 술잔이 두어 순배 돌아 거실에 흥겨움이 고조됐을 때 나는 내 옆에 찰싹 붙어있던 원롄에게 종이와 펜을 가져오라 일렀다. 그러고는 한동안 머릿속에서 정리한 한시를 적어 내려갔다.

한강은 황해로 흐르고
황하는 동해로 달린다.
한국과 중국이
사해에서 함께 만나려 하네.
천기는 융합하여 모여들고
태양은 내 곁에서 돌아가나니.
조수는 밀려와 천지는 푸르고
기쁨에 겨운 고래는 허공을 타고 튀어 오른다.

漢江流黃海. 한강류황해
黃河走東溟. 황하주동명
靑丘和中原. 청구화중원
偕欲四海逢. 해욕사해봉
天機所融會. 천기소융회
日輪盪吾側. 일륜탕오측
潮來天地靑. 조래천지청
戲鯨乘空跳. 희경승공도

나는 자작시를 장샤오밍에 건네고 곧바로 그는 큰 소리로 낭송했다.

8. 한시를 통한 책략

우리의 문화도 비슷하지만, 중국의 술자리 좌석 배치는 예외 없이
손님을 우선으로 한다. 내가 이틀째 머물고 있는 네이멍구 덩커우현에

서는 내가 한국인으로서는 최초의 객이었기에 가뜩이나 손님 접대에 이골이 난 한족들은 나를 매우 환대했다. 허페이 형은 항상 나를 출입문을 기준으로 거실중앙 안쪽에 자리하게 하고, 나머지 고관들은 직급의 상하에 따라 나의 좌우 곁에 배치했다. 고기류의 요리도 내 자리에서 가까운 곳에 집중해서 펼쳐 놓았는데, 특히 황하의 물고기 요리는 그 머리가 나를 정면으로 향하도록 했다. '생선의 머리가 손님을 향하도록 놓는(어두향객魚頭向客)' 것이 그들의 오래된 식단 문화이다.

그런데, 중국의 민물 생선 요리가 다 그렇듯이, 조리 방법이 우리나라와는 완전히 다르다. 식초와 화초 등의 향료, 그리고 간장과 조미료를 더해 통째로 쪄낸 것이기 때문에 매우 느끼하다. 나는 입에 대기도 싫은데 허페이 형과 천부현장은 내게 정의를 드러내기 위한 듯 가시를 바른 다음 뭉텅한 살점을 내 앞 접시에 올려놓는다. 뿐만 아니라, 생선 머리와 정면으로 마주한 내게 그들은 주법이라고 하면서 각각 석 잔씩의 술을 거푸 마시게 한다. 나는 용감하게 진한 샹차이香菜의 역겹도록 낯선 냄새에도 불구하고 그 황허어를 전혀 찡그리지도 않고 먹어 치웠다.

문제는 또 있었다. 바로 오늘 잡은 양 요리이다. 그 양의 절망적인 몰골과 울음이 내 뇌리에 생생하여, 나는 그걸 차마 씹을 수가 없었다. 장샤오밍은 내게 그 양고기를 권하기를 마치 집요한 공격을 퍼붓듯 했고, 나는 완강하게 수비했다.
장샤오밍은 스물셋의 아직은 어린 나이에 네이멍구 수도인 후허하오터呼和浩特 대학교 국문과를 졸업하고 공무원 선발 시험에 합격한 후, 고향인 이곳 덩커우에서 줄곧 근무해 왔다. 당시 대졸자 우대 정책으로 고속 승진을 거듭하여 서른다섯의 나이로 현장 비서실장이란 요직에 오른 주요 인물이다.

나는 그에게 자작시를 건넸고 그는 곧바로 리드미컬하게 운율을 담아 낭송한 것이다. 그의 음성은 맑고 칼칼했다. 낭송이 끝나자마자 그들 모두는 내게 환호와 갈채를 보냈고 나는 손을 가로저었다.

그들은 다시 그 시를 돌려가며 유심히 읽었으며, 부현장이 내게 질문했다. 그는 '청구靑丘'의 의미를 물었는데 내가 '고려 때부터 우리가 불러온 한국의 별칭'이라고 답해 주었다. 부현장은 참 좋은 낭만적인 이름이라고 말했다. 장샤오밍은 내 시를 내일 현장에게 보여준 다음 다시 내게 돌려주겠다며 자신의 안주머니에 넣었다.

한시에 관한 내 책략은 명백히 의도적이었다. 나는 나름대로 심혈을 기울였다. 결코 나의 작시 수준을 그들에게 드러내거나 만용을 부리고자 함은 아니었다.

나는 허페이 형과 사전에 밀약한 대로 주석이 한껏 무르익을 무렵 고관들에게 제의했다. 그것은 바로, 비어있는 현 소유의 공장을 빌려달라는 것이었다. 물론 인력 고용이나, 감초 재배 농가 등에 대한 시혜 등 지역의 경제 발전에 적지만 이바지하겠다는 뜻도 곁들였다. 그들은 대체로 긍정적이었다.

장샤오밍은 현장에게 익일 보고하고 결과를 알려주기로 한 뒤 그들은 돌아갔다. 네이멍구 체류 3일 차 아침, 나는 과로하여 늦잠에 빠졌는데, 10시경 허페이 형이 나를 깨웠다. 현장이 나와 허페이 형을 시내 모 음식점에서 12시에 오찬 겸해서 만나자는 전갈을 보내왔다는 것이었다.

9. 원롄이 보인 정성

황하는 세계 4대 문명의 발상지 가운데 하나라고 알려져 있어, 우리는 자칫 황하의 물결이 지나가는 유역 모두가 고대 문명의 발상지로 오해할 수도 있다. 그런데 그 문명 발상지에 네이멍구 지방은 해당되지 않고, 허난성河南省의 황하가 관통하는 일부 지역만을 일컫는 것이다.

덩커우도 황하 유역이긴 하지만 척박한 땅으로, 황무지, 목초지, 농경지 그리고 적게나마 사막 지역으로 형성돼 있다. 초원다운 초원은 동북쪽으로 100km 이상 벗어나야 볼 수 있는데, 이방인으로서 내가 처음 본 덩커우의 모습은 매우 이채로운 풍경이었다.

내가 항상 늦잠에서 일어나면 나의 수행비서 격이 된 원롄이 기다렸다는 듯 내게 다가오곤 했다. 그는 발달 장애아로 곧 사춘기가 닥칠 나이였는데도 한 명의 친구도 없는 그렇다고 부모의 사랑을 듬뿍 받은 것 같지도 않은 외로운 소년이었다. 그곳 황하의 물줄기는 누렇고 사나웠다. 황하의 중상류에 해당되는 곳인데 유량은 행주나루 부근의 한강 정도로 보였다. 누런빛을 띤 굵고 긴 물줄기는 긴 고래 떼를 연상시키기도 하고 축소하면 늙은 어머니의 손등을 떠올리게도 한다.

그곳 덩커우는 황하의 물을 끌어와 상수도로 쓸 수도 있을 텐데, 땅에 파이프를 박아 지하수를 펌프로 끌어올려 사용하고 있었다. 지하수의 수량이 부족해 한번 펌프질해 한 드럼통 정도의 물을 받는 것이 고작이었다.

아침이면 언제나 원롄은 내게 세숫물을 떠온다. 오늘도 물이 반쯤

담긴 양은대야 두 대야를 마당 귀퉁이에 나란히 놓고 내 손을 잡아끈다. 그는 먼저 치약이 묻힌 칫솔을 내게 주고, 내 옆에서 수건을 들고 대기한다. 이젠 호기심을 벗어나 그의 나를 향한 마음과 정성은 내 아내를 분명 능가한다.

내가 머리를 감고 새 물로 헹궈내면 그는 잽싸게 수건을 내게 건네주고 나서 내가 방금 헹궈낸 그 물로 자신이 세수를 한다. 원렌은 세수를 하다 말고 비누칠 한 얼굴을 들어 나를 바라보기도 한다.

1998년 여름 원렌(오른쪽)과 필자(중앙), 덩커우 인근의 음산

현장과의 약속 시간인 정오까지는 아직 한 시간 반쯤의 시간이 남아 있기에 원렌과 나는 자전거를 타고 산책길에 나섰다. 그곳은 계절이 늦어초여름의 신록이 6월 초에야 돋아난다. 비포장의 단독주택 골목을 벗어나 백양나무 가로수 신작로길을 지나 좁다란 초원길을 달린다. 원렌은 자신의 자가용 자행차(自行車:자전거)뒷자리에 나를 가로 앉히고 싱그러운 초원을 가르며 앞으로 달려 나간다. 맞바람에 굳세게

저항하면서, 엉덩이를 추켜올리며 힘차게 페달을 밟아 구릉을 오른다. 불행하게도 그의 머리는 정상인에 미달되지만 힘은 그 이상이다.

1998년 여름. 음산. 왼쪽으로부터 허페이 형, 형수 허위즈, 필자

10. 덩커우 현장 리마오

나는 허페이 형의 오토바이 뒷자리로 바꿔 타고 12시 10분 전에 약속 장소로 나갔다. 원롄이 생떼를 썼으나 잠시 나와 이별해야 했다. 시내에선 괜찮은 수준으로 보이는 식당에 들어서니 종업원들이 우리 일행을 10평 가량의 2층 방으로 안내했고 잠시 후 식당에 도착한 현장 일행과 만났다. 리마오李茂 현장, 그리고 엊저녁의 천 부현장과 장

38

샤오밍 비서실장이다.

우리가 자리에서 일어나 목례로서 예를 표하자, 남색 정장 차림의 체격이 좋은 호남형인 현장은 두툼한 손을 내게 먼저 내밀어 내손을 꽉 잡으며 안쪽 의자를 권했다. 나는 완강히 사양하여 그를 상석에 자리하게 했다. 그는 앉자마자 어제 저녁의 내 시가 적혀 있는 종이를 회전식탁 위에 펼쳐놓으며 나를 향해 엄지를 치켜세웠다. 나는 손사래를 치며 뒤로 물러났다. 그도 다른 중국인들과 마찬가지로 내게 인적 사항 등을 물어왔다. 나는 건조한 낯으로 그러나 정중하게 응답했다. 다행스럽게도 그는 제대로 된 표준말을 구사했다. 모처럼 내 귀는 부드러워졌다. 비서실장은 마오타이주 두 병을 들고 와 맥주잔 다섯 컵에 공평하게 따랐다. 현장의 성격은 화통했다. 현장은 잔을 치켜들고 나를 주시하며 간단한 환영의 뜻을 전했고, 이어 내게 답사를 요구했다.

나는 답사는 생략한 채, 식탁에 놓여 있는 나의 시로써 답사에 대신한다고 전했으며, "진심으로 덩커우현과 우리 허페이 형과 내가 '기쁨에 겨운 고래戲鯨'가 되길 희망한다."고 말했다.

그들은 연거푸 술잔을 내 잔에 부딪혀 가며 나를 배려했다. 현장은 내게 요구 사항을 물었고, 나는 준비한 대로 대답했다. 내 요구 사항은 5년간의 공장 무상임차와 허페이 형에게 영업집조(한국의 사업자등록과 유사)를 신속하게 발급해 달라는 것이었다. 리마오 현장은 즉석에서 바로 수락하면서 장샤오밍 비서실장에게 내 요구 사항을 메모하라고 지시했다.

11. 종자돈 1천만 원

현장과 협의를 마치고 집으로 돌아오는 길에 나는 허페이 형에게 이틀간의 휴식을 요구했다. 그 간의 긴장과 압박을 누그러뜨려야 했으며 희망을 가다듬어 구체화할 시간이 필요했기 때문이다. 그 날 저녁 식사는 허페이 형 가족과 나, 다섯 명만의 단출한 만찬이었다.

당시 시골 중국인의 위생 상태는 우리가 알고 있는 것과 별반 다르지 않았다. 주방의 행주는 아무리 오래 사용한다 해도, 그렇게 시커멓게 변색 될 수는 없으며, 내 밥사발인 사기그릇의 밥이 차 있지 않은 윗부분은 형수의 지문이 선명하게 찍혀 있었다. 짐짓 역겨움이 식도를 압박할 듯도 하지만, 어렸을 때 가끔은 입에 대기도 했던 우리 집 마당의 흙을 소환하여 풀어버렸다. 허페이 형은 내게 또 술을 권했으나 나는 사양했다.

반찬은 어제 그리고 그제 먹던 잔반인데 고르게 정리되지 않은 널브러진 채로 사기접시에 담겨져 있어 좀, 아니 많이 거북하다. 그러나 내가 그들의 생활 문화를 꺼려해서는 유익할 게 하나도 없다. 한편으로는 사기그릇의 이가 좀 빠졌어도 버리지 않고 계속 사용하는 그들의 실용적 문화는 본받을 점도 있다고 생각됐다.

지금도 그렇지만 나는 깊고 긴 나의 수면 습관이 내 건강을 보장한다고 굳게 믿고 있다. 그 다음날 나는 한낮 정오를 지나서 잠자리에서 일어나 원롄과 함께 집 창고 안의 바람 빠진 고물 자전거를 끄집어내어 자전거포로 수리하러 갔다. 나도 자가용이 필요했기 때문이다.

자전거포는 작고 너저분한 간판에 '수차修車'라고 쓰여 있었다. 간판만 가지고 얼핏 보면 우리나라의 카센터를 연상케 하지만, 중국어로 자전거는 '자행차'라고 부르기 때문에 곧 이해가 됐다.

체인의 프레임을 바로잡고 드문드문 빠진 바큇살을 보완한 다음, 두어 군데 타이어 빵꾸를 때우고 원렌이 펌프로 타이어에 바람을 빵빵하게 채우고 나서 수리비를 물었다. 기사는 5위안이라고 대답했다. 이에 원렌이 핏대를 세우고 값을 깎아 결국 4위안으로 낙찰되었다. 나는 4위안을 지불했다. 당시 우리 돈 약 4백 원에 해당하는 금액이었다.

한 나라의 경제 수준은 그 나라의 서비스 요금으로 대략 가늠할 수 있다. 1996년 당시 중국은 한국과 약 20~30배의 격차가 있는 것으로 느껴졌다.

원렌과 나는 각자의 자가용을 몰고 휘파람을 불며 집으로 돌아왔다. 핸들이 뜻대로 조작되질 않아서 불편하긴 했지만, 내 신경은 곧 그에 반응했다. 허페이 형은 나를 기다리고 있다가 반갑게 맞았다. 허페이 형은 껌딱지인 원렌을 내게서 떼어내고 곧바로 나와 업무 계획에 들어갔다. 대부분 이미 허페이 형 나름대로 계획을 수립하여 상당 부분 진척시킨 것들이었다.

감초 가공창 후보지에 대해서는 공상국장과 전화 협의를 통해 두세 군데의 빈 공장을 점찍어 놓았으며, 영업집조의 신청, 발급 건은 일주일 이상 시일이 소요될 것으로 내게 설명했다. 나는 사업을 개시해서 사업소득의 일부를 세금으로 납부하겠다는 영업집조의 발급이 왜 그렇게 지연되어야만 하는가에 대해 물었다. 사회주의 중국에선 그것도 자본주의 방식의 일종인 '특별한 혜택'이란 것이 형의 답변이었다.

사업자 명의는 이미 결정한 대로 허페이 형의 명의로 하기로 다시 확인했다. 내가 외국인이지만 내 명의로 할 수도 있었는데 그러려면 한국 내에서 당시 30만 달러 이상의 예금 잔액을 가지고 있어야 하고, 외환관리법이 정한 상대국인 중국과의 일정한 절차를 거쳐야만 해외 사업장 명의를 내 명의로 할 수가 있었다. 그런데, 나는 30만 달러는커녕 애초의 사업 종자돈이 5천만 원에 불과, 당시 환율로 6만 달러에 지나지 않았다. 그것도 아내가 10여 년간 저축한 우리 집 유동자산의 전부였다. 지금의 화폐 가치로 환산하면 대략 2~3억 원의 가치는 되지 아닐까 싶은데, 그 마저도 수업료로 날리고 잔액은 1천만 원 정도였다.

허페이 형은 자신이 소속된 의약공사의 직무 외에 초기 사업자금 2만 위안으로 사적인 사업에 착수해 쏠랑쏠랑 돈을 벌어 8만 위안이란 거금으로 불렸다가, 거기에 자신의 친척 및 지인들로 부터 10만 위안을 차입하여 도합 18만 위안을 선전의 약재 중간상에게 배팅했다가 모두 다 날려버렸다. 그 날 허페이 형과 장래의 일을 협의하는 과정에서 형의 채무와 실패 스토리를 상세하게 듣고는 나는 마음을 굳혔다. 얼마 안 되는 나머지 내 자산으로 형 대신 형의 빚을 상환하여 장차 서로무역 중국 사업장인 감초 가공창의 창장인 형의 어깨를 가볍게 해주기로 결심했다.

"믿을 만한 사람은 내가 먼저 믿자."가 나의 사업 신조였다. 그러나 그날 내 결심을 허페이 형에게 말하지는 않았다.

12. 마인주 숙부

1999년 봄 한국 방문 중인 마인주(중앙)과 필자 부부(안면도 해안에서)

허페이 형과 협의를 마친 그 날 저녁 우리는 덩커우현 전 경찰서장
인 마인주 선생으로부터 오후 8시에 만찬에 초대를 받았다. 하루 정도
의 추가 휴식이 필요한 내 오장육부도 좀 앞당겨 역경을 맞이할 수밖
에 없게 되었다.

그곳은 한국으로부터 북서쪽으로 대략 2,000km 정도 떨어져 있기
때문에 여름에는 오후 8시(한국 시각 9시)인데도 아직도 해는 많이 남
아 있다. 형 내외, 나 그리고 두 아이들은 오토바이와 자전거를 이용
해 제 시간에 마 선생 댁에 도착했다. 나는 새로 장만한 내 자가용 페
달을 밟아 갔다. 채 10분도 걸리지 않는 거리였다.

경찰서장이라는 자리는 대부분 국가들에서 선진국 보다 후진국에서 좀 더 큰 영향력을 행사할 수 있는 토양이 형성되어 있으므로 사람에 따라 자신의 음성적 이권을 극대화할 수도 있는 자리이다. 마 선생의 백 평 남짓한 울안은 정갈했고, 역시 채소밭엔 토마토가 자라고 있었다. 거실로 들어서니 그와 그의 부인 그리고 그의 사위 장샤오밍과 마 선생의 딸 마위안馬媛이 우리를 반갑게 맞이했다. 건평은 형 집보다 다소 큰 마흔 평쯤 돼 보이는데 깔끔하고 검소한 가구들로 배치되어 있었다. 그의 후덕한 인상과 집안의 세간살이들로 미루어 마 선생에 대한 평가가 쉽지는 않았지만 최소한 탐관은 아니었을 것으로 짐작되었다.

그는 자신의 부인과 딸을 내게 소개시키고, 거실 탁자 앞에 내 자리를 지정해 나를 앉도록 권했다. 탁자엔 그 동네가 다 그렇듯이 껍질을 벗기지 않은 해바라기 씨와 사탕, 담배와 재떨이, 그리고 차호茶壺와 찻잔이 놓여 있었다. 주인장은 손님들에게 먼저 차를 따르고 곧 이어 나와 형에겐 담배를 권하고, 아이들에게는 사탕을 쥐어 주었다.

나는 그와 그 부인, 그리고 딸 내외에게 중국인들의 머리를 숙이지 않는 인사 방식과는 다르게 한국식으로 고개를 숙여 인사를 하여 예를 표했다. 예禮라는 것은 겉으로 드러나는 것인데 생활문화가 다른 곳에서는 참으로 행하기가 어렵다. 지나치게 공손하거나, 반대로 불손의 기미가 드러나면 안 된다. 지나친 공손은 공자께서 '과공비례過恭非禮'라 했듯이 상대방에게 비루한 인상을 심어줄 수 있으며 공손하지 못하면 그 또한 불손하고 오만한 인상을 남기게 된다.

그러나 그보다 더 중요한 것은 예는 인간의 행위를 통하여 겉으로 드러나지만 '인간 내면의 발로'라 했듯이 예를 행하는 행위에는 반드시 그에 합당한 덕성을 내포해야만 한다. 우리는 흔히 목례를 하거나 악수를 할 때에도 상대가 건성인지 정성인지를 쉽사리 알아챌 수 있지만 상대방은 잘 인식하지 못하는 경우가 적지 않다. 우리도 비슷하지만 중국만큼 인간관계에 얽매여 돌아가는 사회는 없다.

잘 알려진 대로 중국인들은 이를 '관시關係'라고 하여 무척 중시하는 편이다. 바로 지역사회나 조직 속에서의 관계망의 후박厚薄, 천심淺深이 일의 성패를 가르는 것이 중국인들이다. 나는 분명히 마 선생 일가에게서 두터운 정의를 느꼈다. 공상은행에 다니는 마위안의 여동생인 마옌馬燕이 퇴근해 와 언니와 분주히 상차림을 끝내고 모두가 식탁에 둘러앉았다.

오향장육이란 차가운 요리를 식탁에 먼저 올리는 것이 상차림의 순서이듯 처음에 우리는 냉채 두 가지를 식탁 중앙에 두고 대작에 들어갔다. 미녀 둘이서 내게 줄기차게 술을 권하여 나는 대취했다. 나는 술김에 마인주에게 숙질 관계를 맺을 것을 제안했고 그는 흔쾌히 동의했다. 곧 이어 나는 "마수! 워 진 이베이 주!(馬叔! 我進一杯酒! 마 아저씨! 내가 한잔 올리겠소!)"라고 크게 외치고 그의 술잔을 가득 채웠다.

술은 역시 '분위기'다. 동석자들의 성별과 유대감, 그리고 술의 수준이 분위기를 좌우한다. 안주는 그 다음이다. 게다가 그날은 속셈이 꼭 그런 것만은 아니었겠지만 오래간만의 비업무적 성향의 술판이었기에 유흥의 참맛을 봤다고 하겠다.

나는 두 자매의 강권에 못 이기는 척하며 목에 힘줄을 세워가면서 우리 노래 두 곡을 불렀다. 〈성불사의 밤〉과 〈선구자〉였다. 마옌이 그 한국노래들의 의미를 물었다. 내가 '나그네의 고단함과 독립의지'라고 답해 주었다. 그녀가 내 잔에 다시 술을 가득 채워주었다. 해고주(解孤酒:고독을 풀어내는 술)라는 말과 함께였다. 누구나 그렇듯이 짠한 기억들은 쉽게 잊히지 않는다.

13. 20일만의 귀국.

허페이 형 댁 유숙 4일차부터 나는 다시 감초 산지 참관에 나섰다. 허페이 형의 처남인 허쥔賀君이 운전대를 잡은 차는 현 정부로부터 무상 렌트한 미쓰비시의 SUV 차량이다. 그러나 잠깐 다시 생각해 보면 그건 무상일 수가 없다는 것을 깨닫게 된다.

우리는 덩커우현으로부터 대략 반경 200km 이내의 감초 재배단지를 둘러보았다. 북동 방향의 우위안五原 지구와 그 북쪽 50km에 위치한 병단 감초 재배 지구(변방군대의 자족 둔전)를 비롯해 우라터전기烏拉特前旗, 항진후기杭錦後旗 등인데, 국도를 벗어나면 모두 좁은 비포장도로여서 피로를 가중시켰다.

우리는 닷새에 걸쳐 강행군을 했다. 점심식사 때는 대부분 해당 산지의 관리인이나 주변의 감초 수집상들과 자리를 동석하곤 했다. 역시 술은 빠지지 않았을 뿐더러, 해질 무렵 귀가하면 예외 없이 현 공상국이나 세무국 직원들이 허페이 형 집에서 마작을 즐기며 대기하고 있었다. 27년이 지난 지금까지도 그 시절의 중국 공무원 술꾼들과 술이 그토록 지겹던 적은 없었다.

나는 감초 산지의 정황과 이에 관련된 사람들을 두루 섭렵하고 난 '고난의 여정' 닷새째 되던 날, 현장 비서실장인 장샤오밍에게서 '공장 지정 통지'를 받았다. 샤오밍의 장인과 내가 숙질 관계에 있으므로, 나보다 네 살 연하인 샤오밍은 자동으로 내 아우가 되었기에 공문에 앞서 내게 먼저 연락을 해 왔다. 그는 영업허가증과 세무등기증도 수일 안에 발급될 것이란 소식도 곁들였다.

그 해 6월 7일 나는 곧바로 베이징의 항공사에 연락해 이틀 후의 김포행 티켓을 예약했다. 덩커우에서부터 베이징까지의 기차표 예약은 허페이 형에게 부탁했다. 이어 곧장 형과 대책 협의에 들어갔다. 나는 공장 가동을 위한 설비의 구매 및 예상 비용, 종업원의 고용과 예상 급여, 감초 원료 구매 예약 등 업무에 관한 것들을 형으로부터 들었다. 나는 모든 대책의 수립과 착수를 그에게 맡겼다. 그리고 허페이 형의 채무에 대해서는 열흘 뒤에 다시 돌아와 내가 처리하겠다고 말했다. 그는 사양했다.

나는 6월 8일 허페이 형과 그의 가족, 그리고 마수, 장샤오밍의 전송을 받으며 베이징행 기차에 올랐다. 오후 1시 40분에 덩커우를 출발하여 다음날 아침 8시 베이징남역에 도착하는 인촨銀川발 K178 열차였다. 어제 형이 역장에게 부탁하여 예매한 4인용 침실 칸의 1층 연와軟臥 침대를 승무원에게 배정받고 나는 곧장 누웠다.

아! 이렇게 편안할 수가! 나 혼자라는 사실이 이렇게 행복할 수가! 과연 인간은 사회적 동물인가, 나는 반 사회적인가? 결론은 그렇다. 그들 사회에서 탈출한 것이 바로 불행에서 비껴난 상태였다. 그것이 곧 행복이었다. 행복은 결코 추구할 대상은 아니다. 그것은 바로 불행의 이웃이므로, 자신도 모르는 사이에 이웃으로 건너갈 수가 있는 것이다.

아내는 김포공항으로 엘란트라를 몰고 나와 나를 반갑게 맞이했다. 20일 만의 귀가였다. 나도 반가웠지만 그것은 잠시뿐 아내의 계속된 질문에 어느 한 가지도 시원한 답변이 불가능해 이내 마음은 반가움을 밀어내 버렸다. 나는 운전면허가 없었다. 나는 아내에게 운전에 집중할 것을 주문하였다.

우리는 자양동의 우성아파트, 우리 집에 왔다. 기업은행 근무 당시 주택조합이 결성되어 직원들에게 시혜된 아파트로서 나는 운 좋게도 1989년 서른여섯에 감격에 겨운 내 집을 마련했다. 그 집을 담보로 하고 융자를 받기로 계획했고, 아내에게도 간단히 설명해 주었다. 장래 감초 사업에 대한 구상과 희망은 소상하게 힘주어 브리핑했다. 나는 당시 고2인 딸과 중3인 아들, 남매를 두고 있었지만 희망이 두려움을 압도했다. 아내도 내게 설득되었다.

다음날 하계동에 계신 부모님을 뵌 자리에서는 더욱 확신에 찬 어조로 중국 출장 결과를 보고 드렸다. 사실 '확신'보다는 '불확실'의 시기였다. 나는 제기동의 내 사무실로 오래간만에 출근해서 한 명뿐인 내 직원에게 회사의 상황을 솔직하게 털어놓고 '해고'의 뜻을 전했다. 아니, 부탁했다. 나는 그 때 아내에게도 함께 일할 것을 부탁했다. 함께 출근한 자리였다. 지금 생각해보면, 당시 나의 그러한 결정은 불가역적인 중대한 실수로써, 아내로 하여금 내게 굴레를 씌워 버린 낙인으로 남아 있게 됐다. 지금까지도 우리 집의 모든 돈주머니는 그 할망구가 차고 있지 않은가.

14. 한류의 태동

나는 제기동에서의 업무를 대강 마무리하고 1996년 6월 19일 다시 베이징으로 건너가 덩커우행 열차에 다시 몸을 실었다. K177 열차로,

기차는 베이징역을 오후 5시 10분에 출발해서 이튿날 오전 11시 40분에 덩커우역에 도착할 예정이었다. 나는 그날 오후 2시경 베이징 수도공항에 내린 다음 중국은행에 들러 내가 지참한 1만 달러를 전액 인민폐로 바꾸어 배낭에 담고 촉박한 기차 출발시각에 대기 위해 분주하게 움직였다.

베이징에 연고가 전혀 없는 나는 침대표를 예약하지 못해 경좌(硬座: 딱딱한 의자 좌석 칸)에 자리할 수밖에 없었는데, 딱딱한 의자에서 그것도 흔들리는 기차 속에서 18시간 이상을 견디기 어려운 나는 승무원에게 한국여권을 보여주며 접선했다. 그녀는 나를 곧장 열차장에게 인계했다.

나는 열차장에게도 역시 여권을 제시하고 침대 하나를 부탁했다. 열차장은 먼저 나를 식당 칸으로 안내한 다음, 나와 식탁에 마주 앉자마자 대뜸 프로 바둑기사 이창호부터 언급했다. 1995년부터 한국의 천재 기사인 이창호가 세계 바둑계를 제패하고 있을 때였다. 바로 그 이창호가 중국에 최초로 '한류韓流'를 태동시켰다. 중세 동아시아에서 '류流'라는 것은 유속流俗을 의미하는 것으로서 아름다운 풍속을 해치고 백성의 분별력을 잃게 하는 폐단을 뜻했다. 당시 중국에서는 유속이란 단어의 의미와 용도가 격상되어 있었기에 중국인들이 처음으로 '한류'라고 이름 지었다. 당시 중국에서는 대중 매체를 타고 이창호의 '한류'는 중국인 누구에게나 익숙한 단어가 되었는데, 바로 열차장이 바로 그 사실을 거론한 것이다.

당시 이창호는 중국 바둑계의 최고 고수인 마샤오춘馬曉春을 여러 차례 격파하여 재기 불능 상태로 몰아넣었는데 한,중 국가 대항전에서도 중국의 바둑 애호가들은 이창호를 숭앙하여 "이창호에게 지는 것은 한국에 지는 것이 아니라, 신에게 지는 것이다."라고 할 정도였다. 열차장도 "우리는 국가 대항전에서 중국이 이기기를 간절히 원하지만 이창호가 지는 광경 또한 보고 싶지 않다."라고 내게 열변을 토했다. 이어 그는 내게 바둑을 둘 줄 아느냐고 물었고, 내가 고개를 끄덕이자 곧장 자신의 독방으로 내 손을 이끌고 갔다.

나는 푸근한 침대칸 룸에서 두 판 모두 열차장을 이겼는데, 도저히 그는 내 적수가 되질 못했다. 그는 좀 달아올라, 계속 바둑을 두자고 요구했는데 긴 여독에 지친 나는 피로를 이기지 못해 그의 요구를 사양했다. 밤이 이슥하도록 그는 내게 맥주를 권하며, 끊임없이 자신의 신인 이창호를 들먹였다.

나는 그에게 피로감을 토로했고, 그는 자신의 바로 위인 2층 침대에 나를 안배하였다. 또한 그는 다음에 베이징에 올 때에는 미리 자신에게 전화해 줄 것을 몇 차례나 내게 말했다. 앞으로의 침대 티켓은 자기가 예약해 놓겠다는 것이었다. 그날 나는 중국의 열차 속에서 열차장이 아닌 한국에 있는 이창호에게 신세를 톡톡히 졌다.

15. 빚잔치

내몽골 지역은 고대로부터 각 민족이 각축을 벌인 치열한 전장이었으며 피의 역사를 간직하고 있는 곳이다. 중국을 최초로 통일해 강력한 중앙집권체제를 갖춘 진시황 때부터, 농경 민족인 한족과 유목 민족인 몽골, 거란, 융족 사이의 각축의 땅이었다. 진시황은 기원전 220년경 세력을 확장해 내가 머물던 덩커우가 있는 네이멍구 황허 유역까지 진출하여 황하 남녘에 장성을 쌓기 시작했다. 그 뒤 한漢 나라로의 왕조 교체 때 몽골이 수복했다가, 한무제에 의해 다시 중국의 영토로 편입되는 등, 역사상 수 차례에 걸쳐 혈전을 치렀으며, 그 때마다 승자가 몽골 땅을 차지했다. 한족이 점령했을 때에는 항상 중원으로부터 한족들을 몽골 지역으로 이주시켰다.

근대에 와서 18세기에 청나라의 강희제가 몽골 일대를 완전히 정복했었는데, 제2차 세계대전 당시 몽골족들이 소련 군대와 연합하여 일본군을 격퇴시킴으로써, 현재의 독립국가인 몽골의 땅을 할양받았다.

현재 중국의 일개 성인 네이멍구자치구도 피의 역사가 말해 주듯 지명에는 맹盟이나 기旗라는 군사 조직의 명칭이 그대로 남아 있다. 외면상으로만 '자치구'일 뿐이고 인구 분포를 보면 몽고족의 비율은 17%에 불과하고 그나마도 인산산맥陰山山脈 주변이나 초원 지역으로 밀려나 소외된 삶을 초라하게 영위하면서 가까스로 명맥을 유지하고 있다.

내가 형제의 의를 맺은 허페이도 마오쩌둥이 중국을 통일한 직후인 1940년대 말에 그의 조부가 산시성山西省으로부터 강제로 이주되어 와 정착했다고 한다.

내가 기차에서 내려 덩커우역 출구로 나서자 허페이 형과 원렌, 그리고 마수가 마중 나왔다. 원렌은 반가움의 표현으로 내 팔과 어깨를 잡고 매달렸다. 집에서는 형수와 이웃집 아낙 서너 분이 주방에서 바삐 움직이다가 내가 거실에 들어서자 모두 뛰쳐나왔다. 낯익은 공상, 세무국 직원들은 마작을 하다가 나와 악수를 나눴다.

당시 중국 공무원이나 공공기관, 은행을 포함한 국영기업들은 직무에 따른 인력의 규모가 한국에 비해 2~3배에 이르는 것으로 보였다.

고용 효과의 긍정적 측면을 이해하지 못하는 바는 아니지만, 그 나태함이나 민폐는 볼썽사납지 않을 수 없다. 그러나 나와 그들은 화기애애한 분위기 속에서 낮 술판을 벌였다. 전부터 그랬듯이 형의 처남댁인 왕린펑王琳楓이 먼저 노래를 한 곡조 뽑고, 이어서 이웃집 아낙인 왕펑어王豐娥가 바통을 받은 다음, 끝으로 형수가 대미를 장식한다. 그날 나는 형과 협의해야 할 업무에 대한 부담으로 음주를 절제했다. 다 저녁때가 되어서야 공무원들은 귀가했고, 나는 허페이 형으로부터 그동안의 업무 추진 상황을 들었다.

확정된 공장은 덩커우현 공장 지대의 동쪽에 자리하며 대지 5,000㎡에 공장동 2동이 1,000㎡, 그리고 대략 300㎡의 사무동 하나였으며, 공장 지구에는 상수도 공급도 원활한 상황이었다. 허페이 형은 며칠 전에 자신의 명의로 발급된 '영업허가증'과 '세무등기증'도 내게 보여주었고, 약 20톤 가량의 감초도 구두로 예약했음을 알려 주었다.

이제는 공장 설비가 필요했다. 설비라고 해야 감초를 절단할 부엌칼 및 도마 200개, 절단하기 전 마른 감초를 쪄낼 무쇠 가마솥 10개, 대형 체(감초가루 등 부산물 거름용)2개, 포장용 마대 5,000장, 기타 자질구레한 부대설비 등으로 예상 경비는 3만 위안 정도면 충분하였다.
사무실 책상 및 의자, 소파, 난로 등과 별도의 내 개인 침실용 가구를 포함해 모두 1만 위안 정도였으므로 공장 운영에 필요한 소요자금은 총 4만 위안 안팎이었다. 내가 지참해 간 돈은 인민폐 8만 3천 위안이었는데, 소요 자금은 형의 채무 상환비용 11만원에 설비자금 4만원으로 총 15만 위안에 달했다.

나는 계획대로, 우선 허페이 형의 빚을 갚아 주기로하고 공장 설비

소요 자금은 서울에서의 대출에 의존하기로 했다. 어짜피 설비에 이어 감초 원료 구입 등 억대가 넘는 운영 자금이 필요한 형국이 될 것이었다. 형은 염치를 아는 사람으로, 자신의 대리 빚잔치를 강하게 만류했지만 나는 직진했다.

나는 다음날 오전 허페이 형의 채권자들 17명을 모두 형 집에 소환했다. 가깝게는 허페이 형의 처남과 처남댁, 외사촌 동생을 비롯해 중학교 동기동창인 공무원 2명 그리고 이웃 주민들이었다. 나는 그들을 마당에 세워 놓고, 나는 거실 쪽 댓돌 위에 서서 그들에게 제의했다.
제의의 내용은 70%의 채무 상환이었다.
"나는 이방인이고, 여러분이 알다싶이 허페이형은 전혀 빚 갚을 돈이 없다. 나도 지금 여러분의 채권 70%에 해당하는 금액 인 8만위안 밖에 없다. 내가 안분하여 여러분의 채권의 전부가 아닌 70%를 상환할 경우, 여러분은 나머지 30%의 채권을 포기해야 한다."는 것이 내 제안의 골자였다.
다만, 내 공장에 취업을 원하거나 지인을 추천할 경우 우대하겠다는 점도 덧붙였다.
채권단은 대문 밖 골목으로 나가 1시간도 넘게 지루한 회의를 끝내고 다시 울안에 들어온 대표 격인 처남 허쥔이 "상환액을 80%로 높여 달라."고 내게 요구했다. 나는 허쥔의 요구를 즉각 거부하고 내 현금 배낭을 열어 돈다발을 보여 주면서 요구대로 줄 돈이 없음을 그들에게 확인시켜 주었다.
그러는 사이 시간은 팽팽하게 흘러 정오를 넘기고 있었다. 나는 형수에게 모든 사람들의 점심 식사 준비를 부탁했다. 나는 그들과 함께 반주를 곁들인 식사를 마친 뒤, 채무 상환을 위한 협상은 안타깝게도 결렬되었음을 그들에게 선언했다.

그러나 그들은 귀가하지 않고 떼 지어 대문 밖으로 나가 웅성거렸다. 그들은 간혹 크게 마찰음을 내기도 하면서 시간을 보내고 있었다. 그 사이 나는 내 방에서 휴식 같지 않은 휴식을 취해야만 했다.

이윽고 오후 5시를 넘길 무렵 허줜이 내 방문을 노크했다. 그는 그들 모두가 내 상환 조건에 동의했음을 알려왔다. 나는 즉각 그들을 마당에 다시 소집해 동의 여부를 일일이 확인한 뒤 현금 배낭을 열었다. 나는 채권자 개개인을 하나하나 호명해 내 앞으로 나오게 한 다음 차용증서를 제출받았다. 나는 계산기를 두드려 채권액을 확인한 뒤 그의 70%를 개별적으로 지불했다. 그리고 나는 모아놓은 차용증서를 그들 앞에서 원렌을 시켜 태워버렸다.

후련해야 할 내 마음의 한쪽 깊은 곳에서 아픔이 밀려왔다. 빚쟁이 17명이 포기한 30%의 채권도 그들로서는 물러서기 어려운 피 같은 재산이라는 점을 나는 너무나도 잘 알고 있었기 때문이었다.

16. 감초수집상 펑 라오반

덩커우 일대의 여름 기후는 낮에는 30도 안팎을 오르내리지만, 매우 건조해서 그늘에 들어서기만 하면 시원하다. 연간 강우량은 140mm 정도로 연중 비 내리는 날은 보통 열흘이 넘지 않는데, 1996년 6월 21일은 새벽부터 보슬비가 흩날리고 있었다.

형의 하수인인 바라궁의 왕화이이가 꼭두새벽부터 형 집 대문을 두드리는 바람에 나는 단잠에서 깨어났다. 그는 국방색 지프차를 한 대 몰고 왔다. '베이징 2020'이라는 중국산 SUV차량이었다. 허페이 형은 엊저녁에 내게 자신이 이미 예약했거나, 추가로 구매할 감초 산지 일원의 수집상이나 재배 농가를 함께 둘러볼 것을 권했다.

나는 가끔 허페이 형과의 대화 중, 장래 감초 원료의 구매나 인력관리는 전적으로 형에게 위임하겠노라고 강조해 왔던 터이기 때문에 처음에는 출장을 완강히 사양했으나, 허페이 형의 의도와 입장을 헤아려 볼 때 반드시 그렇지만은 않다는 것을 알았다. 그것은 바로 이를테면, 나의 부재 중 형의 업무성과를 공유해 달라는 것일 수도 있고, 산지 시장 상황을 공통으로 파악할 필요가 있다는 것일 수도 있었다.

나는 "믿을 사람은 '먼저' 믿고, 한번 믿었다 하면 뼛속까지 믿는다."라는 것을 허페이 형에게도 말해 주었는데, 그는 이번 산지 동행 출장은 차원이 다른 것임을 내게 누누이 설명했다.

그날 출장길은 왕화이이가 운전을 하고, 형 외에 원렌이 내 옆자리에 달라붙었다. 형이 출발 전에 원렌에게 눈을 부라리며 그의 생떼를 저지하려 했지만, 그는 대성통곡으로 아버지에 맞서 승리했다. 나는 부자간의 전쟁을 곁에서 관망하다가 형에게 원렌의 동행을 완곡하게 권했는데, 어쩌면 그것도 아들의 동행에 다소 기여를 했는지도 모른다. 원렌은 오늘 아침에도 언제나 그랬듯이 정성스럽게 내 세면 수발을 들었다. 눈가에는 눈물 자국이 굳어 매달린 채로, 그는 차 안에서도 줄곧 나만을 응시했다.

연도의 농경지에는 해바라기와 옥수수, 그리고 토마토가 푸르름을 다투고 있다. 특히 네이멍구의 해바라기는 중국내 생산량의 90%를 점하는 특산품이다. 농업용수가 절대적으로 부족한 그곳에선 황하의 물길을 둘로 나누어 한 갈래를 농사에 이용하고 있는데, 허페이 형은 해바라기나 토마토처럼 가뭄에 강한 작물도 없다고 내게 설명해 준다.

우리는 세 시간을 더 달려 점심때가 다 되어서야 항진기의 한 농가에 도착했다. 커다란 마당에는 야생 감초가 10kg 가량씩 묶인 다발들로 1m정도의 통로를 두고 약 2m의 높이로 가지런히 쌓여 있었다.

감초는 가을에 채취하면 겨울과 이듬해 봄까지 그런 방식으로 자연건조를 해야만 한다. 감초는 굵기, 안팎의 빛깔 그리고 결정적으로 건조의 정도가 가격을 결정한다. 그러나 아무리 건조시켜도 수분은 남아 있게 마련이므로, 거래의 흥정은 감초의 샘플을 무작위로 뽑아내 손으로 부러뜨려, 잔여 수분의 정도에 대해 매매 당사자 간 견해 차이를 좁혀 나가는 것으로 시작된다. 그러나 대체로 그들의 오랜 경험상 합의점에 도달하는 데에 긴 시간이 걸리지는 않았다.

허페이 형은 마당 안의 원료들을 죽 훑어보고 주인의 안내를 받을 것도 없이 곧장 안방으로 걸어 들어가, 침대에 벌러덩 누워버린다. 그 집 주인은 펑 라오반馮老板이라는 내 또래 정도의 수집상이다. 형과는 오랜 거래 관계로 친숙해 보이는데다, 형이 '갑'이란 점도 명백해 보인다. 물건은 모두 6톤가량으로, 허페이 형과 펑 라오반이 흥정을 시작하고, 나와 원렌은 차를 마시며 듣기만 하는데, 왕화이이는 듬성듬성 허페이 형을 거들고 있다.

안주인이 푸짐한 점심상을 내왔다. 삶은 양고기에다 물만두가 채반에 가득 담겨 있다. 반주를 곁들인 식사를 하면서도 둘은 계속 샅바싸움을 하고, 펑 라오반은 연신 허페이 형과 나에게 식사 중인데도 고급 권련을 권했다. 흥정은 세 시간여의 협상 끝에 종결됐다. 막판에 갑의 의도대로, 상호간의 접점 근사치에서 kg당 량마오첸(兩毛錢:2전)을 깎아서 계약은 체결됐다.

대개의 수집상들은 개개의 감초 채취 농가로부터 가을에 평균 100kg 정도씩의 젖은 감초를 사 모아 이듬해까지 건조시켜 우리와 같은 도매상에 중간 마진을 챙기고 팔아넘기는데, 펑 라오반의 협상 태도나 지극히 실망스런 표정으로 미루어 그의 1년 농사는 퍽이나 불만스러워 보였다.

돌아오는 길에 허페이 형의 안내로 우리는 야생 감초 채취 농가 겸 수집상을 운영하는 두 집에 들렀다. 이미 형이 예약한 곳으로서, 각각 3톤, 4톤의 마른 감초인데, 내게 다시 가격을 확인시켜 주기 위함이었다. 물건 값은 펑 라오반의 값과 엇비슷하거나 약간 높았다.

펑 라오반과의 협상은 내가 배석했기에 좀 심하게 후려친 감이 있었다. 당시 예약한 갑급 원료 감초의 시세는 kg당 6위안 정도로 보였는데, 허페이 형은 평균 5.5위안 밖에 쳐주지 않았다. 문제는 그곳의 수요처는 나뿐만이 아니라 중국 국내의 도매상들도 있으니 그들과도 가격 경쟁을 할 수밖에 없다는 점이었다.

중국에는 허베이성河北省의 안궈安國와 안후이성安徽省의 보저우(毫州: 조조와 화타의 고향으로 알려짐)에 거대한 약재 도매시장이 있는데, 우리는 이들 시장의 감초 수집상인들과 물건 값을 놓고 경쟁할 수밖에 없고, 공급자들은 당연히 값을 더 많이 주는 쪽으로 기울어질 수밖에 없는 구조이다.

내가 이러한 구조를 허페이 형에게 말하자, 형은 단호한 어조로, "비에 단신!(염려하지 말게)"이라고 내게 훈계한다. 그곳은 10년 이상 자신이 최대 고객이었으며 나로 인해 장래엔 더 큰 물주가 되기 때문에, 그 곳 중소 수집상들이 자신에게 찍히면 곤란하다는 것이다. 우리 둘은 서로 마주 보며 호탕하게 웃었지만, 내 속마음은 좀 껄끄러웠다.

17. 왕화이이와의 만남

그날 만찬은 왕화이이가 바라궁의 자신의 집에 우리를 초대했다. 나는 왕화이이에게 동의를 구한 다음 허페이 형의 휴대폰으로 장샤오밍에 전화를 걸어, 그의 장인과 함께 왕화이이 집으로 건너와 함께 식사할 것을 청했다. 그리고서 나는 왕 씨 집에 도착할 때까지 약 한 시간이 넘도록 머릿속으로 계산기를 두드렸다.

40피트 대형 컨테이너 한 개에 가공하여 상품화된 감초는 약 18톤이 적재되는데, 내가 제기동에서 그것을 팔 경우 그것도 남들보다 한참 싸게 팔 경우에도 한 컨테이너 당 모든 비용을 공제하고 최소한 천오백만원을 남길 수가 있다. 한 달에 컨테이너 세 개씩만 해치운다 해도 1년이면 이게 도대체 얼마인가? 나는 다시 계산하고, 또 확인하고 나서는 나도 모르게 빙긋빙긋 미소 지었다. 원렌이 옆자리에서 날 계속 응시하다가 왜 미친놈처럼 웃느냐는 듯이 저도 덩달아 웃어가며 내 옆구리를 찔렀다.

인간에게 있어 가장 두려운 적이면서 가장 친근한 대상도 인간이다. 내 주위를 둘러싸고 있는 중국인들도 내겐 비슷한 존재들이다. 당시 사실 형제나 숙질의 결의를 맺었다고 하더라도 또 내가 먼저 굳게 신뢰했다고 하더라도 위장 저 밑에 십이지장이 숨어 내시경에도 잘 잡히지 않듯이, 어떤 때는 그들이 선뜻 잘 보이지 않을뿐더러 나는 결백한데도 그들도 마찬가지로 내게 현미경을 들이대고 살피는 것 같은 느낌을 지울 수가 없었다. 실로 깊은 연못가에 임한 듯하고, 살얼음 위를 밟듯 하는 삶이 일상이 돼버린 지 오래다.

중국 출장 때에는 나는 조심스럽게 몸을 더욱더 사린다. 어느 땐 얼음이 우지끈 갈라지는 꿈도 꾼다. 10남매 중 여섯째라는 서열이 나를 그렇게 길들인 바탕으로 작용한 듯도 하다. 그런 꺼림칙한 느낌을 지우는 것이 술이다. 물론 단 한 차례의 술판으로는 부족하다. 마당에 쌓인 감초 더미가 겨울을 지나며 결빙과 해빙을 거듭하며 조금씩 말라가듯이 인간들도 술판을 거듭할수록 수더분해져 간다.

왕화이이의 집 넓은 마당에도 감초 더미가 산처럼 쌓여 있다. 허페이 형은 습관적으로 감초 한 가닥을 끄집어내어 분질러서 절단면을 유심히 들여다본다. 그리고는 내게 고개를 끄덕여 보이는데, 잘 건조됐다는 의미이다. 감초 농가의 성격에 따라 건조 정도가 각각 달라지는데, 봄을 지나며 얼마나 감초 더미를 상하로, 주기적으로 잘 뒤집어주었는가에 따라 건조의 상태와 정도가 다르다. 그러므로 형은 흥정에 앞서 정확한 건조도를 가늠하기 위해 항상 감초 더미 상·하 여러 군데의 샘플을 뽑아 부러뜨려 살펴보는 것이다. 허페이 형이 내게 고개를 끄덕여 보이는 것은 왕화이이가 성실한 사람이라는 의미이기도 하고 또 장차 우리가 사들일 물건이라는 시그널이기도 하다.

왕화이이의 감초는 대략 10톤 정도로 보이는데 5~6만 위안에 해당하는 재산이다. 당시 덩커우의 대지 100평, 건평 30평 정도의 단독주택 시세가 1만3천 위안 전후였으므로 왕씨도 중산층 이상으로 보였다. 해가 지기 전에 장샤오밍이 마수와 또 허페이 형 집에 들러 형수를 지프에 태워 함께 왕씨 집에 도착해서 우리와 만찬에 합석했다.
역시 왕씨 집 주방도 그 부인과 더불어 동네 아낙들로 가득하여 분주한 모습이다. 나는 정중하게 마 아저씨에게 인사하고 샤오밍과는 정겨운 악수를 나누었다. 10평도 넘어 보이는 방 안의 식탁 주위로 사람들이 빼곡히 의자에 앉았다.

중국은 문화대혁명(1966~1976)을 거치면서 여권은 신장되었고 공자의 위상은 대폭 추락했다. 식탁에 내온 요리는 수십 가지인데 어떤 요리는 자리를 제대로 잡지 못하고 요리끼리 포개진 채로 수북하고 식탁에 자리한 사람은 왕씨의 동네 친구 서너 명과 주방에서 음식을 장만한 아낙들까지 모두 스무 명은 족히 되어 보였다.

"예전에는 지역의 전·현직 고관을 초대하거나, 더욱이 오늘처럼 외국인 손님을 초대했을 때 여성들은 절대로 자리에 낄 수 없었다."고 허페이 형은 침을 튀기며 말하자, 여인네들은 도끼눈으로 그를 바라본다.

나를 처음 만난 중국인들 때문에 나는 다시 또 한 차례 원숭이 꼴이 되었으나 곧 술이 거나하게 오르면서 태연해졌다. 금방 많은 체온의 부대낌과 알코올과 고성으로 좌중의 열기는 후끈해졌다. 나를 향한 뜨거운 환영의 표시로 나는 남들보다 두 배 이상의 술을 마셔야만 했는데, 나는 40대 초반이란 나이와 체면의 힘으로 가까스로 버텨 나갔다.

왕씨가 조신한 어투로 내게 한국의 면적과 인구를 물었고 좌중의 모든 중국 사람들은 내게 주목했다. 나는 약 22만Km²와 4천7백만 명이라고 답해 주었다. 나는 항상 대한민국의 면적은 헌법상의 개념(한반도와 그 부속도서)으로 말하곤 했다.
내 대답이 끝나자 장샤오밍이 겸연쩍은 웃음을 지으며 네이멍구의 면적은 118만Km²라고 말하자 동네 사람들은 득의에 찬 표정으로 나를 바라보았다. 나는 곧 반격했다. 한국의 인구는 네이멍구 전체의 두 배에 달하고 한국의 경제력은 세계 10위권이라고 차분하게 설명하자

그들의 표정은 순식간에 바뀌어 버렸다. 그날 나는 왕화이이의 공식
형으로 자리매김했다.

18. 공자와 장사

《정통종합영어》는 송성문 선생의 유명한 영어 참고서는 훗날 《성
문종합영어》로 개명된 영어 학습서로서 내 연배의 사람들은 너무나
잘 알고 있는 스테디셀러였다. 내가 선린상업고등학교에 다닐 때에도
누구나 교과서 외에 그 참고서로 공부했는데, 대개 그 책을 몇 번을
독파했느냐가 상호 간의 관심사이기도 했다.

문제는 독파의 횟수가 아니라 독파의 질적인 강도이다. "세 번을 뗐
다."라고 떠드는 급우도 적지 않았었는데 막상 성적은 시원치 않은 경
우도 상당했다. 나는 원래 앞서 고백한 대로, 1학년 초반에 '한강사건'
을 저지른 바와 같이 고교 생활이 초장에 빗나가버려, 학업은 제대로
궤도에 오르지도 못하고 졸업을 맞이했지만 그래도 남들처럼 《정통종
합영어》는 좀 봤다. 그러나 남들이야 어쨌든 나는 뒷부분의 반 정도
는 책을 떠들어 보지도 않아서 새 책처럼 하얗게 보일 정도였다. 다만
진도에 관계없이 속을 끓이며 나름대로는 빡세게 공부했던 기억이 남
아 있기도 하다. 내가 공부를 좀 했다면 다른 과목도 마찬가지였을 것
이다.

내 성격이, 체질이 그런 모양이다. 내가 직장 생활을 하던 1980년
대 초반쯤에는 TV 고전 강의가 퍽 인기를 끌었고 스타 강사인 도올
김용옥 선생이 《논어》에 대한 해설서를 출간했다. 나는 일주일이면
서너 차례 술을 퍼 대는 술꾼이었다. 어느 맨 정신으로 귀가하던 날,

종로서적에서 도올의 ≪논어≫를 접하고는 바로 그 마력 같은 흥미에 푹 빠져 들었다. 그 때 나는 술 보다 더 즐거운 것이 있다는 것을 알 았다. 그 책을 독파한 이듬해에는 ≪논어≫의 원문에 야심만만하게 도 전했는데, ≪정통종합영어≫처럼 또 반도 떼지 못하고 덮어버리고 말 았다.

그 뒤로는 다시 술꾼으로 돌아가서 내 심신을 줄기차게 해쳐 오다 가 은행에 사표를 내고 사업에 착수하기 직전 까지 몇 달 간의 준비 기간에 다시 고전을 들춰 보던 중에 "논어를 반만 깨우쳐도 천하를 다 스릴 수 있다."라는 글귀를 접했다. 나는 그 때 다시 때가 묻은 ≪논 어≫를 끄집어내어 씨름하다가 '천하도 다스릴 수 있다는데 작은 장사 쯤이야 뭐가 대수이겠는가.'라는 데에 생각이 미치자 마음속 깊은 곳 에 한 조각의 카드로 간직했다.

그것은 바로 ≪논어·옹야雍也≫편에 실린 인仁의 실천방법으로 공자 께서 말씀하신 "기욕입이입인己欲立而立人"이다. 이 말씀은 '서恕'의 용례로서 "자기가 하고 싶지 않은 일은 남에게도 시키지 말라."라는 말씀과 함께 인구에 회자되는 말씀이었는데 장사를 함에 있어서도 내 게는 묘한 뉘앙스를 풍기며 다가왔다. 그것은 "내가 일어서고 싶으면 다른 사람을 (먼저)세워 줘라."라는 뜻인데, 자세히 들여다보면 그토록 오랜 세월이 흘렀음에도 시간의 통시성이 작용하고 있음을 알 수 있었 다. 바로 나 자신의 돈을 벌고 싶은 욕망을 억누르고 남의 입장을 헤 아려서 남이 나보다 먼저 돈을 벌 수 있게 해준다면 뒤따라 나도 (저 절로) 돈을 벌게 될 것이라는 대입이 충분히 성립된다는 그런 회심의 카드였다.

나는 당시 그 카드를 가슴에 새겼다. 지금 와 생각하면, 꼭 ≪논어≫의 가르침이 아니더라도 재래시장의 웬만한 노점상들도 그 정도의 원리는 꿰뚫고 있다. 눈앞의 이익을 잠시 물리고 고객의 요구에 따라 값을 깎아 주거나 개평을 수월찮게 쥐어주는 손등이 거북등 같은 '서민갑부'들도 심심찮게 볼 수 있다.

나도 평범하게 세상을 살아가는 장삼이사 중의 한 명인데 난들 내 돈이 아깝지 않을 리가 있겠는가? 내가 마치 내 살점을 떼어내는 것과도 같은 아픔을 견디면서 허페이 형의 빚을 대신 갚아 준 것은 무슨 대단한 배짱이 있어서가 아니라 내 가슴속에 간직한 논어의 가르침을 처음으로 실천한 것이었다.

바라궁의 왕화이이 집에서 돌아온 다음날 나는 허페이 형에게 처음으로 오너로서 부탁했다. 그것은 바로 어제 구매 예약을 하면서 깎아 내린 항진기 펑 라오반의 감초 가격 량마오첸을 다시 올려 줄 것을 요구한 것이다. 물론 이는 내 오지랖이 넓은 것이 아니라 공자님에게서 힌트를 얻은 나의 신념일 뿐이었다.

그날 나는 이곳으로 출장 오기 전에 서울에서 무역 경로를 통해 허페이 형에게 송금한 10만 달러가 형의 공상은행 계좌에 입금됐다는 통지를 마옌馬燕으로부터 받았다.

19. 감초 가공창 가동준비를 마치다

덩커우에서의 거래는 모두가 현찰 거래이다. 우리나라처럼 자기앞 수표도 통용되지 않고 무슨 어음이나 외상은 더구나 말이 안 된다. 나는 모든 회계를 허페이 형에게 맡겨놓았다. 형은 그간 예약해 놓은 모든 수집상들에게 연락을 취해 물건을 덩커우의 우리 공장으로 운반해 오라고 일렀다. 그날 오후부터 감초를 실은 트럭들이 공장으로 몰려왔고 감초 더미들을 대형 저울로 무게를 달았다. 왕화이이, 형의 처남인 허쥔, 처남댁 왕린펑이 일손을 보탰는데도 일손이 달려서 공장 앞 도로에는 트럭 너덧 대가 정산을 위해 계속 대기하는 상황이 다음 날까지 이어졌다.

이틀간의 저울질과 현금 결제를 마무리한 결과, 도합 20여 곳의 거래처로부터 80여 톤의 감초가 공장 마당 한편을 점령했다. 내 마음은 한편으로는 미소 짓고 있으면서 다른 한편은 조급증에 빠져 들었다. 당시 제기동의 약재 수입상들은 대부분 편으로 절단하기 전의 소위 통감초 상태로 감초를 수입했는데 나는 당연히 중국 현지의 저렴한 노동력을 이용하여 감초를 모두 절편할 때까지 기다려야 한다. 물론 그들의 노동력을 착취해서는 안 된다.

1996년 당시 보통 덩커우 육체노동자들의 월 급여는 남성은 평균 250위안, 여성은 200위안 정도였는데 원시적인 수공업 형태로 운영하는 우리 공장의 경우 상품 포장과 운반하는 일을 제외하고는 남성 인력은 거의 불필요했다. 허페이 형은 우리가 고용할 여성공원의 임금을 월 250위안으로 하자고 했으나 나는 300위안으로 결정했다. 우리 공장의 노동 강도가 흰떡 썰기보다 강할 뿐만 아니라 덩커우의 유일한 외자기업인 타이완 사람이 경영하는 토마토케첩 공장의 여성 노동자들의 평균 임금이 약 250위안 정도인 것도 고려했다. 무엇보다도 상품화한 절편 감초의 제조 원가 구성을 살펴보더라도 인건비의 비중은 별로 높지 않았기 때문이었다.

우리는 즉시 공장설비 구매에 착수했다. 당시에 감초 절편용 칼이 따로 있는 것도 아니었고 마른 감초를 쪄낸 상태에서의 작두 사용은 부적합했기 때문에 주방용 칼을 사용할 수밖에 없었는데 중국의 칼은 광둥성 광저우의 쇠가 가장 단단하다고 하므로 허페이 형은 무쇠 가마솥과 칼의 구입을 위해 허췐을 그곳에서 수천 킬로미터 떨어진 광저우로 출장을 보냈다.

덩커우현은 시내 인구가 약 5만 명 정도였고 부속된 진鎭·향鄕·촌村의 인구를 모두 합하면 약 20만 명 정도 되는 작은 현縣에 속했다. 농업 인구가 90%를 웃돌고 실업자는 넘쳐나던 때였다. 허페이 형은 구인 광고를 낼 것도 없이 형수에게 일러 동네 아낙네들에게 알리라고 했는데 하루도 지나지 않아 여인네들이 공장 사무동 앞으로 구름같이 몰려왔다. 형은 먼저 자신에 대한 과거의 채권자 열일곱 명이 추천한 친인척 50여 명을 채용하고, 형수와 마작 판에서 긴밀히 호흡을 맞추고 있는 동네 아줌마들의 요구를 수용한 데 이어 지역 공무원들이 추천한 어림잡아 100여 명의 여사들을 선발해서 모두 200명의 공원을 채용했다.

20. 덩커우의 화장실

출장 닷새째, 귀국에 앞서 나는 허페이 형 집 울안에 변소를 짓기로 하고 형에게 인부들을 불러 달라고 부탁했다. 형은 마뜩치 않아 하는 눈치였지만 나는 밀어붙였다. 그곳의 주택들은 대개 집안에 화장실을 구비하지 않고 있었다. 따라서 나는 거의 매일 밤 일상적으로 토마토밭에다 볼 일을 보았는데 다음 날 아침의 해장국 재료중의 하나가 늘 그 토마토였고 용변 시에 아무리 주의를 하더라도 우리나라에서는 도저히 경험할 수 없는 칠흑 같은 어두움으로 인해 매우 불편할뿐더러 걸핏하면 오발하기 일쑤이기 때문에 그 토마토 해장국이 영 개운치가 않았다.

그 무렵 중국을 여행한 사람들이라면 누구나 알고 있을 테지만 중국 촌 동네의 변소는 당시 처쉬廁所라고 불리던, 집단으로 떼 지어 용변을 보는 공중 화장실의 칸막이는 있으나 마나이고 불결하기 짝이 없었다. 우선 우리 세대들이 기억하고 있는, 농토에서 풍겨오던 그 고향의 향기에 맞서 이겨낸다는 것은 매우 고통스러운 일이었는데, 덩커우 허페이 형이 살고 있는 동네의 그것도 예외일 리가 없었다.

우리나라는 그 옛날 어렵던 시절에도 집집마다 울안에 단독 변소가 있었고 또한 매우 청결하고 재를 쌓아 쟁여서 냄새를 반감시켰던 그런 고급문화와 중국의 변소 문화는 차이가 천양지차라 하겠다. 특히 인구밀도가 희박하고 기후가 건조해서 인분의 냄새가 그리 고약하게 풍기지는 않기 때문에 네이멍구 지방에서는 평범한 개인집에는 대개 변소를 만들지 않았다.

그러나 세상사 음지가 있으면 양지도 있는 법, 그네들의 공중변소에도 양지는 있었다. 형 집에서 마을 공중변소까지는 약 200m로, 나는 보통 매일 아침 왕복 400m의 거리를 의무적으로 산책해야만 했다. 그곳은 마치 우리나라 촌 동네의 큰 샘터와 같이 온 동네 안의 잡다한 정보와 소식의 생산과 확대, 전파의 역할을 담당하는 '광장'과도 같은 매우 중요한 공공 장소였다.

내가 볼 일을 볼 때에도 항상 동네 사람들과 함께 쭈그리고 앉아서 합석할 수밖에 없었고 이제는 동네 사람들도 나와 얼굴이 익숙해져서 목례를 주고받는 사이가 되었다. 그들은 일 처리 중에서도 항상 아주

자연스레 대화를 나누곤 한다.

허페이 형이 내 변소 건설 제안을 마뜩치 않아 한 것은 공중변소가 그런 장점이 있을 뿐만 아니라 제 집 안에 인분이 쌓여 있을 때의 처리도 고려한 것으로 보였지만 나는 50위안이란 내 사비를 털어 아담한 뒷간을 건설하여 형 가족에게 선사했다.

21. 중국의 기차문화

나는 대강의 업무를 마무리하고 귀국 항공편 시간에 맞추어 덩커우 체류 엿새째가 되던 날 허페이 형네 가족과 마수의 전송을 뒤로 하고 베이징행 기차에 올랐다. 이번에는 4인실 칸막이 침대칸이 아닌 툭 터진 6인실 경와硬臥의 1층 침대표를 형이 예매해 주었다. 덩커우는 작은 역이었기 때문에 4인실 연와표의 할당은 한두 장에 불과해 형이 역장과 어느 정도 관시가 있다고 해도 내게 얻어 걸리기란 여간 어려운 게 아니었다.

경와칸의 침대도 하룻밤 편히 쉬기에는 전혀 문제가 없다. 침대의 길이나 폭, 그리고 푹신함도 연와에 비해서 큰 차이는 없는데 문제는 좀 많이 시끄럽다. 나의 느낌으로는 우리나라의 옛날 시골 장바닥에서 목청을 높여 떠드는 사람들보다도 중국 사람들의 목소리가 한수 위로 크다. 그런데다가 그네들은 제자리가 아닌데도, 2,3층의 침대칸 주인들이 내 영역인 1층 침대 빈 공간에 내 허락도 없이 천연스레 앉아서 아무렇지도 않게 잡담을 나눈다. 물론 대낮에 2층의 침대로 기어 올라가 낮잠 자기는 어렵다 해도 통로 곁에 보조의자가 비치되어 있는데도 불구하고 남의 침대를 아무렇지도 않게 침범하여 앉아서 떠드는 것이 한국 같으면 어림도 없는 일이지만 거기서는 일상적이다.

우리나라와 중국의 문화는 다르고 중국 사람들은 특유의 사교성을 가지고 이를 드러내 보인다. 내 1층 침대뿐만 아니라 다른 1층들도 환경은 마찬가지였고 그들은 스스럼없이 내게도 말을 건넨다. 그 후로도 기차만 타면 겪는 일이지만 그들의 질문은 처음 행선지로부터 시작해서 여행 목적, 직업, 직위에 이르다가 고향에까지 다다르다가 마침내 내가 한국 사람이라고 하면 한결같이 그들은 눈을 크게 뜨고 나를 새삼스레 바라보며 확인이라도 하려는 듯이 "니 전스 한궈런 마? (당신은 정말 한국 사람입니까?)"라고 큰소리로 되묻곤 했다. 덩커우 사람들과 마찬가지로 기차 승객들도 한국에 대해서 또 나에 대해서 엄청난 호기심을 가지고 질문 공세를 펼쳤다. 그들의 큰 목소리가 주변 승객에게도 번져나가 중국 사람들은 그 비좁은 공간에서 나를 에워싸기가 일쑤였다. 어떤 불행한 경우에는 그런 상황이 두 세 시간 지속될 때도 있었고 그 이후로 나는 절대로 내 국적을 한국이라고 말하지 않았다.

나는 돌아오는 길에는 정말로 휴식이 필요했으나 그들의 끊이지 않는 대화 공세에 시달렸다. 나는 그들과의 비자발적인 대화 도중에 그들이 잠깐의 빈틈을 보일 때를 틈타 볼 일도 없는 화장실로 잽싸게 향했으며, 멀리서 차창 밖을 내다보는 척하면서 내 침대를 힐끗거리며 살피다가 그 대단한 관심을 보이는 중국 사람들이 잠깐이라도 모두 사라지고 완전히 빌 때를 포착하기만 하면 뛰다시피 내 침대로 돌아와 큰대자로 누워버려 남들의 착석을 원천 봉쇄해버렸다.

나는 결과적으로 중국의 완행 침대열차를 50만Km도 넘게 탔는데 침대칸은 절대로 1층을 예매하지 않았고 1층이 불가피한 경우에는 1층 표의 값이 약 2% 정도 비싼데도 불구하고 차액을 요구하지도 않고 2층 승객과 협의해 자리를 바꾸곤 했다.

22. 드디어 첫 수확

'도광양회韜光養晦'라는 말이 있다. "(달)빛을 감추고 어둠속에서 힘을 기른다."는 의미로 기원전 5세기 춘추 시대의 오월전쟁 때에 월왕 구천의 '상담嘗膽'이란 고사와 함께 쓰이기 시작했다. 1980년대부터 덩샤오핑이 채택한 중국의 외교정책의 기조가 바로 도광양회 전략이었다. 간단히 줄여 '양회養晦'라고 하는데 나도 중국과의 무역을 시작하기에 앞서 나의 마음가짐을 '양회'에 얹어놓았다.

또 '후면흑심厚面黑心'이라는 말도 근대 중국에서 리쭝우李宗悟라는 사람에 의해 생겨났는데, 일종의 "얼굴 가죽을 두터이 하고 마음을 검게 한다."는 도생圖生을 위한 개인 전략이다. 우리나라 같으면 후면흑심한 인간들은 심하게 비난을 받아야 마땅한 것으로 아는데, 중국인들은 꼭 부정적 의미만으로 받아들이지는 않는다. 어떤 사람들은 충청도 사람들이 속마음을 드러내 보이지 않는 다소 그런 경향을 보인다고 말하기도 하지만 흑심은 한족들의 대표적 성향이다.

나는 사업 개시 초반 단번에 된통 깨지고 나서 양회와 흑심의 마음을 중국인들보다도 더 단단히 먹기로 심지를 굳혔다. 다만 내 가족과 허페이 형, 그리고 원렌에게만은 예외로 하기로 했다.

귀국 후 제기동 약령시장에 출근해서도 나는 이웃한 상인들에게 철저히 함구하고, 가끔씩 술동무들이나 넓혀나가고 있었다. 함께 출근한 마누라가 "도대체 당신은 뭐하는 개뿔 사장이냐."고 핀잔을 줄 때도 기다리라는 말 밖에는 할 말이 없었다. 그저 어슬렁거리면서 감초의 시장 동향에만 신경을 곤두세웠다. 가을부터는 본격적으로 보약 성수기로 들어간다. 장마가 끝나는 8월 상순부터 한약재의 거래는 눈에 띠게 활발해진다.

　덩커우의 감초공장은 7월 초부터 가동을 시작했는데 감초 가공 속도는 지지부진하기만 했다. 전화로 확인해 보니, 공원 1인당 하루 8시간을 기준으로 근무하여 하루에 20kg을 생산하는 것으로 예상하여 1일 생산 총목표량을 4톤으로 설정했는데 실제 생산량은 하루에 1인당 10kg에도 미치지 못했다. 나는 허페이 형에게 전화로 연락을 취해 공원들의 연장근로를 주문하고 독려했는데 드디어 7월 20일, 허페이 형으로부터 대형 컨테이너 1개 분량인 감초 18톤을 트럭에 실어 톈진으로 발송했다는 통지가 왔다. 일주일 후에는 형이 보낸 샘플도 제기동의 내 사무실에 도착했다.

　나는 미리 중국에서 수출허가권을 취득한 베이징의 '중국의약보건품진출구공사'와 무역대리 계약을 맺고 그로 하여금 톈진에서 내게 수출하는 절차를 이행하도록 했다. 1주일이 지나자 비로소 감초를 선적했고 8월 5일에는 드디어 대망의 감초가 부산항에 도착했다. 부산항에서 수입절차 대리업체가 다시 관세 납부, 검역 등의 절차를 밟아 화물이 제기동에 도착한 것은 8월 11일이었다. 나의 감격적인 피땀과 알코올의 결정체가 무려 70일 만에 내 품에 안겼는데, 18톤의 감초는 우리 사무실 2층에 있는 창고에 올릴 새도 없이 제기동 도매상인들에 의해 순식간에 구름처럼 흩어졌다.

한약재에는 성상性狀이란 용어가 있다. 약의 성분과 모양을 이르는 말로서 겉과 안 즉 개별 약재의 표리를 이르는 말이다. 그런데 나 같은 한약재의 유통업에 종사하는 장사꾼들은 약재의 성분에 신경 쓸 필요는 없지만 무슨 약재인지 식별할 줄은 알아야 하고 또 특정한 약재의 전통적인 절편 형태와 소비자들이 선호하는 경향에는 각별한 관심을 갖지 않으면 안 된다.

감초의 경우, 1990년대 약령시장의 주 소비자인 한의원이나 한약방들이 전통적으로 선호하는 감초편은 길이 4~5cm, 두께는 3mm 정도의 사선형으로 매끈하게 썰어진 것이어야만 제 값을 받을 수가 있었다. 그렇지 않을 경우 그런 기준치에 다소 미달할 때는 미달 정도에 따라서 원료가 아무리 훌륭하다고 하더라도 기준 가격에서 10%~30%까지 깎여서 거래되는 것이 관행이기 때문에 제기동 약령시장에서 작두질은 상당한 숙련도가 요구되는 매우 중요한 기술이었다. 나는 그런 한약재의 성분보다 시각적 관점에서 상품성을 결정하는 기준이 매우 불합리하다고 생각하면서도 그러한 시장의 '문화'에 적응할 수밖에 없었다.

나는 지난 덩커우 출장 때 A급 감초편의 샘플을 휴대해 허페이 형에게 전달하면서 딱 그렇게 가공해 줄 것을 몇 번이나 설명하고 반복해서 강조했음에도 불구하고, 처음엔 다 그런 것이라는 생각과 함께 내가 너무 신속한 생산을 독촉하는 바람에 그랬다는 생각이 들기도 하지만, 제1차로 생산하여 수입한 감초는 C급 상품 값을 받을 수밖에 없었다. 그나마 다행인 것은 그 원료가 제기동에선 누구나 알아주는 항진기의 일급 '양외梁外감초'였고, 아내의 반대를 무릅쓰고 내가 값을 대폭 낮추는 바람에 단숨에 팔려나간 것이었다.

사실 나는 애초에 생산해서 수입한 감초 원가에다 100%의 순 마진을 붙이려고 계획했었지만 70% 정도에 그친 것만으로도 만족했다. 나와 경쟁 관계에 있는 감초 수입상들의 마진율은 보통 30~40%에 불과했고 이번의 수입은 진정한 의미의 내 첫 번째 장사 작품이면서 비교적 성공적이었기 때문이었다.

그러나 나는 두 가지 면에서 반성했다. 하나는 품질 개선이고, 다른 하나는 부엌칼에 의존하여 감초를 자르는 원시적인 가공 방식을 획기적으로 혁신해야만 한다는 점이다. 대량 생산의 전제는 당연히 기계화인데 당시 제기동에 처음으로 출시되어 시장에서 작두 대용으로 사용하고 있는 절편기라는 초보 단계의 기계라는 것은 엉성하기 짝이 없었다.

23. 감초 가공창 개업식

1996년 8월 15일 대한민국 광복절에 나는 일찍이 허페이 형과 협의해 덩커우 감초 가공창의 개업식을 거행하기로 합의했다. 우리 회사 전 직원인 우리 내외는 8월 13일 덩커우 출장길에 올라 베이징에서 내려 다시 미리 예약해둔 덩커우행 K177 열차에 탑승했다. 기차는 낮에 베이징역을 출발해서 정북 방향으로 허베이성의 북단을 지나 산시성山西省 북단의 대도시인 다퉁大同을 경유하여 밤을 새워 600km 정도를 달리면 새벽녘에 후허하오터呼和呼特에 도착한다. 그러고는 방향을 서 쪽으로 틀어 바오터우包頭를 지나게 되는데 거기서 부터는 허타오河套지역이라고 부른다. 바로 농업용수 공급을 위해 덩커우에서 황하의 물줄기를 두 갈래로 나누었기 때문에 황하의 하河에다 '세트Set'라는 뜻의 타오套를 붙인 합성어이다.

바로 그곳에서부터 양 옆 철로변엔 온통 해바라기 꽃의 물결이다. 빈센트 반 고흐의 그림이 떠오르기도 하는 해바라기 꽃들의 향연은 지평선이 아니라 화평선花平線으로 끝없이 펼쳐진다. 우리의 네이멍구 덩커우 입성을 환영하는 화도花道 100여km를 달려서 우리 내외는 덩커우역에 도착했다.

역전에는 허페이 형과 그 가족을 비롯해 그의 친인척, 마수, 왕화이이, 펑 라오반, 공중변소 친구 등 수십 명이 우리를 마중 나와 서 있었다. 몹시 혼잡한 역전 출구 앞에서 진을 치고 있던 그들은 허페이 형과 형수에 이어 앞 다투어 우리 부부에게 악수를 청했다. 우리는 좀 당황스러웠고 특히 아내는 무척 겸연쩍은 표정이었다. 원렌이 그 틈을 잽싸게 비집고 들어와 나를 독점했다. 아내는 허쥔의 지프에 올랐지만, 나는 원렌의 자전거 뒷자리에 얹혀 형 집에 도착했다.

주방에 있던 7~8명의 동네 아낙들이 일시에 뛰쳐나와 우리를 맞이했다. 그들은 처음 보는 한국 여자를 눈이 뚫어져라 살피는 바람에, 나도 어안이 벙벙할 지경이었다. 나는 8월 14일 오찬, 그날의 엄청난 잔치를 아직도 생생하게 기억하고 있다. 그렇게 뜨겁고 성대한 잔치는 지금까지도 겪어본 적은 물론 구경한 적도 없다. 거실, 주방 그리고 세 개의 방은 모두 미어터져 나갔으며 마당에까지 담배 연기로 뒤덮일 지경이었으니까. 오후 1시경에 시작된 주연은 저녁을 지나 어둠이 네이멍구의 대지를 뒤덮은 뒤에야 끝났다. 나는 내일의 개업식 행사를 위해 최대한 자제하려 했으나 뜻을 이루지는 못했다.

다음날 이른 아침, 나와 허페이 형은 해장국을 들며 행사에 대한 얘기를 나눴다. 이미 허페이 형이 제안한 대로 가공창의 명칭은 '훙카이 간차오자궁창宏開甘草加工廠'으로 결정됐다. 개업식 장소는 시내 최대식당을 전세 예약해 놓았고, 허페이 형이 오늘 초청한 사람은 우리 공원 200명을 비롯해 리마오 현장과 부현장 2명, 그리고 간부급 공무원 10여 명 외에도 허페이 형의 직속상관인 덩커우의약공사 사장과 그 직원들, 지역 유지들에다가 그 지역 최대의 감초 재배 영농업자인 병단兵團의 단장에 이르기까지 모두 300여 명을 웃돌 것이라고 내게 알려 주었다. 그 자리에서 나는 허페이 형의 보수를 처음으로 언급하여 월급을 1만 위안으로 할 것을 제의했다. 그러나 허페이 형은 단호하게 사양했으며 당분간 그 반 만 달라고 잘라 말하여 나도 동의하지 않을 수 없었다. 다만 형은 공장에는 관리 인력이 필요하므로 형수를 비롯해 형의 장인, 처남, 처남댁, 친동생, 생질, 외사촌 등 7~8명을 특별 채용하겠다고 했고 당연히 나는 이를 승낙했다.

1996년 8월 15일 개업식장에서의 공원들과 필자의 처(오른쪽)

아내는 어제부터 음식에서 풍기는 역겨운 향료 냄새를 이유로 전혀 젓가락을 들 엄두도 내지 못했고, 이를 보다 못한 형수가 그 지역 멜론인 미과蜜瓜를 갖다 주어 가까스로 끼니를 이었다. 특히 나를 애먹인 것은 아내가 도저히 그들의 변소인 '뒷간'에서는 도저히 큰일을 볼 수 없다는 것이었다.

개업식은 오전 11시에 예정됐는데 훨씬 전부터 허쥔과 동네 장정들이 식당에 간이 무대를 설치하고 현수막을 안팎으로 내거는 등 분주하게 움직였다. 시간이 다 돼서 나도 모처럼 정장을 하고 하객 맞이에 나섰다. 무대 중앙 상단의 현수막에는 '宏開甘草加工廠 開業典禮굉개감초가공창 개업전례'라고 쓴 큼지막한 붉은 글씨가 꽉 채워져 있었다.

1996년 8월 15일
개업식에서 인사말하는
필자(왼쪽)와 리마오 현장

식당에는 예상을 훨씬 뛰어넘는 500여 명의 하객이 몰려와서 2층 난간에까지 고개를 빼 내밀고 리마오 현장의 축사를 경청하고 있었다. 이어서 창장인 허페이 형이 인사말을 위해 단상에 올랐고 그리고 마침내 내 차례가 왔다. 나는 뛰는 가슴을 억눌렀다.

1996년 8월 15일 개업식장에서의 공원들

나는 "다자 하오!(大家好! 여러분 안녕하십니까?)"로 시작하여 입을 열었다. 나는 먼저 현장을 위시한 관계 공무원들에게 감사의 뜻을 표시하고나서 "나는 내 이익을 추구하기 위해 이곳에 왔지만, 반드시 이웃과 함께 이익을 나누고, 이익에 앞서 먼저 의로움을 헤아리겠습니다."라고 차분히 말했다. 그리고는 현장 곁에 서 있던 장샤오밍을 단상으로 불러내어 내가 미리 준비한 시 한 수를 낭송하게 했다.

한국의 외로운 배 황하로 오니,
황하의 물결은 유유히 천년 두고 흐르네.

어부들과 마주쳐도 서로 모르고,
어디에서 왔냐고 물으며 웃음짓네.
위로는 푸르고 아득하여 하늘은 높고,
아래로는 격류가 찬란하노라.
내일 새벽 돛 달고 고기잡이 가리니,
나와 뉘 함께 바다에 이르러 일출을 바라보겠는가.

東國孤舟來黃河 동국고주래황하
河浪千載流悠悠 하랑천재류유유
漁夫相見不相識 어부상견불상식
笑問客從何處來 소문객종하처래
上有靑冥之天高 상유청명지천고
下有激水之燦爛 하유격수지찬란
明曉掛帆釣魚航 명효괘범조어항
誰伴至海觀日出 수반지해관일출

나와 아내는 8월 20일에 귀국 항공편을 예약해 놓았는데, 아내가 먹지도 못하고 배출도 못해서 어쩔 수 없이 귀국 일정을 이틀 앞당겨야했다. 8월 16일엔 아내의 배출을 위해 덩커우 시내의 현 초대소로 거처를 옮겼다. 그곳에는 수세식 화장실이 있기 때문이었다.

나와 허페이 형은 인사 관리를 비롯한 회계 처리, 공장 기계화 등 공장 운영 사항에 관한 몇 가지 의견을 나누었다. 그때 형은 이미 회계업무 처리를 위해 여직원을 채용했는데 이름은 자오하이샤趙海霞이다. 나는 그 부모가 딸의 이름을 퍽이나 낭만적으로 지었다는 생각이 들었다.

바다 수평선 저 너머의 저녁노을을 뜻하는 멋진 이름을 가진 당시 스물한 살의 그녀는 인근 전문대학의 러시아학과를 갓 졸업한 사회 초년생이었다. 그러나 생김새로 보아서는 전혀 낭만과는 거리가 먼, 눈매는 날카롭고 키는 작달막하며 피부는 까무잡잡하여 단단한 인상을 풍기고 있었다.

사실 '형제간'에 회계 업무를 거론하기는 마뜩치 않았지만 장사에는 분명한 한계가 필요했기에 나는 매월 한 차례씩 서울의 내 사무실에 팩스로 다음의 사항을 보내 줄 것을 요구했다.

1. 수입
2. 지출
   · 원료 구입비.
   · 인건비.
   · 공장관리비.
   · 접대비, 기타 등.

나는 항목을 매우 포괄적으로 설정했다. 또 그 포괄을 더욱 명료하게 하기 위해서 팩스를 보낼 때에는 A4용지 반장을 초과하지 말 것을 주문해 최대한의 신뢰를 표시했다. 인사 관리에 대해, 허페이 형은 '10인작통법十人作統法'에 관해 내게 설명했다. 10명을 1조로 하여 각 조에 조장을 두어 리더로 삼는다는 것이었다. 나는 형에게 인사는 전적으로 형의 뜻대로 운영하고 나는 간여하지 않겠다는 뜻을 확실히 했다. 단 상벌은 분명하게 하되 벌은 빠트릴 수 있지만 상은 절대로 빠트려서는 안 된다는 점을 강조했다.

허페이 형은 상은 무엇으로 하는 것이 좋겠느냐고 내게 물었다. 나는 작은 상은 고기로 하고 큰 상은 한국에서 내가 사가지고 올 손목시계로 할 것을 제안했다. 형은 좋다고 받아들였다. 당시 1990년대 중국의 물가는 놀랄 만큼 저렴했다. 500그램 한 근(중국은 모두 500그램이 한 근임)에 돼지고기는 4위안, 쇠고기와 양고기는 5위안에 불과해 우리 돈으로 각각 5~6백 원에 불과했다. 또한 당시 3인 가족 기준 덩커우의 한 달 최저 생계비는 약150위안 정도였다.

끝으로 우리는 감초 절편기에 대해서 고민했다. 나는 제기동의 신상품인 절편기의 탐탁지 않은 성능에 대해 형에게 설명했다. 형은 안궈, 보저우 등 중국 약재 도매시장의 지인들에게 전화를 걸어 절편기에 대해 문의했으나 당장은 확인이 불가했다.

그날 오후 나는 공장 사무동 한편에 나만의 휴식 공간을 만들기 위해 나와 형 가족 전부가 시내 상가로 나가 쇼핑에 나섰다. 우리는 다섯 평 남짓한 내 사무실에 둘 비품으로 책상 및 걸상과 소형 소파, 그리고 침대와 매트 등을 구입했다. 모두 합해서 우리나라 돈으로 5만원에도 채 미치지 않는 만족스런 가격이었다. 우리는 돌아오는 길에 자전거포에 들려서 내 자가용인 고물자전거를 바꾸려다가, 굴뚝같은 내 욕망을 억눌렀다. 괜찮은 새 자전거의 가격은 30위안(한국 돈 3600원)에 불과했지만.

우리 내외는 8월 18일에 귀국했다. 팔아먹을 물건도 없을 때가 더 많아서 멍하니 둘이서 얼굴만 마주 바라보고 있으면 정나미만 더 떨어지는 것 같았다. 감초는 대략 보름에 한 컨테이너씩 부산항에 도착했고 반쯤은 부산에서 고객이 원하는 곳으로 곧바로 트럭으로 실려 나갔으며 나머지 반은 제기동으로 올려 시장 상인들에게 분배했는데, 그것도 사나흘이면 끝나버렸다.

　나는 도무지 '영업'이란 걸 기피하여 남들보다 가격을 10~20% 낮추어 보통 1천근에서 1만근 단위로 처분해버렸다. 영업의 첩경은 소위 가성비價成比에 있는 것이지, 발품에 있는 것은 아니다. 나와 경쟁 관계에 있는 감초 수입업자들은 탐탁지 않은 시선을 내게 보냈지만 내 물량이 시장 가격을 흔들 정도는 아니었다.

　그래도 한 달에 36톤의 매출은 내 회사의 재정 상태를 서서히 끌어올렸고 시장에서 나에 대한 평판도 점점 좋아지고 있었다. 나는 노소 불문하고 상인들에게 항상 겸손하게 대했을 뿐만 아니라 저녁의 술값은 거의 내가 지불했다. 게다가 품질은 크게 개선되지 않았지만, 워낙 내 감초 가격이 저렴한 탓으로 시장의 수입업자가 아닌 감초 도매상들 대부분은 더 많은 매입 물량을 내게서 확보하려고 했기 때문에 그들 내부에서 갈등이 일어나기도 했다.

　나와 허페이 형은 일주일에 한두 번 통화를 하곤 했는데, 나는 더 많은 감초원료의 확보와 품질 향상을 주문했고 형은 언제나 상의할 일이 있다면서 덩커우에 오라고 했는데 사실 딱히 의논할 일이 있는 것은 아니었다.

24. 나와 친구 'K'

　나는 1996년 10월 초에 이르러 공장 기계화에 시동을 걸었다. 공장을 가동한지 3개월 만이었다. 나는 고등학교 시절 나의 단짝 친구인 K에게 도움을 요청했다.

그 시절 그는 내가 반항하여 빗나갈 무렵, 나를 더욱더 어두운 길로 치달을 수 있도록 이끌던 나보다 두 살 연상의 같은 반 혈맹이었다. 그는 해병대를 전역한 후 취업해 1996년 당시 잘 나가는 중견 기업의 공장장으로 근무하고 있었다.

그와 나는 고교 2학년 때 한 반이 되어 매칭되었다. 그의 부모님은 한국전쟁 때 피난 나오신 월남민으로 모친께서는 장위동에서 설렁탕 집을 운영하셨는데, K는 심심찮게 나를 데려가 단백질을 보충해 주곤 했다. 그의 어머니도 나를 무척 환대해 주셨고 그 달콤한 고기 덩어리의 향기는 지금껏 어느 곳에서도 맡아볼 수가 없다.

그러나 나와 그는 모험을 통한 우월감이라 할까 성취의 쾌감을 탐닉했다. 바로 무임승차 열차 여행이었는데 주로 부산이나 목포를 즐겨 찾았다. 여행지에서의 식사는 주로 걸식이었는데, 그의 식당 섭외는 아주 능숙하여 끼니 걱정도 전혀 없었다.

그가 내게 들려주는 확신에 찬 걸식 요령은 자기 집 장위동 설렁탕 집에 몰려드는 거지들을 통해 학습한 것에다 자신의 지혜를 더한 것들로, 장시간 나를 지루하게 설명하기도 했다. 그런데 그것도 살펴보면 자신의 나에 대한 비교 우위를 점하기 위한 책략 같은 것이라고 느껴지기도 했다.

처음에는 보통 우리는 주말을 이용해서 출타하다가 무단결석을 감행, 3박 4일도 서슴지 않게 되었고 담임선생님의 빠따도 거뜬히 수용할 정도로 맷집은 강해져갔다. 우리는 가끔 정학 처분을 받기도 했는데, 반성문 작성에 있어서는 내가 그의 몫까지 도맡아 처리해 줌으로써 그에게의 빚을 갚곤 하였다.

뿐만 아니라, 효창동 우리 학교 주위는 물이 좋았다. 학교 바로 앞

청파동에는 신광여고가, 삼각지 방향으로는 상명여고라는 풍부한 자원이 있었다. 그 방면에서도 그는 걸식에 못지않은 탁월한 재능을 발휘해서 나를 훌륭하게 인도했다. 다만 그는 워낙 착한 청소년인지라 우리는 극단에까지 이르지는 않았다.

≪장자莊子≫라는 책은 잘 알려진 바와 같이 우언寓言을 통해 우리에게 가르침을 주고 있다. 이 장자 전편을 통해 흐르는 교훈을 집약하면 역시 ≪노자老子≫와 마찬가지로 '무위자연無爲自然'이다. 그런데 장자가 노자와 다른 점은 바로 자유를 강조한 점이라고 말할 수 있다.
　나와 K가 학교가 정한 규칙을 어기고 무임승차를 밥 먹듯이 하여 국가의 이익을 훼손하며 학업을 소홀히 한 것은 결과적으로 상당한 불충, 불효를 저지른 것은 물론 심각한 자해 행위를 한 것이기도 하였다.

그러나 고등학생이던 그 때는 전혀 그런 것이 아니었다. 바로 장자의 자유였다. 간단히 말하자면, 물고기가 물에서 호흡하며 유유자적 헤엄치는 것(물고기의 환경인 물을 제거하는 것을 가식과 부자유로 간주했음)으로부터 장자가 '진실과 자유'를 은유했듯이 나와 K도 고교 시절 당시에는 마찬가지였을 것이라고 주장할 수도 있다. 학교 안에서 학생으로서 지켜야 할 규범인 학칙 준수나 모범적인 학습 태도, 청소년의 반듯한 친구와의 교류, 사실 이런 것들만이 '진실'은 아닐뿐더러 더욱이 진정한 의미에서 '자유'는 아니라고 우리는 외쳤을 수도 있다.

그런 K가 나는 무척이나 좋았다. 또 언제나 든든한 나의 빽이기도 했다. 고등학교 1학년 겨울 서울 동대문 지점에서 근무하던 작은형이 승진하여 춘천지점으로 발령이 나는 바람에 나는 상도동 장승백이 작은형 집에서 기식을 시작한 지 채 1년도 되지 않아 끈 떨어진 연이 되고 말았다. 나는 아버지께서 끈을 이어주시는 대로 미아리의 4종형 댁을 위시하여 신설동 사촌 매형 댁 등등을 전전하다가 더 이상의 연고가 끊긴 다음부터는 청파동, 후암동, 공덕동 등의 싸구려 하숙집을 물색, 고2 때부터 무려 여덟 번에 걸쳐 이삿짐을 싸야만했는데 그 때마다 K는 나와 함께 했다. 이삿짐이라고 해 봐야 책걸상에 침구밖에 없었지만 그것도 나 혼자서 시내버스를 이용해 이사하기란 벅찬 일이었다.

K는 광목 보자기에 삐져나갈 듯한 침구를 아주 맵시 있게 포장했을 뿐더러 아무리 붐비는 시내버스라도 '누나(안내양)'의 자발적인 협조를 부드럽게 이끌어냈으므로 나는 그의 뒤에서 조수 역할만 수행하면 그 뿐이었다.

그런 K가 다른 건 몰라도 기계를 매우 좋아했다. 그의 책가방 안엔 책이나 수판보다도 고물 트랜지스터라디오, 부서진 전화기나 녹음기 부속 같은 것들로 가득했다. 그는 수업 시간에도 자주 그것들을 분해, 조립하는 데 열중이었다. 물론 선생님의 시선을 계속 따돌릴 수는 없었으므로, 옆자리에 있는 나까지 방조죄가 씌워져 교무실에 불려간 적이 한두 번이 아니었다. 그는 자기 부친의 오토바이조차도 무수하게 야간에 분해 조립을 반복해 기계 전문가로서의 소양을 닦았다. 사실 K는 상업학교보다는 공업학교에 진학했어야 했다.

그는 해병대 전역 후 상고 졸업자로서 처음에는 모회사의 경리부서의 말단 직원으로 입사했다가 사장으로부터 점차 재능과 회사에서의 유용성을 인정받아 입사 17년 만에 그 중견 기업의 공장장으로 승진해 있었다. 나는 1996년 10월 상순 어느 날 저녁에 K를 제기동 내 사무실로 불러냈다. 내가 미리 준비한 그 성능이 형편없는 절편기를 책상 위에 얹어놓고 우리는 마주했다.

25. K로부터 도움을 받다

나는 완전한 기계치이다. K도 나의 그런 우둔함을 잘 알고 있기 때문에 내가 K에게 전화를 걸어 기계에 대해 설명을 시작하자마자 내 말을 잘라버리고, 만사 제쳐놓고 내게로 달려온 것이다.

나는 그에게 준비한 A급 감초편 샘플을 보여주고 이 대로만 빠른 속도로 썰리고 단단해서 고장이 나지 않는 기계로 개량시켜 달라고 요구했다. 그 절편기는 40kg이 넘는 쇳덩이로 너무 무거운데다, 편의 두께와 길이 조정이 용이하지 못하고 통감초를 한 가닥씩만 밀어 넣어야 하는 등, 생산성 면에서도 기계치인 내가 보아도 흠결이 많은 형편 없는 기계였다.

K는 그 절편기를 살핀 지 채 3분도 지나지 않아서 내게 말했다. 1주일 내로 내가 원하는 절편기 한 대와 설계도면을 가져오겠다는 약속이었다. 내가 책상 위에 놓은 기계를 가져가서 참고하라고 하니까 그는 내게 엿이나 바꿔먹으라고 비아냥거렸다. 우리는 그날, 밤이 새도록 술을 푸고 새벽 동이 번히 터올 무렵 청량리 뒷골목 해장국집에서 작별했다.

그로부터 닷새 뒤에 K는 자신이 제작한 날렵한 기계를 들고 불쑥 내 사무실에 출현했다. 그는 지금도 무슨 예고라든지 약속 같은 것을 몹시 싫어한다. 홍두깨처럼 불쑥 나타나야 즐겁다는 것이고, 돌아갈 때에도 저승사자나 염라대왕도 무슨 나 같은 사람과의 약속을 잘 받아

주겠느냐는 등등 장황한 설명을 늘어놓고는 했다.

우리는 그 기계를 창고로 옮겨 전원을 넣고 시험 가동은 해봤는데, 모터와 칼날, 체인, 원료와 절편의 입출의 편의성, 부산물의 별도 처리 시스템, 절편 속도 등 흠잡을 데가 없었다. 그는 평소에도 내가 자신에게 고맙다고 말하면 크게 노여워했으므로 고맙다는 말 대신에 옛날 얘기 한 토막을 들려주었다.

때는 BC 7세기 중국의 춘추시대 제齊나라(지금의 산둥 반도 일대) 환공桓公 편에 나오는 ≪장자≫에 관한 우화이다. 환공이 대청에서 책을 읽고 있을 때 궁궐 도목수인 윤편輪扁이 대청 아래에서 수레바퀴를 깎고 있다가 환공에게 겁도 없이 물었다.

"지금 읽고 계신 책에 무슨 내용이 들어있는 겁니까?" 환공이 "성인의 말씀이다."라고 대답하자 윤편은 "그러면 전하께서 읽고 계신 글은 옛사람의 찌꺼기가 아니겠습니까?" 하니 이에 격노한 환공이 "과인이 독서하는데, 일개 목수가 어찌 궤변을 늘어놓는 것이냐? 마땅한 해명을 하지 못하면 살아남지 못하리라."라고 하자 윤편은 거침없이 말했다.

"소인은 소인이 하는 일로써 그 일을 본 것입니다. 수레바퀴를 깎을 때 크게 깎아 헐렁해지면 고정시킬 수 없고, 또 너무 빠듯하게 깎아 빡빡하면 잘 들어가질 않습니다. 헐겁지도 빠듯하지도 않게 하는 것은 저의 손놀림과 마음이 서로 호응하여 이루어지는데, 그것은 말이나 글로 어떻게 표현할 수 없습니다. 분명 제 안에 정교한 기교가 들어 있는데, 이것을 저는 아들에게 가르쳐줄 수도 없고 아들도 제게 배울 수가 없습니다. 이것이 제가 70이 넘도록 바퀴를 깎고 있는 이유입니다. 그런 이유에서 옛 성인들도 사후에는 그 정신이 제대로 전해질 수 없으니, 전하께서 읽고 계신 것이 옛사람의 찌꺼기가 아니고 무엇이겠습니까?"

나는 이 이야기를 K에게 들려주고는 "자네는 윤편보다 훨씬 고수이네. 공대 문 앞에 가본 적도 없는 사람이 공대 나온 수두룩한 사람들을 부려먹고 있으니 말이야."라고 말을 끝냈다.

그의 표정은 득의만만해 졌으며, 곧이어 그 스토리를 사자성어로 뭐라고 하느냐고 물었고, 나는 '윤편지교輪扁之巧'라고 메모해 주었다. 사실 그런 성어는 있지도 않았지만 나는 억지로라도 그를 위해서 네 글자로 그럴싸한 사자성어를 만들어 주어야만 했다. 그는 사자성어를 비롯해 광적으로 고전을 좋아하고, 항상 그런 얘기들을 내게 요구했기 때문에 나는 직장 생활 속에서 고주망태가 되어서도 그를 위해 고전 이야기를 준비하지 않으면 안 되었다.

나는 신제품인 절편기를 베이징의 무역 대리업체를 통해 공식 수출 절차를 밟아 톈진에 도착시키고, 허쥔으로 하여금 덩커우로 운반하도록 했다. 물론 미리 허페이 형에게 전화를 걸어 절편기 수출 사실을 알리고, 공장 종업원의 감원 문제에 대해서 장시간 협의했다. '고용의 유연성' 어쩌고 하는 문제가 내게도 닥친 것이다.

나는 공장에서 기계의 개량으로 인한 성공적 기계화 즉, 생산성의 획기적 개선은 필연적으로 인력의 감축을 가져오게 된다는 점을 잘 알고 있었다. 그러므로 나는 절편기의 개량을 미적거리다가 10월에 이르러 행동하기로 결론을 낸 것이었다.

절편기의 대량 제작에 대해서도 허페이 형과 협의했는데 형은 덩커우 인근 린허시臨河市에 있는 주물공장과 철공소를 물색, 협의한 결과 내가 한국에서 보낸 절편기와 완전히 똑같은 기계를 뽑아낼 수 있을 뿐 아니라, 50대를 생산할 겨우 그 비용도 한국의 20%에 불과하다고 했다. 중국인의 상품 복사 실력에 대해서는 나도 익히 알고 있었던 터이기에 기계 제작의 문제는 염려할 것이 없었지만, 다만 기계의 핵심인 칼날만큼은 K의 조언대로 K자신의 공장에서 제작하여 내게 무상으로 공급하여 주기로 했는데, 이것은 린허 지역의 제철의 강도를 믿을 수 없기 때문이었다.

나는 10월 25일 정오경에 덩커우에 도착했다. 역시 예상한 대로 마수와 왕화이이, 샤오밍을 비롯해 공상국장과 그 직원들, 그리고 경찰 간부 등 10명이 공장의 형네 살림 칸에서 진을 치고 있다가 나를 반겼다. 아니, 진심으로 나를 반겨 주는 사람은 역에 마중 나온 허페이 형과 원롄 그리고 마수 정도라고 할 수 있었다.

형은 나와 공장에 도착 하자마자 나를 처젠(車間: 공장의 생산전용 공간)으로 안내했다. 공원들은 나의 만류에도 불구하고 작업 도중 모두 일어나 나와 창장인 허페이 형에게 예를 표하고 난 후에 나와 악수를 나눴다. 대부분의 손바닥들이 내게 전해 주는 촉감은 그 지역의 삭풍과 토양만큼이나 거칠었지만 얼굴 표정들은 참으로 나를 반가워하는 품새였다. 나는 괜스레 면구스러운데다가 겸연쩍기도 해서 서둘러 처젠을 빠져나왔다.

그 뒤로 나는 절편기를 설치한 직후 한 차례를 제외하고는 2003년까지 작업 중엔 한번도 처젠에 들어가지 않았다. 처젠은 형의 소관일 뿐더러 나는 공원들로부터 그런 예우를 받기가 정말 버거웠기 때문이었다.

중국인들의 기호나 습성을 고찰할 때 내가 항상 느끼는 점은 바로 배금주의拜金主義이다. 그들은 문화 혁명기에 비린비공(批林批孔: 마오 쩌둥의 정적인 린뱌오와 공자를 타도함)의 기치 아래 장유의 예절도 타파해버렸기 때문에 1990년대의 중국에서는 이미 일상생활 속에서 나이에 따른 어른 아이의 위아래 서열 관념은 매우 희박해져버렸다. 그런데 그 자리에 개인의 소득을 결정지을 수 있는 조직 속의 상사이거나 부자들에 대해서는 수직적 서열의 양상이 자리를 잡았다.

그런 그들의 문화를 내가 받아들이기는 어색하기 그지없었다. 지구상에서 권력이나 명예에 앞서 돈과 재물의 가치를 가장 중시하는 민족은 단언하건대 한족이 으뜸이라 하겠다.

그날 저녁 무렵 지역 고관들과의 술판이 끝난 뒤에 나는 허페이 형, 그리고 샤오밍을 남겨 종업원 감축 문제에 관하여 대책 회의를 가졌다. 주문한 절편기는 늦어도 한 달 내에 공장에 도착할 예정이고 그 절편기 한 대의 생산 능력은 최소한 다섯 명의 인력을 대치하고도 남았다. 결과적으로 공원들의 대량 정리 해고는 불가피한 상황이 되었다. 이에 따라 지역 주민의 고용에 심각한 타격이 오게 된 상황에서 그 지역의 행정 책임자인 현장과의 통로 역할을 수행할 수 있는 사람이 바로 현장의 비서실장인 장샤오밍이기 때문에 그를 회의에 참여시킨 것이었다.

허페이 형이 제시한 우리 공장의 적정 인력 규모는 절편기 50대를 풀가동할 경우 50명의 기계조작 인원과 보조인원 10명 가마솥 찜질 인원 10명 그리고 등급(감초 굵기에 따라 갑, 을, 병, 정의 네 등급으로 구분) 선별 인원 5명, 포장원 2명, 환경 미화원 2명으로 총 80명 정도였다.

당시 내가 듣기에는 허페이 형의 적정 인력규모 산출 방식은 다소 야무진 계산법으로, 한국식에 가까워 보였으며 그의 계산대로 라면 120명 정도의 인원을 해고해야 하는데 이는 공원 개개인뿐만 아니라, 지역사회에 까지도 매우 큰 충격을 가져오는 사건이 될 수도 있는 민감한 사안이었다.

나는 불협화음 없이 비교적 조용히 실행할 수 있는 방안을 허페이 형에게 물었는데 공원을 채용한 지 아직 채 3개월도 지나지 않았으므로 허페이 형도 고통스런 표정으로 다소 긴 시간 뜸을 들이며 줄담배와 함께 차를 마셔댔고 샤오밍과 나는 침묵을 이어갔다.

돌이켜 보면, 사실 내가 예측 가능한 이런 상황을 애써 외면하고 손실 만회에 급급해서 지나치게 성급하게 절편기의 개량을 밀어붙인 것이 이런 결과를 초래한 것이었다. 나는 잠시 후 어렵게 먼저 입을 열어 솔직하게 나의 괴오에 대해 설명하고 둘에게 양해를 구했다.

내 말을 들은 허페이 형은 역지사지해 보면 충분히 이해할 만한 일이라고 나를 위로하면서 당시 중국의 노동 관련 규정에는 해고에 관해서는 어떤 제약도 없으므로 자신이 알아서 책임지고 120명의 해고를 처리하겠다고 결연한 표정으로 힘주어 말했다.

그러나 그 일은 좁은 지역사회에서는 상당히 커다란 파장을 일으킬 수밖에 없는 매우 곤란한 일로 이는 단순히 '규정'의 문제가 아닌 '공동체' 안의 인정과 관련되는 문제라는 것을 나는 잘 알고 있었다. 나는 오랜 생각 끝에 공원 개인 및 지역사회의 저항을 최소화하면서 해고를 실행하기 위한 의견을 제시했는데, 형은 기다렸다는 듯이 이를 반겼고 현장 비서실장인 샤오밍도 고개를 끄덕이며 수긍했다.

나는 퇴직 희망자에 대해 500위안씩의 위로금을 지급하기로 했다. 그 돈은 덩커우 보통 가정의 3개월분의 최저 생계비에 해당하는 금액이었다. 그 때까지 '수업료'조차도 만회하지 못하고 있던 나로서는 장차 공장의 생산성이 높아짐에 따라 막대한 원료 구입비가 필요한 상황이었지만 졸지에 실의에 빠질 공원들을 생각하여 결단을 내리지 않을 수 없었다.

　허페이 형은 다음 날 공원회의를 소집하여 상세하게 장래의 공장 상황을 설명하고 나서 1개월 후에 퇴직할 퇴직 희망자 신청을 받았는데, 바로 다음 날 93명이 퇴직을 희망하여 나는 한화 약 6백만 원 정도의 대가를 지불하고 공장의 몸집을 가벼이 할 수 있었다.
　공장의 인원을 절반 가까이 감축하는데 들어간 6백만 원이라는 액수는 감초 한 컨테이너 판매수익금의 30%에 불과하고 가까운 장래에는 한 달에 다섯 컨테이너 정도의 물량을 소화할 수 있다는 생각으로 애써 자위하면서도 울타리 안의 소 한마리가 뛰쳐나간 것처럼 아쉬움이 적지 않았다.

　집착이란 말은 의도적으로 다른 사람이나 사물, 또는 재물에 달라붙으려는 성향을 일컫는 말이다. 사람들 누구나 마찬가지이겠지만 장사꾼인 나는 일체 그 누구에게도 내색하지는 않았지만, 마음 깊은 곳에서 일어나는 집착은 더욱 컸다. 어찌 보면 이윤에 집착하는 본마음을 감추고 아무렇지도 않은 듯 희망퇴직 장려금을 지불해 준 것은 본능의 은닉이며 위장이다. 소나무가 높이 치솟고자 하는 욕망으로 자신도 모르게 그 뿌리를 깊이 내리려는 것은 자연이다.
　불가佛家에서 끔찍이 경계하는 '집착'이란 특히 장사꾼에게 있어서는 찰나에도 내려놓을 수 없는 자연이다.

　그런데, 나는 왜 이 길로 들어섰을까?
　나는 다시 청소년기로 돌아가야 한다.

제3장

청춘의 번뇌와 취업

1. 상고 졸업 그리고 귀향

나는 1972년 2월 곡절 끝에 선린상업고등학교를 졸업했다. '곡절'
이란 순탄치 않은 구부러진 길목에서의 마디를 의미하듯이, 2학년 때
까지도 인문계 고등학교로 전학을 하고 싶어서 선친께 뵈올 때마다 간
청을 드리기도 했는데, 그때마다 허락받지 못했고 좌절했다. 하기는
순순히 부모의 요구대로 실업계 고등학교를 나와 출세한 입지전적인
인물들이 한둘이 아닌 걸 보면, 지금 실토하기는 매우 두렵지만 그때
의 내 사고와 행동은 만용에 가까운 것이었다. 고교 3년은 내심 그 좌
절을 핑계 삼아 벌인 선친에 대한 반동적 난동으로 점철된 학창생활이
었다고 까지 할 수도 있겠다.

나는 그 해 당연히 은행 입행 시험에 낙방하고 낙향했다. 한 가지
변명거리가 있다면 나는 상업학교도 정말로 싫어했지만 수판은 더더욱
증오했다. 내 손재주가 태생적으로 수판과는 거리가 멀어서인지 마음
을 고쳐먹고 서너 달 수판에 전념해 보아도 진보는 남들보다 훨씬 미
약했다. 수판알이 구슬처럼 생겼다 해서 붙여진 이름인 주산珠算은 엄
지와 검지를 활용하여 숫자를 셈하는 전통적 도구인데 주산의 생명은
누가 뭐래도 정확과 속도이다.

그런데 나는 주산에서 정확도도 속도도 둘 다 거의 백치에 가까웠
다. 영어와 상식 그리고 수판이 은행 취업 시험의 3대 과목이었는데,
영어는 그런 대로 ≪정통종합영어≫로 닦은 자산으로, 상식은 외우는
데에는 이골이 난 나로서는 초단기 벼락공부 학습으로 시험에 대응할

수 있었지만 결국 그 망할 놈의 수판이 내 앞길을 가로 막고 운명에 재를 뿌렸다. 요로를 통하여 선친께서 내가 낙방한 은행 두 곳의 입행 시험 성적을 모두 확인하신 결과는 두 곳 다 수판 성적에서 과락으로 판명 났다.

1972년 겨울에 공주군 유구면 창말, 우리 집으로 낙향한 나는 빈둥 거림도 잠시 무슨 재수를 뼈 빠지게 할 요량인 것처럼 우리 집으로부 터 약 2km 떨어진 셋째형의 초등학교 동기동창인 L씨의 농가로 거처 를 옮겼다.

참으로 고요하기 그지없는 '우라실'이라는 작은 동네로서 차령산맥 의 줄기인 옥녀봉에서 흘러내린 산자락 밑으로 한참을 떨어진 외딴집, 인간의 소리는 나지 않고 오직 새소리만이 오롯하게 들려오는 최적의 공부방이었다.

내가 아무리 백치라 하더라도 거기서 수판과 제대로 씨름을 했더라 면 그 해 겨울의 은행 취업 시험에서는 결판이 났을 텐데 무슨 바람 이 불었는지 나는 실없이도 그곳으로 K를 불러 내렸다.

소위 우도友道 또는 교도交道라는 것이 있다. 벗과의 사귐의 도리를 일컫는 말이다. 우도의 지극한 덕목은 벗의 과실을 바로잡아 주는 것 이고 또 그것이 진정한 의리라 말할 수 있다. 물론 그 때의 나는 그런 삶의 깊이를 갖추지 못해 오히려 벗을 오도하여 K에게 연락을 했는데 말할 것도 없이 그는 곧바로 호응했다.

2. 우라실의 때까치와 K

예상했던 대로 K 역시 이불보따리와 책걸상을 싸들고 유구로 내려왔다. 그는 재학 중에도 방학을 틈타 우리 집에 함께 내려온 경험(그때도 장항선 기차, 예산-유구 간 버스 모두 무임승차를 했었음. 온양온천역에서는 위기가 있어 하차하지 못했음)이 있었기에 그날도 내가 노정을 일일이 알려주지 않았어도 그는 무사히 유구 차부에 도착했고 마중나간 나와 K 둘은 상봉의 기쁨을 만끽했다.

나는 열아홉, 그는 스물한 살로 둘은 사춘기의 어지러운 봄바람이 잦아들만한 나이였는데도, 여전히 시시덕거리고 나부끼면서 두어 달 동안 마곡사로, 갑사로 유랑 행각을 일삼다가 5월이 되어서야 비로소 내가 K에게 "이제 공부 좀 하자."고 제안했고, 그 때 친구도 흔쾌히 동의했다.

가당치 않게 하루 열 시간을 목표로 해서 우리는 닷새를 버티는 중이었다. 점심 식사를 끝낸 나른한 5월의 하오, 우리는 오수를 즐기다 다시 책상 앞에 앉았는데, 새들의 지저귐도 일상이었는데, 그가 문득 말했다.

"에이 새소리 때문에 도저히 공부를 못하겠다! 야, 우리 저 놈들을 처치하고 다시 공부하자!"라는 것이었다. 게다가 내게는 짐짓 상당한 적개심이 드러난 표정을 지어보이다가 껄껄거리며 웃었다.

나는 말로는 단호히 반대했지만, 그가 "작심 3일만 해도 대단히 훌륭한 일이라 할 만한데 우리는 무려 작심 5일이나 했으니 훌륭함을 넘어 위대한 업적을 쌓은 것"이라고 나를 설득했다. 나는 못이기는 척하며 동조했다. 사실은 울고 싶을 때 뺨 맞은 격이요, 불감청고소원不敢請固所願이요, 어린 아이에게 곶감을 쥐어준 격이었다. 우리는 톱과 낫을 들고 뒷산으로 향했고 새총 제작에 돌입했다.

그는 아마 잠시 잠자던 장인 본능이 깨어난 것 같기도 했다. 나는 그의 지시에 따라 유구 장터 문방구에 나가 고무줄을 사오는 것으로 그의 조수 역할을 가볍게 했을 따름인데, 그는 뒷산에서 베어온 나무를 자르고, 껍질을 벗기고, 휘고, 불에 굽고 하더니 채 두 시간도 지나지 않아 튼실하고 멋진 새총 두 자루를 뚝딱 만들어냈다.

그곳 '우라실' 주위에는 유난히 때까치가 많았다. K는 사격 솜씨도 대단해서 그날 해가 질 무렵에는 예닐곱 마리를 포획했다. 때까치는 몸집이 참새보다 두세 배는 커서 우리는 그런 대로 부족한 단백질을 보충할 수 있었다. 그리고는 거기서 멈추고 학업으로 돌아갈 나와 K가 아니었다. 우리는 며칠 동안이나 차령산맥 줄기인 뒷산등성이를 누비고 다녔다. 하루는 '우라실' 뒷산으로부터 만만치 않은 산등성이를 두개나 넘어 올라가야 하는 옥녀봉까지 진출해 탁월한 사격술로 적들을 소탕하던 중, 우리는 산토끼 한 마리를 발견했다.

그 때 그는 무기를 업그레이드하자고 제안하면서 산토끼와의 전투에서 승리하려면 활을 제작해야 한다는 것이었다. 그러면서 그는 화살촉을 만들기 위해 곧바로 장터 대장간으로 가자는 것이었는데 나는 진심으로 만류했다. 그는 마지못해 내 의견을 받아들였고, 그 후로 우리는 사냥도 중단했지만 책상머리도 멀리한 채 또 며칠간을 막걸리를 마셔댔다.

그러던 어느 날 먼 산을 바라보던 K는 불쑥 그러나 단단히 작정한 듯 내게 말했다. 해병대에 자원하여 입대하겠다는 것이었다. 산 밑 초가에서도 더위가 후끈 달아오르기 시작한 6월 중순의 어느 날이었다.

어차피 내년까지는 군에 입대를 해야만 한다고 하더라도, K에게는 아직도 1년여의 시일이 남아 있었건만 약간은 거친 내 만류에도 불구하고 K는 막무가내였다.

그는 자신의 좀 과격하고, 즉흥적이고, 고집스럽고, 또 한 번 내뱉은 결정은 속으로는 변경하고 싶어도 절대 수정하지 않는 직진 스타일을 그는 퍽이나 '사나이다운 것'으로 믿고 있는 것처럼 보였다.

장마가 시작되었는지 가랑비가 흩뿌리던 다음날 K는 이불 봇짐을 꾸려 '우라실'을 떠났다. 새총 한 개도 이불 틈새에 찔러 넣은 채였다. 졸참나무와 떡갈나무의 나뭇잎들은 쏴아아 하고 큰 바람소리로 그를 전송했고 살아남은 때까치들은 울음을 멈추었다. 나는 유구 장터 차부까지 K를 전송하고 돌아왔다.

3. 첫사랑의 추억

책상 하나가 빠져나간 내 방은 썰렁하기 그지없고 나는 추녀 밑에서 어둑해질 때까지 낙숫물 방울과 옥녀봉에 감도는 운무를 휑하니 번갈아 바라보고만 있었다. 그리고는 나도 며칠 지나지 않아 창말 우리집으로 돌아왔다.

어머니는 사랑채 윗방에 내 학습 공간을 마련해 주셨지만, 별로 공부한 기억이 없을 정도로 빈둥거리거나 동네 초등학교 동기동창생들과 막걸리 잔이나 기울이는 나태한 생활의 연속이었다. 돌이켜보면 차라리 나도 K처럼 앞당겨 군복무를 이행하는 것이 나았을지도 모른다.

빈둥거림은 1년을 넘겨 1973년 가을까지도 계속되었다. 그러다가 나는 상당히 의도적으로 또 계획적으로 자칫 내 일생에서 누락될 수도 있었던 '첫사랑'에 빠졌다. 그녀의 성은 'W'이고 나와는 초등학교 동기동창생인 우리 창말 동네 처녀이다. 한반이 되어 같은 학급에서 공부한 적이 없어서도 그렇고, 어릴 때는 이성끼리는 서로 잘 어울리지 않는 동네의 풍토도 한몫 했겠지만, 그 땐 사실 그녀를 동향 처녀 정도로만 알고 있었다.

내가 의도하지 않고 조직하지 않았다면 나와 그녀의 첫사랑은 성립될 수가 없었다. 나는 10m 남짓한 우리 집 고샅을 빠져나와 동네 골목길을 산책하곤 했는데, 나뭇잎도 몇 장 남아있지 않은 늦가을 저녁에 우연히 나는 자기 집 울안에 있는 그녀를 발견했다. 골목을 벗어나 약간 높은 신작로에 비스듬한 길을 오르면 그녀 집 마당이 훤히 들여다보였는데, 마침 그녀는 마당을 서성이고 있었다.

나는 조금 더 가까이 다가갔다. 아무래도 20~30m 떨어진 신작로 위는 그녀의 선명한 윤곽을 포착하기에는 너무 먼 거리였다. 나는 그녀가 방 안으로 들어가 사라지지 않기만을 염원하면서, 다시 신작로를 내려가 살며시 그녀의 집 대문 앞 골목으로 향했다. 내 가슴은 퍽퍽 목 밑에까지 요동치고 있었다.

그날 밤 나는 잠을 이룰 수 없었다. 접근, 접선의 방안, 모색, 결행,

상대의 반응, 전개에 이르기까지 빙빙 깊어가는 가을밤을 맴돌 뿐, 나는 엄청 어려운 과제를 앞두고 있었다. 그러나 나는 돌파해야만 했다. 그것은 하늘이 내게 내린 명령이기도 했다.

'천명지위성天命之謂性' 그 유명한 ≪중용中庸≫의 첫 구절이다. "하늘이 명령한 것을 '성性'이라 한다." 우리네 선조의 성리학을 배태시킨 원초적 테제이기도 한 이 '성'이라는 대단히 심오한 철학적 용어는 뒤집어 까보면 기실 '본능'에 불과하기도 하고 좀 더 벗겨내 보면 자연 그 자체이다. 그러므로 Sex를 성으로 번역한 것은 매우 타당해 보이고 푸르른 스무 살이었던 나의 난마 같은 모색이나 심사深思 같은 것들도 역시 매우 자연스러운 것이었다.

나는 동녘이 번하게 밝아오기 직전 미명에 하늘의 명령에 따라 지체 없이 접속하기로 마음먹고 아침도 거르고 행동에 옮겼다. 나는 쪽지 편지를 써서 그녀의 남동생을 통해 전달하도록 했다.

"나는 한창섭입니다. 그대만 생각하면 내 가슴은 뜁니다. 모 일 저녁 7시, 뱅아산 앞 냇물 징검다리 건너 북쪽으로 두 번째 전봇대 밑에서 만나시지요."

약속 날짜는 그녀의 남동생에게 편지를 전한 날의 이틀 뒤로 정했다. 나는 지금까지도 이틀이라는 시간이 그렇게 길었던 적이 없다. 일각이 여삼추如三秋가 아니라, 일각은 진전하지 않는 일각일 뿐이었기 때문에 나는 시간의 온전한 정지 상태에 사로잡힌 것이었다.

4. 뱅아산 뚝방길

내게는 광복절보다 훨씬 벅찬 그날 그 시각에 드디어 우리는 처음으로 만났다. 두 번째 전봇대의 위치는 우리 동네를 감싸고 흐르는 유구천維鳩川의 대안으로서 우리를 주위의 시선으로부터 안전하게 격리, 은폐시킬 수 있는 적절한 공간이었다. 이미 캄캄하게 어두워진 12월의 농촌 오후 7시는 우리의 뚝방길을 방해할 그 어떤 인간도 없는 안전지대였다.

그렇게 처음으로 만나기는 했으나 나는 가까이 다가가지는 못했다. 벌렁거리는 가슴과 거친 호흡을 억누르려 애쓸 뿐, 우리는 뚝 떨어진 채로 새말 방향으로 나란히 걸었다.
정말 무슨 말을 하기는 해야 하겠는데, 손을 잡는다는 것은 엄두도 내지 못했고 진정할 수 없는 가슴은 내 정신을 마비시켰으며 그 엄청난 적막이 나를 더욱 위축시켰다. 뚝방길 아래 유구천의 한 줄기 냇물소리만이 내 숨통을 틔우고 있었다.

내가 집에 돌아왔을 때는 밤 10시를 넘기고 있었다. 나는 돌아오는 길조차도 전혀 예상하지 못했는데 그녀가 어느 뚝방길 전봇대를 돌아 되짚어 가려할 때에 비로소 나도 퍼뜩 회귀를 떠올리고는 그녀가 나보다 침착하다는 것을 느꼈다. 생각이 거기에 미치자 그녀가 더욱 두려워졌다.
나는 그녀가 눈치 채지 못하도록 그녀보다 뒤쳐져, 가끔 어둠 속에서 심호흡을 소리 죽여 쏟아내고, 내 발걸음도 평소의 내가 아닌 듯

어색하기만 해서 몇 차례나 스스로를 타일러야 했다.

　절대 침착!　절대 안정!

　그러나 나는 실패했다. 침착과 안정을 되뇌일수록 나는 통제 밖에 놓여 있었다. 징검다리를 건너고 마을 어귀에 이를 즈음, 우리는 만일을 위해 미리 작별해야 했다. 이 때를 놓치면 나는 다시 절망의 나락으로 떨어지기 때문에 나는 입을 열지 않을 수 없었다.

　"내일 다시 뵙지요." 그녀가 신작로를 내려가 곧장 그녀 집 고샅으로 향하는 것을 먼발치에서 지켜본 다음, 우리 집으로 가는 골목을 우회하여 돌아갈 때에야 나는 비로소 하늘에 달과 별들이 빛나고 있음을 인식했다.

　나는 내 방안에서 전등도 켜지 않은 채 한동안 서성거리며 반성했지만 마땅한 대책을 찾아내기는 어려웠다. 그날의 첫 만남에서는 서로 마주하여 얼굴조차 들여다보지 못했으므로 나는 나흘 전의 그녀의 얼굴을 상기시켰다.

　그날 내가 그녀의 집 사립문에 접근하여 숨죽이며 문틈 사이로 그녀를 찾고 있을 때, 그녀는 정면으로 나를 향해 천천히 걸음을 내딛는 중이었고, 그런 그녀가 순간적으로 내 눈에 포착되었다. 그리고는 도둑놈처럼 화들짝 쫓기 듯 뒤돌아 내달렸다. 불과 2~3초 사이의 '목격'이었다. 그녀는 인간이 아니라 선녀였다.

　다음날 밤에도 우리는 두 번째 전봇대 아래에서 만났으며, 역시 낮 동안 굳게 다짐해서 수립해 놓은 '용기'를 실행하지 못했다. 그런 밤들이 사나흘 동안 지속됐다. 성과가 있었다면 우리들 어깨와 어깨 사이의 간격이 다소 좁혀졌으며 아무것도 보이지 않고 정신을 온전히 차리기 어렵던 내 시야에 달과 별들이 겨우 잡히기 시작한 정도였다.

진정, 회동에의 혁신이 필요한 때가 도래했다고 판단한 나는 그날 밤 작별을 앞두고 그녀에게 말했다.

"내일은 하루 쉬시고 모레 뵙지요."

나는 피로한 것은 아니었다. 다만, 정교한 계획과 책략의 시간이 필요했다.

지피지기知彼知己라야 백전불태百戰不殆다. 도대체 그녀를 알아야만 내가 위태롭지 않을 수 있다. 나는 아침, 점심도 거르고 상념을 모으고 쫓고, 모색하다가 선회하여 다시 제자리로 돌아오기를 반복했다. 자칫 섣불리 삐걱했다가는 그녀에게 괜한 타격을 안겨 회복하기 어려운 상처를 줄 수도 있다는 데에 생각이 미치자 결행의 타이밍을 늦춰야 하는가라는 나약한 심사에 젖어들기도 했다.

나는 저녁 식사도 하는 둥 마는 둥 배고픔도 느낄 수 없었다. 피지컬은 이미 나의 몸 밖에 있었다. 나는 오후 6시가 넘어가자 크게 후회했다.

'왜 등신처럼 하루 쉬자고 했을까, 어차피 묘안도 떠오르지 않는 것을'

나는 그녀가 간절히 그리워질수록 자책에 빠져들었다. 그녀에의 그리움은 너무나 아리어 내 심장을 후벼내는 듯했다.

나는 창말 다리목쟁이의 선술집으로 향했다. 거기서 초등학교 동창인 Y를 만나 막걸리 잔을 나누다가 그녀에 대해 넌지시 물었다. 나는 그녀가 우리 동네에 있는 M직물 제조회사에 근무하고 있다는 중요한 사실을 알아냈다. 그녀가 출퇴근하기 위해서는 우리 집 앞 골목을 반드시 지나야만 하고, 더욱 중요한 것은 점심시간이 되면 그녀는 자기 집에서 점심 식사를 하기 위해 출퇴근 외에도 한 번 더 우리 집 앞을 왕복으로 통과한다는 특급 정보였다.

나는 다음 날 11시 반경부터 우리 집 고샅 입구에서 대기하고 있었다. 12시가 다 되어서 목이 타오르는 긴장 속에서 은행나무 뒤에 몸을 숨기고 골목 입구를 주시하고 있었다. 드디어 그녀가 포착되었다. 그러나 그녀의 걸음은 너무 빨랐다. 나는 흥분과 긴장으로 숨이 막혀왔다. 나는 그녀가 윤주사댁 방향으로 골목을 휘돌아가는 것을 따라잡기 위해 은행나무를 버리고 고샅 밖으로 몇 발짝을 옮겨 그녀의 뒷모습을 추적했다. 자주색 바지와 감색 블라우스가 내게 주는 곡선은 그야말로 인간이 아니라 선계의, 나의 선녀였다.

5. 전략의 실행.

오후에 접어들자 나는 바빠졌다. 절대로 물러서거나 포기할 수는 없었다. 나는 노트에다 시나리오를 신중히 적기 시작했다. 지우고 또 쓰고 수정하기를 반복하다가 끝내 완성했다.

내가 해야 할 말과 행동과 예상할 수 있는 그녀의 반응, 거절당했을 때의 대책을 비롯해서 모든 예측 가능한 언어와 실천 강령을 수립했다. 그리고 나서 나는 방안을 빙빙 돌면서 그녀의 반응을 상상하며 나지막이 낭독하고 암송도 하는 사이 내용은 거의 완벽하게 외워버렸다. 그러나 문제는 늘 그렇듯이 나의 어눌함과 부자연스러움에 있었다. 나는 몇 차례의 리허설을 갖고, 운명의 시각이 다가오자 비장한 마음으로 두 번째 전봇대로 향했다. 물론 저녁밥도 거른 채였다.

초겨울 유구천변 뱅아산 건너 자개미 뚝방길 위의 추위 때문만이 아니라도 나는 잔뜩 경직되어 있었다. 무슨 장물을 눈앞에 둔 도둑놈처럼 긴장과 두려움은 더욱 가중되기만 하였다. 나는 '나란히'에서 고의로 이탈하여 그녀를 서너 걸음 앞서게 하고는 뒤따라 걸음을 옮기고 있었다. 순간 내 머리 속은 하얗게 지워져 먹통이 되어버렸다. 시간이, 내겐 진정의 시간이 필요했다.

전봇대는 50m 간격으로 하나씩 박혀 있었는데, 나는 안간힘을 다해 하나, 둘, 셋, 간혹 셈을 헷갈리기도 했지만 전봇대의 셈에 대해 집중하기도 했다. 열개쯤 지나쳤을 때 나는 겨우 '사나이'로 회복될 수 있었다. 나는 스스로를 격려했다. 달과 별과 은하도 내 편이었다. 나는 다시 그녀와 어깨를 나란히 했다.

"서양 사람들은 뽀뽀를 하고 싶으면 입술을 빌려달라고 한다는데요."

나는 시나리오에 의거해 그녀에게 최초로 대화를 시도했다. 소위 유체이탈 화법이다. 그 전까지는 작별을 앞두고 짧은 재회의 언약만이 내 말의 전부였다. 그녀는 항상 무언의 끄덕임으로 내게 동의를 표시했었다. 나는 비교적 또렷하게 나의 메시지를 전했다. 하지만 그녀는 아무런 반응도 없었다. 그리고는 2~3분의 휴지기였다.

나의 첫 번째 책략은 우선 남녀 간의 키스로 그녀의 정신을 혼미하게 만드는 것이었다. 대부분의 경우에는 1단계로 손을 잡는 것이 순서이겠지만 나는 그런 단계는 점프해서 통과하기로 했다. 통상적 상례를 모두 거치자면 마땅히 그에 상응하는 고통이 뒤따를 테니까.

2~3분의 휴지기라고 했지만, 기실 거기서는 시간의 흐름은 전혀 무의미하고 무감각한 것이 돼버렸다.

"내게 그대의 입술을 빌려주시겠습니까?"

나는 불쑥 그 말을 던지기는 했지만 '시나리오'에서도 예측한 바와 같이 즉각적인 반응을 기대하지는 않았다. 오히려 얼마인지 알 수는 없지만 상당히 긴 시간이 필요할 것으로 예상했다. 다만 우리가 걷는 도중에 가벼운 어깨의 부딪힘으로 인해 나도 모르게 함몰되어버릴 수도 있다는 것 등을 시나리오에서는 예측하지 못함으로써 짐짓 당혹스럽기도 했지만 '사나이'로서의 기조는 간신히 이어나갈 수는 있었다.

"앞으로 전봇대는 많이 남아 있습니다. 그대가 준비됐을 때에, 어느 전봇대 밑에서건 멈추어 나를 향해 서주기만 하면 됩니다."

나는 참으로 그녀에게 온전한 마음의 준비를 할 시간을 주려고 한 것이었는데 입장을 바꾸면 오히려 '독촉'으로 받아들일 수도 있겠다는 생각도 들었다. 하지만 그건 외려 잘됐다 싶었으며, 이제는 유구천변의 뚝방길이 외길이듯이 또 다른 길은 없었고 시나리오에서도 퇴로는 설정되어 있지 않았다.

우리가 늘 반환점으로 삼아 되돌던 전봇대도 얼마 남지 않았을 무렵, 나는 초조해졌다. 실패할지도 모른다는 불안이 엄습했으며 만약 실패할 경우 나는 더 이상 초라하고 비참해질 수는 없다는 생각에 차라리 그녀 앞에서 사라지리라 다짐하는 순간, 반환점 밑에서 드디어 그녀는 정지했다.

나는 그녀의 어깨에 두 손을 얹고 그녀의 얼굴을 응시했다. 그녀의 몸과 마음은 떨리고 있었고 나도 달빛도 떨고 있었다. 감고 있던 그녀의 눈이 잠깐 열렸고 그 순간 나는 내 눈동자를 모으고 그녀의 눈을 정밀하게 읽었다. 우리의 눈은 일치했고 동시에 나는 입술을 포갰다. 그야말로 찰나였다. 그것으로서 나는 천하를 얻었다.

나는 그녀의 입술을 빌린 것이 아니라, 내 것으로 한 것이었다. 역시 나의 입술도 그녀의 것으로 했다. 입술뿐만이 아니다. 마음을 얻었다. 돌아오는 뚝방길에서 어느새 우리는 손잡고 걷고 있었다. 맞잡은 두 손은 땀으로 흥건했다. 그 땀은 더 이상 말할 필요 없이 가슴과 가슴에서 흘러나오는 희열의 상징이었다. 바로 감동을 넘어선 느낌의 피어오름은 감발感發이라 할 수 있겠으며, 그 감발은 머무르지 않고 서로를 얽매는 감응으로 이어져 나아갔다. 우리의 상호 감응은 유구천 냇물에 가벼이 부랑하여 떠내려가는 것이 아니라 그 영롱한 냇물 속에 찍히듯 들어있는 달처럼 우리의 가슴에 온축되어 서로를 찬미하고 있었다.

참으로 은밀하고도 절실한 사랑이 아닐 수 없었다. 우리는 어김없이 매일 만나서 걸었다. 일진일지(一進一止: 한걸음 나아간 후 한번 멈춤)에 호흡을 함께 하여 포옹하지 않은 적이 없었으며, 일동일정(一動一靜: 한 번의 움직임과 한 번의 고요함)에 그 마음과 마음은 서로 짝하지 않은 적이 없었다. 나도 그녀도 원래 말 수가 적었으며 더욱이 진정한 사랑에서 천언만사는 불필요한 것이었다.
나는 천성이 모험을 즐겼으므로 낮 동안의 그녀와의 분리를 이기기 어려워 가끔은 낮에도 은밀히 만났으며, 어느 날은 반환점을 돌아와 작별을 고했음에도 불구하고 사무치는 아쉬움을 어쩌지 못해 사랑채 내 방으로 그녀를 인도하기도 했다.

나는 참으로 그녀를 아꼈다. 사람이 사랑에 빠지면 애써 의도하지 않아도 상대를 아끼게 된다는 것도 알게 됐다.

나는 어떠한 상황에서라도 경계를 소홀히 하지 않았다. 동물로서의 격정이 파도처럼 밀려와 온몸이 울렁일 때에도 나는 '욕망의 유예'를 실패한 적이 없었다. 우리가 결별하게 될 때까지도 나는 그녀를 범하지 않았다. 이것이 내 첫사랑이 삼류 소설류와는 다른 점이다.

6. 이사와 군입대.

이듬해 1974년 3월 31일 우리 집은 유구에서 서울 불광동으로 이사했다. 그녀를 사랑한 지 채 넉 달도 되지 않은 진달래가 막 꽃망울을 터트릴 무렵이었다. 우리는 강제로 분리되어야만 했다. 나는 트럭 화물칸의 이삿짐 더미 위에서, 그녀는 전송하는 마을 사람들 속에 섞여서 이별의 순간을 맞이해야 했다.

이별을 함에 있어 어느 한쪽이 차량에 탑승한 채로 이별을 하게 되면 '이별의 부산정거장'이 아니더라도 둘 다 고통이 훨씬 더 커진다는 것을 나는 그날 절실히 깨달았다. 트럭의 붕붕거림과 함께 눈도 마주치지 못한 채, 뒤돌아 볼 틈도 없이 짧은 골목길이 금세 꺾여버리자, 건조하고 허무하고, 심장을 통째로 들어내는 듯한 아픔이 밀려왔다.

우리의 가슴 속에 묻혀 있는 심장은 심야의 뚝방길에서 아무리 어두워도 서로가 훤히 들여다볼 수 있었지만 이제는, 이제는 그녀는 나의 일부가 아니었다.

물론 예정된 이삿날을 며칠 앞두고서는 우리는 셀 수없이 포옹하고 맹세하기를 반복했다. 우리의 눈물은 유구천의 순결한 맑은 물과 함께 흘러내렸고 달도 별도 은하도 이제는 유구천변 뚝방길 우리의 무대에서 사라져야만 했다. 그러나 우리는 그후 매일 서로의 열정을 편지로 주고받았다.

그런데 바로 그 편지가 파국의 빌미가 되었다. 내 어머니가 그 편지를 들고 유구의 그녀 집으로 들이닥치신 것이다. 그녀는 그녀 부모님의 호된 질책과 손찌검으로 인해 커다란 충격에 빠져 가출을 하고 말았고, 내게 보내던 서신도 끊어졌다. 그녀의 감감무소식에 불길한 조짐을 예감한 나는 반사적으로 반응하여 답답한 가슴을 억누르고 유구로 내려갔다. 나는 텅 빈 뚝방길을 짝도 없이 홀로 걸었다.
나는 그녀의 이웃 친구인 J를 찾아가서야 사건의 전말과 그녀의 행방을 알게 되었고, 지체 없이 그녀에게로 향했다. 그녀는 오산의 어느 공장에 취업하여 근무 중이었고 나는 관리자에게 면회를 요청했으나 그녀는 끝까지, 하루해가 저물도록 나를 만나주지 않았다. 나는 공장 앞에서 밤을 새워야했으며, 결국 빈 걸음으로 돌아가야만 했다.

그 뒤 나는 1975년 10월 군에 입대했다. 지금에 와서 돌이켜보면 어떠한 잡스런 소리도 들리지 않는 뚝방길의 정적이 우리의 정을 더욱 뜨겁게 하였으며, 육체의 교접을 애써 외면한 나의 연애 노선이 우리의 연정을 팽팽하게 지속시켰다.
그러나 그건 중대한 오류였다. 나도 남들처럼 자연의 이치에 순응해야 했다. 그랬으면 우리는 아이를 낳았을 것이고, 내 부모님도 차마 끝까지 반대하시지는 못하셨을 테니까.

군에 입대한 나는 논산훈련소를 거쳐 수도경비사령부 3858부대 충정교육대(유격대)에 조교로 배치되었다. 국민대학교가 바라보이는 북악산 자락의 어느 후미진 산속에 자리한 곳이었다. 33개월의 군 생활 가운데 25개월이 경과할 무렵, 나는 26명의 사병들 중 왕고참으로 등극했다. 나는 고참 지위를 활용하여 수판에 열중할 수 있었으며, 제대 직후인 1978년 8월에 기업은행 입행 시험에 합격하여 은행원 생활을 시작하기에 이르렀다. 당시의 팽창 일로에 있던 국내 산업 환경도 내 취업에 일조했다.

7. 입행과 결혼

나는 기업은행 종로6가 지점에 발령받아 첫 근무를 시작했다. 동대문종합시장과 인접해 있고 동대문에서 채 200미터도 떨어져 있지 않은 비교적 번화한 곳이었다. 나는 곧 업무에 적응했다. 사실 은행 지점의 업무라는 것은 웬만한 정도의 양식을 갖춘 사람이라면, 초등학교 졸업의 학력만 있어도 그 일을 충분히 감당할 수 있을 정도로 단순하고 반복적이다.

게다가 당시는 지점의 고위 간부들도 부과된 목표를 달성하기 위해 애쓰지 않아도, 한가로이 자리만 지키거나 점심 반주를 좀 과하게 하고 사우나에서 휴식을 취해도, 대출에 대한 적절한 관리와 부하 직원 통제만 어지간히 하면 지점은 대개 잘 굴러가던 그야말로 호시절이었다.

이듬해인 1979년에 나는 결혼했다. 내 처는 충남 공주군 의당면의 화려하지는 않지만, 한때는 성세를 과시했었던 명문 집안의 규수였으며, 그 집안에서 내 5대조 할머니께서 우리 집으로 출가해 오시기도 한 오래된 혼로婚路가 있는 집안의 규수였다. 처음에는 나는 선친의 뜻에 반하여 혼인을 거부했지만 결론적으로 나는 또 패퇴하고 말았다.

'자식 이기는 부모 없다'는 시중에 떠도는 말은 적어도 나에게만은 해당되지 않는 속담에 불과했다.

그러나 남녀가 만나서 부부가 되어 오랜 세월을 서로 부딪치며 살다 보면 자발적 결혼이건 타의에 의해 강요받은 결혼이건 대개 '오십보백보'에 다름 아니다. 세계라는 것은 변화와 적응, 또 다른 변화이다. 변화란 대개 단시간 내에 일어나지는 않는다. 일정 시각, 일정 여건에서 '변變'으로부터, 보이지 않는 미세한 점으로 부터 태동하여 '화化'로 이르는 과정이 인간과 우주전반에 미치는 것이다.

비자발적인 결혼도 변화의 과정을 거치는데, 사람이란 동물은 맹자의 말씀대로 선천적으로 착하므로 애정이 결핍된 결혼도 동물적 본능을 토대로 하여 대개 일단은 긍정의 방향으로 변화한다. 나도 우주와 세계에 속한 일원으로 변화하고 적응하기는 마찬가지였다.

한편으로는 추녀가 못 생겼다고 해서 그 부모를 원망하지 않고 가난한 집 강아지가 배가 고프다고 그 주인을 원망하지 않듯이, 나도 장가들고 첫 딸을 얻었을 무렵 마음을 고쳐먹게 되었다.

은행에서 학력에 따른 차별 대우는 지금까지도 여전하지만 1970년대에는 더욱 강고했었다. 대졸자와 고졸자의 사이의 차별이 보통 대학 수학기간인 4년과 그에 따른 비용과 성숙도를 감안하여 합리적으로 차등을 두는 차별이라면, 그건 사실 잘못된 차별이라고 할 수는 없다. 그러나 대졸자들이 주도적으로 움직이는 은행은 합리성만을 추구하는 사회는 아니며, 다른 조직 사회도 공무원 조직 정도를 제외하고는 대개 다 비슷할 것이다.

불공정 경쟁의 폐단은 조직 내부에서 쌍방향으로 나타나게 마련이다. 하나는 대졸자의 경우 학력의 우월성에 터 잡아 연공에 의지해 나태의 경향으로 흐를 소지를 제공하고 고졸자의 경우 극소수 씩씩한 열성파를 제외하고는 무기력증에 함몰됨으로써 조직 전체의 역동적 기운을 해치게 된다.

8. 늦깎이 대학생 생활

결혼한 그 해 나는 야간대학 입학을 계획하고 즉각 실천에 옮겼다. 직장에서는 전공 과를 막론하고 야간대학 졸업자에게 상응한 혜택을 주지는 않았지만 나는 내 자존감의 확립을 위해서 반드시 대학에 입학해야만 했다. 나는 비주류였다.

나는 1979년 9월에 결혼하고 10월에 입학할 대학을 물색했다. 소위 SKY대학들은 야간학부를 아예 두지 않았고 나머지 그룹의 대학들은 대개 야간학부를 운영하고 있었다. 시험과목은 대부분의 학교를 막론하고 국, 영, 수 세 과목이었는데, 나는 중학교 졸업 이후로는 수학을 접한 적이 거의 없었다. 당시 수학 시험을 보지 않는 극소수 대학 중의 하나인, 서대문 사거리에 위치한 전혀 국제적이지 않은 국제대학(현 서경대학교의 전신) 국어국문학과에 나는 1980년 3월에 입학했다. 고교를 졸업한 후 8년 만이었다.

그 해 가을부터는 나는 일간 신문 하단의 자질구레한 광고란을 거의 매일 뒤적거리다가 드디어 발견했다. 각 대학들의 편입 시험 광고였는데 내가 목표로 했던 성균관대학이 출현한 것이다.

　나는 선린상고 동기동창이며 당시 술친구였던 J에게 도움을 요청했다. 그는 진학반 출신의 수재로서 성대 법대에 진학하여 4학년 재학 중에 행정고시에 합격하여 내무부에 근무하고 있었다. J는 편입시험 준비를 위한 자료로 성대출판사에서 발행한 《교양국어》와 《교양영어》를 내게 제공해 주었다. 물론 어느 대학이건 간에 수학을 편입시험 과목에 포함시키지 않은 것이 내게는 큰 다행이었으며 때는 시험을 열흘 가량 앞둔 시점이었다.

　당시 나는 무교지점으로 전근되어 근무 중이었는데, 말단이었던 나는 담당 대리를 통해 A지점장께 면담을 요청했고 곧 받아들여졌다. 당시의 위계질서와 관행으로 볼 때 나의 요구는 파격적이었으므로 담당 대리는 자신과 상의할 것을 내게 여러 차례 주문했지만, 나는 이를 완곡히 거부했다. 내 담당 대리가 나를 대신해서 내 의사를 어설프게 지점장께 전달했다가 수용되지 않았을 경우에는 내가 다시 재론하기도 어려운 만큼 나는 지점장 직접 면담을 밀어붙여야만 했다.

　과묵하면서도 호방한 스타일의 A지점장은 내 면담 요청을 받아들였으며 나를 지점장실로 불러들여 면담을 신청한 사유를 물었고, 나는 그분에게 7일 간의 특별휴가를 부탁했다. 나는 요구 사항을 먼저 말씀드린 다음에 사유를 진지하게 설명했다. 문제는 내가 요청하는 대학 편입 시험 준비를 위한 '특별휴가'라는 것은 규정에도 물론 없을뿐더러 내게 허용된 휴가는 이미 다 써버린 상황에다가 그런 전례가 전혀 없는 일이었다. 그분은 내 설명을 듣더니, 내 눈을 뚫어지게 살피기를 5~6초, 그리고는 소파에 뒷목을 기대고 천정을 응시하기를 또 몇 초, 내게는 징그럽게도 긴 시간이었다.

"일 주일 가지고 되겠나?"

"네 그렇습니다."

"그럼, 그렇게 하소."

그는 즉시 서무 담당 대리를 불러 나에 대한 휴가 처리를 지시했다. 그날 늦가을의 무교동 하늘은 그 어느 때보다도 푸르렀다. 나는 책 두 권에 영어사전 한 권, 그리고 노트 몇 권을 가지고 우리 집 다락방에 올라 1주일간을 버텼으며 나는 합격했다. 내가 소망한 성균관대학교 중어중문학과였다. 내 생애 가운데 유구천 뚝방길 이후 처음으로 느끼는 뜨거운 감격의 순간이었다.

9. 분가

선친께서는 올곧은 분이셨다. 1952년 서른여덟의 젊은 나이에 유구 면장의 직위에 오르셔서 5.16혁명기 1년여를 제외하시고는 줄곧 20년을 재직하셨다. 현대사의 격동기, 세월의 형세가 급변할 때에도 묵묵히 외길을 걸으셨으며 슬하의 10남매 모두를 고졸 이상의 교양인으로서 앞가림을 하도록 길러내셨다. '병사계'를 담당하는 면서기의 위세가 대단하고 부정이 난무하던 1960~1970년대에도 당신의 친자식들 모두를 현역에 입대하도록 하실 정도로 청백하셨다.

과도한 학비 부담으로 인하여 가계가 항시 쪼들리자 어머니가 나서기도 하셨다. 어머니는 인근 직물공장에서 인조견을 구입해 그 무거운 봇짐을 머리에 이고 탄광촌인 강원도 정선, 사북으로 떠나시곤 하셨다. 보부상을 자임하신 것이다. 공주를 거쳐 조치원까지는 버스로 가신 후, 조치원에서 청주, 단양, 제천, 영월, 사북에 이르는 석탄 수송 철로 위의 흔들리는 완행열차 안에 계셨던 어머니! 탄광촌과 또 다른 탄광촌을 잇는 검고 거친 태백산맥의 산길과 맹렬하게 맞서셨던 어머니! 발걸음은 그 얼마나 무거우시며 봇짐과 자식들이 짓누르는 당신의 머리는 또 얼마나 아프셨을까?

나는 아내가 1년 남짓 시집살이하던, 신혼시절에 그 알량한 내 월급봉투는 통째로 어머니께 드렸다. 퍽이나 팍팍하고 신산한 시절이었다. 우리 10남매 중 백형과 셋째형께서는 공주사대를 나오시고 출가하신 큰누나도 공주사범학교를 졸업해 모두 선생님이셨지만, 셋째형의 때 늦은 군 복무 탓으로 열 식구가 넘는 대가족을 초등교사인 형수와 내가 부양해야만 했던 녹록치 않은 시절이었다.

셋째형이 전역하여 면목동에 있는 중화중학교 교사로 발령난 뒤인 1980년 말경에 나는 면목동의 본가에 이웃한 작은누나네 집의 반 지하 부엌방으로 따로 살림을 났다.

"(세상의) 길을 나란히 함께 걸어도 서로 어긋나지 않는다. 도병행이불상패道竝行而不相悖." ≪중용≫에 나오는 말이다.

고요에 잠긴 서울 변두리 골목길의 밤, 갓난 딸의 투정이 잦아들고 밤 10시도 넘어 학교에서 돌아온 나는 과제를 처리하려 책상 앞에 앉는다, 우리 세 식구가 사는 단칸방의 문 하나는 부엌으로 통하고, 얄따란 또 하나의 문은 바로 골목으로 연결돼 있다. 골목에서는 가끔씩 찢어지는 오토바이의 굉음에다 "한잔 술에 설움을 타서 마셔도"하는 취객들의 고성과 이웃 아낙들의 수다 소리까지 내 고막을 괴롭힌다.

당시 내가 중용이 강조한 함께 하는 조화로움을 조금이라도 체득했더라면 '함께 걸어도 어긋남이 없듯이' 내 청각도 골목을 그대로 흡수해 버리면 그만인 것을, 그때 나는 무척 힘들어하곤 했었다.

당시의 은행 사무는 물론 아날로그, 아니 그 이전의 사무기기들로 처리했다. 그 가운데 대표는 수판이었다. 무교지점의 인원도 60명이 넘는 대부대였는데도 졸병들은 늘 일에 쫓겨 시달렸다. 당시 나의 담당 차장님은 최 차장으로, 지금의 나처럼 이마가 정수리까지 이어진 반들반들한 대머리에다 범접하기 힘든 날카로운 눈매를 가진 분으로, 별명은 독사였다. 1981년도가 저물어 갈 무렵, 나는 용기를 내어 그에게 접근했다.

"차장님, 제 개인적인 애로를 한번 말씀드려도 되겠습니까?"
"그래, 말해 보게."
"저어... 제가 밤에 학교에 다니기에는 지점의 업무가 제겐 좀 벅찹니다. 그래서 말씀인데 죄송하지만 저를 본점으로 이동시켜 주실 수는 없겠는지요."

그는 아무 말 없이 예의 그 날카로운 눈초리로 한동안 나를 빤히 쳐다보고 나서는 내게 힘 있게 대답했다.

"그래, 어디 한번 해보지."

그의 도움으로 이듬해인 1982년 봄, 나는 본점 관리부로 자리를 옮길 수 있었다. 발령 통지를 받고 나는 독사께 감읍했다. 그리고 그에게 진심으로 감사의 인사를 드렸다. 그는 독사가 아니라 나무꾼의 소망을 이룬 천사였다.

본점 관리부는 그야말로 별천지였다. 내게 부과된 업무 처리는 하루에 서너 시간이면 충분했으며 그것도 오후 다섯 시 정각에 확성기에서 흘러나오는 애국가에 맞추어 태극기를 바라보며 국민으로서의 예를 표한 다음 자유롭게 학교로 향하면 그뿐이었다.

10. 무실務實, 무위無爲, 부화浮華, 모사謀私

돌이켜 생각해보면, 무릇 조직이란 공사의 경우를 막론하고 대략 크게 네 부류의 종사자들로 구성되어 있는 것으로 생각해 볼 수 있다.

첫째는 공리公利에 기초하여 실질을 위해 힘쓰는 부류로서 무실파라고 이름할 수 있다. 이들은 기존의 형식적인 규정이나 구습에 얽매이길 싫어하고 일의 큰 대강을 잡아 일의 경중, 대소, 완급을 가려 오로지 실공實功에 주력하는 사람들이다.

둘째는 윗사람이 보기에는 항상 책상머리에 붙어 앉아서 무엇인가를 골똘히 도모하는데 일의 형식과 말단에 지나치게 매몰되어 일을 하기는 하는데 그 공효가 미미한 무위파들이다.

이들은 대개 아침 일찍 출근하고 저녁 늦게 퇴근하며 별로 특별한 잔무가 없어도 밤늦게까지 야간 초과근무를 하기도 함으로써 특히 공조직의 경우에 아둔한 상사들로부터는 성실성을 인정받기도 한다.

일의 자루를 바로잡아야만 핵심으로 진입할 수 있는데, 이들은 대궁은 건너뛰고 곧장 잎사귀로 건너가 갉아먹는 데만 몰입하는 부류들이다. 그러나 이 무위파들은 규정과 형식을 존중하고 착실히 기록을 남김으로써 무실파들의 빈틈을 메워주기도 한다.

내 판단으로는 일본이 오늘날 이제 좀 먹고 살만해지니까 여러 조직 안에서 이 무위파들이 주류를 점하고 있는데다 그들 특유의 도식 선호 성향이 가미됨으로써 정체에 머물러 있는 것은 아닌가라는 생각이 들기도 한다.

셋째는 최소한도의 제 앞가림은 하면서 사치스러운 말과 화려한 유머를 일삼는 부화파들이다. 이들은 거의 제 좌석에 붙어 있지도 않는다. 당시 은행의 본점(본부)이라는 조직은 일부 부서를 제외하고 여유만만해서, 특히 점심 식사 후에는 커피 한잔과 더불어 선데이서울을 느긋하게 들여다보다가 아예 여기저기 돌아다니며 다른 부서의 동료에게 건너가 잡담을 나누기가 일쑤였는데, 아무튼 이 부화파들도 건조한 조직에 윤활유 역할을 하는 등 그런대로 소용은 있는 존재이다.

끝으로 장시간 자리를 비우고, 공익보다는 사익을 도모하는 모사파이다. 이들은 비록 소수라고는 하지만 시도 때도 없이 매의 눈으로 증권회사 객장이나 드나들며 주식 시세의 동향에 넋이 반쯤은 나가있거나 주식 투자에 직접 참여하기도 하고 한발 더 나아가 부동산 시장에도 특별한 관심을 갖고 있는 부류들이다. 물론 이들도 최소한의 제 할 일은 하지만 사욕에 보다 더 치중함으로써 빈축을 사기도 한다. 아무튼 이런 네 부류의 그룹들이 모여 화목하게 어울려 공생하고 있던 곳이 바로 1982년 당시의 '기업은행 본점 관리부'라고 이제 와서는 감히 논평할 수도 있겠다.

앞서 언급한 《중용》의 구절과 짝하는 말로서 "만물은 나란히 자라나면서도 서로를 해하지 않는다. 만물병육이불상해萬物並育而不相害"라

는 말은 역시 조화를 강조하는 내용이다. 당시 내가 재직하던 기업은
행 관리부뿐만 아니라, 대다수 공기업의 직원들도 다소 차이는 있을지
라도 위와 같은 여러 부류의 사람들이 섞여 조화롭게 삶을 영위했다.

그럼 나는 어느 파에 속했을까? 확실하지는 않지만 나는 이도 저도
아닌 무실務實에 부화浮華를 더한 어중간한 행원이었는데, 나의 직속
상관인 정 과장님이 슬슬 내게 관심을 보이더니 1982년 가을, 내가
학교 수업이 빈 어느 날 그는 나를 데리고 을지로 입구 기업은행 본
점 뒷골목의 허름한 술집으로 향했다.

11. 정과장과 과소평가.

본점은 전국에 산재한 지점들을 지휘 감독 관리하는데 관리부는 지
점들의 부실화된 채권 곧 지점 단독의 능력으로는 회수하기 어려운 연
체대출금을 집중적으로 관리하고 감독한다. 그러므로 관리부에는 돈의
대차貸借를 다루는 민법과 민사소송법에 익숙한 직원들이 필요하게 마
련이었으므로 행원들은 대부분 법대 출신들이 포진돼 있었다. 주로
SKY대 법학과 출신 인사들이 당시 기업은행 본점 관리부를 지휘하고
있었다.

나는 회사정리절차(법정관리)과의 말단 행원으로 근무 중이었는데
내 직속상관인 정 과장 역시 S법대 출신의 나보다 열 살 연상인 얼굴
선이 굵고 체격도 짱짱한 사람 좋게 생긴 호남형의 인재였다. 그런 그
가 내 담당 대리를 제쳐놓고 나와 술자리를 마주한 것이다.

그는 오징어 숙회 한 접시에 진로 한 병을 주문했다. 어쩌면 좀 쪼
잔하게 보일지 몰라도 예나 제나 애주가의 술로는 소주가 단연 으뜸이

고 당시의 수준으로는 안주도 그 정도면 크게 초라하다고 할 수는 없었다.

대개 높은 사람이 낮은 사람을 대할 때는 우쭐대기 십상이고 낮은 사람은 높은 사람 앞에서는 까닭 없이 주눅이 들게 마련이다. 보통 이렇게 상, 하가 마주 앉으면 낮은 사람은 심리적으로 위축되어 높은 사람을 제대로 볼 수 없게 되는 것은 물론이요, 높은 사람이 하는 말을 열심히 듣는 것 같아도 제대로 귀에 들어올 리가 없는 것이다.

그러나 그는 내게 소주잔만 부딪칠 뿐 우쭐대는 표정도 말도 없었다. 나는 마시는 소주가 입으로는 달콤했으나 가슴에까지 이르지는 못하다가 어느 순간 드디어 그가 직장의 직속상관이라는 의식을 떨쳐내고 술맛을 찾을 수 있었다.

그는 간단히 소소한 내 가정 형편이나 묻고 가벼운 업무 얘기만 늘어놓을 뿐 별 말이 없었다. 우리가 소주 각 1병씩을 마시고 그 술집을 나와 종로2가에 이르러 2차로 호프집에 들렀을 때 그는 비로소 내게 용건을 말했다.

"한창섭 씨, 공일날엔 뭐 하시나?"
"공부하거나 주로 부모님 뵈러 갑니다."
"공부는 토요일 오후에 하고 일요일엔 나하구 북한산 가면 안 되겠나?"
".......됩니다."

그는 내게 용무가 있었던 것이다. 그는 생맥주 500CC 한잔만 더 마셨지만 나는 턱없이 부족했다. 나는 생맥주 한잔을 추가로 주문해서 더 마셨다. 그건 그의 제안을 승낙한 데에 따른 작은 대가로써의 '추가'였다.

그 다음 일요일부터 둘은 북한산 등산을 시작했다. 구기동에서 출발해서 대남문, 대성문, 대동문을 거쳐 우이동으로 하산하는 코스로서 약 7km에 이르는 길이다. 내 배낭 안에는 언제나 아내가 챙겨준 진로 2병, 김치찌개거리 한 냄비와 부탄가스 버너 부루스타가 담겨져 있어 우리는 항상 대남문 반대편의 개활지 으슥한 곳에서 풍류를 즐겼다. 그 해 가을 시작한 북한산 등산은 빨간 날이면 어김없이 설, 추석 당일만을 제외하고는 1984년 봄까지 이어졌다.

나는 불과 그 몇 해 전에 기초 공수121기로 특전사의 하늘을 누볐을 뿐 아니라 수도경비사령부 직속 충정교육대 유격 조교로서 북악산 능선 굽이굽이의 다람쥐 굴까지도 세고 있을 만큼 익숙했으나 기실 한편으로는 산에다 대고는 소변도 안 볼 정도로 산이라면 징그러울 때였으므로 주례 행사로 치러야 하는 산행에 마땅히 수동적일 수밖에 없었다.

다행히도 북한산 정기산행은 그가 지방으로 승진 전보됨에 따라 막을 내렸다. 약 1년 반에 이르는 산행 기간 중 그는 사무실에서도 은밀하게, 때로는 대놓고 내게 친밀감을 표시했으며, 나를 자신의 함양 고향집까지 안내했다. 그의 시골집은 비록 조락하긴 했지만 대원군의 진란眞蘭이 안방에 걸려 있을 정도로 한 시대의 성예聲譽를 구가한 고래 등 같은 기와집이었다.

나는 그날 그와 막걸리에 대취해 마음속으로 다짐했다.

"그는 나보다 좋은 환경에 의지해서 먼저 얻었을 따름이다. 그가 이룩한 성취는 나도 얼마든지 가능하다. 나도 이룰 수 있으므로 나 스스로를 과소평가해서는 안 된다.”

12. 대리 승진과 88올림픽 통역 자원 봉사

1983년에 나는 ‘대리자격시험’의 응시 자격을 얻어 그 해에 시험에 합격해 대리 승진 자격을 획득했다. 당시 그 시험은 계속 은행원으로 근무하면서 승진을 하려면 반드시 거쳐야만 하는 일종의 통과의례와도 같은 것으로서 은행 업무 전반에 걸친 이해도를 평가하는 시험이었다. 대개 매년 응시자의 50% 정도가 합격하고 50% 정도는 불합격할 정도의 변별력을 가지고 있었으므로 시험에서 낙방한 재수생들의 부담이 만만치 않았던 제도였다.

나는 1984년 봄에 대학을 졸업했다. 나는 대학에서 문학보다는 주로 어학을 집중적으로 공부하여 급변하는 국제정세 속에서 다가오는 알 수 없는 미래에 대비하고자 했다.

1969년 미국이 냉전 체재를 청산하자는 ‘닉슨독트린’을 발표하면서, 소련에 위기 의식을 느끼고 있던 미국과 중국은 1970년대 초반에 이르러 서로 접점을 찾기 시작했다. 미국 대통령 보좌관인 헨리 키신저가 1971년 여름 중국을 비밀리에 방문하는 비밀외교로 시작된 미국과 중국의 화해 무드는 닉슨 대통령이 중국을 방문해 중국공산당 최고 지도자이며 중국 국가 주석인 마오쩌둥과 마오타이주로 축배를 들면서 한껏 고조되었다.
‘적의 적은 친구’라는 말로 소련에 대한 적개심과 미국에 대한 우호적 제스추어를 보인 중국은 마오쩌둥 사후 실권을 장악한 덩샤오핑이

1978년 개혁개방의 첫발을 내딛고 사회주의 시장경제를 표방하기에 이르렀다. 1979년에 이르자 드디어 미.중 양국은 국교를 수립했다.

당시 우리 대한민국은 박정희 대통령 시해 사건을 시발점으로 정치적 격변기에 돌입하였으나 국시는 여전히 강고한 반공,반북이었다. 그때까지 우리나라의 중국 외교 파트너는 '중화민국(타이완)'이었고 1949년 10월에 대륙에서 마오쩌둥의 중국 공산당이 세운 '중화인민공화국'은 미·중 수교 전까지는 중국의 대표권을 '중화민국'에게 뺏기고 국제사회의 냉대를 받고 있었다.

우리는 이 무렵 일상적으로 타이완을 '자유중국'으로 부르며 중국의 대표권을 인정했고 대륙의 중국을 우리는 중공(中共 Red China)이라고 불렀다. 소련의 철의 장막에 빗대어 중국의 폐쇄성을 상징적으로 표현하던 용어가 바로 죽竹의 장막이다. 이때 우리나라는 중국과 그 어떠한 직접적 교류도 없었고 중국은 그저 적개심의 대상일 뿐이었다.

이렇듯 이념적으로 대립하고 있던 중국과 국교를 트고 교류한다는 것은 요원하게만 느껴지던 시절이었다. 따라서 중어중문학과는 인기가 없었고 중국어 구사 능력을 갖춘다 하더라도 그 효용 가치는 미미했다.

은행의 인사 제도는 경력의 인정에 있어서 낮에는 직장인 은행에서 근무하고 힘들게 야간으로 대학을 졸업해도 입행 이후에 취득한 학력에 대해서는 그 학력을 인정해 주지 않았다.

이런 터무니없는 은행의 인사 제도 자체는 차치하고 고졸과 대졸의 수업 연한의 차이는 4년에 불과함에도 불구하고 경력에서는 7~9년이라는 차등을 두는 것을 나는 순순히 수용하기가 어려웠다.

학력에 따른 경력의 산출 및 신분 결정과 과도한 대우의 차이라는 외형상의 불합리와 더불어 은행원 사이에 중심부와 주변부, 더 나아가서는 문명과 미개로까지 연결되어 갈등의 골을 만드는, 끔찍하기만한 입행 당시의 학력에 의해 결정되는 선천적 계급, 즉 층위의 형성과 이로 인한 은행 내부의 인적 갈등이 내게는 더 큰 문제로 내 자아를 짓누르고 있었다.

물론 어떠한 제도가 확립되고 이어져 내려오는 데에는 그럴 만한 또 그럴 수밖에 없는 불가피한 이유가 있을 것이다. 그러나 나는 당시에 나는 이를 헤아리지 못했다. 아니 불합리하다고 느끼고 있는 악의 제도의 직접적 피해자인 나로서는 그런 이유를 찾아볼 필요가 있을 리 없었다.

은행을 떠난 지 30년이 지난 지금에 와서 생각해 볼 때 그 제도를 이해하지 못할 바는 아니지만, 그때는, 나 자신이 차별 대우의 당사자인 고졸 행원으로서 고통 받고 있었으므로 도저히 그런 불평등 구조를 이해할 수 없었다.

입행 후 은행의 인사 관리 구조를 조금씩 알게 되자 나의 장래에 대하여 느껴지던 절벽을 마주한듯한 절망감과 젊은 날, 처음부터 상위직 진출이 불가능한 것처럼 보이는 직장에서 희망을 잃은 채 살아간다는 것이 나로서는 도저히 견딜 수 없는 고통으로, 이는 마치 천형天刑의 굴레처럼 여겨졌다.

이러한 경력 문제에서의 불만으로 내가 몸담고 있는 은행에 대한 이반의 조짐이 내 마음 속에서 싹트고 있었고, 내가 겪고 있던 이런 불만의 누적은 다른 사소한 일들과 겹치면서 은행을 떠나게 되는 계기가 되었다.

나는 1987년 기업은행 길동지점의 대리로 승진 발령돼, 입행 9년 만인 서른넷의 나이에 책임자로서의 근무를 시작했다.

그리고 이듬해 나는 88올림픽 자원봉사자를 모집한다는 본점 공문을 보고는 망설임 없이 88올림픽 조직위원회로 파견해 줄 것을 본점 인사부에 신청했다. 그것은 사실 국가를 위한 봉사라기보다는 나 자신에 대한 봉사의 취향이 더 강한 자원봉사 신청이었다.

그 때는 내가 중문과를 졸업한 지 4년이 경과할 무렵인데, 대학을 졸업할 당시의 내 중국어 구사 실력 수준은 가벼운 일상 언어를 겨우 소통하는 정도에 불과했다.

나는 올림픽에서의 자원 봉사를 염두에 두고 올림픽이 열리기 반년 전에 종로학원에 입학, 중국어 회화 학습에 전념한 끝에 올림픽 개최 1개월 전인 1988년 8월 나는 올림픽 역도경기장의 중국어 통역단장으로 배치 될 수 있었다.

제4장

감초 사업의 본격화

1. 전쟁과 같은 중국의 기차

1997년 1월 중순 나는 네이멍구 출장을 위해 김포공항으로 향했다. 서로무역을 설립하여 1년이란 세월을 나는 질풍같이 달렸으며, 이제 사업은 정상적인 아니 아주 바람직한 궤도에 진입하였다. 지난 12월 서로무역은 대형 컨테이너 5개 분량인 90톤의 감초편 매출 실적을 기록하여 단숨에 그동안 손해 봤던 자본 잠식분을 만회하고 흑자로 돌아섰다.

그러나 계속 대박을 터트리기에는 사업이 그리 만만하고 간단하지가 않았다. 우선 절편할 원료인 야생 감초 부족이 심각한 문제로 떠올랐다.

그보다 더 심각한 문제는 중국 네이멍구 현지 공장장인 허페이 형의 부인인 형수가 걸림돌로 부상한 것이었다.

그 해 2월 8일이 설(춘절)이었으므로 나는 교통 혼잡을 피하기 위해 여유 있게 미리 출장 기간을 잡았지만 해결해야 할 문제와 더불어 덩커우행 침대칸 기차표 예매도 실패하여 발걸음은 가볍지 않았다.

나의 침대표 담당자인, 이창호를 존경했던 그 열차장이 광저우로 전보되는 바람에 그 효용이 사라졌고 나는 베이징의 서로무역 수출대리회사 담당자인 왕지창王吉昌에게 예매를 부탁했으나 춘절이 임박해서 예매에 실패한 것이었다.

중국 출장길에는 으레 나는 베이징 수도공항에 내려 택시를 타고 베이징역 부근의 중국은행으로 이동했다. 나는 덩커우에서 생산한 감초편을 나에게 수출하고, 또한 그 감초를 수입하는 2중의 역할을 하는 서로무역의 대표였다. 나는 감초 수출 대금을 위안화로 인출하여 이를 지참하고, 베이징역으로 향하고는 했는데 매번 기차출발 시각에 늦지 않게 역에 도착하기란 여간 빡빡하지 않았다.

그때는 인천공항도 개항 전으로 당시 김포-베이징 항공노선은 매일 단 두 편에 불과했다. 낮 12시 20분발 첫 비행기를 탑승해도 오후 4시 30분 베이징역을 출발하는 덩커우행 K177열차 시각에 맞춰 베이징서역에 도착해서 열차에 탑승하기가 무척 버거웠다. 그래도 그 선택이 베이징에서 하루를 유숙하지 않을 수 있는 유일한 방법이었다. 중국 은행원들의 환전 업무 처리는 엄청나게 굼떴고 나는 기차 시간에 늦지 않으려고 캐리어와 낡은 돈 배낭을 등에 매달아 끌고 역을 향해 달려야 했다.

당시 열차 출발시각 10분 전까지 검표구역에 도착하지 못하면 잔타이(站臺: 플랫트 홈)에의 진입을 역무원들이 봉쇄했다. 간혹 3~4분 지각했을 경우엔 검표원에게 뇌물을 주고 들어갈 수도 있었는데 이때 검표원 곁에 대기하고 있던 포터는 내 캐리어를 인계받아 나와 함께 잔타이로 내달렸다. 검표원에게는 10위안의 헤이첸(黑錢: 뇌물)이, 검표원과 결탁한 짐꾼에게는 5위안의 수고비가 쥐어졌다.

그날 나는 시간이 매우 촉박해서 그만 역 잔타이에서 '아웃'될 뻔했지만, 열심히 달려서 간신히 '세이프'됐다. 아직 춘절까지는 일주일도 더 남아 있었지만 기차는 출입구에서부터 완전히 헝클어진 콩나물시루였다.
나는 이런 위기 상황에 대비해 고의로 너덜너덜한 배낭을 가지고 와서 평범한 가방으로 위장했지만 한화로 1억 원 넘는 돈이 들은 배낭에 신경이 쓰이지 않을 수 없었다. 누군가가 자신의 사지를 마땅히 둘 곳이 없어 내 배낭 위에 팔을 얹을 때는 나는 단호히 그것을 끄집어 내렸다.

차내에서 이산가족이 된 중국인들이 재회를 위해 그 바늘구멍을 비집고 고함지르며 통로를 이동하곤 했다.

랑 이샤!(讓一下! 잠깐 좀 비켜주세요.), 궈 이샤!(過一下! 잠깐 좀 지나갑시다). 중국인들의 자기중심적인 속성은 그들이 사용하는 언어 속에서도 그대로 드러난다. 영어의 '익스큐스 미(Excuse me)'라던가 우리말의 '미안합니다.'와는 그 의미가 사뭇 다르다. 물론 소수지만 교양과 품위를 갖춘 사람들은 '두이부치'(對不起: 당신에 대해 허리를 펼 수 없다)라는 말을 사용하기도 하지만, 치열한 생존 경쟁을 벌이고 있는 짐짝 열차 안의 절박한 상황에서 그런 말은 사치에 불과하기도 하다.

나도 고교 시절 콩나물시루 같은 시내버스를 헤집고 몇 차례 이삿짐을 옮긴 경험이 있는 베테랑으로 자부하고 있었지만 이 건 좀 차원이 달랐다.

그 콩나물시루 속을 헤치며 승무원들이 비집고 들어와 검표를 하는데, 승객들은 그나마 그들의 권위를 인정해 힘껏 몸을 뒤로 제쳐 검표를 위한 통로를 확보해 준다.

나도 그렇지만 적지 않은 승객들이 표를 사지 못한 채 열차에 올라온 무임승차 승객이다. 중국의 기차들은 대부분 그런 경우를 보완해 주기 위해 식당칸 옆 차량인 8호차에 매표소를 설치하고 차표를 판매한다. 바로 이 시스템을 '상처부퍄오'(上車補票: 기차에 올라 차표를 보충함)라고 하는데, 중국인들의 풍부한 융통성을 보여주는 제도이기도 하다.

2. 한족 열차장

나는 이런 위기 상황에서는 열차장과 접선해야 한다는 것을 경험을 통해 잘 알고 있었다. 나는 대개의 차장들이 얼쩡거리고 있는 식당 칸 방향으로 이동했다. 나는 대한민국 육군 수도경비사령부 유격대의 경험을 되살려 고지를 돌파하듯 식당칸 문 앞에 이르렀는데, 평소와는 달리 문은 굳게 잠겨져 있고 식당 안은 몇몇 조리사들과 열차장과 승경장乘警長이 텅 빈 식당 칸의 식탁 테이블에 마주 앉아 담소를 나누고 있었다.

오후 6시가 되자 비로소 식당 칸의 문이 열렸다. 나는 필사적으로 선두 그룹과 함께 우르르 입장하여 식탁 한편을 나의 영역으로 확보했다. 음식을 주문한 승객들에게만 식탁을 사용할 수 있는 권한이 주어지는 것이 중국 기차의 규칙이기 때문이었다. 나는 곧바로 승무원에게 '돼지고기 마늘쫑 볶음'과 '닭고기 고추 볶음' 그리고 계란탕과 밥 한 공기를 주문했다. 가격은 모두 14위안으로 당시의 환율로 우리나라 돈으로 치면 한 1,500원 정도 되는 돈을 선불로 계산한 후, 나는 대각선 맞은편의 차창 가에 앉아서 식사하고 있는 열차장을 주시했다.

나는 서둘러 식사를 끝내고 역시 식사를 마치고 뜨거운 차를 홀짝거리고 있는 차장에게 접근해서 대화를 시도했다. 나는 그에게 여권을 보여 주었다. 대부분의 경우와 마찬가지로 그의 반응도 나쁘지 않았다.
그는 주윤발을 연상케 하는, 이목구비가 수려한 삼십대 중반의 미남이었다. 다른 젊은 열차장들과 마찬가지로 그도 아마 철도대학을 나온

엘리트로 보였다.

내가 그에게 말을 붙이자 그는 식탁 맞은편에 앉아 있던 승경장에게 양해를 구해 그에게 자리를 양보 받은 후 내게 그 자리를 권했다. 그는 내게 차를 권하며 이런저런 질문을 시작했다.

늘 그렇듯이 중국인들이 질문하는 내용과 내 대답은 거의 비슷비슷하다. 국적과 주거지, 가족 관계, 그리고 여행 목적지와 목적 등의 기초 질의, 응답을 거치게 되면, 이제는 개인의 취향에 따라 질문의 방향이 정해진다. 나는 그의 배려로 인한 안도감과 식곤증으로 피로가 엄습하는데도 눈을 부릅뜨고 그와의 대화에 진지하게 임하지 않을 수 없었다.

그는 철도인 답지 않게 역사를 좋아하는 것으로 보였다. 임진왜란을 필두로 하여 한국전쟁과 현대의 국제상황에 이르기까지 장황한 웅변을 내게 늘어놓았다.

나는 맥주 두 병을 주문해 그와 마시기 시작했다. 그의 히스토리는 지루한 스토리로 이어졌다. 중국인들은 역사관에서도 자기들 중심 즉, 중화중심주의가 여실히 드러난다. 임진왜란을 항왜원조전쟁(抗倭援朝戰爭: 조선을 도와 일본에 대항한 전쟁)이라 하고, 6·25동란을 항미원조전쟁(抗美援朝戰爭: 미국에 대항해 북조선을 도운 전쟁)이라 부른다.

그 전쟁들은 자신들의 '입술이 없으면 이가 시리다'는 순망치한脣亡齒寒의 논리에 따라 수행한 전쟁으로서 엄밀히 따지면, 임진왜란이나 북한의 6.25 남침으로 촉발된 한국전쟁에 군대를 파병한 것은 조선이나 북한을 돕기 위해서라기보다는 그 전쟁들의 전장이 제 나라로 번져오는 것을 막기 위한 전략이기도 하며, 한편으로는 우리 한반도를 한낱 입술로 치부해 버리는 태도에 다름 아닌 것이다.

특히 6.25는 이념이 덧붙여진 전쟁이다. 중국공산당은 1950년 11월 순수민간단체로 위장한 '항미원조총회'를 결성하고 회장에 저명한 문사인 궈모뤄郭沫若를 앉혔다. 총회는 '항미원조'에다 '보가위국'(保家衛國:가정과 나라를 지키자)를 추가했다. 애국심에 불이 붙은 걸도 모자라 광기에 휩싸였다. 노동자들은 월급을 자진 반납했으며 농민들은 숨겨놓은 최후의 돈을 헌납했다. 중국의 가을은 웨딩시즌이다. 이 때 갓 결혼한 4만 여명의 청춘들이 조선파병지원군 입대에 서명했다.

나는 열차장의 웅변에 대꾸하지 않고, 두 전쟁 모두 그 명칭에서 드러나듯 그들이 우리 대한민국을 적대시하지 않는다는 점을 그저 위안으로 삼았을 뿐이다.

나는 추가로 맥주를 더 주문하고 취기가 좀 오를 무렵 내가 역공에 나섰다.

한족이냐고 묻는 내 질문에 그가 그렇다고 대답했다. 그는 마치 확인이라도 시키듯 자신의 비닐 커버가 씌워진 신분증을 내 코앞에 바싹 들이댔는데 역시 종족 란에는 한족이라고 쓰여 있었다.

나는 한줌도 안 되는 그 숫자로서, 한족의 1%에 불과한 만주족의 청나라에게 정복당한 한족들의 수모의 역사를 꺼냈다.

"당시 한족들은 수모와 울분에 휩싸인 채 오랑캐라고 경멸하던 만주족의 변발과 복식을 받아들여야만 했습니다. 그러나 이웃한 조선은 우리 한민족 고유의 상투와 한복을 유지한 것은 말할 것도 없고 정신문화를 한층 끌어올려 멸망한 명나라를 제치고 '소중화小中華'를 지켜냈습니다."

이러한 논조의 내 말에 그는 별 대구를 하지 못한 채 얼굴에는 취기와 함께 수치를 더한 듯 불그스름해졌으므로 나는 곧바로 화제를 현대로 바꾸었다.

1990년대 후반인 당시에는 '쓰샤오룽四小龍'이란 말이 자주 회자됐었다. 바로 한국과 타이완, 홍콩, 싱가포르의 발전상을 한데 묶어 중국이 만들어낸 말이었다.

내가 쓰샤오룽이란 말을 꺼내기가 무섭게 그는 신이 나서 목소리를 높여 그 나라들을 장황하게 칭송하기 시작했다. 당시 중국인들은 그 쓰샤오룽이라는 말을 퍽이나 즐겼다. 왜냐하면 한국을 제외한 셋 모두가 중국 사람들이 자신의 일부이거나 형제로 여기는 지역이기 때문이었는데, 나는 거기에 대해서도 반론을 제기했다.

대한민국은 그 영토와 인구, 그리고 경제력 면에서 볼 때, 중국인들이 대륙의 하나의 성省으로 간주하는 타이완과 중국으로 반환될 일개 도시에 지나지 않는 홍콩(당시는 홍콩을 영국이 중국에 반환하기 전이었다), 그리고 70%가 화교로 구성된 조그만 도시국가인 싱가포르와 한국을 같은 반열에 놓는 것은 매우 무리하다고 나는 주장했다.

그래서 쓰샤오룽이란 말은 어폐가 있으며, 굳이 한국과 그들을 함께 칭하려면 1대 3소룽1大 3小龍으로 표현하는 것이 적절하다고 나는 주장했다.

나는 침대 하나가 절실히 필요한 내 처지는 잊은 채 열차장과 느긋하게 대화를 나누었다. 그런데 저녁 8시가 되자 대화중인 나를 제외하고는 의자에 앉아 있던 다른 승객들은 식당 복무원들에 의해 모두 쫓겨났다. 내가 침대 하나를 안배해 줄 것을 차장에게 부탁하자 차장은 밤 10시 경에 대도시인 다퉁大同에 도착하면 그때 빈 침대를 나한

테 우선 배정해주겠다고 하면서 그 때까지는 내가 계속 식당 칸에서 쉴 수 있도록 배려해 주었다.

그날 그는 성숙해 보이지는 않았으나 국량은 그리 좁지 않은 나의 조력자가 되어 내게는 숱한 고난의 여정 가운데 하나의 추억으로 자리매김했다.

3. 형수 허위즈賀玉芝와의 갈등

기차는 크게 연착하지 않을 경우 대개 18시간 정도 걸려서 이튿날 오전 11시 반경에 덩커우에 도착하는 것이 보통인데 그 날은 12시가 넘어서야 덩커우에 도착했다. 허쥔이 마수의 지프차 운전대를 잡고 허페이 형과 원롄 그리고 마수가 나를 마중했다. 그곳의 겨울 추위와 황사바람은 가혹하기 그지없었다.

바라궁으로 통하는 황하는 두껍게 얼어붙어 승용차들이 얼음 위로 자유롭게 건너다니고, 멀지 않은 고비사막에서 생겨난 황사는 마을과 도로를   뒤덮어버렸다. 황사는 무극無極의 카오스처럼 모래바람이 지상의 혼돈을 휩쓸어 하늘에 쏘아 올려 태양을 차단한다. 우리가 공장으로 향하는 도중에도 거친 모래는 차창을 때리고 검은 거리엔 인적이 끊겼다.

늘 그렇듯이 공장 안의 형네 살림 칸에선 형수가 종종걸음으로 달려나와 내손을 잡고 반가워했다. 나는 미소로 대응을 하면서도 내심은 별로 반갑지가 않았다. 지난 연말에 출장을 왔을 때 여러 직원들로 부터 들은 형수에 대한 흉악한 소문 때문이었다.

장페이메이張培美, 왕펑어王豊娥, 장아이링張愛玲과 형의 처남댁인 왕린펑王琳楓 등의 그 동네 아낙들은 내가 형과 인연을 맺기 전부터 형댁과 왕래하던 이웃들이었다. 그녀들은 공장 설립 전부터 우리를 도와 한 달 가까이 부엌일을 도맡았음은 물론 고관들 속에 섞여 손님들의 주흥 도우미 역할도 마다하지 않았던 나의 소중한 창립 공신들이었다. 나는 공장 취업 초기부터 이들에게 급여를 우대했다.

지난 출장 때 이들 모두가 쉬쉬하며 내게 밀고한 것은 한결같이 형수 허위즈의 탐욕과 비리에 관한 것이었다. 어찌 보면 사소한 일로 넘길 수도 있는 사안이었는데, 바로 그것은 형수가 수시로 처젠(공장작업장)에 드나들며 트집 아닌 생트집을 잡아 괜스레 몇몇 일부 공원들에게 미운털을 박아놓았다. 또 사악한 말로 그들에게 상처를 입힐뿐만 아니라 퇴근 후에는 예의 장페이메이 등을 자신의 방으로 불러들여 마작판을 벌이는데, 그것도 마작의 정당한 승패와 관계없이 자신의 사악한 욕심을 채우고 있다는 것이었다.

성현들의 가르침도 그렇듯이 내가 이들의 밀고만 믿고 행동에 나서는 것은 부적절할뿐더러 더구나 상대가 허페이 형의 배우자인 '형수'이기 때문에 나는 신중을 기했다. 그날 저녁 나는 괜찮은 식당을 전세 내서 전 직원 회식 자리를 마련했다. 춘절도 가까워진데다 지난 11월을 마지막으로 나는 그들과 회식 자리를 함께 하지 못했으므로 이번에는 전 직원 및 그들의 배우자와 가족 모두를 회식에 포함시켰다. 참석 인원이 300여 명에 달하는 대규모 회식으로 마수의 가족을 비롯해 공상국장과 농업국장 등 고위 공직자와 그 가족들도 대부분 참석했으며 허페이 형은 그들에게는 별도의 룸을 배정했다.

당시 덩커우의 물가는 환상적이었다. 우리는 회식에 이어 2차로 시내에 하나뿐인 나이트클럽에 들러 온 동네 사람이 춤판을 벌였는데도 전체 비용은 우리나라 돈으로 30만원을 넘지 않았다. 나는 그날 저녁 음주를 자제하고 우리 공원들의 각조 조장들과 허페이 형의 측근인 회계 담당 자오하이샤, 그리고 마수에 이르기까지 은밀히 접촉해 형수에 대한 정보를 수집했다. 그리고 그 결과를 종합하고 나서는 나는 매우 엄중한 일이라고 판단했다. 형수는 분명 팥쥐 어미를 능가했던 것이었다. 내 생각은 태산도 쥐새끼 한 마리가 무너트릴 수 있다는 데까지 이르렀다.

다음날 나는 10시가 지난 늦은 시간에 원렌이 나를 깨우는 바람에 잠자리에서 일어났다.

나는 원렌이 이끄는 대로 양치하고 세수를 한다. 그가 나를 좋아하고 아끼는 마음은 태양의 운행과도 같이 궤도를 이탈하지 않는다. 내가 만일 나에 대한 원렌의 뒷바라지를 사양한다면 그의 착한 마음씨를 꺾어 그에게 상처를 주게 될 수도 있으므로 그가 내 칫솔에 치약을 묻혀 주고 대야 2개에 세숫물을 담아놓고 수건을 받쳐 들고 내 옆에 서 있는 그의 정성스러운 마음을 나는 받들어야 한다. 그의 발달장애는 지적 성장은 저지했지만 그의 착한 마음을 동심에 머무르게 함으로써 맹자와 이탁오가 찬양한 지선지순至善至純한 '적자지심赤子之心'이 그에게 고스란히 잘 보존되어있는 것이다.

나는 허페이 형에게 감기 기운이 있다고 말하고는 내 방에서 이틀간을 칩거했다. 때가 되면 원렌이 나를 주방으로 불러내서 허페이 형의 가족과 같은 가정부, 샤오자오와 함께 식사를 했을 뿐, 나는 두문불출했다.

내가 허페이 형수에게 그릇된 행동을 한 적은 없었는지, 마음속으로부터 우러나오는 예를 다하여 그들을 대할 때 진실한 마음으로 대했는지, 그들에 대한 나의 신의가 가볍지는 않았는지, 새삼스럽게 전통적 중국 사회의 외척의 지위와 위세에 이르기까지 나는 수많은 되새김 끝에 심적인 갈등을 마무리했다. 나는 마음의 준비를 단단히 한 후 형과 형수를 내 방으로 오게 했다.

나는 형수의 학대로 말미암은 우리 공원 두 사람의 비자발적 퇴직에서부터 시작하여 적지 않은 공원에 대한 부당하고도 과도한 언행, 그리고 작업이 끝난 시간에 그들의 의사에 반하여 피곤한 직원들을 억류하다시피 잡아두고 벌인 사치 행위에 가까운 마작놀이 등에 대해 형수의 눈을 똑바로 마주 보면서 질타했다.

이에 형수는 벌떡 소파에서 일어나더니 눈을 크게 뜨고 큰 목소리로 부인했다. 사람을 살피는 데는 눈동자보다 더 좋은 것은 없다. 눈동자는 그 사람의 악을 감추지 못한다. 거짓을 말할 경우, 눈동자는 여지없이 초점을 잃고 흔들리기 마련이다. 그녀의 눈동자가 바로 그랬다.

허페이 형은 그녀를 진정시켜 자리에 앉도록 했다. 나는 말을 계속이었다. 나는 자신을 해치는 자와 세상을 함께할 수 없고 더욱이 자신을 내팽개치는 자와는 함께 길을 갈 수 없다고 말하고, 형수의 직원들에 대한 마음가짐과 행위들은 그들을 해코지한 것을 넘어 형수 자신을 해친 것이라는 점을 차근차근 설명했다.

나는 샤오자오를 불러 술과 안주를 가져오게 해서 두 분의 술잔에 술을 가득 따르고 이어 허페이 형이 내 술잔에 술을 가득 부어 채우자, 내가 그들에게 진주進酒의 예를 표한 다음, 우리는 술잔을 말리고 그리고 한동안 침묵이 흐른 후, 나는 이번에는 형에게로 시선을 돌려

다시 말을 이어 갔다.

"우리가 직원들의 마음을 얻지 못하면 당연히 직원들은 기쁜 마음과 순종하는 마음으로 일에 정성을 다하지 않을 것입니다. 그러니 우리가 직원들의 마음을 얻어야만 감초편의 품질 향상을 기대할 수 있는데 우리 공장에서 아직까지도 감초편 생산이 제 궤도에 이르지 못하여 깔끔한 A급 제품을 만들어내지 못하는 까닭은 무엇입니까?

내가, 이 동생이 공장 마당에서 직원들과 마주칠 때 마다 먼저 허리를 굽혀 인사하는 것은 허례가 아닌 진심으로 그들을 섬기는 것입니다.

형은 '높은 자가 아랫사람을 섬길 때에 천하가 즐겁다'라는 맹자의 말씀도 못 들어보셨습니까?"

형은 고개만 끄덕이고 겸연쩍은 웃음만 내게 보낼 뿐 한숨을 몰아쉬며 내게 술잔을 권했으며 나는 다시 연거푸 건배를 제의했다. 형수는 평소에는 비주류 체질로 술을 마시지 못했는데, 그날 오후에는 우리 셋이 모두 다 대취했다. 형수는 자신의 과오를 인정하고, 내게 시정을 약속했다.

나는 그 자리에서 내 캐리어를 열어 서울에서 미리 준비해간 형수의 설 선물로 화장품 한 세트를 형수에게 안겨주었고, 원렌을 불러서는 모나미 볼펜 한 다스를 선물했다. 그리고 형수에게는 더 큰 선물을 안겨 주었는데 그것은 내가 그녀에게 작업장에는 들어갈 필요도 없이 일반 공원들 월급의 3배가 넘고, 그곳 현장님의 월급보다도 더 많은 금액인 1000원씩을 곧바로 2월부터 지급하기로 약속했다.

4. 닝사寧夏 우중吳忠 출장

1996년 12월 덩커우 출장 중에 나는 감기가 심해져서 덩커우현 의
원을 방문해 진료를 받은 적이 있었다. 우리나라의 시립병원에 해당하
는 시내에서는 가장 큰 의원이었다. 나를 처음으로 진료한 의사는 우리
나라의 한의사에 해당하는 50대로 보이는 여성 중의생中醫生이었다.

그녀는 나의 맥을 짚고 체온을 체크한 뒤 혀를 내밀라고 하여 살피
더니 내게 간단히 열이 난 기간과 몸살의 통증 정도 등에 대해 물었
다. 그녀의 흰 가운은 빛이 바래 누래진데다 청결하지도 않았을 뿐만
아니라 내 맥을 짚었던 엄지손가락도 좀 불결했다. 나는 그 중의생이
적어준 처방전을 들고 간호사의 안내에 따라 또 다른 진료를 받았다.
이번에는 양의생洋醫生이었다. 그는 중의생이 발급한 처방전을 잠시
훑어보고 나서는 내게 청진기를 들이대는 등 우리의 양방 병원 방식으
로 나를 진료했다. 그러니까 요점을 말하자면 중국의 의료 시스템은
중의학과 양의학 협진 의료 체계였다. 나는 두 장의 처방전으로 의원
내 두 곳의 약국에서 환으로 된 중약(한약)과 그리고 양약을 받아 복
용했는데, 결과는 대체로 만족스러웠다.

한편 시내 약국에서는 의약 분업 체계가 아니었으므로 마음대로 약
을 구입할 수가 있었다. 어림잡아 80% 이상이 생약인 중성약中成藥이
었으며 TV광고도 반 이상이 중성약 광고로 도배를 할 정도였다. 따라
서 중국의 약재 수요는 가늠할 수 없이 많기 때문에 '약방의 감초'라
고 하여 한의원에서 약을 지을 때 들어가지 않는 곳이 없다는 필수

약재인 감초의 중국 내수 시장 수요는 상상을 초월했다.

문제는 감초의 집중적 채취 기간인 가을에 공장 주변의 생산지에서 가능한 한 모든 역량을 투입하여 감초를 사들인다고 하더라도 전국의 수많은 제약회사 구매 담당자들과 감초 수집상들이 한꺼번에 몰려드는 탓으로 허페이 형이 단골들을 일정 부분 확보해 놓고 있다고 하더라도, 매월 100톤에 이르는 감초편의 원료인 통감초를 구입하는 것은 거의 불가능해 보였다.

형은 역외, 이를테면 덩커우에서 수백 킬로미터 내지 일천 킬로미터 이상 떨어진 소규모 감초 산지이거나 집산지의 과거 거래처에 연락을 취해 상황을 파악했다. 형은 네이멍구 우위안현五原縣 부근에 20톤, 닝샤 회족 자치구의 우중吳忠에 25톤, 간쑤성 위먼玉門에 60톤 정도의 물량이 있음을 확인하고 내게 동행할 것을 권했다. 늘 그렇듯이 대부분의 원료는 내가 출장 와서 동행할 경우를 제외하고는 허페이 형이 단독으로 구매했다. 나는 그 결과에 대해 전적으로 신뢰를 표시하여 형과 나 사이에는 조그마한 틈새도 없었으므로, 형의 출장 제의도 순수한 것이었다.

중국은 넓고 약재산지도 전국에 많이 산재하여 있었다. 감초 한 품목만으로는 회사발전의 수익 증대에는 한계가 있고, 이런 원료 부족 사태 같은 난관에 직면할 수밖에 없기 때문에 나는 연말에 이미 사업 품목의 확대 계획을 수립해 놓고 있었다.

당시 자유로운 수입 허용 품목으로서 무역 통계상으로 물량을 연간 100톤 이상 넘게 수입하고 한 근에 5000원을 초과하는 약재로 원지遠志, 황련黃連, 패모貝母 등의 약재가 있었다. 나는 이런 약재들을 수입할 생각으로 춘절이 지나면 그 약재들의 산지를 개척해 나가기로 마

140

음먹고 있었으므로, 형과의 원료 구매 출장은 경험 축적의 좋은 기회이기도 한 것이었다. 우리는 비교적 가까운, 약 300여 킬로미터 떨어진 닝샤의 우중으로 출장지를 정하고, 나는 마수에게 그의 소유인 '베이징 2020' 지프차를 렌트해 줄 것을 요청했다.

덩커우에서 인촨에 이르는 왕복 2차선 국도변

양고기 30근과 마오타이주 2병을 춘절 예물로 사들고 그의 집을 방문한 자리였는데 그는 흔쾌히 물론 무상으로 지프차를 빌려주었다. 중국 출장 닷새째 되던 날에 나는 형과 샤오자오 그리고 기사인 히친과 함께 우중을 향해 출발했다. 하늘은 차갑고 푸를 대로 푸르렀으며, 기온은 영하 25도를 밑돌았으나 바람은 그 숨을 잠시 정지한 길일이었다.

우리는 덩커우에서 남서 방향으로 왕복 2차로 포장도로인 109번 국도를 타고 우하이烏海, 인촨銀川 등지를 경유해야만 했다. 연도에는 붉고 단단해 보이는 적갈색 황무지와 거친 모래 구릉으로 이어진 사막들이 교차하며 나타날 뿐 민가는 보이지 않았다.

우리는 2시간을 달린 후 첫 번째 민가인 도로변의 식당에 점심 식사를 위해 들렀다. 도로를 사이에 두고 마주한 대여섯 집의 식당 중 하나였는데, 우리는 차에서 내리기가 무섭게 추위를 피해 식당으로 뛰다시피 들어갔다. 그곳은 우하이시의 경내로 평지인데도 대지는 온통 석탄으로 뒤덮여 있었다. '우하이烏海'라는 이름답게 온통 석탄의 '검은 바다'였다.

5. 겨울 네이멍구에서 떠오른 육손이 누나

우리는 식당 홀 중앙의 석탄 난로 주위에 둥그렇게 둘러앉아 추위를 녹였다. '베이징 2020'이란 마수의 지프차는 순수한 중국산 차량으로 그 성능과 편의성은 외제차에 비해 낮아서 속도를 70km 이상으로 올리면 탱크처럼 소음과 진동은 요란했다. 더 큰 문제는 냉난방 장치가 부착되어 있지 않아 그대로 추위와 맞서야만 했다. 헤비 스모커인 허페이 형은 매서운 추위 때문에 차창은 열지도 못하는데도 연신 담배를 피워대고, 거기에다 나와 허쥔도 간간이 반주를 맞추고 있었으니 차 안의 공기는 격심한 오염으로 찌들어 있었다. 샤오자오는 안중에 두지도 않은 채. 나는 중국에서는 보통 중상위권인 한 갑에 5위안 정도 하는 중국 담배를 피웠는데 허페이 형과 함께 출장길에 오를 때면 형은 항상 내 주머니에 '중화' 담배 한 갑을 찔러 넣어주곤 했다. '중화'는 중국을 대표하는 한 갑에 50원 정도 하는 당시 중국의 최고급 담배로, 우리끼리 있을 때는 피지 않는 과시용 접대 담배였다.

허페이 형은 식당 여주인에게 새끼양고기 볶음 요리를 주문하면서 내가 싫어하는 향채는 빼고 좀 매콤하게 조리해 줄 것을 요구했다. 나는 그에 "자 이디얼 젠자오 허 투더우.(피망과 감자를 좀 넣어주세요.)"라고 덧붙였다.

프랑스 미식가들이 즐겨 먹는 값비싼 새끼양고기요리는 그곳에서는 중산층들이라면 손쉽게 닿을 수 있는 음식이었는데, '새끼'란 의미는

142

생후 6개월 이내의 어린 양을 말하는 것이다. 그 식감의 유연성은 다른 육류들의 추종을 불허하지만 나는 '새끼'를 씹어 넘길 때는 반주와 함께 함으로써 식도의 역겨움을 달래야 했다.

중국식 장아찌와 절임무를 식탁에 올리는 여남은 살 정도로 보이는 여종업원의 손등은 추위와 잦은 찬 물 접촉으로 거북등처럼 갈라진 틈새로 붉은 핏빛이 비칠 정도로 갈라져 있었다.

나는 그 순간 내 초·중학교 시절의 명옥이 누나가 떠올랐다. 그 정도는 아니라도 누나의 손등도 비슷했다. 내가 열 살 되던 해 어느 날 선친께서는 그 누나의 부친과 함께 그녀를 데리고 우리 집에 들어서셨다. 그녀는 우리 집에서 8km 가량 떨어진 입에 풀칠하기도 어려운 명곡리의 비농 출신이었다. 입을 하나 줄이려는 그녀의 부친께서는 중간에 사람을 붙여 선친께 청탁했고, 선친께서는 그녀 부친의 조건을 수락하고 그녀를 우리 집 가정부로 받아들인 것이다.

물론 우리 어머니가 주로 가사를 맡으셨지만 열 식구 집의 잡다한 가사의 짐을 열다섯 살 명옥이 누나가 짊어지고 감내하기에는 힘겨웠을 것이다. 그녀의 입은 늘 뾰로통 솟아올라 있었다. 겨울이면 어김없이 어머니께서 글리세린이나 구루무(Cream)를 발라 주시긴 했어도 그녀의 손등은 붉게 터져 있었다.

그녀는 육손이었다. 엄지손가락 바깥쪽에 엄지보다는 좀 작은 손가락 하나가 덤으로 쓸데없이 매달려 있었다. 그게 바로 그녀를 고통의 나락으로 떨어뜨린 미운 오리새끼였다. 이제 막 사춘기로 들어선 그녀로서는 그것은 천형이었다. 그녀의 부친이 내건 조건은 그 손가락을 수술로 제거하고 때가 되면 마땅한 혼처를 정해 그녀의 혼사를 치러 달라는 것에 불과했다.

당시 어머니와 나는 각각 그녀를 위무하기 위한 나름대로의 노력을 기울였다. 어머니는 당시 유구국민학교 교사였던 큰누나가 어머니에게 사다 드리는 유구극장 티켓을 거의 매번 그녀 손에 들려 저녁밥을 먹은 뒤 영화 구경을 시켜 줌으로써, 신성일을 무척이나 좋아했던 그녀의 어린 마음을 달래 주셨다.

나는 자발적으로 그녀의 고된 일거리 중 하나인 부엌에 걸려 있는 무쇠 솥에 물을 채우는, 결코 쉽지 않은 일을 도맡아 해냈다. 부엌에서 샘까지의 거리는 불과 7~8m 정도에 지나지 않았지만 우리 집 샘의 깊이는 동네에서 가장 깊어 두레박질을 반복하다 보면 팔은 늘어지게 뻐근해졌다. 부엌의 문지방은 높기만 하고, 직경이 1미터도 넘는 커다란 가마솥에 물을 가득 채우려면 아직 여물지 않은 어린 내 사지로서는 분명 벅찬 일이었다. 나는 간혹 툴툴거리기도 했지만, 묵묵히 물을 길었다. 그리고 나서는 아궁이 앞에 주저앉아서 아궁이에 불을 지펴서 물을 데우는 데까지가 내가 하는 일이었다.

그 무렵 나는 추운 겨울날 아침 일찍 일어나 우리 가족을 위한 난방과 온수 공급이라는 중요한 두 가지 역할을 수행했던 것이다.

우리 어머니는 약속하신대로 엄지손가락 곁에 붙어 있던 여섯 번째 손가락을 제거한 뒤 그녀가 스물한 살 되던 해에 유구천 냇물 건너 우리 작은아버지 댁의 성실한 상근 농사 일꾼인 O씨에게 중매하시고 둘의 의사를 확인한 후 혼처를 정하셨다. 그리고는 이불 두 채를 손수 지으시고 장롱과 여러 가지 부엌 세간살이, 일상 입을 옷가지 등 혼수를 장만하셔서 친딸처럼 그녀의 혼사를 치러 주셨다.

6. 마자탄馬家灘의 마 라오판馬老板

우리는 목적지인 우중 마자탄馬家灘을 향해 길을 재촉했다. 우리가 우하이 시내를 지나고 닝샤후이족자치구寧夏回族自治區의 수도인 인촨을 통과한 뒤 1시간가량을 정남 방향으로 더 달려 다시 황하대교를 건너서 우중시에 도착했을 때, 해는 벌써 서편 지평선 너머로 숨어들고 있었다.

허페이 형의 말로는 마자탄까지는 아직도 100여km를 더 남기고 있다고 한다. 지방도로로 길을 접어들자, 낡은 포장도로와 비포장도로를 교차하여 달리는 지프는 덜컹대기를 반복했다. 뒷좌석의 내 엉덩이도 덩달아 거푸 뛰어오르는 바람에 그때마다 나는 차량의 천정에 헤딩하지 않으려고 전신에 힘을 주다보니 내 몸은 오히려 잔뜩 경직되어 반사적으로 반응하고 있었다.

우리가 스거우역石溝驛에서 동쪽 길로 우회전했을 땐 광활한 평원의 차고 맑은 밤하늘에는 이미 크고 작은 별들이 찬란하게 피어나기 시작하고 있었다. 우리 일행을 실은 차는 대륙의 밤하늘 아래를 덜컹거리며 사막과 성근 목초지를 가로지르며 앞으로 나아가고 있었다.

한족들 대다수는 자신의 주변 환경은 물론이고 직면하고 있는 사물들에 대해서도 별 관심이 없다. 이것저것 궁금한 것을 묻는 내 질문에도 참으로 두루뭉술한 대답이나 돌아올 뿐이다. 차안에서 나는 간간이 목적지까지의 남은 거리와 사막의 측백나무 잎 모양을 한 땅딸막한 다년생 수목의 이름이라든지, 닝샤寧夏의 개략적인 회족(이슬람족)의 인구

비율 등에 대해 허페이 형에게 물었는데, 그는 아는 것이라고는 거의 없었으며 오히려 시큰둥한 표정으로 도무지 알 필요가 없는 것들을 왜 묻는지 의아해 했고 차 안의 나머지 두 명의 한족들도 마찬가지였다.

그들의 심사는 그저 때가 되면 목적지에 도착할 것이고 사막의 잡목 이름은 사막수沙漠樹일 뿐이며, 닝샤의 회족 인구는 그저 '많다'에 지나지 않는 그들에게는 전혀 무관심한 대상일 뿐이었다. 이에 비하면 우리 한국인들은 너무 예민한 편이라, 그들과 좀 절충했으면 좋겠다는 생각이 들기도 한다.

그 털털거리는 차안에서도 허페이 형과 샤오자오는 자다 깨다를 반복했다. 차는 완연한 사막길로 접어들었다. 허페이 형의 말로는 차량이 통행할 수 있는 비교적 지반이 단단한 사막길을 '경사로硬沙路'라고 한다. 이 끝없는 사막 가운데에서도 차도들은 종횡으로 얼기설기 뻗어 있고 때때로 나타나는 삼거리나 사거리에는 한 군데도 이정표가 없었다. 운전기사인 허쥔은 옆자리의 형에게 연신 길을 묻곤 했다. 허페이 형이 서너 번 와본 길이라고는 하지만 솔직히 나는 불안감을 떨치기 어려웠다. 어느 외딴 집 앞에 차를 세우고 홀로 차에서 내리고 그 집 주인장에게 길을 물어 확인하고 난 뒤, 차로 돌아온 그의 표정은 예상대로 일그러져 있었다.

우리는 다시 20여km를 뒤로 되돌아간 다음에 비로소 제대로 길을 잡아 달려 밤 9시가 다 되어서야 마자탄 마을의 마 라오반의 집에 도착했다.

어림짐작으로는 300km가 아니라 500km도 훨씬 더 넘어 보였다. 내게는 험난하고도 고달픈 고난의 여정이었는데 세 명의 한족들은 씽씽하기만 했다.

146

그 집 마당엔 감초 더미가 산처럼 쌓여 있었다. 나는 절친과 해후하듯 반가웠다. 우리는 10m도 넘는 그 감초 더미 사이로 난 통로를 지나 거실로 들어가 서로 인사를 나누었다. 마 라오반은 30대로 보이는 회족 중국인으로 무슨 벙거지처럼 생긴 이슬람들이 착용하는 꾀죄죄한 흰 모자를 쓰고 있었다. 그 부인 역시 머리와 볼까지 뒤덮는 검은 히잡을 쓰고 있었다.

　우리는 30촉도 안돼 보이는 어슴푸레한 전등 밑 주방에서 그들이 미리 준비한 삶은 양고기 요리와 자오즈(만두)로 식사를 끝내고 거실에서 마 라오반과 마주했다.
　마자탄 인근의 녹지대는 네이멍구 일대의 야생 감초 기지보다는 작지만 역시 중국의 소규모 야생 감초 기지 중의 하나로서, 제기동 상인들도 알아주는 '서정초西正草'라는 감초의 산지였다.

　으레 그렇듯이 중국의 화주들은 거래 상대방에게 엄살을 떠는 것으로 말문을 연다. 마 라오반도 역시 "무첸 더 간차오 칭쾅 부타이 하오.(목전의 감초 정황은 썩 좋지 않습니다.)"로 우리에게 운을 뗀다. 허페이 형이 마 라오반의 엄살에 고개를 끄덕이며 건성으로 인정해 주는 것으로부터 흥정은 시작된다. 흥정이 난관에 부딪히면 허페이 형은 곧바로 나를 바라보며 화제를 '한국'으로 돌려버리고는 했다.
　이를테면 당시의 남북 관계가 자신들의 타이완 관계보다 훨씬 더 경직되어 있다든지 한국의 쇠고기 가격은 중국의 30배가 넘는다는 등 상대가 묻지도 않는 말을 던지는데 이것은 일종의 전략일 뿐이다. 물건을 눈앞에 두고 마각馬脚을 숨긴 채 물건에 전혀 관심이 없는 것같이 등을 돌리고 엉뚱한 언행을 일삼거나 아예 침묵으로 일관해버리는 것이 허페이 형뿐만이 아니라 대개 노련한 한족들의 상술이다.

7. 노회한 중국 상인의 상술

조선족의 온돌을 제외하면 중국의 가옥들은 모두 입식으로 구성되어 침대 생활을 하는데, 마 라오반의 단독주택도 마찬가지였다. 다만 아라비아풍의 카펫이 거실에 깔려 있고 거실 한편에 출입문이 메카로 향한 두 평 정도의 예배 공간이 마련되어 있었다.

그날 밤 우리에게는 두 개의 방과 각각의 나무침대가 안배되었다.

다음 날도 우리는 조반을 마친 다음 찻잔을 들며 마라오반과 담소를 이어 갔다. 엊저녁과 마찬가지의 패턴이었다. 마사장은 '작년에 비해 감초 채취 허가 면적이 대폭 줄어들어서 감초 시세가 오름세에 있다'는 등 흥정의 밑자락을 깔면 허페이 형은 '고개를 끄덕여 곧바로 공감을 표하기'는 하면서도 한편으로는 무심한 듯 담뱃불을 붙인다. 그리고 곁에 있던 마라오반의 5~6세쯤 되어 보이는 어린 딸내미 아이의 머리를 쓰다듬고는 지갑을 꺼내 뒤척이다가 꼬지르르한 5위안짜리 지폐 한 장을 꺼내어 꼬마 손에 쥐어준다. 때맞춰 나는 마 사장에게 '중화' 담배 한 개비를 건넨다. 그러나 기실 감초의 가격 등락에 별 관심이 없는 것처럼 행동하는 것은 중국인 특유의 상술이다. 사실은 온 관심을 감초 가격에 집중 시키고 있는 것인데 중국 사람과 거래의 경험이 적은 한국 상인들은 이들의 그런 행동을 이해하기 어렵고 깜박 속아넘어가기도 한다.

성질 급한 한국 사람인 나는 그들의 그런 능청스러운 협상이 지루하기만 하다. 그것은 사흘을 지나 며칠을 갈 수도 있으며, 경우에 따라서는 달을 넘기기도 하고 어떤 때는 작전상 훌훌 털고 빈손으로 돌아가기도 한다. 그러나 이는 구매 의사를 포기한 것이 아니라, 얼마 후 다시 돌아와 보다 저렴한 가격에 사들이기 위한 책략이다. 나로서는 처음에는 적응하기 무척이나 어려웠다.

그러나 나는 허페이 형에게 미리 내 귀국 날짜에 맞춰 거기서 사흘 간의 여유 밖에 없는 것으로 말해뒀기 때문에 서두를 필요가 있었다.

나는 마 라오반 집 마당에서 훤히 보이는 뾰족한 첨탑을 보고, 허페이 형을 그 집에 남겨둔 채 샤오자오와 허쥔을 데리고 10m 가량 탑이 솟아올라 있는 마을의 '모스크'로 향했다.

예배당 안은 돔 형태로 천정은 높고 중앙의 바닥은 텅 빈 정사각형으로 100평도 훨씬 넘어 보이는데, 바닥에는 정갈한 카펫이 깔려있었다. 문득 처음 보는 '알라'의 신성한 냄새가 코끝을 찔렀다.

마당 중앙에는 샘이 흘러나와 작은 연못을 이루고 꽉 차고 넘치는 물은 커다란 배수로를 통해 모스크 후원 담장 밑을 빠져나와 도랑이 되어 여울져 흘러간다. 탄灘은 여울물로 마자탄馬家灘은 마馬씨들이 모여 사는 마을의 여울을 뜻한다. 나는 그날 황량하기 만한 마자탄에서 '오아시스'를 만났다.

나는 허페이 형과 마 라오반의 지루한 협상 과정에서 벗어나서 산보와 독서를 이어가고 있었다. 그곳 체류 사흘 째 되는 날 오후에 형이 협상을 끝낸 듯 내게 다가왔다. 나는 감초 구매 협상이 타결된 줄 알았는데, 형은 거꾸로 "협상을 중단했다. 돌아가자."고 말했다. 우리는 곧장 귀가 길에 올랐다.

차 안에서 형의 협상 내용을 들어보니 총 15~16만 위안의 감초 대금 가운데 운반비를 포함하여 양측의 좁혀지지 않는 간극은 5천 위안 정도에 불과했다.

25톤 물량의 감초를 사들여 상품화했을 경우, 나는 최소한 100%

이상의 이익을 챙길 수 있었다. 사실 5천 위안 정도는 양보해서 더 지불해도 아무 상관이 없었는데도 구태여 협상을 결렬시키면서 까지 감초 값을 더 깎으려고 할 필요는 없는 것이었다. 그러나 나는 허페이형의 협상 결과를 지지했으며 내 생각을 말하지 않고 침묵했다.

우리는 당연히 오던 길의 역코스를 밟아서 인촨시를 지나 우하이시에 접근했다. 때는 밤 9시를 지나고 있었다. 도로 왼편으로는 멀리 인산산맥의 적황색 바위들이 달빛에 부서졌다. 그 바로 너머에는 텅거리사막騰格里沙漠에 이어 서북쪽으로는 좀 더 광활한 바단지린사막巴丹吉林沙漠이 펼쳐진다. 이 사막들을 통칭하여 우리는 고비사막이라 부른다. '고비'는 몽골어로 '거친 모래'를 뜻한다.

이 사막은 서쪽에서는 우리 조상들이 태곳적에 머물던 알타이산맥 동남단으로부터 시작해서 동쪽으로는 네이멍구자치구의 동북단에 이르기까지 동서로 무려 1600여km에 달한다.

사막은 달을 품어
은빛을 토해내고
뭇 별과 은하는
사해沙海로 흐른다.
하늘과 땅은 하나
나는 사해를 포용한다.

그날 밤 11시쯤 우리는 덩커우의 공장에 도착했다. 형수는 평소보다 더욱 반가운 듯이 나를 맞이했다. 원렌도 나를 보기 위해 견디기 힘든 졸음과 투쟁한 모습이 역력했다. 어제 우리 공장을 방문해 우리를 기다리고 있던 안후이성 보저우 약재도매시장 상인인 메이옌梅嚴도 잠에서 깨어나 나와 인사를 나눴다.

메이옌은 서른여덟의 나이로, 보저우시장에 작은 점포 하나를 소유한, 키는 작지만 탄탄한 어깨와 검은 눈썹을 한 비교적 사교적이면서도 성실한 상인이었다. 그는 허페이 형과는 오랜 거래 관계를 통해 맺어진 가족 같은 관계였다. 그는 지난 8월 우리 공장의 개업식에도 참석한 바 있었고, 11월에도 이곳에서 감초 10톤을 구매해 간 적이 있어 나와도 친숙했다. 그는 이곳 감초 시장의 동향을 파악하고 있는데다 허페이 형의 협조에도 불구하고, 겨우 10톤의 통감초를 구입하는데 무려 12일이나 걸린 대단히 신중한 사내였다. 사실은 나도 그의 이러한 끈질긴 점을 통해 배운 것이 적지 않았다.

그날 형수는 미리 허페이 형의 연통을 받고 다소 푸짐한 안주를 마련해 놓았다. 나와 허페이 형 내외 그리고 메이옌은 밤늦도록 술잔을 기울였다. 중국에는 그들만의 독특하고도 간단한 진주 예법을 제외하고는 우리나라에서와 같은 정중한 권주 예절 같은 것은 없다. 또 중국어는 언어 구조상 아주 지극히 제한적으로 사용하는 2인칭 대명사인 너(你 니)의 존칭(您 닌)등이 있을 뿐 우리나라 말과 같은 복잡다단한 존칭은 거의 없다.

중국은 '맹자'가 정한 나이의 차이에 따른 예절도 1960~1970년대의 문화대혁명기를 거치면서 거의 사라졌다. ≪맹자≫의 기준에 따르면, 다섯 살 이상의 나이 차이가 있을 경우에는 형제의 예로 상대하게 되어 있어, 같은 문화권에 속하는 우리 문화도 장유유서의 예절을 지켜왔다. 오늘날 우리나라에서는 나이의 상하에 따른 예절은 오히려 더 강화되어 가고 있는 것으로 보인다.

따라서 한족들이 벌이는 술판에 우리 한국 사람들이 합석하게 되면 그들의 소위 '맞먹는 문화'에 익숙해질 때까지 내심 당혹감을 감추기 어려운 것이 보통이다.

나보다 일곱 살이나 연하인 메이옌도 내게 술을 따르거나 담배를 권할 때에 당연히 이 모두를 한 손으로 처리한다. 담배 까치는 아예 던져주기도 하는데, 그것은 상하 관계뿐만 아니라 부자 사이에서도 자연스러운 행동이다.

형수는 내게 전보다는 더 살가웠다. 내가 즐기는 둔양로우를 사뭇 내 앞 접시에 얹어 주고는 거푸 내 잔에 술을 따랐다. 나는 그녀의 그런 행동이 반성을 뜻하는 것인지 아니면 그저 미봉책으로서의 얕은 술책인지 도무지 가늠할 수가 없었다.

사람이란 한번 미워지면 왜 그렇게 돌이키기 힘든지 나도 반성을 할 수밖에 없었다.

허페이 형은 그 자리에서 직원들에게 줄 춘절 선물을 거론했고, 나는 형의 뜻대로 동의했다. 바로 모든 직원에게 각각 양고기 30근과 돼지고기 30근씩을 새해 선물로 주는 것으로, 우리나라 돈으로는 약 400만원의 경비가 들어가는 일이었다.

나는 마자탄의 감초 흥정에 대해 형에게 의견을 제시했다. 그것은 바로 쌍방이 합의점을 찾기 위해 공평하게 2500위안씩 양보를 하는 아주 간단한 내용이었다. 메이옌까지도 내 의견에 동조했으나 허페이 형은 마 라오반과 장래의 또 다른 협상에서 전례로 굳어질 우려가 있다면서 완곡한 반대 의사를 표시했다. 그러나 다음날 오전 마 라오반의 전화가 허페이 형에게 걸려왔을 때 형은 내 제안을 가지고 '연장전'에 임하여 협상을 타결지었다.

제5장

원지를 찾아서

1. 감초대왕의 원지 탐색

1997년 3월, 서로무역은 안정적 성장기에 접어들었다. 내가 사업을 시작한 지 1년 남짓한 기간이었다. 허페이 형은 네이멍구 야생 감초 산지 일대를 모두 훑다시피 하여 원료 확보에 주력했으며, 부족분은 덩커우 인근에서 재배하는 감초를 모두 사들였다.

야생에 비해 10% 정도 저렴한 시세였던 재배 감초도 서로무역은 대량의 물량과 선명한 황갈색의 외피와 샛노란 내색, 그리고 깔끔한 절단면 등 최상품의 품질을 앞세워 제기동 감초시장을 석권하기에 이르렀다.

나도 모르는 사이 주변 상인들은 내게 '감초대왕'이라는 별명을 붙여주었다. 언제부터인가 그들이 내게 보내던 조롱과 질시에 찬 시선도 바람처럼 사라져 버렸다. 나는 명실상부한 제기동 약령시장의 상인으로 거듭 태어났다.

나는 직장 생활의 최후 1년을 은행 지점장보다 월급이 약 50% 많았던 기업은행의 자회사인 '기은캐피탈'의 부산지점장으로 있었는데, 그 당시의 봉급에 비해 1997년 3월 나의 소득은 10배를 훨씬 더 뛰어넘었다.

나는 한 걸음 더 나아가기 위해서 사업의 확대를 기획하고 움직였다. 나는 시장동향과 한국무역협회의 통계자료 등을 살피고 나서 '원지'라는 약재의 공략에 나섰다.

원지는 당시 안동, 영주 등지의 소수의 농가에서 재배했지만 가공

과정에 일손이 많이 들어가는데다 생산 물량도 태부족이었으므로 당시 1근당 1만원을 웃도는 고가의 약재였다.

나는 국내 연간 원지 수입 총량 약 200톤 가운데 100톤을 수입 목표로 설정하고 먼저 약재의 성상과 품질 등급의 식별에 대해 간단히 학습했다. 나는 그 해 4월 원지 생산지 탐색을 위해서 중국 출장길에 올랐다.

나는 우선 덩커우에서 3박하면서 예의 그렇듯이 내 아우인 장샤오밍을 비롯한 현의 고위공무원인 라오간부老幹部들과 걸쭉한 술판을 벌이고 허페이 형과는 감초 원료 확보 문제에 대해서 간략히 협의를 끝낸 다음, 산시성山西省에 있는 원지 산지로 향했다.

기차로 덩커우를 출발해 남녁의 인촨에서 내려 기차를 갈아타고 산시성陝西省의 성도省都인 시안西安을 경유하여 산시성山西省 어딘가에 있을 원지의 '산지'를 찾아내는 여정이었다.

나는 미리 덩커우에서 그곳의 신화서점新華書店에 들러 《중국약재산지총람中國藥材産地叢覽》이라는 책 한 권을 구입해서 원지의 주산지를 알아 놓고 있었다. 당시 나의 목적지는 산서성 남부의 허우마侯馬 일대였다.

목적지인 허우마에 가려면, 덩커우에서 바오터우로 거슬러 올라가 국내선 항공을 이용해 시안에 내려 기차로 갈아타면 이틀간의 여정으로 끝낼 수 있었다. 하지만 나는 전혀 급할 것이 없었고 그때는 이미 기차 여행에 익숙해져 있을 때였으므로 하루가 더 걸리는 기차를 선택했다.

아직 냉랭한 바람이 귓전을 때리는 봄날 오후, 나는 다른 열차로 갈아타기 위해서 인촨역에서 내렸다.

인촨발 시안행 열차는 이튿날 정오 무렵에야 출발하기 때문에 나는 인촨에서 스무 시간 이상을 머물러야 했다. 나는 너덜너덜한 배낭을 어깨 한 쪽에 걸친 채로 어림잡아 축구장 3배도 넘어 보이는 역 광장을 가로질러 역사 맞은편 초대소로 발길을 옮겼다.

내 고향 공주 유구에서는 진달래가 시들어 갈 계절이지만 인촨역 광장 주변의 백양나무 가지는 아직 물이 오르지 않아 앙상하기만 했다.

나는 10위안을 내고 역 광장이 내려다보이는 초대소 3층에 객실 방 하나를 확보했다. 1인용 침대가 2개 놓여 있는 그들의 용어로 표준간標準間이다. 텅 빈 방에 쓸데없이 놓여 있는 침대 2개가 문득 후욱하며 고독을 불러들인다. 청록의 쇠창살로 엮인 얇고 투명한 유리창도 비어 있는 마음을 싸늘하게 한다.

방을 두어 바퀴 빙빙 돌던 나는 견디지 못하고 다시 광장으로 나섰다. 광장의 한편 모퉁이에는 넓은 천막을 둘러친 임시 기원이 설치되어 있었다. 바둑판은 사인펜으로 선을 그린 얇은 비닐장판으로, 여남은 명이 둘씩 짝을 이루어 작은 걸상에 쪼그리고 앉아있었다. 그들은 오소리를 잡을 만큼 자욱한 담배 연기 속에서 머리를 처박은 채로 바둑에 골몰하고 있었다. 주인인 듯한 자가 내게로 다가오더니 관전일 경우 1위안의 입장료, 직접 둘 경우는 상대방 소개료와 시설 사용료를 합산하여 2위안이라고 말했다. 나는 그에게 2위안을 지불했다.

주인은 채 10분도 지나지 않아 내게 청년 한명을 파트너로 붙여줬다. 우리는 바둑 두기에 앞서 악수를 나누고 서로를 소개했다. 그는 내가 한국인이라는 점에 놀라면서 자신은 인촨대학 경제학과 2학년이며 막 수업이 끝나서 잠깐 짬을 내서 여기 기원에 왔으며, 이 기원이 인촨 시내의 유일한 기원이고 또 한국의 이창호를 동경한다는 말도 덧붙였다.

중국에서는 모든 승부에 친선 게임이란 결코 없다. 나는 그 청년과 협의를 통해 한 판당 5위안을 걸고 내기 바둑 대국에 임했다.

기업은행 친선 바둑대회에서도 수상 경력이 있는, 우리나라에서 보통1급(요즘 급수론 아마 7단)으로 행세하는 나를 그 청년이 맞바둑을 두어 감당하기에는 어려울 것으로 나는 판단했다. 몇 수 지나지 않아 나는 그 청년의 수준을 간파할 수 있었다.

그는 대략 5~6급 수준이었다. 나는 그가 초전에 실의에 빠지지 않으면서도 긴장된 흥미를 유발할 수 있도록 박빙의 판세를 유지하다가 결정타를 날려 이긴 것처럼 위장했다. 그는 붉으락푸르락하는 얼굴을 숨기지 못하고 즉각 내게 재대국을 요청했다. 나는 이에 응하면서 동시에 판돈을 10위안으로 올렸다. 두 번째 판에서는 나는 숨겼던 발톱을 드러내어 신속하게 판을 승리로 끝내고, 역전의 허름한 식당으로 그를 데리고가 그에게 위로의 잔을 채워 주었다. 학생에게 15위안이라는 돈은 거금이었다. 밤이 이슥해져 악수를 하며 작별을 고하는 그의 손에 나는 받았던 그 지폐를 도로 쥐어 주었다.

다시 기차에 오른 나는 다음날 시안에서 하차하여 네 시간을 기다린 뒤에 또다시 시안발 베이징행 열차에 올랐다. 차창 밖은 웨이수이(渭水: 간쑤성甘肅省 냐오수산鳥鼠山에서 발원하여 동쪽으로 흘러 황허와 합류함) 철교를 건넌다. 이 강은 산시성陝西省과 산시성山西省을 남북으로 경계 지어 세로로 내리질러 황허와 나란히 달린다. 나는 덩커우를 출발하여 만 사흘을 넘긴 그날 오후 5시 허우마역候馬驛에 도착해 곧장 택시를 타고 기사에게 말했다.

"허우마시 의약공사로 갑시다."

내가 시 변두리에 위치한 허우마시의약공사候馬市醫藥公司 현관에 도착했을 때는 6시가 다 되어가고 있었다. 나는 출구를 나서고 있는 그 의약공사의 직원들로 보이는 3명의 중년 남자들과 마주쳤다. 나는 실례를 무릅쓰고 황급히 그들에게 물었다.

"말씀 좀 묻겠습니다. 당신들은 이 공사의 직원입니까?"
"그런데요, 당신은 무슨 일이 있나요?"

나는 그들에게 곧장 원지 구매에 관한 내 사정을 설명하고 명함을 내밀었다. 그들은 명함을 건네는 대신 나에게 자신들을 소개한 뒤 부근 식당으로 나를 이끌었다.

셋 다 나보다는 늙수그레해 보였는데 당시 겉모습만으로는 중국인들의 나이를 가늠하기가 쉽지 않았다. 그 무렵 대개 중국 어디를 가나 외관상 나와 비슷한 나이가 들은 사람들도 나보다 대여섯 살은 더 나이가 들어 보였다. 그들 중 상급자인 위안징리(袁經理:원사장)도 그랬다. 나보다 열 살은 더 들어 보이는 그는 실은 마흔다섯 살로 나보다는 한 살 많은 그 공사의 책임자였다.

위안 징리는 간단히 술과 음식을 주문하고는 내게 한국의 약재시장 상황과 원지 소비량 등에 대해 물었고 나는 사실대로 대답해 주었는데, 막상 내가 질문한 이 지역의 원지 산지의 정황에 대해서는 어벌쩡하고는 속 시원하게 알려주지 않았다.

허우마 지역의 술 문화는 한국이나 네이멍구처럼 통쾌한 맛은 전혀 없었다. 그곳의 술잔의 크기는 보통 우리네 소주잔의 오분의 일에도 미치지 못할 만큼 작은 유리잔인데 그마저도 대개 원 샷을 하지 않고 입에 댔다 뗐다 하면서 홀짝거렸다. 다만 그 지역의 대표적인 술인 펀주汾酒는 중국의 8대 명주 중의 하나로 맛도 좋지만 독특한 향기로 그윽하며, 숙취가 덜한 것이 특징이다.

산시성山西省 북단의 관잠산에서 발원하여 산시성을 남북으로 관통하는 강을 펀수이汾水라 하고, 이 펀수이는 산시성 남부에 이르러 황허와 합류하는데, 바로 이 산시성 린펀시臨汾市를 중심으로 한 성의 남부지역 일대를 펀汾지역이라 일컫는다. 유학자들이 지성至聖으로 추앙한 요,순임금의 도읍지가 바로 이곳에 있었다. 그러한 연유에서 이름한 술이 바로 펀주다.

나는 그들이 거푸 따라주는 펀주를 계속 원 샷으로 마셔도 성에 차지 않아 종업원에게 큰 잔으로 바꿔 줄 것을 주문하고는 위안 징리에게 재차 원지의 산지에 대해 물었다. 그는 내게 색다른 제안을 했다. 그것은 바로 자신의 회사에 원지 재고가 5톤가량 있으니 그 물건을 사달라는 취지였다. 나로서는 전혀 뜻하지 않은 제안이었다. 나는 생산자인 농민으로부터 사들여야 했다. 나는 고려할 시간이 필요하다고 하면서 즉답을 피하고는 술자리를 파했다.

나는 그들과 약속한대로 다음날 오전 그들 회사에 들러 위안 징리의 제의에 동의할 수 없음을 밝혔다. 나는 약재 안내서에 두 번째로 지목된 산지인 허우마로부터 서남쪽으로 약 80km 정도 떨어진 완룽현萬榮縣으로 발길을 돌렸다.

완룽현 의약공사도 마찬가지로 자신들의 회사 보유 물량이나 아니면 직원 개인이 보유한 물량을 내게 떠넘길 궁리만 할 뿐, 그들은 지독하게도 산지 정보에 대해선 내게 함구로 일관했다. 어림짐작한 그들의 함구는 내가 산지에서 직접 사들일 경우에 가격이 올라갈 수 있는 요인을 우려함과 동시에, 만일에 내가 산지를 탐색하는 일을 포기하면 자신들 회사인 완릉현의약공사에 되돌아와서 회사에서 보유한 원지 물량을 팔아먹을 수도 있다는 점을 고려한 듯했다.

나는 그날 밤 완릉현에서 숙박하면서 곰곰이 생각에 잠겼다. 나는 똘똘하고, 그들은 우매한가, 나는 아름다우며 그들은 추한가, 나만이 큰 이익을 취해야 하고, 그들의 이익은 유보해야만 하는 것인가. 피아의 조화란 무엇이며, 이익의 균형이란 무엇인가? 등등의 무슨 개똥 같은 상념들이 머리 속을 빙빙 돌면서 수면을 방해하고 있었다.

나는 산지를 찾아내는 탐색 방법을 달리 모색해야만 했다. 약재 안내서에는 원지산지로는 허우마, 완릉, 원시聞喜, 신장新絳, 원청運城 등 산시성 남부 두 개의 시와 세 개의 현으로 적시되어 있었다. 문제는 지역이 너무 넓었다.
우리네 청양이나 진도의 특산품인 구기자 산지를 찾아가는 것이라면 간단한 일이겠지만 그곳 원지 산지인 다섯 군데의 시·현은 광범위한 땅에 여기저기 흩어져 있었다. 우리나라와는 풍토도 다르고 교통 여건도 원활하지 못한 낯선 땅에서 각각의 산지를 하나하나 찾아나서는 일은 시간도 오래 걸리고 몸도 혹사시키는 어려운 일이었다. 그러나 나는 끝까지 가기로 작정했다.

나는 다음날 일찍 완릉현 치처잔(汽車站: 버스터미널)으로 가 승객을 태우기 위해 얼기설기 줄지어 서있는 빈 택시들의 대열로 진입했다. 나는 비교적 인상이 유순한, 한 중년의 택시 기사에게 접근했다. 나는 그에게 그의 빈 택시를 하루 종일 전세 낼 것을 제의하고 요금을 물었는데, 그는 80위안이라 답하고는 나의 목적지를 확인하려 했다.

나는 "목적지는 없으며 기사님께서 좀 목적지를 찾아주어야 하겠다."고 말했다. 이어서 원지 산지에 대해 상세한 설명을 덧붙였는데 그는 곧바로 휴대폰을 꺼내 어디론가 통화를 하고 난 뒤 내 제안을 수락했다.

나는 사부(기사의 존칭)에게 기분을 맞춰주기 위해서 웃돈 20위안을 얹어 선불로 100위안을 지불했다. 택시는 곧 출발했다. 그가 전화를 건 상대방은 그의 이종사촌으로서 바로 그는 완롱에서 중의원을 운영하는 의생이었다. 그가 원지 산지에 대해서는 빠삭하게 꿰고 있었기 때문에 나에게는 '방심(放心 중국어로서의 방심은 염려 말라는 의미임)'하라고 일렀다. 당시 중국 내륙 지방에서 노동자의 하루치 임금은 약 10위안으로, 인민폐 100위안元은 우리나라와의 환율로 따져 보면 약 10,000원 정도로 별 것이 아니지만 중국인에게는 거금에 해당하는 것이었다.

목적지는 출발지에서 100km 가량 떨어진 원시聞喜의 어느 촌村이었다. 택시는 왕복 2차로인 낡은 포장도로와 비포장도로가 교차하는 길을 차 꽁무니에 마치 커다란 낙하산을 매달은 것같이 풀풀대는 먼지바람을 달고 지방도를 달렸다.

'엑셀' 정도의 크기로 보이는 낡은 택시가 출발한 지 세 시간을 넘기자 차 밖으로 완전한 비포장도로로서, 연도에는 온통 순백색의 사과꽃이 만발해 있었다. 기사에 말에 의하면 그곳이 전국에서 제일 큰 사과 기지였다. 먼지와 함께 사과 꽃 향이 차내를 휘감아 돌았다.

택시는 좀 더 비좁은 과수원 길로 접어든다. 바람도 멎어 순백의 순정純情한 사과꽃은 더욱 고아한 자태를 드러낸다. 속俗과 잡雜이 섞이

162

지 않은 순수가 정을 듬뿍 머금고 내게 다가선다. 나도 그를 영접하여 순간 감응한다. 나는 상商과 이利를 내려놓았다. 잠시 속을 버리고 선仙에 입문한 것이다. 선계에 혼돈이란 없다. '순이부잡純而不雜' 오롯한 순일함만이 속과 섞이지 않고 신선의 길로 나아가는 것이다.

돌연 퇴계 선생의 〈도산서당陶山書堂〉이란 싯구가 내 머릿속을 스친다.

순임금 친히 질그릇 구워 즐겁고도 편안하셨고,
도연명 몸소 농사지으매 역시 기쁜 얼굴이었네.

大舜親陶樂且安,　대순친도락차안,
淵明躬稼亦歡顔,　연명궁가역환안.

깜빡, 잠에서 깨어난 내 눈에 운전석의 기사가 보이지 않았다. 나는 하차했다. 기사는 길 가의 농부에게 길을 묻고 있었다. 기사는 알았다는 듯 고개를 끄덕여 보이고 돌아와 운전을 계속했다. 그가 길을 분명히 알고 가는 것 같지는 않은 느낌이었다. 하지만 그곳은 분명 원시聞喜현 경내의 어느 농촌이었다. '문희聞喜', 기쁜 소식이 들린다는 뜻이다. 우리나라 경북에도 같은 뜻의 문경聞慶이 있음이 떠오른다. 그러나 아직 기쁜 소식은 들리지 않았다.

기사는 또다시 길을 묻고, 기사가 세 번째로 길을 묻기 위해 정차하고 차에서 내렸을 때, 나도 함께 내려 그들의 대화를 들었다. 곡괭이를 어깨에 멘 농부 한명이 확신에 차 우리에게 알려주었다. 원시도 원지 산지는 산지인데 작은 산지이고 몇몇 농가와 수집상들이 있을 뿐 그곳에서 약 20km 떨어진 '신장현新絳縣 베이츠촌北池村'이 진짜 대표적 원지 산지라고 하면서 가는 길도 자세히 설명해 주었다. 나는 혹여 다시 길을 잃을까 염려하여 그가 반복해서 일러주는 대로 메모하고 사례한 뒤에 다시 길을 재촉했다.

우리는 해가 서편 언덕에 걸칠 무렵에서야 가까스로 베이츠촌에 도착했다. 나는 기사에게 그곳 촌장집을 동네 사람들에게 물어보아 확인할 것을 부탁했고 드디어 나는 촌장집 대문 앞에 도착했다. 나는 감격했다.

2. 베이츠촌 촌장 왕이리

60대로 보이는 촌장은 20평쯤 되어 보이는 마당에서 세수를 하다가 나를 맞았다. 그가 엉겁결에 수건으로 얼굴을 훔치고 나서 내게로 다가오기에 나는 정중하게 그에게 인사를 하고 실례의 말씀을 전한 다음 명함을 건네고 나 자신을 소개했다. 역시 그도 놀라는 기색이 역력했다. 당시 중국 내륙 어디를 가나 중국인들에게 나는 그들이 만나는 최초의 한국 사람이었다.

촌장은 자신을 왕이리王毅力라고 소개하며 거실로 나를 즉시 안내했다. 이마에 몇 가닥 가로 주름이 선명한 그는 자신의 이름처럼 굳센 인상을 주면서도 언행에는 범절이 깃들어 있었다. 왕 촌장은 방안에 있던 자신의 부인과 20대로 보이는 아들을 불러내 내게 소개했다. 촌장 부인의 성씨姓氏는 나와 같은 한韓씨였다. 내가 그녀에게 명함을 내밀자마자 "워먼 이자런!(我們一家人:우리는 일가네요!)" 하며 미소 지었다. 그녀는 곧 이어 저녁 식사를 내왔다. 식사는 아주 소략한 것이었는데, 바로 사과 한 개와 만두소가 없는, 내 얼굴만큼이나 커다란 중국식 만두였다.

그러나 왕 부인이 채반에 담은 식사를 거실로 내오자마자 왕 촌장은 그것을 물리고 부인과 함께 나를 이끌고 마을 어귀의 식당으로 나섰다. 3~4m의 넓은 골목을 사이에 두고 2m도 넘는 높은 토담들이 즐비하게 이어지는 베이츠촌은 어림잡아 200호도 넘어 보이는 큰 동네였다. 우리는 몇 군데의 골목 네거리를 지나 동네에 딱 하나뿐인 식당에 들어가 왕 촌장은 곧 음식을 주문했다. 이어 그의 아들인 왕장王江이 예닐곱 명의 동네 사람들과 함께 식당으로 들어섰다. 소문도 빨랐다.

그 중엔 왕 촌장의 큰아들인 왕허王河와 며느리, 그리고 촌장의 손녀이자 왕허의 딸인 왕쥐안王娟도 함께였다. 나머지는 모두 양씨楊氏 성을 가진 촌장의 이웃 장정들이었다. 내 또래로 보이는 왕허는 발달장애인이었다. 그의 부인 천씨陳氏도 왼쪽 다리를 심하게 저는 지체장애인이었으나, 이제 열일곱 살인 그의 딸 왕쥐안은 정상이었다. 왕허는 온화한 얼굴로 시종 미소만 지을 뿐 말이 없었다. 그 부인 또한 침묵으로 일관했다. 왕장이 활발하게 원지의 작황과 시장 동향 등에 대해 떠벌리고 있을 무렵 음식이 식탁에 올라왔다.

감자채 볶음에 실처럼 가느다랗게 썬 돼지고기를 섞은 투더우러우쓰土豆肉絲, 세숫대야만큼 큰 접시를 꽉 채운 계란찜 등 대여섯 가지의 요리가 올라왔는데, 모든 요리에 들어간 돼지고기 채가 너무 가는데다 양도 적었다. 나중에 알게 됐지만 그 또한 그 지역의 문화였다. 허우마候馬에서도 그랬듯이 술잔은 새끼손가락 첫마디처럼 작아 나 같은 주당들을 감질나게 할 정도였다. 나는 그날 저녁 품위를 유지하며 동네 사람들의 원지 얘기를 경청하지 않을 수 없었다.

베이츠촌은 확실히 중국 원지의 최대 산지였으며 나는 운 좋게도 또 좋은 사람들과 조우하게 되었다. 왕장과 마을 장정들의 하는 말을 종합해 보니, 작년 가을에 수확한 농가들의 원지 재고도 집집마다 적잖이 남아 있으며 약 열흘 뒤인 5월 상순에는 봄 수확 철이므로 물량은 문제가 없었을 뿐더러 가격도 파격적이었다.

나는 그날 밤 술자리를 파한 뒤 촌장의 안배에 따라 그의 큰 아들인 왕허의 집에서 유숙하게 되었다. 내 침대는 주방과 통하는 문간방의 우리네 옛적 시골 재래식 부엌의 시멘트 부뚜막을 연상케 하는 널찍한 시멘트 침상이었다.

원렌만큼이나 나를 따르는 왕쥐안은 다음날 아침 내 세면 수발을 들어 주었다. 조반으로 큰 사과 한 개를 껍질째로 다 먹어치운 다음, 나는 네이밍구의 허페이 형에게 전화를 걸어 자금과 인력 지원을 요청했다.

왕 촌장의 집과 그의 장남인 왕허의 집은 불과 100m도 떨어지지 않은, 다섯 집 이웃을 건너 같은 골목에 위치해 있었다. 내가 네이밍구 허페이 형과의 통화를 막 끝냈을 때 촌장이 건너와 나를 자기 집으로 안내했다. 그 집에는 이미 20~30명의 동네 사람들이 나를 보기 위해 몰려와 거실을 빼곡히 채우고 있었다. 나는 부득이 다시 한 번 팔자에 없는 원숭이가 되어야만 했다.

왕쥐안은 낡은 소파 내 옆자리에 찰싹 붙어 앉아 떠날 줄을 모르고, 제법 지식분자로 보이는 이웃들 가운데 일부는 내게 질문 공세를 펼쳤다. 한국의 원지 생산량과 중국에서의 수입량으로부터 시작하여, 김영삼 대통령에 대한 국민들의 평판, 경제, 한국 여자들의 모양새, 인구, 가족계획, 식생활, 생활환경 등 그들의 질문 공세는 그칠 줄 몰랐다. 그곳 역시 사투리가 여간 심한 것이 아니어서 나는 그들에게 좀 천천히 말해줄 것을 부탁하고는 성실하게 대답해 주었다. 다만, 국민소득 수준이나 차량 소유 정도 등의 질문에 대해서는 항상 그렇듯이 나는 중국과 별반 다를 게 없다고 대답해주었다.

나는 당시 중국의 최고 지도자인 덩샤오핑의 내치에 관한 국정목표가 '샤오캉小康'이라는 걸 잘 알고 있었다. 그것은 바로 중국 인민의 기본적 의·식·주의 안정을 꾀하는 것을 의미했다. 당시 이를 위해 개혁개방 정책을 펼치고 있었으며 일찍이 '흑묘백묘론(黑猫白猫論: 검은 고양이든 흰 고양이든 쥐만 잘 잡으면 그만이다.)'을 내세웠다가 주자파(走資派: 중국 공산당 내에서 자본주의노선을 주장하는 파)로 몰려 온갖 수모를 겪고도 살아남아 실권을 장악하고 중국 인민의 생활 향상을 위해서 복무하고 있는 덩샤오핑은 중국 인민들의 전폭적 지지를 받고 있었다.

내가 한국의 상황을 잘 모르는 그들에게 자신들의 생활수준이 한국과 별 차이가 없다고 말해준 까닭은 자존심 강한 중국인들의 체면을 지켜주기 위함이었다. 물론 중국은 우리나라와 개인의 소득 격차는 상당히 크게 벌어져 있어서 당시 중국을 유람하는 일부 한국인 관광객들은 중국 내에서 공공연히 "중국은 우리나라의 1960년대 수준"이라고 외쳐대기도 하곤 했다.

하지만 그들은 대개 중국이 18세기 후반 청나라 때까지는 전 세계 총생산량의 30% 이상을 점하고 있던 '대제국'이었음을 알지 못하며 현대 중국인들의 복고적 재기를 위한 1980년대 중국의 대외 정책인 '도광양회韜光養晦'는 더더욱 알지 못하고 눈앞에 펼쳐진 중국의 초라해 보이는 겉모습만 보고 떠드는 것으로 보였다.

지금의 국제 관계가 평등 관계라고 하지만, 그것은 표면에 불과하고 국가 사이의 내면의 불평등과 무역 분쟁 등 갈등은 오히려 심화되고 있다. 어떻게 하면 표리가 함께 평등해질 수 있을까, 어쩌면 그것은 작은 나라 백성의 소박한 꿈인지도 모른다.

《장자·제물론齊物論》에 '양행兩行'이라는 글귀가 보인다. "두 가지가 동시에 행하여진다."라는 것이 글자 그대로의 뜻인데, 자신의 주관에 의해 시비를 나누지 않고 방치함으로써 시是와 비非를 동시에 인정한다는 의미와, 모순과 대립이 공존하는 가운데에서도 두 가지의 시비에 시비를 맡김으로써 모순을 없애는 경지를 비유하기도 한다. 이는 천하의 시비를 천하에 맡길 때, 시비를 떠날 수 있는 국면에 처함으로써 시비를 멀리하는 방책이 된다는 의미를 내포한다.

중국이 북한을 입술로 간주하듯이 미국의 한국에 대한 입장 또한 그와 대등하거나 오히려 그 이상이다. 우리의 지위는 우리 모두가 그렇게 인식하듯 둘 사이에서 대단히 중요하므로 둘 다 우리를 결코 함부로 대할 수 없다. 우리는 진실로 떳떳해야 하겠다. 무엇이 우리를 떳떳하게 하는가? 힘과 침묵이다. 꾸준히 힘을 기르며 침묵하되 불가피하게 말해야 할 경우에는 있는 그대로의 진실을 전하면 된다. 교묘하거나 치우치거나 넘치는 말들은 오히려 우리의 온전함을 훼손할 따름이다.

그날 오후 역시 만두와 사과 하나로 점심 식사를 때우고 나는 왕쥐안의 안내로 들판에 나섰다. 역시 무수한 사과 과수원들 사이로 밀밭과 원지밭들이 교차해 출현한다. 물론 내 눈엔 여러해살이풀인 원지만이 흥미를 자극한다. 밭에는 키는 30~40cm의 작달막하고 잎은 2~3cm의 진한 녹색의 원지풀로 무성하게 뒤덮여 있다. 바로 이 식물의 뿌리가 한약재로 쓰이는 '원지'이다. 길이는 평균 성인의 새끼손가락만 하며 굵기는 대개 볼펜에 미치지 못한다. 맑은 황갈색의 표피가 굵을수록 상품으로 친다. 원지는 두뇌의 진정과 강장에 탁월한 효능을 보여 과거에 특히 입시를 앞둔 중고생들의 부모들이 즐겨 찾던 '총명탕'의 필수 재료이다.

나는 저녁에는 왕장王江 또래의 동네 청년들을 주막에 초청하여 술판을 벌여주고 거나해지도록 술을 권하면서 그들이 하는 말을 염탐했다. 물론 그들도 역시 중국 사람이라서 속내를 숨기는 데는 만만치 않지만 술김에 간간히 터져 나오는 솔직한 작황과 시세까지 내 귀를 피할 수는 없었다.

나는 촌장과 곧 도착할 다섯 명의 네이멍구 직원들의 숙식 조건에 대해 협의했는데, 좀 비좁더라도 큰아들인 왕허의 집에서 숙식을 하기로 하고 그 대가로 하루에 100위안씩을 지불하기로 아들 내외가 합석한 자리에서 합의했다. 촌장은 나를 포함해 1인당 10위안씩 60위안을 제안했는데 내가 40위안을 올려서 100위안씩 드리겠다고 하자 곁에 잠자코 듣고 있던 왕허 내외의 얼굴에서는 미소가 떠나지 않았다.

내가 베이츠촌에 도착해 사흘째 되던 날 밤엔 작은 슬픈 사건 하나가 터졌다. 나는 매일 만두와 사과 하나로 끼니를 연명하며 지내고 있던 중 그날은 왕허 부인이 내게 저녁식사에 찐 고구마 두 개를 특식으로 얹어 주었다. 그것은 참으로 오래간만에 맛보는 별식이었다. 평소 저녁형 인간인 나는 그날 밤 늦도록 독서를 하다가 참아야만 했는데, 그만 허기를 참지 못하고 기어코 일을 저지르고야 말았다.
시멘트 침상에서 내려온 나는 살금살금 주방 쪽으로 몇 걸음 옮겨 어둑한 살강 위로 향했고 낮에 이미 그 위치를 파악해 알고 있었던 고구마에 접근하여 손을 뻗는 순간, 쥐새끼 소리 하나 없이 그야말로 정적에 휩싸인 심야의 어둠 속에서 마치 벼락이 치듯 양은그릇들이 함께 부딪치며 쏟아져 내리는 굉음 속에 나는 서있었다.

나는 그날 밤, 완전히 '아닌 밤중에 홍두깨'가 되고 말았다. 왕허네 세 가족이 때 아닌 파열음에 놀라 모두 뛰쳐나와 주방의 난리를 잠시 바라보고만 있다가 사태를 짐작한 식구들은 말없이 그릇들을 수습하기 시작했다. 나는 한편에 비켜서서 태연한 척하려고 애를 쓰다가, "워어 이디알...(我餓一点儿... 저, 좀 배가 고파서요...) 라고 기어 들어가는 목소리로 사태의 전말을 실토하지 않을 수 없었다.

그 지역의 주식은 만두이다. 우리가 꽃빵이라고 부르는 만두는 중국에서는 꽃모양처럼 말았다고 하여 '화쥐안花卷'이라고 부르는데 농가에서는 겉치레를 버리고 장정 한 사람의 한 끼 식사 분량의 크기로 빚어내기 때문에 상당히 크다. 어림잡아도 한국의 대식가들이나 그곳 만두 하나를 다 먹을 수 있어 보인다.

그곳의 연간 강우량은 600mm 안팎으로 벼농사가 불가하고 지하수도 풍부하지 않은 듯 동네에는 매일 물탱크 트럭이 들어와 생활용수를 공급해 주고 있었다. 그들은 집집마다 마당 모퉁이 한 곳에 우리네 샘과 같은 설비를 해놓고 그곳에 물차에서 공급된 물을 저장하며, 100리터당 1위안의 대가를 지불하고 있었으므로 나도 샤워 같은 것은 엄두도 내지 못했다.

3. 원지 수매 시작

베이츠촌 닷새째 되던 날 오후에 우리 직원 다섯 명이 현금 20만 위안과 신장현新絳縣 시내에서 쇼핑한 물건을 휴대하고 왕허 집에 도착했다. 그들은 신장역에 내려 왕 촌장과 왕허에 대한 예물인 돼지고기 스무 근과 펀주汾酒 한 박스, 그리고 우리들의 주식 거리인 쌀 30kg을 다섯 명이 끼워 탄 택시 안에 싣고 20여 km의 비포장도로를 달려온 것이다.

그날 저녁 나는 모처럼 쌀밥과 함께 포식, 아니 폭식을 했다. 왕 부인과 함께 직원 두 명이 주방 일을 도와 돼지고기 요리 서너 가지를 차린 풍성한 식탁에서였다. 아! 나는 포만감으로 행복했다. 오로지 기아와 익숙하지 않은 음식에서 벗어나는 것이야말로 진정한 행복이란 걸 체득했다.

일행 다섯 명은 샤오자오와 그녀의 동생인 융샤永霞, 그리고 왕펑어, 장아이링, 마신옌이었는데, 나는 허페이 형과 전화로 협의한 대로 샤오자오를 조장 겸 회계로 삼았다. 융샤는 조장 보조로, 나머지의 조원에게도 각각 보직을 맡겼다. 그리고 조장의 급여는 네이멍구에서 급여의 10배, 나머지는 3배로 할 것을 알리고, 그들에게 수매 시작 전에 사흘간의 휴식을 취하도록 안배했다.

샤오자오는 이제 전문대를 갓 졸업한 스물한 살의 어린 직원이었지만, 그간의 행적으로 볼 때 자신보다 한 참 연상인 아줌마들을 통솔할 수 있는 슬기로움을 지닌 데다 무엇보다 그 품성이 강직하여 거금을 독자적으로 관리하는 데 별 문제가 없다는 것이 허페이 형과 나의 공통된 견해였다.

내가 그녀들에게 사흘이란 필요 이상의 휴식을 취하게 한 것은 동네의 동태와 소문을 살피기 위함이었다. 아니나 다를까 수많은 동네 사람들이 왕허의 집과 촌장 집을 분주히 드나들며 정보 수집에 열을 올리면서 그들도 우리의 동태를 주시하고 있었다. 나는 촌장 이하 로열패밀리들에 대해서만 사흘 뒤에 원지 수매에 착수할 것이란 계획을 알렸다. 나는 미리 왕허와 왕장의 집 창고 안에 보관 중인 원지를 마당으로 저울과 함께 내오라고 이르고는 두 아들의 아버지인 촌장께 원지 가격에 대해 허심탄회하게 말해 달라고 부탁했다.

왕 촌장은 중국의 농촌에서는 참으로 드물게 본 학덕學德을 겸전한 염치를 아는 노인이었다. 그 때는 나도 원지 시세를 거의 정확하게 파악하고 있었는데, 그는 그보다도 확실히 더 낮은 단가를 제시하는 것이었다. 물건은 도합 80kg에 지나지 않았기에 나는 그가 제시한 가격의 두 배에 해당하는 가격으로 형제를 우대했다. 그들은 감동했다.

1997년 5월 1일 오전 나는 베이츠촌 마을 광장에 서 있었다. 왕허 집 골목을 나와 30m 가량 떨어진 아이들의 놀이터 겸 동네 공동 타작마당으로 쓰이는 너른 황토빛 광장이었다. 촌장 가족들이 나의 원지 수매 일정을 이미 동네 사람들에게 알린 터이기에 100명도 넘는 사람들이 크고 작은 원지 자루를 들고 일렬종대로 뱀처럼 줄지어 서 있었다. 촌장은 아들을 시켜 멍석과 저울 그리고 앉은뱅이 의자 서너 개를 대열의 전면에 배치했다.

샤오자오는 현찰 가방을 챙기고 나머지 직원들은 멍석에 둘러앉았고, 왕장과 왕쥐안은 호위 무사처럼 내 좌우를 지켰다. 하늘은 맑아 드높고 멀리서 눈 꽃 같은 사과 꽃잎들이 하늬바람을 타고 와 광장을 물들였다. 낡은 메가폰을 잡은 촌장이 대오를 향해 외쳤다.

"우리 베이츠촌에 며칠 전 한국 손님 한 분이 오셨고, 또 네이멍구에서도 다섯 분의 손님이 오셨습니다. 앞에 있는 여섯 분은 모두 우리의 귀중한 벗입니다. 이 친구들은 우리의 거래 상대편이기에 앞서 우리의 손님입니다. 우리는 이들에게 예로써 대해야 하고 정당해야 합니다. 그렇지 않으면 작년의 안궈 약재시장(허베이성의 중국 최대의 약재시장) 상인들처럼 빈손으로 돌아갈 것입니다. 그리고 더 이상 우리 마을에 손님들은 오지 않을 것입니다. 우리는 사해四海의 벗들과 성심성예誠心誠譽의 마음가짐으로 반드시 공동의 이익을 위해 마음을 열어야 하겠습니다."

촌장은 유세를 끝낸 뒤에 곧바로 메가폰을 곁에 있던 나에게 넘겼다. 나는 다소 당황하여 사양하다가 목청을 높여 "촌장님의 말씀처럼 나도 우리들의 공동의 이익을 위해 노력하고 또 여러분께 먼저 내 마음을 열겠다."라는 취지로 간단히 말했다.

이어서 원지 수매가 시작되었다. 우리 팀에서는 내가 먼저 주장으로 나섰다. 나는 밀짚모자를 쓰고 앉은뱅이 의자에 엉덩이를 반쯤 걸친 채로 대열의 첫 번째 70대로 보이는 할머니 농민과 마주했다. 순간 나는 긴장했다.

유구천의 경험처럼 우레와 같은 떨림은 아니나 평정을 찾기 어려운 요동이 가슴을 스친다. 내 뒤에는 우리 직원들이 그런 나를 바라보고 있다. 나는 태연해지려 안간힘을 다하다가 "장수가 이러면 되겠나!" 하며 마음을 고쳐먹기로 하였다.

할머니는 마대자루의 끈을 풀고 펼쳐 내게 물건을 내밀어 보였다.

나는 눈으로는 색깔과 굵기를 살피며 한 움큼 손으로 부드럽게 물건을 쥐고 건조도를 가늠하고는 그녀에게 희망 가격을 물었다. 곁에서 물건을 노려보고 있던 샤오자오가 개입했다.

그녀는 손을 자루 안쪽 깊숙이 찔러 보고는 나더러 눈짓을 보내 기다리라는 신호를 보낸 뒤, 왕장으로 하여금 20kg쯤 되어 보이는 물건을 멍석 위에 쏟게 했다. 자루에서 쏟아놓은 물건은 위와 아래의 굵기가 현저히 달랐다. 샤오자오는 좀 큰 목소리로

"상샤 우차 저머 다!(上下誤差这么大!: 위아래 물건 굵기의 차이가 이렇게나 크네요!)"라고 할머니에게 핀잔하듯 말했다. 곁에 있던 왕쥐안도 샤오자오에게 동조했다. 500그램 한 근당 11위안을 요구했던 할머니는 샤오자오와 약 10분간의 좀 지루한 협상 끝에 10위안에 합의를 이루고 첫거래를 성사시켰다.

대열의 나머지 농민들은 숨죽이며 이 거래를 지켜보고 있었다. 나는 첫 거래 직후 주장의 의자를 샤오자오에게 넘겼다. 나와의 첫 거래 당시 상대편의 집념은 눈으로 드러나 있었다. 70대 노인의 눈이라고 보기에는 초점은 너무나 집요했고 강렬했다. 노파의 백발과 내 손보다도 더 큰 주름진 손등도 나를 압도했으며, 구부러진 조그만 몸도 역시 나를 위축시켰다. 1차 수매를 끝낸 그날 밤 나는 은밀히 왕쥐안을 시켜 그 노파에게 그녀가 희망했던 그대로의 차액을 전달했다.

샤오자오는 지난 휴식일인 사흘 동안 쉬지 않고 촌장과 왕장에게서 원지의 품질과 시세를 학습했다. 베이츠촌은 왕씨와 양씨들이 조상 대

대로 거주해온 집성촌이었다. 왕장은 자기 부친의 지시에 따라 샤오자오 자매를 이끌고 자신의 원근 친척집은 물론 비교적 친숙한 양씨네에 이르기까지 그들 집 고방庫房에 보관된 원지를 죄다 펼쳐주면서 샤오자오 자매를 교육시켰다.

샤오자오는 대단한 녀석이었다. 냉철한 판단과 유연한 밀·당으로 협상을 주도했으며, 간혹 돌출하는 상대방의 허풍에도 결코 흔들리지 않았다. 그녀가 개별 협상을 끝내면 왕장과 직원들이 마대에 달라붙어 계근하고, 곧 이어 융샤가 대금을 지불하는 패턴으로 거래는 해가 저물 때까지 계속되었다. 첫날 수매 결과를 볼 때 거래는 매우 성공적이었다. 나의 예상 이익은 상상을 초월했다.

나는 그날 밤 촌장께 깊은 감사를 표시하고, 우리 직원들을 불러 역시 감사의 마음을 전하며 앞으로의 수매 계획에 대해 설명했다.
"수일 내로 동네의 재고 물량을 모두 사들이게 되면 이어 봄 수확기에 농민들이 채취하는 햇원지를 이어서 수매할 예정이니 마음의 준비를 해 달라."는 부탁이었다.
나는 따로 샤오자오를 불러내 주민들과 거래 접촉을 할 때 너무 앙칼지게 하지 않도록 좀 조심해 줄 것을 주문했다. 나는 다음날 촌장 부부와 왕허 내외에게 작별의 예를 갖추고 귀국길에 올랐다. 왕장과 왕쥐안은 이미 불러 광장에 대기시켜 놓은 택시에 나와 동승하여 신장역까지 나를 전송했다.

4. 장사꾼에게도 이념은 있다.

지금 현존하는 충청도 노인층의 보수성은 전 세대를 아우르는 데 힘이 부쳐 마이너로 전락한 형국이지만, 한 세대 전까지만 해도 충청도의 보수 성향은 매우 단단한 편이었다. 그 뿌리는 17~18세기의 조선으로 올라간다.

회덕의 우암尤菴 송시열宋時烈 선생, 그는 신유학을 주창한 남송의 주자朱子를 앞세워 먼저 학문 보수의 멍석을 충청도에 깔았다. 이어서 그는 이에 대적하는 이성(尼城 : 지금의 충남 논산시 노성면)의 윤문尹門을 비롯한 소위 사문난적斯文亂賊들을 모조리 배척하였다. 난적이라고 표현한 것은 그의 주관일 뿐이었다. 또 그의 숭명배청崇明排淸에 기초한 소중화 사상은 학문적 보수 위에 이념적 토대를 구축하여 범국가적 보수로서의 기반을 공고하게 하였다. 그는 숙종에 의해 사사된 뒤에도 《조선왕조실록》에 그의 이름이 가장 많이 기록될 정도로, 그의 영향력은 막강했다.

이어서 홍성의 남당南塘 한원진韓元震 선생이 충청도 보수의 바통을 이어 받았다. 그는 송시열의 제자인 수암遂菴 권상하權尙夏의 수제자로서 충청도 보수를 완성했다고도 할 수 있다. 그는 평생의 공력을 들여 스승들이 못다한 《주자어류》 등의 미진한 부분을 완전히 바로 잡았다.

그는 서울의 사상적 진보와 치열하게 맞서 충청도 보수를 더욱 강고한 방향으로 이끌었다.

소위 '호락논변湖洛論辨'의 좌장으로 당시 한원진이 선봉에 섰던 것인데, '호湖'는 충청도를, '낙洛'은 서울을 의미한다. 호락논쟁이란 철학적 배경을 거두어버리면, 멸망한 명나라를 계승한 소중화의 조선과 욱일승천하는 오랑캐인 청나라를 대등한 족속으로 인정할 것인지에 대한 피 터지는 논쟁이었다. 이 논쟁의 여파는 20세기 초엽까지 지속되었다.

한원진의 호론湖論은 청나라의 만주족은 열등한 족속으로 오로지 타도해야할 복수설치復讐雪恥의 대상일 뿐이었다. 그런데 '남한산성'으로 우리에게 잘 알려진 김상헌의 후예들인 장동 김문, 이를테면 김창협, 김창흡 형제에 이어 김원행 같은 분들이 대를 이어 주도했던 서울의 낙론洛論은 아이러니컬하게도 오랑캐인 청나라 만주족을 우리와 대등한 사람으로 인정하려했다.

충청도 호론의 영향은 정조 사후 영조의 계비인 정순왕후 계파의 지지를 업고 그 명맥을 유지하다가 일본의 침탈이 본격화 할 무렵 일본을 오랑캐로 인식한 한원진의 후예들이 봉기했다.

바로 남당의 근거지인 홍성, 예산 일대에서 만해 한용운을 비롯한 무수한 열사, 의병들이 출현한 것이다. 그것은 분명 충청 보수가 의리에 기반을 둔 실천으로 드러난 역사적 사건이라 하겠다.

결론적으로 충청도의 호론은 우암과 남당의 영향 아래에서 태동하고 강화되었다. 그러나 실제로는 의리상의 실천일 뿐이어서 청淸이라는 '실實'을 넘어설 수 없는 '허虛'의 이데아였다.

그럼에도 불구하고 이분들의 영향아래 후대의 충청인들의 성향은 말없는 보수로서 줄기차게 굳어진 것이 아닌가 하는 생각도 든다.

18세기 청나라의 발전상을 인정하고 그들과의 평등을 거론하는 것

자체가 금기시됐던 시기에 천안에서 담헌湛軒 홍대용洪大容 (1731~1783)이 출현했다. 담헌은 청을 인정한 토양 아래에서의 평등과 개혁 방책을 담은 그의 생각을 ≪의산문답≫에 펼쳤다. 그의 사상은 18세기 '소중화'에 억압되어 개봉되지도 못하다가 무려 156년이 지난 후인 20세기 초에 이르러서야 위대한 '실'이 비로소 드러났다.

나는 사업을 시작하기 직전인 1995년 그의 사상과 행적에 열광했다.

장사꾼은 정치적 이념으로써의 평등이 아닌 오로지 '상' 내부에서의 열매를 꿈꾸어야 한다. 그 열매는 바로 거래 상대와의 손익의 평등 개념이 작동될 때 '서로' 이익을 나누게 된다. 따라서 내가 1996년 1월 사업을 시작할 때 우리 회사의 이름을 곧 '서로무역瑞路貿易'으로 명명한 까닭이 여기에 있었다.

제6장

유구무역의 셜립과 오위삼피

1. 유구무역의 탄생과 대형 도난사고

1996년 1월 설립한 서로무역 한창섭은 개인 사업자였으므로 나는 산시성 베이츠촌에서 귀국한 직후인 1997년 5월에 절세를 위해 법인 사업자로 변경했다. 바로 내 고향 이름을 담은 명칭으로 유구무역주식회사였다. 나의 직위는 사장에서 대표이사로 변경됐지만 사실상 마찬가지라는 것은 누구나 다 알고 있었다.

6월로 접어들면 한약시장은 비수기에 접어들어 거래는 뜸해진다. 여름에 보약을 복용해 봐야 약발이 떨어진다는 우리네의 뿌리 깊은 인식이 약재의 수요를 감소시키기 때문이다.

그 무렵 제기동 한약상가는 대략 다섯 그룹으로 형성되어 있었다. 나 같은 무역업자, 도소매업자, 한의원, 한약방, 무역업자와 도매업자를 연결하고 중간 이윤을 취하는 거간인 중상中商, 그리고 짐꾼 그룹이었는데, 유구무역은 내 아내 외엔 따로 영업사원을 두지 않았기 때문에 바로 그 중상들의 소득원이기도 했다.

중상들은 유구무역이 제공하는 약재 샘플을 들고 국내 3대 약재시장인 제기동과 금산, 영천을 누비면서, 시세의 움직임에 민감하게 대응하며 거래를 성사시킴은 물론 내게 시장 정보를 제공하기도 했다. 내가 비록 시장에서 '감초대왕'의 칭호를 얻었다고 하더라도 아직은 경력이 일천한 나에게 약재의 동향과 흐름을 꿰뚫고 있는 그들은 정보원 역할을 톡톡히 수행했다.

1997년 6월 상순 나는 네이멍구의 허페이 형에게서 전화 한 통을 받고 또 중국 출장길에 올랐다. 공장에서 발생한 현금 도난 사건 처리와 허페이 형과 동행하기로 한 신장성으로의 감초 원료 구매를 위한 출장이었다.

　　형과의 통화 내용을 종합하면, 형은 엊그제 왕화이이에 대한 외상대금을 지급하기 위해 6만위안을 공상은행에서 인출해 공장 안의 살림 칸 장롱 속에 보관했다. 그리고 어제 외식을 위해 전 가족이 공장을 비운 사이 그 6만 위안을 도난당했다는 것이었다. 허페이 형은 곧바로 경찰에 도난 사건을 신고했으며, 형의 가족은 물론 형의 처남과 처남 댁 등이 경찰에 불려가 조사를 받았다는 것이었다. 나는 형의 장황한 사건 설명을 듣기만 하고, 어떠한 응답도 하지 않았다.

　　나는 사업 초기에 남대문시장에 들러 어렵사리 좀 낡고 너덜너덜한 국방색 배낭을 구입했다. 중국의 시골에서는 오로지 현찰만이 유통되기 때문에 돈을 담아 운반할 배낭이 필요해서였다. 더욱이 붐비는 열차에 탑승할 때 거액의 현찰 휴대는 위험을 초래할 수 있기 때문에 중국 서민용으로 보이는 허름한 중고 배낭은 유용한 운반 도구였다.

　　그날도 나는 베이징 수도공항에 내려 우리 회사의 중국 측 수출 대행공사의 책임자인 왕 경리와 은행에서 만나 무역대금과 침대칸 기차표를 전달받고 덩커우행 기차에 탑승했다. 여느 때와 마찬가지로 나는 열차에 올라 내 침대 쪽으로 이동하여, 물론 남들의 시선을 의식하긴 했지만, 가까운 선반에 무심한 듯 현찰 배낭을 획 던져 올려놓고 거기에는 별로 시선을 두지 않았다.

　　보통 열아홉 시간이 걸리는 열차 안에서 체류 시간 중에 식사 시간을 비롯해서 세면이나 배변을 위해 나는 돈 배낭을 놓고 자리를 비는 경우가 적지 않았으므로 배낭의 안전은 두통거리가 되지 않을 수 없었다.

나는 사업 초기 식당칸으로 이동할 때, 그 무거운 배낭을 선반에서 끄집어 내려서 휴대하고는 했는데, 그러한 행동이 오히려 주위의 시선을 끈다는 것을 깨닫고는 아예 한번 선반에 처박아 놓은 현찰 배낭은 하차할 때까지 손을 대지 않았다.

중국 형법은 우리보다 형량이 훨씬 더 무거울 뿐만 아니라 열차 내의 승경乘警들도 내 마음을 가볍게 하는 데 한몫 했다. 아무튼 도난 사건이란 철저한 위장 등 예방에 만전을 기하는 것만이 주인으로서 도둑맞지 않도록 책임을 다하는 방책일 수 있을 뿐이라고 생각한다.

나는 덩커우에 도착해 곧장 도난 사건에 대해 허페이 형의 설명을 듣고 대책회의를 열었지만 결과적으로 어떠한 마땅한 방안도 없었다. 도난 당일 도난 직전에 6만 위안의 소재를 아는 사람은 허페이 형과 은행에 동행했던 그의 처남인 허쥔 밖에 없었다.

경찰 조사 결과, 허쥔은 은행에서 현찰을 인출한 사실을 무심코 그의 처인 왕린펑에게 말했으며, 허페이 형은 평소에 소행이 불미스러웠던 왕린펑을 의심하고 있었다. 그래서 경찰은 허쥔의 집뿐만 아니라 허쥔의 장인집 텃밭까지 수색했지만, 현찰은 물론 그 어떠한 증거도 찾아내지 못했다.

결국 도난 사건은 미결로 남게 되었다. 안면이 있는 경찰 간부들도 내가 머무는 이틀 동안 공장에 들락거렸지만 그 어떠한 단서도 잡지 못했다. 당시 6만 위안이란 돈은 덩커우에서 쓸 만한 단독주택 네 채를 구입할 수 있는 거금이었다.

나는 그 문제를 내 부담으로 처리할 것이란 점을 허페이 형에게 분명하게 말해 주고는 우울하여 어깨가 축 처져 있는 형을 오히려 위로

했다. 그리고 허페이 형에게 말했다.

형수가 말해도, 이웃 사람들이 말해도, 온 동네가 수군거려도, 직접 확인할 수 없는 한 절대로 그 어느 누구라도 의심해서는 안 된다고 나는 강조했다. 참으로 안됐지만 한 걸음 더 나아가 이번 사건은 전적으로 형의 실수였다고 꼬집었다. 할 말은 해야만 직성이 풀리는 내 성격 탓이었는다. 나는 '만장회도慢藏誨盜'라는 네 글자를 형에게 써 보이고 말을 이었다. 그것은 바로 "감출 것을 태만히 하는 것이 도둑놈에게 도둑질하도록 가르친다."라는 말이었다.

이는 곧 "도둑의 마음을 도둑질에 미치도록 일깨웠다."는 말과 완전히 같은 뜻이라고 말해주면서 이 말은 공자님께서 ≪주역≫을 통해 후손들에게 남긴 금언이라는 점도 덧붙였다. 물론 나는 은연중 재발을 방지하려는 나름 치밀한 노력을 기울였다.

솔직히 말해서 나는 허페이 형과 협력한 이후 그 때처럼 화가 잔뜩 치솟은 적은 없었다. 소위 공장의 로열패밀리들도 나의 화를 돋웠다. 형수는 물론 허페이 형의 두 친동생들과 장인을 비롯해 처남 내외, 외사촌 동생 내외 등 모두 여덟 명은 특별대우의 혜택을 입어 남들 급여의 두 배 이상을 받는데도 불구하고 허페이 형의 막내 동생을 제외하고는 모두가 한결같이 빈둥거렸다.

형수는 마작 뻥땅 사태에 이은 나의 경고에 따라 마작판은 접었지만 까닭 없이 특정 공원을 해코지하는 못된 습관은 버리지 못했다. 형의 바로 아래 동생 허중賀忠은 부공장장으로 할 일 없이 노란 낡은 안전모를 삐딱하게 걸치고 공장동과 사무동 사이를 어슬렁거리며 근무 중인 반반한 여성 공원 곁에 쭈그리고 앉아 노닥거리다가 밥 때가 되면 주방에 기어 들어와서 가정부 역할을 수행하는 역시 여성공원의 엉덩이나 더듬적거리는 비루한 사내였다.

나머지 남성 외척들 셋의 임무는 원래는 칼갈이였고 그것도 숫돌이 아닌 기계칼날 갈이였다. 감초 절편기 모터의 에너지로 회전하도록 기계에 내장된 칼날은 1시간만 가동해도 칼날이 무뎌지므로 이를 기계로부터 분리해 연마한 다음 다시 기계에 장착해서 사용해야만 하는데, 바로 칼날의 예리함이 감초의 절단면의 상태를 결정지으므로 칼갈이는 제기동에서의 상품 가치에 상당한 영향을 미치는 매우 중요한 작업이었다. 그럼에도 불구하고 그들 역시 태만하기 짝이 없어 보직을 변경할 수밖에 없었다. 그들이 다시 받은 보직은 아무 일도 하지 않고 그저 놀고먹는 '무보직'이었다.

1997년 4월, 나는 허페이 형과 협의하여 이들 무보직자에 대해서도 종전과 같은 급여를 유지하도록 했다. 그것은 물론 허페이 형의 체면과 동양의 외척 발호 전통을 고려한데다 그 정도의 비용 지출은 우리 회사의 총수익에 견줘 볼 때 미미했기 때문이었다.

그날 나는 도난 사건의 처리를 고심하던 중에 덩커우 근교 초원으로 원롄과 자전거 산책을 나갔다가 귀가했는데 부공장장인 허중은 내 사무실 긴 소파에 다리를 걸치고 낮잠의 달콤함에 푹 빠져있었다.

나는 즉각 그의 다리를 흔들어 깨우고 다섯 살 어린 그에게 지시했다. 나는 종이에다 '절금입실絕禁入室'이라는 네 글자를 한자로 써서 허중에게 건네주면서 "이 종이를 들고 네 형(허페이)에게 가서 다시 예쁘고도 큼지막한 글씨로 잘 써서 내 사무실 문짝에 붙여놓으라고 해라."라고 지시했다.

2. 감초 수집을 위한 우루무치烏魯木齊 여행

다음날 허페이 형은 감초편 완제품 18톤을 트럭 두 대에 나눠 텐진으로 출발시키고, 나와 함께 신장성의 성도인 우루무치로 출장길에 올랐다. 얼마 전 형의 우루무치 거래처인 쉬더인徐德印은 통감초와 감초편 샘플을 공장으로 보내왔는데 우리가 사들일 통감초가 약 50톤, 수공편인 감초편이 약 20톤으로, 이에 대한 실사와 거래 협상이 출장 목적이었다.

천산산맥의 천치天池에서 필자(오른쪽)와 쉬더인

덩커우, 인촨, 란저우ᄅ州, 우웨이武威, 장예張掖, 주취안酒泉, 자위관嘉峪關, 위먼玉門, 하미哈密, 투루판土魯番 등지를 경유해 목적지인 우루무치까지는 장장 2,500 여 km, 열차 탑승 시간만도 50 여 시간에 이르는 여정으로, 우리는 인촨과 란저우에서 각각 열차를 갈아타야 했다.

우리는 덩커우 출발 이틀 만에 간쑤甘肅의 란저우에 도착, 우루무치 행 열차에 몸을 실었다. 거기서부터는 우리에게 친숙한 단어인 '실크로드'의 천산남북로 중 천산남로로서 무려 1,800km에 이르는 긴 여정이 시작된다.

차창 밖에는 옥수수와 밀밭, 황무지와 사막 그리고 설산이 펼쳐진다. 오른편엔 암황색暗黃色 또는 검은색의 황무지 구릉지대가 대부분이고 그 너머엔 광활한 타클라마칸 사막이 위치한다. 왼편엔 주로 해발 5,000m 정도의 설산 줄기인 치롄산맥(祁連山脈 신강성의 천산과 감숙성의 난주를 가로지르며 1000km에 걸쳐있다.)이 병풍처럼 이어지며 차창을 따라온다.

고대 중국에서 유럽으로 비단을 수출하던 길인 실크로드는 그 어감에서 풍기는 고아한 느낌에 비해 아주 멀리 바라다 보이는 설산을 제외하면 차창 밖의 풍경은 황량하기만 하다.

나는 한결같은 차창 밖의 풍광에 지쳐 자다 깨다를 반복하면서 독서를 하곤 하는데, 내 주변의 중국인들은 힐끗힐끗 내 책을 훔쳐보다가 어느 나라 글이냐고 묻는다. 내가 한국의 '한글'이라고 대답해 주면 대개 그들은 균형이 잘 잡혀있고 예뻐 보인다고 칭송하고는 자신들도 나를 따라 '한글'을 발음해 보는 것이었다. 그들의 발음 체계상 '글'이라는 게 없어서 그런지 '글'을 대개 '걸'이나 '갈'로 어물쩡한 소리를

이것이 장사다 **187**

토해낸다.

우리는 1997년 6월 22일 정오경에 드디어 우루무치역에 도착했다. 쉬 라오반徐老板은 역전으로 마중 나와 우리를 맞이하고는 이어 곧바로 자신의 승용차로 식당에 안내하여 음식을 주문했다. '다판지大盤鷄'라는 신장성의 대표적인 특색 요리였다. 보통 세숫대야보다 더 큰 양은냄비에 고추와 피망 그리고 양파 등의 양념에다 닭고기를 토막내 조리한 우리의 닭볶음과 흡사한 요리인데 우리보다 투박하고 좀더 매콤하여 자극적이다.

내 나이 정도로 보이는 쉬더인은 본시 허난성이 고향으로 그의 조부 대에 국가 시책으로 이곳 신장으로 이주해 왔다고 한다.

지금은 다소 희박해졌지만 중국에도 지역감정이라는 것이 있다. 그것은 바로 허난성 출신들에 대한 다른 지역 사람들의 차별적 인식이다. 그것은 우리나라의 영·호남과 같이 그렇게 강도가 심해 보이지는 않지만 노년층의 경우 자녀의 결혼에 영향을 줄 정도여서 한편으로는 무시할 만한 수준도 아니다.

우리는 반주를 곁들인 오찬을 마치고 곧장 우루무치 교외에 위치한 쉬더인의 감초 가공창으로 향했다. 시내 남녘, 도로 끝자락 멀리엔 아스라이 설산이 시야에 들어오는 낭만적인 거리, 그리 높지 않은 5~6층 빌딩 사이로 인도에는 우리나라 사람보다 키가 조금은 작아 보이는 백인 위구르족들이 적잖이 눈에 띄었다.

우리는 베이징난로北京南路를 지나 그의 가공창에 도착해 창고와 그 앞마당에 가득 쌓인 물건을 찬찬히 확인했다.

약재 원료 구입의 어려움이란 몇몇 단골 거래처를 제외하고는 반드시 원료가 놓여 있는 소재지에 이르러 실물 상태를 확인하고 상대편과 지루한 협상을 통해 의견의 일치점을 도출하는 데 있었다. 게다가 이 감초란 것은 굵기, 껍질과 속살의 색깔, 속살의 섬유질 밀집도, 절단면의 상태 등 국내 시장의 선호 기준은 여간 까다로운 것이 아니었다. 때문에 일정 시점에서도 변동하는 중국 각지의 원료 시장에서의 가격과 품질을 가늠하는 일도, 스트레스로 작용했다.

그뿐만 아니라, 우리 회사의 연간 감초 수입 목표량 1000톤에 비해 1996년 8월부터 10개월간의 수입 실적은 500여 톤에 불과해 새로운 돌파구가 필요한 시점이었다. 만성적으로 원료 부족에 시달리는 나는 당시 쉬더인과의 협상에 승부를 걸기로 한 것이었다.

당시 국내 감초시장의 연간 총 유통량은 대략 5,000톤 정도로서 시장을 지배하려면 그 중 30%에 해당하는 1,500톤 이상의 물량을 직접 취급해야만 한다고 나는 판단했다. 나는 쉬더인을 네이멍구 공장에 이은 또 하나의 지속적인 공급처로, 또 하나의 아웃 포스트로 삼고자 했다.

다행히 신장성은 중국내 제2의 야생 감초 산지일 뿐만 아니라 쉬더인은 그 곳에서 감초 상인으로서 거상의 입지를 굳히고 있었다. 또 허페이 형과 거래 경력이 있는, 원시적이기는 하지만 감초 절편 설비도 갖춘 나의 적절한 예비 파트너였다.

나는 목전의 그의 재고 상품에 대한 협상을 뒤로 미루고 유구무역과 쉬더인 간의 연간 또는 그 이상의 장기 납품 계약 체결을 목적으로 협상을 이끌고 가기로 마음먹었다.

협상은 나의 제안대로 관광부터 시작했다. 이는 상호 신뢰의 구축이 선행되어야 하기 때문이었다. 나는 우루무치에서 동북 방향으로 100여km 떨어진 '톈츠(天池: 천지)'에의 유람을 쉬더인에게 제안했다. 그는 내 제안에 즉각 동의했다.

우루무치 도착 이틀 뒤의 이른 아침, 쉬더인의 아내인 리자오위안李
嬌淵여사가 운전대를 잡고 우리 네 명의 일행은 216번 국도를 타고
톈츠를 향해 출발했다.

우루무치를 기준으로 신장성을 남북으로 나누어 현지인들은 북방을
베이장北疆, 남방을 난장南疆)로 부르는데, 톈츠는 베이장의 지붕과도
같은 톈산산맥의 중턱에 위치한 그 이름도 유명한 거대한 호수의 이름
이다.

건조하기만한 6월, 우루무치 근교의 하늘은 더 이상 푸를 수가 없
고 이어지는 광활한 초원에는 한 무리의 둥근 흰색 멍구바오蒙古包가
연도에 출현한다. 멍구바오는 수십여 가호 씩 띄엄띄엄 산재해 있다.
멀리서 보기에는 푸른 바둑판 위에 흰 바둑돌을 놓아 둔 듯하다. 그
가운데 삼삼오오 말 달리며 어디론가 쾌속으로 이동하는 몽고족들은
태고의 동화를 소환한다.

사람의 시각이란 목적에 따라 크게 그 사람의 감흥 상태를 좌우한
다. 관광이 아닌 이익이 목적일 경우, 아무리 이국땅에서 처음 보는
아름다운 정경이 눈앞에 펼쳐진다 해도 별로 큰 감흥이 일어나지는 않
는다. 내가 대범하지 못한 탓도 있겠지만, 연도에 펼쳐지는 멋진 초원
과 몽고풍의 바오, 그리고 톈츠조차도 당시엔 내 눈과 가슴을 그렇게
자극시키지 못했다.

우리는 우루무치를 출발한 지 4시간 만에 톈츠 인근의 호텔에 도착
하여 여장을 풀고 호수 주변의 산책에 나섰다. 호수는 산맥의 줄기를
끊어낸 듯한 분지에 연원을 알 수 없는 에메랄드 빛 푸른 물로 가득
하고, 동북방 '보거다봉博格達峰'의 설산이 호수 위를 가득 드리운다.

그날 저녁 술자리가 시작되자마자 나는 쉬더인 내외를 네이멍구 공
장으로 초대했고 그들은 이에 기꺼이 응했다. 허페이 형은 쉬더인에게

나에 대한 좀 과장된 칭송을 자정이 넘어 호수물이 검게 잠들 때까지 장황하게 늘어놓았다.

3. 장사꾼의 자세, 오위삼피

한족들의 협상 행태나 그 대화를 들여다보면, 반복과 강조를 거듭한다. 어휘를 좀 바꾸어서 밤새 지속하는 경우도 드물지 않게 볼 수 있다. 이는 바로 상대방에 대한 세뇌 작업의 일환이다. '허쭤(合作: 협력이란 의미)', '청신청위(誠心誠譽: 상대방을 성심과 명예로움으로 대함)', '후리후후이(互利互惠: 상호 이익과 혜택)', '스스짜이짜이(實實在在: 실질을 추구함)' 등과 같은 말들을 어느 일방이 줄기차게 쏟아내면, 상대방도 고개를 끄덕여 공감을 표시하고 자신도 뒤따라 같은 어휘로서, 메아리처럼 응답한다.

허페이 형과 쉬더인의 대화 내용도 별반 다르지 않다. 허페이 형은 그에게 나를 과장하여 "한국 약재 업계에서 유구무역의 거대한 위상", "자신의 친동생보다 더 밀접한 한창섭이란 사람의 굳센 믿음", 그리고 "자신과 쉬더인과의 그간의 호리호혜적인 거래성과" 등을 피력하면서 유구무역과의 장기 협력의 필요성을 강조한다. 바로 위와 같은 협력의 결과 반드시 "호혜를 통해 공동 번영에 도달한다."는 내용의 웅변을 반복하며 쉬더인을 설복하고자 한다.

쉬더인도 지지 않는다. 먼저 허페이 형의 웅변을 모두 긍정하면서 거의 같은 어휘를 구사하여 역시 그도 유구무역과의 협력시 안정된 판로를 확보해 '호리호혜'라는 거룩한 목표를 달성할 수 있다고 생각한다는 둥, 그도 만만치 않은 언변으로 응수하는데, 사실 이런 대화 내용들은 한족 상인들끼리 협상할 경우 거의 정형화 되어 있다. 이러한 한족들의 협상 행태는 그들의 오래된 문화와 밀접하게 연관되어있다. 바로 상대방과의 대립이 아닌 대대문화待對文化이다. 이는 상대와의 대치 상태에서도 상대를 인정하는 토양 위에서 상대의 말을 인내심을 갖고 기다려주는 자세를 의미한다.

내가 경험한 바에 의하면, 그들의 이러한 반복적인 긍정의 대화들이 곧 거래 성사를 의미하거나 곧장 실질적 타결로 연결되는 경우는 흔치 않다. 다만 조금씩 상호 인정하고 상호 세뇌되면서 신뢰의 바탕을 형성하거나 상호 우의의 증진으로 나아가는 것은 부정할 수 없다.

그렇다면 우리 한국 상인들은, 우리의 한상韓商들은 한상漢商들과의 거래에서 어떻게 대처하는 것이 좋을까?

여기서 나는 이 기회에 내가 만 8년 동안 그리 오랜 세월은 아니지만 결코 짧지 않은 시간을 그들과 부딪히고 어우러지며 이루어낸 작은 성취와 경험을 바탕으로, 우리 미래의 한상韓商들이 반드시 실천해야 할 것들과 반드시 피해야 할 것들을 밝히고자 한다. 그것은 바로 '5위 3피'로 요약할 수 있다.

1. 오위(五爲: 다섯 가지의 갖추어 실행할 일)
   어, 겸, 용, 인, 신.
   語, 謙, 勇, 忍, 信

2. 삼피(三避: 세 가지 반드시 피할 일)
   구, 오, 색
   懼, 傲, 色

어語 : 중국어 소통 능력

먼저, '5위'에 대해 말씀을 드리겠다. '어語'란 말할 것도 없이 중국어 소통 능력을 의미한다. 그 나라의 언어 속에는 그들의 역사와 문화는 물론 인간적 정감 등이 녹아 있기 때문에 자기 자신이 직접 현지 언어를 구사할 수 있어야만 그들의 문화와 일상생활에 기초한 정확한 의사를 주고받을 수 있기 때문이다.

그러나 우리나라에서 외국어인 중국어에 통달하기도 어렵고 또 그럴 필요도 없다. 어느 정도 기초적인 중국어를 익힌 뒤 현지에 가서 그들과 서로 부딪치다 보면 우리 말도 한자에 기반을 둔 단어가 대부분이라서 먼저 귀가 뚫리고, 뒤따라 입이 열리게 된다.

제기동 한약 상인들 가운데 1990년대에 나같이 직접 중국에 거점을 개척하고 지속적으로 약재를 조달하는 상인은 거의 없었지만, 적지 않은 상인들이 조선족 통역을 대동하고 중국 현지의 약재 산지에 뛰어들었다. 하지만 불행하게도 그들의 대부분은 실패했다.

실패의 원인을 두 가지로 분석할 수 있겠는데, 첫째는 통역의 대부분이 젊은 여자라는데 기인한다. 아니면, 둘째는 통역이 돈 많고 오만한 한국에서 온 상인을 질시하여 고의적으로 왜곡해서 통역을 함으로써 의사전달이 잘못된 데에 실패의 단초가 있을 것이라는 것이 업계의 중론이었다.

오너로서 사업을 하러 중국에 건너간 상인과 현지 통역의 잘못의 경중을 따져보면, 물론 예외의 경우도 있을 수 있겠지만, 나는 오역의 빌미를 제공한 데에는 우리나라 상인들의 잘못이 더 크지 않나 하는 생각이었다.

여기서 또 한 가지 강조하고 싶은 것은 중국에 살고 있는 우리 동포인 조선족을 우리는 우리나라 사람으로 쉽게 간주하는 경향이 있는데, 이 것 또한 잘못 생각한 점이라는 것이다. 예외도 있겠지만 중국 국적을 가지고 중국 내에서 50여 소수 민족의 일원으로서 살고 있는 조선족들은 대개 우리나라보다는 중국에 더 큰 소속감을 가지고 있으며 현실적으로도 국적이 중국인임을 기억할 필요가 있다.

나는 1995년 베이징의 한 식당에서 홀 서빙을 하는 한 소녀가 우리 한국말을 하는 것을 듣고 반가운 마음에 "아, 우리나라 사람이군요!" 하고 반가움을 표시했었다. 그런데 돌아온 반응은 뜻밖이었다.

"나는 중국 공민입니다. 나는 한국 사람이 아닙네다. 조선족입네다."

조금 전까지도 명랑하기만 하던 어린 소녀의 찬바람 부는 반응을 접하고는 한참을 생각해 보지 않을 수 없었다. 그런 연후에 나는 비로소 중국의 조선족은 한국 사람이 아니고 조선족 '중국인'이라는 것을 깨달을 수 있었다.

겸謙 : 자신을 낮추고 남을 배려함

자공子貢, 그의 성은 단목端木이고 이름은 사賜이며 공자의 3대 제자 가운데 한 분으로서 이재에 뛰어났다. 공문孔門의 살림을 도맡다시피하고, 수백 명이 호종한 공자의 천하 주유에 들어가는 비용도 그가 충당할 정도로 자공은 거부였다.

《사기·화식열전》에 나온 자공이 돈을 벌어 부자가 되는 과정을 보면, 그는 탁월한 언변을 가지고 싼값에 사서 비싸게 파는 장사의 귀재였다. 다만, 그는 남을 칭찬하는 데는 주저함이 없었지만 겸손하지는 못해서 스승인 공자로부터 왕왕 꾸지람을 듣는 제자였다.

후대의 사람들이 그를 평가할 때, 자공의 위인 됨에 '겸謙'이 더해졌더라면 오늘 날의 재벌을 능가했을 뿐만 아니라 공문 내에서 그의 위상도 더욱 높아졌으리라고 가정하는 사람이 있다. 내가 소싯적 ≪논어≫에 매료되었을 때도 늘 그 '자공'을 주목했는데, 그는 완벽하지는 않았지만 나의 롤모델이었다.

≪주역·계사전≫에서 정의한 '겸'을 보면 "겸이란 지극한 공손함으로 그 지위를 보존하는 것(겸야자치공이존기위자야謙也者致恭以存其位者也)"이라고 하여 바짝 낮추는 것으로 부터 출발한다. 그 결과 최소한 개개인에 부여된 위치를 보존하게 하는 매우 고결한 인문, 즉 사람의 무늬다운 무늬를 결정짓는 요소 중의 하나라는 것이 공자의 생각이었다.

또한 공자는 인仁의 범주 안에서 겸의 여러 가지 실천 방법을 ≪논어≫에서 제시했는데, 모두가 자기 자신보다 남에 대한 배려를 내세우고 있다.

공자님은 "기욕립이립인(己欲立而立人: 자기가 서려 한다면 남을 세워주라)"라던가, 마찬가지 의미로 "기욕달이달인(己欲達而達人: 자기가 이루고자 한다면 남을 이루게 하라)" 라는 훈계에 이어 "기소불욕 물시어인(己所不欲, 勿施於人: 자기가 하고 싶지 않은 바는 남에게도 시키지 말라)"고 말씀하셨다.

이러한 겸에 관한 인문적 소양은 대부분의 장사에 있어서도 그대로 투영되어야 한다는 것이 나의 생각이다. 세상에 손해 보면서 장사하고 싶은 사람은 아무도 없는데 그 세계, 속칭 장사판에서 나만 홀로 이득을 취하려고 하면, 즉 나는 손해 보고 싶지 않은데 남에게는 손해를 안기면 그 장사를 오래도록 보존할 수가 있겠는가?

내가 네이멍구 형이 공들인 협상 끝에 가까스로 깎아놓은 감초값을 다시 높여 지불하게 한 것은, 그것이 무슨 장기적인 계책이라기보다는 위와 같은 간단한 논리에서 출발한 것이고, 또한 네이멍구 공장 개창 전에 형의 빚을 내가 대신 갚아 준 것도, "자기가 서고자 하면 남을 먼저 세우라"는 공자님의 금언을 응용한 것에 지나지 않는 것이다.

공자는 이 '겸'이란 것은 낮은 곳에서 출발하지만 궁극에선 '성(盛: 무성함)'에 이르는 첩경임을 내비쳤는데, 이를 곧 사업의 흥성함을 일컫는 것으로 대치해도 무리는 아니다.

상계의 무한 경쟁 상태는 오히려 한발 뒤로 뺀 다음, 마치 가뭄 끝의 웅덩이에서 미꾸라지들이 서로 살아남기 위해 입으로 물기를 내뿜어 이웃한 미꾸라지들을 적셔준다는 ≪장자≫의 우언과 같이, 때로는 헌신적으로 한 발짝 물러나는 것이다. 그것이 장래의 이익을 기약하는 길이기도 하다.

특히 다소 오만하게 비쳐지기도 하는 자기중심적 성향이 뚜렷한 대다수의 중국 상인들을 대할 때 '겸양'이야말로 그들을 초전에 압도할 수 있는 무기로써도 유용한 것이다.

용勇

나는 대머리이다. 선친에게서 물려받은 유전인자의 영향이 큰 것처럼 보인다. 몇 해 전까지만 해도 나는 유치원의 아이들에게 '대머리 아저씨'라고 불리다가 작년부터는 '대머리 할아버지'라고 불리기도 한다.

내 머리의 대머리화가 진행되는 과정을 통해 우선 '용勇'에 관해서 언급해 보고자 한다. 다른 대머리분들도 나와 같은 과정으로 진행됐는지는 잘 모르겠지만, 나는 일정한 세월의 흐름과 속도에 비례하여 대머리로 진행한 것이 아니다.

내 대머리에서 유전적 요인을 제외하면 나는 지금까지 직업을 두 차례 바꿨는데, 이 직업 변경의 순간마다 대머리화가 급속하게 진행되었다. 직업 전환의 기획 단계에서부터 탈모는 가속화되어 실행 초기 그리고 안정화 단계에 이르기까지 탈모의 속도는 절정에 달한다.

바로 이때 내 작은 머리 내부에서 순간적으로 뿜어내는 '용기'라는 기氣에게 내 두피가 굴복한 결과의 산물이 곧 급격한 '대머리화'라는 결론에 도달한다.

또한 대머리가 되어버린 이상 대머리를 세상에 그대로 드러내고 활보하는 것 또한 작은 용기라고 할 수 있다.

'용'에 대한 모델도 역시 ≪논어≫에서 찾아볼 수 있다. 자공 못지않은 자공보다는 훨씬 연상인 공자의 1세대 제자인 '자로子路'가 바로 '용'의 대명사이다. 그는 늘 공자의 제자들을 거느리고 공자를 물리적으로 지켰으며, 또 그의 나이 60이 넘었는데도 전장에 나가 전투 중에 장렬하게 생을 마감했다.

공자는 자로와의 문답에서 "내가 뗏목을 타고 바다로 나간다면 나를 따를 자는 자로"라고 하면서 "자로의 용기는 나를 능가한다."고 말씀하시고 나서, 자로에게는 서운하게 들릴 수도 있는 "무소취재(無所取材: 뗏목으로 취할 목재가 없구나)"라는 말씀으로 대화를 끝냈다. 바로 뗏목을 엮을 목재가 자로에게는 없다는 의미이다.

위의 말씀 중 '재'는 장사를 위한 수단, 즉 준비를 이른다 해도 과언이 아니다.

또 공자께서는 ≪중용≫에서 인간의 3대 덕목으로 지·인·용智·仁·勇을 설파하셨는데, 장사에서의 수단과 준비를 지혜와 어짊이라고 할 수 있겠다. 지와 인이 장사꾼의 내면적 준비 조건이라면 '용'은 장사꾼이 감당해야만 할 과감한 실천력이라고 할 수 있겠다.

상인에게 있어 국내 시장이 개천이라면 한족들과의 경쟁 시장은 바다와 같이 느껴질 수도 있다. 1996년 1월 중국 공항에 내가 첫발을 내딛는 순간 당시 내게는 마치 절해고도에 버려진 것과도 같은 두려움이 엄습해 왔다.

공자께서는 또 "군자불구君子不懼"라는 말씀도 했는데 매사를 두려워하지 말아야 하는 것이 어찌 군자에게만 국한되겠는가? 오로지 향기로운 목표로서의 '부'를 속으로 되새김질하면서 밀어붙이는 '용'만이 '외로운 섬'에서의 탈출을 가능하게 한다. 용이란 싸움터에서의 용맹스러움을 일컫기도 하지만, 행동으로 실천하는 장사꾼의 간담에 내장된 과단과 과감성을 일컫는다. 자로보다 약 400년 정도 뒤에 출현한 고대 로마의 정치가이며 웅변가인 키케로도 용에 대해 한마디 거들었다.

"용기 있는 자로 살아라, 운이 따라 주지 않는다면 용기 있는 가슴으로 불운과 맞서라."

이 어찌 장사꾼에게 딱 맞는 말이 아니겠는가? 더욱이 '운'이란 고정되어 있는 게 아니다. 운運이란 이미 글자 자체에서 그 의미를 내포하고 있듯이 매우 유동적인 것이다. 불운을 당하더라도 다시 때를 기다렸다가 '용기 있는 가슴'으로 맞서면 그만이다.

인忍

안중근 의사의 친필로 오늘 날에 남겨진 "백번 참는 집 안에 태평과 화목이 있다(百忍堂中有泰和)"나 왼편에 안중근 의사의 장인掌印이 찍힌 '인내忍耐'는 이미 우리 눈에 익숙하다.

의사께서는 1910년 사형수의 몸으로 이 글을 쓰셨는데, 암울한 잿

빛 그림자에 드리워져 있던 우리 민족에게 그가 남긴 메시지는 무엇이 었을까?   의사께서는 당시 이미 약화될 대로 약화되어 있던 민족의 참을성을 경계하신 나머지 바로 '인'을 바탕으로 한 끈기 있는 기다림과 일본에 대한 강력한 투쟁을 강조하신 것이다.

마찬가지로 인내는 장사꾼에게도 꼭 필요한 필수 덕목이다. 더구나 중국 사람, 한족들을 상대하고자 하는 우리 한국의 상인들에게 인내는 필수불가결의 핵심적 요소이다.

1990년대 중국은 싱가포르, 말레이시아, 태국을 '여행 자유국가'로 선정하고, 처음으로 자국민들의 해외여행을 이들 3개국에 한정해서만 허용했다. 이른바 '신·마·타이新·馬·泰'라고 약칭해서 불렸는데, 이들 3개국은 싱가포르와 같이 인구의 대다수가 화교이거나 또는 화교들이 경제권을 장악한 국가들로 중국이 형제국으로 여기는 국가였던 것이다.

동남아시아 지역으로 한족들이 대거 진출한 것은 대부분 20세기 초반부터이다. 중국인들의 이민을 허용한 동남아 국가들은 우리나라에서와 같이 화교들에게 다방면에서 차별 대우를 하지 않았고, 이에 한족들은 바로 인을 바탕으로 한 그네들 특유의 상술로 해당 국가의 경제권을 장악할 정도로 급성장했다.

그런데 이 '인내'라는 성품은 우리나라의 단군신화에 나오는 웅녀의 토템이즘에서도 드러나듯이 원래는 우리 민족의 유전자를 통해 전해져 내려온 토종 성품이었는데 근래 들어 워낙 삶이 팍팍해진데다 거센 산업화의 물결이 민족의 성품까지도 변화시킨 것으로 보인다.

그 바뀐 성품은 바로 '인忍'에서 오히려 정반대인 '쾌(快: 빨리)'로의 변화가 아닌가 싶은데, 그 결과 우리는 한족들에게 인忍의 종주권을 내주고 말았다고 해도 과언이 아니다. 장사에서의 인내, 특히 협상에서의 인내란 '더 큰 이익을 위한 만족의 유예나 고의적 지연'을 의미한다.

내가 만나고 거래하면서 부딪혔던 한족들은 절대로 충동적으로 눈앞의 먹잇감을 그것이 아무리 크다고 할지라도 결코 덥석 물지 않았다. 그들은 가로로 세로로 종횡으로 그리고 좌우를 돌아보고 또 돌아보고, 오늘 내일의 전후를 치밀하게 계산하고 또 계산하다가 그래도 파악이 잘 안 되면, 처음부터 다시 천천히 머리를 굴린다. 그리고는 기다린다.

여기에 비해 우리나라 상인들의 성품은 어떤가? 물론 우리에게도 많은 장점이 있다. 내 생각에 우리는 분명히 그들보다 우월한 지혜와 박력, 직관을 가지고 있다. 그러나 그 모든 우월함은 '인'이라는 단 한 가지의 요소에 의해서 무너질 때가 적지 않았다.

중국 사업 초기에는 나도 그랬다. 매우 뼈아픈 기억이 아닐 수 없다. 따라서 우리는 과거 우리 선조들이 지니고 있던 인을 우리의 세포와 혈관 속에 다시 복원시켜야만 비로소 한족 상인들을 능가할 수 있을 것이다.

신信

1996년 5월, 나는 광둥성 선전에서 허페이를 처음으로 만났다. 둘 다 장사에서 쓴맛을 톡톡히 봤을 때인데 나는 몇 개월 되지 않은 초보였고 그는 7~8년 된 고참이었다.

그와 나는 우연히 같은 여관에 묵게 되는 바람에 형제의 의를 맺고 줄곧 8년 동안의 항해를 함께 했다. 그리고 그 결과 둘 다 작은 성취

200

를 이뤄냈다. 운이 좋았던 것이다.

고스톱 판에서는 '운칠기삼運七技三'이라는 말이 있는데, 사업 판에서는 '운칠무삼運七務三'이라는 말이 적절해 보인다. 운이 일곱이라면 노력이 셋이라는 뜻이다. 그런데 좀 더 곰곰이 뜯어보면 7과 3이란 비율이 나에게도 과연 적당한가는 다소 의문이다. 아마도 운의 비중을 더 올려야 합당하지 않나 싶다. 아무튼 그 때 내가 허페이를 만난 것은 7 이상의 운이 내게로 걸려든 것으로 볼 수 있다. 물론 처음 대면을 했을 때는 둘 다 서로 간에 믿음이라고는 전혀 없는 무신의 상태에서 작은 여관방과 주막거리를 전전하며 장장 엿새 동안의 술판을 벌인 것이다.

나는 그 해 1월에 장사꾼으로서 항해를 시작하자마자 대륙의 낯선 풍파에 휩쓸려 그를 만나기 직전에는 이미 난파선이 되어 형해만 남은 채로 표류할 수밖에 없었다. 그 또한 나보다 나을 것이 없는 상황에 처한 채로 닻을 내리고 고도에 정박해 있을 때였다. 바로 서로가 구원의 손길이 절실할 즈음에 서로가 서로에게 구원의 손길을 내밀었으므로 우리는 무신無信에서 유신有信으로 비교적 용이하게 접근할 수 있었다.

그런데 바로 이 술이라는 마물魔物은 '믿음'에 이르는 길잡이 역할을 훌륭하게 수행하다가도 격한 감정과 수다스러움을 촉발함으로써 뻔히 내려다보이는 지름길을 버리고 불가피하게 돌아가거나 샛길로 빗나가게 오도誤導할 위험도 크다. 그래서 나는 술에 완전히 함몰되지 않으려고 극도로 경계했다.

신信이라는 글자의 구성이 사람人과 말言의 결합으로 만들어졌듯이 믿음이란 말이 실행으로 드러나야만 미더움이 깃들기 시작하고, 실행을 먼저 하고 말이 뒤따르는 경우에는 그 미더움이 더욱 알차고 단단하게 된다. 그러므로 첫 대면인 허페이에게 나는 거의 침묵으로 듣기만 하다가 술을 못 이겨 애써 취기를 이겨내려고 해도 어느 새 나도 모르게 떠벌리게 되어 다시 먼 길을 돌아가는 그런 어리석은 순간을 경험했다.

둘이서 술판을 벌인 지 닷새째 되던 날 밤, 나는 확신에까지 이르지는 못했어도 그에 대한 믿음에 어느 정도 근접했다. 결국은 내가 먼저 그에게 다가가서 형제 결연을 제안했고 순간 그도 기다렸다는 듯 나를 포옹했다.

한국 사람이 중국에 가서 중국 사람들과 그들을 상대하여 장사를 시작하려 한다면 '믿을 만한' 한상漢商들을 '먼저' 믿는 것이 사업 출발의 첩경이라고 생각한다. 한국 사람이 중국에서 독자적으로 사업을 헤쳐 나가려면 크고 작은 매우 힘겨운 역경들과 마주치게 되어 있어 끝내는 파국을 맞는 경우가 적지 않다. 이것은 중국 사람들의 인간관계의 바탕에는 강고한 관시 문화가 단단하게 자리 잡고 있기 때문이다.

소위 "뒷배 없는 사업은 없다"라는 말이 중국 사업 판에서의 공공연한 속언으로, 그들은 뒷배를 '허우타이後台'로 표현한다. 이 말은 바로 무대의 뒤를 뜻하는 말로 글자 그대로는 우리의 '막후幕後'라는 말과 같지만 우리나라에서는 흔히 뒷배 또는 빽이나 찬스라는 말에 해당한다. 중국인들의 사업 무대 뒤에는 대개 든든한 후견인이 자리를 잡고 앉아있고 또 지켜주고 있다.

나에게 있어 허페이 형이 바로 나의 '허우타이'인 것이다. 문제는 그가 바른 위치를 이탈하지 않도록 내가 그를 믿어야 한다는 점이다. 일찍이 성현들이 말씀했듯이 '신'은 '성誠'이라는 수단으로 믿어야만

'신의'로 나아가 단단한 신뢰 관계에 도달한다. 다시 말해서 믿음이라는 것은 반드시 지극한 정성을 수반해야 한다는 것인데, 그렇지 못하고 '성'의 경로를 버리고 설 믿거나 또는 믿음과 의혹 사이에서 줄타기를 한다면 '신의'는 결코 성립될 수도 없고 설령 성립된다 하더라도 곧 깨어지게 마련인 것이다. 우리 식으로 말한다면 믿을 바에는 '화끈하게' 믿는 것이 최선이다.

나는 화끈한 믿음의 방편으로써 감초 가공창의 명의를 허페이 형의 이름으로 한데 이어 형의 부채를 조건 없이 대신 갚아 주었고, 감초 가공창의 인사와 회계를 독자적으로 처리하도록 했으며, 원료의 구매 또한 완전한 자율을 형에게 맡겼다. 그러한 믿음을 기반으로 나는 그를 장악했고 그는 이를 기꺼이 받아들였다.

그러나 그것이 항상 마음을 놓고 있어도 되는 상시적인 것만은 아니었다. 때로는 자칫 장마철의 커다란 산사태로 이어질 수도 있는 바위 틈새로 실처럼 작은 틈이 벌어져 물이 흐를라치면 나는 더욱 강력한 콘크리트로 사태를 차단하곤 했다.

샤오자오도 마찬가지였다. 그녀는 비록 어렸지만 허페이 형이 추천한 '믿을 만한' 범주에 드는 한족이었는데, 나는 역시 그녀에게도 허페이 형과 같은 정성으로 그녀를 믿었다. 1997년부터 나는 당시 스물한 살의 처녀인 그녀에게 산시성의 원지 수매 작업 모두를 일임했는데, 그녀는 내 기대를 조금도 저버리지 않았다. 다 그런 것은 물론 아니겠지만 다행히 한족들에게는 한번 인연을 맺은 사람은 쉽게 배신하지 않는 '의리'가 있다는 것이 내가 경험한 한족의 사람됨인데, 이는 다른 각도에서 보면 "내가 운이 좋았다."라고 말할 수도 있겠다.

장사를 시작하기 전, 나는 1993년 8월에 건국대학교 경영대학원(중

소기업학과)에서 경영학 석사학위를 취득했다. 당시 내가 살고 있던 동네가 건국대학교와 이웃한 자양동인데다가 비교적 시간 여유가 있는 본점에서 근무 중이었기에 당시로서는 생각조차도 하지 않았던 미래의 '알 수 없는' 돈벌이에 나름으로는 대비하고자 함이었다. '준비된 장사꾼'으로서의 꿈을 키운 것이 된 셈인데, 2년 여 뒤의 실전에서는 그 경영학 석사라는 학위는 실제로 장사를 하는 데는 별로 도움이 되지 않는 무용지물이었다.

농과대학 졸업생들이 농사꾼 앞에서 맥을 못 쓰고, 공과대학 졸업생들이 장인匠人들의 뒤로 밀리는 것과 다름 아닌 것이었다. 다만 지금에 와서 생각할 때, 아직도 우리는 유교 문화의 토양 위에서 숨 쉬고 있고, 넓게 보면 동북아의 유교 문화에 내가 비교적 '제대로' 적응한 것이 내게 순기능으로 작용하여 무리 없이 사업을 존속시킬 수 있었다고 생각한다.

다행히도 나는 저녁형 인간인데다 수면에 도달하려면 대취하지 않은 이상은 반드시 한두 시간은 독서라는 수면제에 의지해야만 했고, 내 수면제의 내용은 대부분이 '문·사·철文·史·哲'로 조직된 동양고전이었다. 나의 20대의 독서는 그 어떤 계통도 세울 수 없는 뒤죽박죽의 상태로 그저 여기저기 기웃기웃하며 들쭉날쭉 했다.

그러다가 30대에 접어들면서 비로소 새처럼 조금 날아 올라서 간신히 묵은 장독대 항아리들을 한데 묶어 볼 수 있게 되었는데, 그것도 뚜껑을 열고 향기로운 된장 맛을 음미하기에는 크게 부족하던 바로 그 시기에 나는 장사꾼의 길로 들어섰다.

모든 학문이 그렇듯이, 실천을 강조하지 않는 고전은 별로 없고 장사를 한다는 것도 바로 고전 활용의 핵심적 실천의 장이기도 하다. 그러나 대부분의 상인들은 고전 따위를 학습하지 않았어도, '서민갑부'라는 TV프로그램에서 서민들이 보여주듯이, 또 재래시장의 알부자 할머니들의 사례에서 보듯이 장사를 성공적으로 잘하고 있다.

장사, 나아가서 사업의 성패는 공부를 많이 하고 적게 한 것과 깊은 관계가 없는 것은 분명 확실하다. 그러나 고전의 내용이나 가르침이 장사나 인생살이와는 무관하게 공허한 것이라기보다는 대체로 진정 현명한 그들은 고전을 공부할 필요도 없이 그저 느낌과 신념으로 '호혜'라는 고전의 핵심적 이념과 내용을 이미 꿰뚫고 이를 묵묵히 실천했기 때문이 아니겠는가.

다만, 내가 앞서 설명한 오위5爲 즉 어·겸·용·인·신語·謙·勇·忍·信이라는 덕목은 내 경험에 비추어 볼 때 중국에서의 사업에서는 더욱 중요한 실천적 요소들로 생각되어 이를 강조한 것이다. 그런데 위의 '신'에 대해서는 그 중요성에 비해서 나의 설명이 다소 미진하여 좀 더 부연하고 '오위'에 대한 내 경험과 생각을 마무리하고자 한다.

信이라는 개념은 본래 사단四端의 구성 요소인 인의예지仁義禮智에다 바로 이 '신'을 추가하여 즉 '인의예지신'을 '오상五常'이라 칭했다. 이 오상은 인간이 '항상' 갖춰야 할 다섯 가지의 무늬(紋)를 일컫는다. 바로 그 '상常'이란 항상성이고 이는 곧 떳떳함이기에 '상'은 곧 인간과는 다른 '물'을 차등 짓는 '떳떳함'을 나타낸다. 그래서 많은 성현들께서 신을 거론했고 공자도 ≪논어≫에서 "사람이 신이 없으면 할 수 있는 게 무엇이 있겠는가."라고 말씀했으며, 연암燕巖 박지원朴趾源 선생도 "헤진 옷은 다시 꿰매어 입을 수 있는 것처럼 부인이 죽으면 재취하면 그만이지만, 친구가 죽으면 다시 꿰매어 입을 헌 옷조차도 구할 수 없는 것과 같으니…" 라고 말했다. 요즘 이런 말을 내뱉었다가는 밥 한 끼도 못 얻어먹겠지만, 18세기 우리나라 선비들의 붕우간의 '믿음'에 대한 일단의 강고한 신념을 드러내고 있다.

하물며 대륙에서 한국 상인들이 대중국 사업에서 그 사업을 유지, 발전시키려면 한족들과의 협력이 필수적인데 그 협력 관계가 연암 선생의 '신' 관념에는 미치지 못한다 하더라도, 그에 버금가는 단단함이 수반되어야만 한다.

바로 우정에 돈이 얹혀 있는 형국이기 때문이다.

3피三避

나는 장래 한상韓商들이 피해야 할 '삼피三避'에 대해서도 거론하고자 한다. 이 '3피'는 '5위'보다도 더 긴요한 것으로 판단하여 내 실제 경험을 바탕으로 한 경험담으로 이어나가고자 한다.

3피란 장사꾼이 장사꾼으로서 그 지위를 보존하고 발전해가기 위해서 피해야 할 세 가지 덕목을 일컫는다.

첫째는 '구懼' 즉 두려움이다.

인간의 속성은 움직임보다 머물러 있는 고요함을 더 좋아한다. 가만히 머물러 앉아서 먹을 수만 있다면 누구나 그 길을 택한다. 왜냐하면 움직임에는 반드시 길·흉과 승·패의 결과를 수반하기 때문이다.

무릇 장사의 시작은 커다란 움직임으로, 그 누구도 자신이 직면하게 될 수도 있는 흥·패를 떠올리며 두려움과 마주하게 된다. 또한 대개 장사꾼의 목표는 바다 건너 멀리에 있다. 바닷물과 원거리가 곧 커다란 두려움이다. 나무를 쪼개어 배를 만들고 나무를 또 깎아 돛대를 만들어 준비해야 한다.

그 준비 과정이 두려움을 줄일 수는 있다. 그러나 곧바로 출항해서는 안 된다. 때를 기다려야 한다. 이는 자벌레가 멀리 펼치기 위해 몸을 잔뜩 움츠리고 개구리도 봄을 준비하기 위해 칩거하는 것에 다름 아니다.

'때'는 미세한 변화에서 기미를 엿볼 수 있다. 단단한 얼음, 개울가 뚝방 틈에 칩거 중인 개구리는 얼음이 균열되기 시작했다고 해서 곧 경계를 허물지 않는다. 얼음장 밑의 맺힌 물방울이 크게 늘어날 즈음 비로소 봄의 기미를 알아채고, 그때서야 개구리는 드넓은 시내로 칩거를 풀고 대지를 박차고 몸을 도약한다.

마찬가지로 충분히 준비한 장사꾼은 대개 그 기미를 알아차린다. 천하의 이치가 하나이듯, 때를 확신한 장사꾼은 모든 두려움을 과감히 떨치고 전광석화처럼 배를 띄워야 한다.
바로 그 때에도 백 가지 생각을 떨치지 못하고 두려움에 주저한다면 그런 장사꾼은 장사꾼이 아니다. '때'가 들어맞았다고 직감할 때에 움직이지 않고 머물러 또 생각과 언설에 기대려 한다면, 그런 장사꾼의 말에는 미더움이 깃들기 어렵기 때문이다.

준비를 끝내고 출항한 장사꾼 앞에 기다리고 있는 것은 물론 순풍만은 아니다. 거센 폭풍우와 파도는 대개의 장사꾼들이 겪어야 하는 두려움이다. 돛대는 꺾이고 배는 침수의 지경에 이르러 두려움이 공포로 치달을 즈음 장사꾼은 퍼뜩 생존을 떠올린다.
이 때에는 버려야 한다. 배에 실었던 자신의 식량을 물고기 밥이 될지언정 배에서 덜어내고 그것도 모자랄 때는 자신의 살점마저도 떼어주어야 한다. 베풀고 덜어낼 때에 두려움도 역시 덜어지게 마련이며 때로는 그것이 생존을 보장할 뿐만 아니라 반전으로의 터닝포인트로 작동된다.

나는 1996년 1월 중국 남부 광둥성의 곽향藿香과 계피 산지인 자
오칭, 포산佛山 등지에 장사의 첫 발을 떼기가 무섭게 좌초를 당했었
다. 사태의 수습이 불가능하여 절망과 공포가 엄습하던 그해 5월, 나
는 선전 교외의 어느 초라한 여관방에서 허페이 형을 만났다. 그때 그
는 나보다 더 심했었다. 그런 그에게 베풀고 나서 나는 공포심을 크게
줄일 수 있었다. 그는 은혜를 아는 사람이었다. 지은知恩에 더하여 정
직하고 명민한 사업가였다. 그가 선장인 나의 조타수가 된 뒤로 내가
흔쾌히 던졌던 1천만원이 수백 배로 불어난 것이 그의 역량을 입증하
고도 남음이 있다.

그러나 두려움이란 동전의 양면과 같이 마냥 회피해야 할 대상만은
아니다. 삼가하고, 또 삼가하고 전전긍긍하는 마음가짐 또한 두려움에
터잡고 있기 때문이다. 그 두려움은 장사꾼의 과단성을 위축시키는 두
려움과는 확연히 대비되는 두려움이다.
우리가 흔히 말하는 표리表裏라는 말은 본래 속옷과 겉옷의 관계를
의미한다. 장사꾼이 오히려 두텁게 항상 껴 입어야 할 옷은 바로 속옷
裏에 다름 아닌 두려움이다.

그러므로 공자께서도 ≪주역·계사전≫을 통해 그 두려움에 대해 설
파하셨다.

"두려움으로써 한결같이(처음부터 끝까지)하면 허물이 없으리라.(구
이종시, 무구 懼以終始, 无咎.)"

둘째는 '오傲', 오기傲氣 즉 오만한 마음이다.

거센 폭풍우와 파도가 잦아들고 순풍에 돛달아 순조로운 항해가 얼마 간 지속되면 이때 갑판 위에 내리 쬐는 햇볕 사이로 어김없이 삐죽 돋아나는 것이 바로 오기인 것이다. 이 오만한 기운은 비단 장사꾼의 항해뿐만 아니라 육지의 안정된 직업군 사이에서도 잡초처럼 무수히 자라난다. 오만함은 바로 잡초 같은 것들이다. 항해란 물론 유한한 것인데, 순풍이 지속되면 일부 장사꾼들은 다가올 태풍은 외면한 채 그 유한함을 망각하곤 한다. 그것이 가장 큰 오기이다.

《주역·계사전》에
"군자는 편안해도 위태로움을 잊지 않고, 보존되어도 망할 것을 잊지 않고, 잘 다스려져도 어지러워 질 것을 잊지 않는다."라고 공자께서 말씀하셨다.
이는 무슨 말인가? 장사꾼에게도 딱 들어맞는 말씀이라 할 수 있다. 바로 장사꾼은 장사가 그런대로 유지되거나 잘 나갈 때에도 사업이 위기를 맞거나 망할 것을 항상 헤아려야만 한다는 금언이다. 장사꾼의 오만한 마음은 구름이 달을 가두어 버리듯 밝았을 때의 퇴로를 차단하는 것이다

오만함을 누르는 것은 겸양이고 겸양의 '양讓'은 물러남을 뜻한다. 무릇 상행위에 있어서 물러남이 없는 지속적 이익이란 있을 수 없다. 곧 직진에 따르는 오만함은 장사꾼들이 갖고 있는 또 다른 유효한 덕목을 압도하여 잡초를 뛰어 넘는 독초로서 작용함으로써 사업의 수명을 단축시킬 뿐이다. 왜냐하면 자신이 물러날 때에 그 물러난 빈 공간이 바로 상대방의 이익이 될 것이고, 이와 같은 장사꾼의 권도權道

에 터 잡은 진·퇴는 상도의 근본인 호리로 연결되기 때문이다.

나는 사실 덩커우나 베이츠촌에서 간혹 물건의 흥정에 개입하게 되었을 때에도 나는 나의 이익에 앞서 상대방의 이익을 배려하지 않은 적이 없었다. 내가 덩커우에 도착하기 전에 언제나 허페이 형은 상대방과 흥정을 사실상 끝내 놓고 있었는데, 형은 나의 만족도를 극대화하기 위해 노력한 흔적이 역력했다.

흥정에 임하는 상대방의 얼굴이 그야말로 더 이상 침통할 수 없을 정도로 일그러져 있는 것은 누가 봐도 그 표정이 쇼가 아니라는 것을 짐작할 수 있게 했으며, 다른 곳의 가격과 비교한다고 해도 이미 상대방을 프레스로 완벽하게 압착하여 거의 진공 상태로 몰아넣은 정도가 대부분이었는데 내가 물러남으로써 그 숨통을 터 주고는 했다.

베이츠촌에서도 마찬가지였다. 나의 이익 앞에서는, 내가 마을 사람들을 마주하기가 민망할 정도로, 샤오자오는 허페이 형보다 결코 더하면 더했지 덜하지 않았다. 내가 베이츠촌을 방문할 때면 나는 항상 맹랑한 그녀를 느슨하게 바로 잡는 데에 많은 시간을 보내야만 했다. 더구나 베이츠촌의 농민들은 대부분 문맹이었는데, 나는 흥정 과정에서 샤오자오에게 절대로 추호라도 그 문맹을 악용하지 말 것을 여러 번 강조했다.

그럼에도 불구하고 오만한 마음은 아무리 눌러도 술과 함께 싹트곤 한다. 술은 대개 술이 술꾼을 이길 무렵 그 주취의 정도에 비례하여 오만함도 불어난다. 처음 한두 잔까지의 경계로 팽팽했던 정신줄이 순식간에 방탕의 질곡으로 바뀌어버리는 것은 내게는 한 번도 예외인 적이 없었다. 나는 간혹 핑계 삼아 내 적은 주량 탓도 하지만 장사꾼의

210

술은 손실보다는 이익이 크다고 자위하는 것으로 음주를 옹호했었다. 그러나 그것은 분명 잘못이다.

끝으로, 장사꾼이 피해야 할 것은 '색色'으로서의 색욕이다.

색은 흔히 여색을 일컫는데, 장사꾼이 여성인 경우에는 물론 남색을 포함한다.

색욕은 희·노·애·락·애·오·욕이라는 사람의 일곱 가지 정情 가운데 끝자락을 차지하고 있는 '욕欲' 중에서 식욕에 버금가는 일상화된 욕망인 동시에 자연이기도 하다. 따라서 색욕은 저절로 말미암았으므로 물욕과는 대비되는 욕구인데, 인간이 일찍이 그 분별을 제도화했을 뿐이고 그 분별을 이탈할 경우 우리는 그것을 성욕과 구분하여 특별히 색욕이라고 칭한다.

색욕 또한 마음에서 비롯되는데 행동으로 옮길 경우 인간의 속성상 대개 단발성으로 끝나지 않는 점이 문제이다. 이러한 문제점을 꿰뚫어 본 주희朱熹가 사랑과 색욕을 분별하는 말을 남겼다.

"사랑(愛)은 남에게 베풀어 대상을 대범하게 사랑하는 것이고, 색욕은 자신의 몸에 터 잡아 그것을 반드시 얻으려는 뜻이 있어, 곧 당겨 오려고 하는 것이다."

어디로 당겨 오려 하는가? 그곳은 깊은 물속이다. 그래서 우리는 색에 '탐닉'한다는 말을 흔히 쓴다. 깊은 물속에 빠져 헤어 나올 줄 모르는 것이 탐닉이다. 색욕은 왕왕 장사꾼의 본령인 물욕보다 더 깊은 곳에서 탐닉되어 물욕의 성과물인 부를 송두리째 무너트리기도 한다.

그러므로 장사꾼은 색욕을 극력 기피해야만 한다.

색욕을 억누르려면 그에 걸 맞는 수양과 이성의 힘이 뒷받침되어야 하는데, 사실 나는 그에 미치지 못한다. 그나마 내게 다행인 것은 나의 장사 무대가 대부분 중국 대륙의 시골이었기 때문이다. 내가 취급하는 약재의 산지인 덩커우, 베이츠촌 등지는 농촌으로서 선량한 미풍과 공동체사회로서의 체면을 매우 중시하는 고장들이었으므로, 그 사회가 나를 피동적으로 제어하도록 한 측면이 컸을 것이다. 그럼에도 불구하고 한두 차례 내게 위기가 닥쳐오기도 했었지만 가까스로 탐닉에까지는 이르지 않았다.

그 물이 얕았던 것이 내게는 행운이었을 뿐이다.

이처럼 나는 나의 장사 경험칙 아래에서 장사꾼이 피해야만 할 '구·오·색'에 대해 언급했는데, 물론 이는 주관적인 인식이다. 수많은 성공한 장사꾼들의 견해와 관점이 나와 일치하지 않을 수 있다. 그러나 실패한 사업가의 경우 특수한 상황과 사정이 없는 한 '3피' 중 그 어느 하나라도 실패의 원인으로 작용했을 가능성이 클 것이다.

또한 사업의 존속과 발전에 관한 기법을 논한 경영학에는 '3피'와 같은 내용은 물론 없다. 그러나 '3피'는 경영의 실체에서 쉽게 드러나지 않는 형이상形而上의 것으로써 장사의 토대를 굳건하게 해 준다는 점에서 유용한 것으로 나는 확신하고 있다.

제7장

감초 대장정과 파업

1. 고난의 역정

톈산天山 톈츠天池 체류 이틀째 저녁 무렵에 나는 쉬더인과 원칙적으로 상호간의 장기 협력에 합의했다. 그것은 쉬더인이 매월 대형 컨테이너 두 개 분량인 약 36톤의 감초편을 상호 호혜의 원칙 하에 합리적인 가격으로 톈진에 도착시킨다는 합의였다. 여기에 이런 대량의 물량에 대한 가공을 지원하기 위해서 유구무역은 네이멍구에서 별도의 감초 절편기 20대를 제작하여 무상 공여하겠다는 내용도 포함시켰다.

이번 협상에서 술자리도 원만한 합의 도출에 기여했지만, 톈츠라는 아름다운 주변 환경도 크게 한 몫을 했다. 톈츠와 주변 산수의 고요한 자연 경관은 인간들의 욕심을 반감 시켰으며, 무엇보다 쉬푸런(徐夫人: 李嬌燕)이 협상에 적극적이었다. 중국사람 치고는 솔직한 편인 그녀는 유구무역이라는 장기적 판매처 확보에 대한 만족감을 숨기지 않은 채 자신이 실세인 듯 쉬더인을 제쳐 두고 우리와의 협상에 나섬으로써 협상을 한층 수월하게 했다.

쌍방은 쉬더인이 보유한 현물 70톤의 감초에 대해서도 서로 거리를 좁혀 가격을 확정하고 유구무역에 대한 다음 달부터의 감초편 공급 가격도 이에 준하기로 합의했으며, 쌍방은 계약서인 허퉁수合同書에 네 명 모두가 서명했다.

다음날 오후 우리는 우루무치의 쉬더인 공장에 도착하여 허페이 형과 쉬더인의 입회하에 무려 여섯 시간에 걸쳐 감초를 계근한 결과 통감초 48톤과 감초편 20톤을 확인했다. 쉬더인은 6톤 트럭 10대를 수배하고 허페이 형은 형수에게 연락하여 쉬더인에게 감초 대금을 송금하도록 일렀다.

그날 밤, 나는 자청하여 고난의 역정에 도전하기로 했다. 밤 11시쯤에 모두 68톤의 감초를 10대의 트럭에 분산시켜 상차를 끝내고 내가 단독으로 감초 수송의 인솔에 나서기로 한 것이다.

나는 허페이 형이 일주일 이상 공장을 비우는 것을 원하지 않았다. 허페이 형이 자리를 비운 공장 관리의 수준은 뻔한 것이었으므로 나는 형의 강한 만류를 뿌리치고 형에게는 빨리 기차를 이용해 귀가하도록 했다. 이러한 결정은 나의 낭만에 찬 모험심과 마흔넷이라는 아직은 젊은 나이가 폭발에 가까운 객기를 발동시킨 것이기도 했다.

중국의 화물 운송비는 그들의 관습상 중량(kg)과 거리(km) 당 단가로 산정하게 되어 있는데, 우루무치에서 덩커우에 이르는 거리를 두고 형과 화물차 회사 사이에 이견이 발생했다. 양측은 중국 지도를 펼쳐 놓고 목적지까지의 거리에 대해 형은 2,700km라고 주장하고 그들은 2,900km라고 주장하여 한 시간 이상을 옥신각신하다가 마침내 2,800km로 확정했다. 지도에는 대도시 사이의 국도거리만 표시되어 있을 뿐, 대도시에서 소도시로 국도를 벗어나 지름길인 지방도로 갈 경우에는 정밀한 거리를 산정하기는 어려운 형편이었다.

당시 중국의 트럭들은 보통 두 명의 기사가 한 조가 되어 한 대의 트럭에 탑승하여 교대로 운전하였다. 운전석과 조수석 좌석 바로 뒤에는 약 45cm 폭의 공간이 마련되어 있어 휴식하는 기사의 침상 역할을 하는 구조였다.

자정이 넘어 출발한 감초 대열의 첫 번째 트럭, 조수석에 탑승한 나

216

는 1997년 6월 26일 자정 무렵 형과 쉬더인 부부의 전송을 뒤로하고 장도에 올랐다.

조수석 뒷편 침상은 거들떠보지도 않겠다는 비장한 마음으로.

내가 탑승한 트럭에도 두 명의 기사가 탑승했다. 나는 그들과 인사를 나누었다. 운전대를 잡은 기사는 장張씨 성을 가진 한족이고, 장 기사와 나 사이에 앉아 있는 부 기사는 위구르족인 샹向씨였다.

우루무치 출발 직후 나는 내심 좀 불안감을 느꼈다. 허페이 형은 트럭기사들과 화물차 회사와의 관계는 기사들이 회사에 담보로 보증금을 납부하는 등 그리 허술하지 않아서 기사들이 도주할 우려는 없으니 충분히 안심할 만하다고 했지만, 적재한 화물의 가치와 기사가 회사에 낸 담보 금액이 의문이었다. 더욱이 외관상 빛바랜 푸른색 트럭들은 매우 낡은 고물차로 보였다.

10대 트럭 모두를 단 한 대의 사고도 없이 덩커우에 무사하게 도착시켜야만 한다는 압박이 내 머리를 짓눌렀다.

트럭들은 출발했다. 나는 좀 흥분했다. 북방의 바람도, 감초로드도 흥분했다. 나는 애써 흥분된 가슴을 내려놓을 양으로 옆자리에 앉아 있는 샹 스푸向師傅에게 말을 걸었다. 중국인들이 내게 퍼붓는 질문 공세와 마찬가지로 나는 질문했다. 나는 먼저 가족 관계에 대해 몇 가지를 물어보았다.

샹 기사는 34세로 위구르족으로는 매우 드문 고졸 학력자였고 아내와 남매를 둔 한 가족의 가장이었다. 나는 또 그에게 위구르족의 역사에 대해서도 물었다. 그는 바로 옆자리에 앉아 있는 한족 기사는 아랑곳없이 큰 목소리로 장황한 설명을 시작했다.

그의 말에 의하면 신장성의 위구르족은 본래 투르크(돌궐)족으로서

카자흐스탄, 우즈베키스탄 등에도 산재돼 있는 1천만 명도 넘는 투르크족의 일파였다. 이중에서 신장성 인구의 거의 절반인 약 8백만 명이 신장성에 거주하고 있으며, 이들 대부분은 농업에 종사하고 일부 도시 거주자들은 노점상이나 일용직 노무자들로 어렵게 생계를 이어가고 있다고 말했다.

그런데 이 신장성은 원래는 투르크족의 땅인 투르키스탄이었다는 것이었다. 이 땅을 18세기에 강희제가 빼앗아 청나라의 영토에 편입시켰으며, 1943년 중국의 국공내전의 혼란을 틈타서 투르크족은 잠시 독립을 하기도 했으나 1949년 현 중국 정부 수립 후, 마오쩌둥에 의해서 다시 평정되었다. 그래서 당시 중국 정부는 새로운 땅이라는 의미로 '신강新疆'이라고 이름을 지었고, '소수민족 우대정책'이라는 허울을 가장하여 신장성의 공식명칭인 '신장웨이우얼자치구新疆維吾儿自治區'로 이름했다는 것이었다. 따라서 강희 황제는 투르크족의 입장에서는 철천지원수와 같다는 것이 샹 기사의 웅변이었다.

그러나 그는 차마 마오쩌둥에 대해서는 비난을 하지 못하는 것 같았다.

이어서 그는 투르크족은 옛날부터 톈산산맥을 주름잡았으며, 고유한 언어와 문자를 가진 문명 민족으로 언젠가는 반드시 독립할 것이라는 대목에 이르러서는 목에 핏대를 세우고 결연한 표정을 지어보였다.

이에 한족인 장 기사는 역시 큰 소리로 그만하라며 그의 무릎을 쳤고, 그는 마지못해 못이기는 척 뒤편 침대로 기어 넘어갔다.

나는 그의 말이 남의 말 같지 않았다.

엔진 소리를 뚫고 금새 코곯음 소리가 들렸다. 나는 그가 부러웠다.

고물 트럭의 소음과 매끄럽지 못한 낡은 왕복 2차로의 포장도로 노면은 안락한 수면을 허용하지 않았다. 나는 앉아서 졸다 깨다를 반복할 수밖에 없었다.

나는 습관대로 시계를 보았다. 무의미한 짓이었다. 보지않기로 다짐했다.

우리 일행은 동이 틀 무렵 투루판吐魯番에 도착했다. 아직 신장성 경내였다. 차량 한 대가 좀 늦게 도착하여 긴장하기도 했지만 채 반 시간도 지나지 않아 기사들이 조반을 들기 위해 대기 중인 시내 노변 식당에 합류했다.

투루판은 톈산산맥의 남녘 분지에 위치한 신장성 제2의 도시로서 중국 최대의 포도 산지이다. 연간 강우량은 50mm에도 미치지 못하지만 그들이 자랑하는 '칸징坎井'이 도시 전역에 실핏줄처럼 물줄기를 대고 있어 생활과 농업용수로 부족함이 없기에 도시와 포도 농업을 발전시켜왔다.

칸징이란 구덩이의 샘물을 의미한다. 수억년 동안 톈산산맥의 빙하가 녹아 투루판 분지에 흘러내리다가 부채꼴의 무른 선상지扇狀地를 이루면서 지하에 풍부한 샘물로 저장되었고, 또 일부는 땅속에서 혈관처럼 숨어 지하수가 되어 복류伏流로 흐르게 되었다.

사마천의 《사기》에 기록될 정도로 고대의 이 지역 주민들은 수백 개의 샘과 복류를 연결하여 지하, 또는 지상에 관개수로를 건설하여 그 길이는 무려 5천여 km에 달하고 있다.

이는 만리장성과 베이징과 항저우를 잇는 '징항운하京杭運河'와 함께 중국 고대의 3대 공정이라 일컬어진다.

또한 분지의 특성상 낮과 밤의 기온차인 일교차가 15°C 이상 벌어지는데다 여름에는 40°C를 웃도는 고온 건조한 기후 탓에 최적의 포도 재배 조건을 갖춤으로써 맛과 생산량 모두 중국의 기타 포도 산지를 압도하고 있다.

국도변 식당 간판 한편에는 '가수加水'라고 대문짝만 하게 세로로 써놓았는데, 샹 기사는 가열된 트럭 엔진을 식힐 용도로 트럭에 물을 주입하는 것이라고 내게 설명했다. 식사 전 20명의 기사들은 대부분 웃통을 벗어젖히고 분주하게 움직여 트럭에 냉각수를 열심히 주입했다. 나는 식당 주인에게 식사를 주문한 뒤 모처럼 다리를 길게 뻗고 휴식을 취했다.

냉각수로 쓰는 물은 땅 위의 구덩이물인 칸징 물이었으며 식사하는 고객에게는 무료였다.

또한 그 식당은 '청진清眞'이라는 간판을 내건, 이슬람교도들이 이용하는 식당이었다. 식사를 마칠 무렵, 우리 일행 가운데 유일한 이슬람교도인 샹 기사를 배려하여 나머지 19명의 한족 기사들이 선택한 식당이란 것을 나는 알게 되었다.

이슬람들은 죽어도 '청진'이 아니면 먹지 않는다. 즉 같은 이슬람교도들의 솥에 지은 밥이 아니라면 굶어 죽을지언정 식사를 하지 않는다는 것이었다.

아침 5시에 식당에 도착한 대열은 9시가 넘어서야 겨우 투루판을 출발할 수 있었다. 기사들의 식사량은 놀라웠다. 나를 포함한 21명이 먹어치운 음식은 대형 포자만두 100여개, 삶은 계란 80개에다 양자탕(羊雜湯: 양 내장탕) 30여 그릇 등이었다. 식비는 100위안 정도로 당시의 환율로는 우리 돈 10,000원 정도에 지나지 않았다.

나는 그곳 종업원을 시켜 A4용지와 매직펜을 마련하게 하여 큼지막하게 1부터 10까지 일련번호를 쓴 다음 10대의 트럭 앞 유리창 조수석 하단에 단단히 부착하도록 했다.

감초를 실은 대열은 계속해서 서에서 동으로 이동했다. 바로 톈산북로 또는 서역북도라고 일컬었던 2천년도 넘은 실크로드이다. 무수한 인간들이 부를 위해 비단을 황금으로 바꾸어 귀가하던 이 길은 황금 대신 감초로 대치되어 있었다.

'타클라마칸'이란 말은 위구르어로 '살아 돌아올 수 없는 땅'을 일컫는다. 주변은 온통 사막인데 순간, "나는 무사히 살아서 귀국할 수 있을까"라는 두려움이 사막 저편에서 나를 저격해 온다.

나는 군 복무 시절, 특전사에서 받았던 특수전 훈련을 떠올린다. 그때 나는 뭇매에, 야만적 폭력 앞에 당당히 저항했다. 나의 피폭력 신조는 구타로 인한 고통에도 절대로 소리를 내지 않는 것이었다. 산 같은 침묵으로 견디어 무너지지 않는 내 몸을 기초로 한 정신의 승리를 목표로 했다. 그때 나는 그 오만하면서도 숭고한 목표를 달성했었다. 내 몸의 취약한 부분을 가격해 오더라도 나는 어떠한 발성도 또 어떠한 미동도 절대로 나 스스로에게 허용하지 않았다.

나는 엄습해 오는 사막에서의 두려움을 군대 시절 야만에 맞서던 심정으로 대응했다. 그건 바로 "어떠한 역경에서도 나는 비굴함을 드러내지 않는다."는 것이었다. 나는 감히 '군자'에 다가서고자 하였다.

트럭 대열의 평균 속도는 30km/h에도 채 미치지 못했다. 5호차의 고장 수리를 위해서 우리 모두는 세 시간 이상 정차해야 했고 하미시哈蜜市 부근에서는 도로의 잦은 공사 구간 탓에 평균 속도가 채 20km/h에도 미치지 못하는 지루한 운행이 이어졌다.

군대에 "그래도 국방부 시계는 돈다."라는 말이 있듯이 나도 우루무치 출발 사흘째 되던 날 오후에는 신장성 경계를 벗어나 드디어 간쑤성으로 들어섰다.

장 기사와 샹 기사는 식사 시간을 기준으로, 또 밤에는 자정을 기준으로 서로 운전대를 넘겨 교대했다. 두 명 모두 운전대를 놓기가 무섭게 뒤편 침상으로 기어 넘어 들어갔다. 나는 바라지도 않았지만 그들은 내게는 단 한 번도 침상을 권하지 않았다. 설령 내게 침상을 권한다 하더라도 사양할 수밖에 없었다. 그도 그럴 것이 내가 아무리 피곤해도 그 꾀죄죄하게 변색되어 꼬린내 진동하는 침구를 수용하고 그 자리에 들어가 눕는다는 것은 너무도 끔찍했기 때문이었다.

그러나 그것은 변경할 수 없는 이상일 뿐이기도 했다. 불결함은 사치였으나 사치를 떨쳐낼 방법 또한 없었다.

2. 위먼관玉門關의 류샤오장劉小疆

간쑤성 서단 위먼관玉門關을 30km쯤 앞두고 운전대를 잡은 장 기사는 내게 주의 사항을 말해 주었다. 그곳은 바로 화물과 차량의 준법 여부를 검사하는 관문인데, 어떠한 벌금 처분을 받더라도 응하지 말고 기다리며 무조건 버티라는 주문이었다. 장 기사는 과거 우루무치에서 산시성陝西省 시안까지만도 네 번이나 주파했던 베테랑이었다.

나는 담담하게 위먼관을 맞이하기로 하면서도 괜스레 아랫배엔 힘이 들어갔다.

위먼관 관리인은 대열을 주차 공간으로 안내하기가 무섭게 트럭들을 검사하기 시작했다. 그곳에는 이미 수십 대의 트럭들이 주차장에 빼곡히 들어차 있었고, 사무동으로 보이는 긴 막사 앞에는 기사들이 삼삼오오 모여서 담배를 피워대고 있었다.

나는 체크리스트를 들고 우리 트럭들을 검사하고 있는 사람에게 다가가 가볍게 목례를 하고 내 명함을 내밀었다. 나는 그에게 한국 사람이라고 나를 소개했다.

그는 악수를 청하면서 내게 화주貨主냐고 물었다. 나는 이를 부인하고, 우루무치를 출발하기 전에 쉬더인이 내게 건네준 '식물검역증서'와 허페이 명의로된, 영업항목에는 감초가공이라 기재된 '영업집조' 사본을 검사원에게 제시하였다. 서류상으로는 나는 대리인에 불과했기에 거짓을 말한 것은 아니었는데 그는 "그렇다면 왜 외국인인 그대가 운송 대리 업무를 수행하는가?"라고 따지듯이 물었다. 나는 구매 예정인이라고 대답한 뒤, 나도 대뜸 목소리를 높여 그의 눈을 정면으로 쏘아보며 그에게 물었다.

"워 이징 제사오 워 라, 커스 니 하이메이 제사오 니.我己經介紹我啦, 可是你还没介绍你. 저거 스부스 따루더 리마오?这个是不是大陆的礼貌?"
-나는 이미 나를 소개했는데, 그대는 아직 자신을 소개하지 않았다. 이것이 대륙의 예인가?-

오십대로 보이는 그는 잠시 "뭐 이 따위 피검사인이 다 있나."라는 어이없는 듯한 표정으로 짐짓 나를 바라보다가 싱긋 웃으며 말했다.

"워 스 류샤오장, 신장더 장.我是劉小疆, 新疆的疆"
-나는 류소강인데, 강자는 신강성의 강疆자요.-

그는 또 곧바로 이어서
"뒤 관자오 이샤多關照一下"
-잘 좀 부탁해요-

라고 비꼬아 응수했다. 그리고 그는 모든 우리 트럭의 검열을 마친
듯 내게 잠깐 체크리스트를 보여주더니, 눈짓으로 사무동으로 따라오
라는 사인을 보냈다.
　사무동 앞에는 화주들로 보이는 사람들이 쇠창살 하단의 작은 소통
구 앞에 빼곡히 모여서 안쪽의 직원들과 고함을 치며 악다구니를 쓰고
있었다. 아마도 검열 과정과 결과의 부당함을 호소하는 듯했다. 그나
마 류샤오장은 나를 배려한 듯 둘은 사무동 뒤쪽의 출입문을 통해 사
무실로 입실했다.

　그는 나를 세워둔 채로 자신의 책상에서 한참을 무언가 필기한 뒤
에, 서류 한 장을 내게 불쑥 내밀었는데, 서류의 제목은 바로 '파콴단
(罰款單: 벌금고지서)'으로 아래에는 화물 적재규정 몇 조에 의거 벌금
1만 위안에 처한다는 내용이었다.
　서류를 훑어보고 있는 나에게 그는 말을 건넸다. 그는 차량 넘버를
제시하며 세 대의 트럭이 차오중(超重초중: 중량 초과)및 차오콴(超寬
초관: 적재넓이 초과)라면서 부연 설명을 했다.
　나는 마뜩치 않은 쓴웃음으로 그의 설명을 흘려버리고 장 기사의
충고대로 장기전에 돌입할 태세를 갖출 수밖에 없었다. 나는 그의 책

상머리에 서서 차를 홀짝거리는 그에게 차 한 잔을 청했다. 그제서야 그는 빈 의자를 끌어와 나를 앉히고 차 한 잔을 내왔다.

나는 멀리 창문을 통해 보이는 네모난 위먼관 성루를 바라다보며 느긋하게 차를 마시다가는 그에게 '중화' 담배 한 개비를 건네고, 나도 담배를 물고는 계속 침묵으로 일관했다.

대개의 중국인들은 내가 한국인이라는 걸 알면 누구나 호기심이 발동하여 곧바로 질문 공세를 펴기 마련인데, 류샤오장은 뭔가 잔무를 정리라도 하는 듯 볼펜을 끄적거리다 돌리다 하기를 반복하고 있었다. 나도 의자에 깊이 기대어 암황색 사막 멀리에 시각을 고정시키고 있었다.

졸음이 엄습해 왔다. 흔들리지 않는, 고정된 좌석이란 얼마나 달콤한가! 그 얼마나 행복한가! 나는 서서히 사막속의 도원桃園으로 빨려 들어갔다.

순간, 류샤오장이 내 어깨를 두드리며 빨간색 차후茶壺를 내 찻잔 주둥이에 들이밀어 찻물을 따르며 말했다.

"니 타이 레이 바.你太累吧."
-당신 많이 피곤한가 봅니다.-

"부, 워 부타이 레이.不, 我不太累."
-아니, 별로 피곤하지 않습니다.-

그는 내 말을 믿지 않는 듯 익살맞은 미소를 지으며 자리에 앉고 나서는 드디어 내게 참고 있던 질문들을 던지기 시작했다.

그는 중국말은 어디서 어떻게 배웠느냐는 것으로부터 시작했다. 그리고는 나의 중국 방문 횟수, 허페이와 나의 관계, 한국의 경기 상황, 나의 가족 관계, 김영삼 총통의 리더십 등에 이르기까지 그의 질문은 사막보다 더 지리했다. 게다가 성실하게 대답해 줄 수밖에 없는 내 처지가 피로감을 더했다.

나는 허페이와 나와의 관계를 묻는 그의 질문에 이르러서는 밖에 있는 감초는 사실은 내 물건이라고 답해주었다. 그리고는 대한민국의 최고 지도자는 총통總統이 아니라 '다퉁링大統領'이라고 정정해 줬다.

그 사이에 해는 서역을 향해 기울고 있었다. 나는 적당한 선에서 대화를 자르고 그에게 저녁식사나 함께 하자고 청했다. 뜻밖에도 그는 선선히 응하며 말을 이었다.

그것은 그가 만나는 최초의 한국인이 바로 '나'이며 더구나 중국어를 구사하는 한국인이라는 점이 놀랍다고 두 차례나 강조하는 것이었다.

나는 10대나 되는 트럭의 주차 공간을 염려하여 위먼시 안에서 비교적 한산한 교외의 식당을 물색해 줄 것을 그에게 요구했고, 위먼시 토배기인 그는 "메이 원티(문제없다)"라고 말했다.

나는 장 기사를 불러 모든 트럭들이 류샤오장의 오토바이를 따라올 것을 일렀으며, 나는 류샤오장의 오토바이 뒷좌석에 앉아 관문을 벗어났다. 위먼시는 관문을 통과해 약 20km 동쪽에 위치했으므로 나와 트럭 10대는 류샤오장과 함께 위먼관에서 위먼시로 출발하는 순간, 관문에서의 억류 상태는 벗어난 것이었다.

1990년대 중국의 범칙금 제도는 교통 위반, 경범죄 등을 비롯해 모든 벌금은 현장에서 현금으로 납부해야만 풀려날 수 있었는데, 류샤오장과 어떤 합의를 통해 결론에 이른 것은 아니지만 일단 우리는 위먼관을 벗어나 덩쿼우를 향해 움직였다.

우리는 약 30분쯤 지나 식당에 도착했다. 서역의 해는 길기만 하여 7시가 다 되어 가는데도 아직도 해는 중천에 머물러 한참이나 남았으며 트럭들은 식당 앞 넓은 비포장도로에 줄지어 주차했다. 나는 이슬람인 샹 기사에게는 따로 식비를 건네주어 주변의 청진 식당을 찾아 식사하도록 안배했으며 나머지는 류샤오장의 안내에 따라 20명 모두가 식당으로 들어갔다.

나는 장 기사를 대동하고 류샤오장과 함께 대형 회전 식탁이 있는 식당 2층 룸에 들었다. 다른 기사들은 1층 홀에서 식사하도록 한 뒤에 바이주 한 병을 주문했다. 류샤오장은 그 지역 특산주인 '위먼특곡玉門特曲'이라는 상표가 붙은 고량주를 청했으며 곧바로 술은 몇 순배 돌았다.

불과 몇 시간 전까지만 해도 능구렁이였던 류는 호방한 주객으로 돌변했다. 그는 내가 부어주는 대로 잔을 말리고 나는 빈 속에 급격한 알콜의 공격을 견디기 위해 속도 조절에 들어갔다. 류샤오장은 종업원을 불러 볼펜과 종이를 요구했다.

그가 '춘풍부도옥문관春風不度玉門關'이라고 쓴 글을 내게 보였을 때 내가 "왕즈환王之渙"하고 대꾸했더니, 그는 동그랗게 토끼눈을 뜨며 내게 엄지를 추켜올렸다.

왕지환은 당나라 시대 성당기盛唐期의 시인인데, 그는 이곳에서 위와 같이 "봄바람도 옥문관을 넘지 못하네."라는 유명한 시구를 남겼다. 그는 자못 감동을 먹은 듯 내게 진주의 예를 갖추고 내 잔에 거푸 석 잔의 술을 따랐다. 나도 서서히 발동을 걸기 시작했다.

그리고는 화장실을 들락거렸다. 화장실 본래의 용도는 아니었다. 시상詩想을 잡아내기 위함이었다. 화장실이 배출과 함께 생산의 공간이라하더라도 왜 하필 화장실이어야만 했을까? 나의 길고 긴 비주류, 마이너의 시간이 나를 화장실로 인도한 것일까, 당당히 상대방에게 말하고 잠시 산보를 했어도 그만이었던 것을, 나는 그곳에서 교활하게도 상대방을 감동시키고자 하였다. 나는 비루하였다. 나는 가슴과 머리를 쥐어 짜내어 드디어 한편의 시를 완성했다.

사막의 끝자락에 달이 솟아오르고,
별과 달은 옥문을 비추네.
고요한 밤은 가솔들의 정을 깊이 하는데,
집 떠난 지 스무날이 넘는구려.
나는 변방의 신산함을 잘 알고 있지만,
내 한몸 구하는 바는 없다네.
사막의 마음은 오직 비로 향하기만 하는데,
비는 오히려 더디기만 하구려.

漠端欲月出 막단욕월출.
星月照玉門 성월조옥문
靜夜深家情 정야심가정
別巢過兩旬 별소과량순
吾知塞垣辛 오지새원신
一身無所求 일신무소구
漠心唯向雨 막심유향우
雨意尙遲來 우의상지래

류샤오장은 내 한시를 큰 소리로 낭독하고는 나를 끌어당겨 거칠게

228

포옹하고는 양손으로 엄지를 내 면전에다 치켜세웠다. 나는 미소와 함께 가볍게 손사래를 치면서 겸양을 표했다. 나는 내 시가 급조되어 성률에 맞지 않을뿐더러 내용도 천박하다고 말했다.

다만 "나는 비를 기다리는 사막의 심정이니, 그대, 비의 뜻은 어떠한 것인가?"라고 물었다. 그는 즉각 다시 격하게 반응했다.

"이징 샤 레이전위 라!已经下雷阵雨啦!"
-이미 소나기는 내렸네!-

그는 주취를 더한 듯 한참 동안 내게 수다를 퍼부었다.

자신도 고교 시절, 엄청난 문학 소년으로 지금의 아내인 여친과 밤새 작시한 적이 하루 이틀이 아니며 국어 점수는 늘 100점을 맞았고 지역 신문에도 자신의 산문 작품이 실렸다는 등 열변을 토해내더니 마침내는 내가 가지고 있던 벌금고지서를 내놓으라고 하고는 그에게 건네기가 무섭게 그는 그것을 가로 세로로 북북 찢어버렸다.

밤 10시가 넘어 술판이 마무리돼 갈 무렵, 나는 먼저 술값을 계산하려 하는 류샤오장의 억센 의지를 애써 뜯어말리고 식당을 나섰다. 나와 류는 다음날 정오 같은 식당에서 만나기로 약속하고, 나는 장 기사가 이끄는 대로, 이미 기사들이 투숙한 인근 여관에 들었다.

돌이켜보면, 나는 70시간 이상을 눕지 못했다. 나는 같은 방 메이트가 된 장 기사에게 다음 날 오전 11시에 깨워 달라고 부탁하고는 몸을 뉘었다. 침대 시트가 약간은 비좁고 정갈하지도 못했지만 달콤하기 그지없었다.

"단잠은 침실과 침대의 질이 아니라 잠을 억제한 시간의 길이에 비례한다."는 사실을 새삼 깨달았다.

3. 류 부인劉夫人 우메이링吳美玲

　우리는 잠이 많은 사람을 종종 잠충睡蟲이라고 하고, 중국에서는 수귀睡鬼라고도 하는데, 벌레나 귀신이나 혐오를 나타내는 건 마찬가지다.

　나도 우리 가족 내에서는 유명한 잠벌레였으므로 명절 차례나 성묘, 혼례 등 가족 주요 행사 때마다 단골 지각생으로 특히 형들로부터 빈축을 사왔던 터였다.

　그날도 12시간 가까이 잠을 퍼 잤건만 나는 나를 깨우고 있는 장 기사의 손을 치우고 반시간을 더 자고 난 뒤에야 가까스로 기상했다.

　식당에 도착해보니 기사들은 왁자지껄 식사 중이었고, 류와 미녀 한 사람이 문간에서 나를 반갑게 맞이했다. 류는 그 미녀를 자기 부인이라고 내게 소개했는데, 그녀는 우메이링이라는 이름의 중국 스타일의 피부가 희고 얼굴은 좀 크게 보이지만 이목구비가 균형이 잡혀 시원스러운 내 또래의 대단한 미인이었다.

　사실 그녀가 내게 악수를 청할 때 나는 혹 내 얼굴이 붉어지지나 않을까 순간적으로 두려움마저 치고 들어와 곤혹스러울 정도였다. 나는 그녀의 손을 재빨리 떼고 나서는 이내 애써 내 마음을 고쳐 잡아 정상을 회복했지만 뼛속까지 다스리지는 못했다.

　그녀는 엊저녁 그녀의 남편에게서 전해 받은 내 시 쪽지를 손에 들고 무어라고 나를 칭송해댔지만, 미녀와 마주한 내 귀에는 잘 들리지도 않았다.

　변명을 하자면, 우리가 흔히들 말하는 천성天性이란 물론 하늘이 인간에게 내린 성품이지만 건강한 남자가 아름다운 여인을 마주함에 인간들이 규제한 인륜, 제도에 앞서 그 천성이 찰나의 틈을 비집고 번개처럼 쳐들어오는 것은 자연인 것이라고 스스로를 위로해 보기도 하였다.

우리 셋은 식탁으로 걸어가면서 대화를 이어갔다. 그녀는 조심스럽게 나의 한시 습작 배경을 물었고, 나는 겸양으로 일관했다. 나는 사실 그 시의 시어詩語들은 모두 그대들의 선조들이 즐겨 사용하던 정형화된 글자의 조합에 불과할 뿐이라고 말하고 화제를 돌렸다.

나는 정중하게 그들 '문학부부'의 한국 유람을 초청했으며 그들의 비자 발급에 필요한 초청장을 귀국 직후에 우송하겠다고 약속했다. 그들은 기회를 봐가며 응하겠다고 대답했다.

나는 내친 김에 다음 달부터 이곳 위먼관을 통과하게 될 쉬더인 소유의 감초 트럭들은 내게로 보내는 화물이라며 프리패스를 요청했다. 그 미녀는 내 말이 채 끝나기도 전에,

"당란 우젠 퉁궈 라(当然無檢通过啦.: 당연히 무검사 통과예요.)"라며 남편의 말을 가로챘다.

나는 곧바로 내 명함에 쉬더인의 이름과 연락처를 적어 류에게 건네고 그들과 작별했다. 훗날 류샤오장 부부는 내가 그럴 듯한 구실을 붙여 초청장을 보냈는데도 위먼관 공무원의 한국 공무방문은 업무와 관계가 미약하다는 판단 하에 당국이 비자 발급을 계속 거부함으로써 결과적으로 한국에 오지 못했다.

나는 그 뒤로도 여러 번 상품 검사를 위해 우루무치를 방문할 때면 언제나 도중에 위먼시에 내려 하룻밤 그들 부부와 유쾌한 자리를 함께하곤 했는데, 그 때마다 나는 항상 한국에서 화장품이나 남성용 손지갑 등을 가져가 그들에게 선물하곤 했다.

4. 칭전淸眞식당과 유곽

식사를 끝낸 우리 대열은 오후 2시경 위먼시를 출발해서 덩커우로
향했다. 샹 기사가 운전대를 잡고 내가 조수석에 앉으려 하자, 장 기
사는 극구 나를 뒤쪽으로 떠밀어 올려 침대칸으로 보냈다. 사실 나는
식곤증이 몰려오던 차에 못이기는 척할 것도 없이 운전석 뒤의 침대칸
으로 넘어갔다. 나는 나와의 약속을 파기한 것이었다. 침구가 불결하
건 어쨌건 간에 어깨가 꽉 끼는 고물 트럭 속의 비좁은 침대가 안락
하기만 했다.

나는 눈을 뜨자마자 벌떡 일어나 곧바로 장 기사에게 침대를 물렸다.
여전히 트럭은 샹 기사가 운전하고 있었는데 당시 중국 운전기사들
의 운전 습관은 우리와는 크게 달랐다. 그들은 끼니를 기준으로 교대
하고 보통 4~5시간을 줄기차게 운전했다.
사람이라면 졸음이 오기는 누구나 마찬가지일 텐데 뚝심으로 버티
는 건가, 뚝심도 한계가 있게 마련인데 사고율이 높겠다는데 생각이
미치자 짐짓 걱정이 앞섰다.
위먼을 출발한 지는 이미 4시간을 넘기고 우리는 자위관嘉峪關을
지나 주취안酒泉에 접근하고 있었다. 나는 샹 기사에게 앞으로 맨 처
음 나타나는 노변식당에 주차할 것을 일렀다. 그는 머뭇거렸다. 나는
아차 싶었다. 그는 이슬람이며 청진 식당이 아니면 절대로 아무 것도
먹지 않는 그의 신앙을 나는 깜빡 간과했던 것이다. 나는 즉각 샹 기
사에게 최초로 출현하는 청진 식당에 주차하도록 고쳐서 말했다.
대열은 오후 7시를 지나며 주취안 외곽도로를 통과해 다시 황량한

국도로 들어섰다. 청진 식당은 커녕 민가 자체가 아예 보이질 않았다. 오후 8시가 지나면서 식당들이 나타나기 시작했으나 청진은 없었다.

　뒤에서 자고 있던 장 기사가 잠에서 깨어나 한마디 거들었다. 이 지역은 이슬람들이 드물어 청진식당이 별로 없다는 것이었다.

　아직 해는 좀 남아 있었지만, 나는 샹기사 만을 배려할 수는 없었다. 나는 이미 출출해진 기사들의 끼니를 해결해야 했으므로 곧 출현한 일반 식당에 대열을 주차시키도록 했다. 으레 그랬듯이 나는 기사들이 가열된 엔진에 냉각수 가수 작업을 마치는 대로 식사하도록 했다.

　그런데 이 때 작은 사고 하나가 터졌다. 10호차가 보이지 않았다. 일행이 도착한 지 반 시간을 넘기고 있었다. 나는 일단 일행들에게 먼저 식사하도록 조치할 수 밖에 없었다. 샹 기사와 나는 식사하지 않았다. 실크로드에는 어둠이 내리고 또 두 시간을 경과하고 있었다. 기사들은 식탁에 머리를 묻고 코를 골거나, 또 일부는 아예 식당 바닥에 신문지를 깔고 퍼질러 잠들고 있었다.

　나는 불안 했다. 나는 서성거리다가 식당을 나왔다. 트럭 아홉 대가 거리에 줄 지어 주차해있으므로 10호차가 오기만 하면 알아보고 정차할 것이었다. 나는 어둠에 잠긴 도로를 한 동안 응시했다. 간간이 헤드라이트를 내게 쏘아대며 달려오는 모든 트럭들에게 하나 하나 나는 희망을 걸기도 했다. 그러나 모두가 실망이었다. 나는 둘 중에 하나일 것으로 생각했다. 좀 큰 고장이 났던지, 아니면 도주했을 것이라고. 만일 도주했다면 신고한다 하더라도, 이 넓은 대륙에서 어려울 것이었다.

　밤 11시를 넘길 즈음 장기사가 눈을 비비며 식당문을 열고 내게 다가왔다. 아마도 고장 수리로 인해 10호차가 오지 못하는 것이라고 장기사는 말문을 열고나서는, 어떤 재수 없는 경우에는 열 시간 이상 지

체할 때도 있으니 염려 말고 들어가 잠이나 자자고 내 팔을 끌었다. 장
기사는 행군 내내 인솔자를 예우했다. 그는 나를 위해 식당바닥에 꼿깃
꼿깃한 신문지를 얼기 설기 펼쳐주었다. 전혀 앙상블을 이루지 못하는
코골음 소리가 진동하는 가운데 나도 그들 속으로 합류하고 말았다.

새벽 3시경 장기사가 세차게 나를 흔들어댐으로써 나는 깨어났다.

"스하오처 라일라" 十號車來了
-10호차가 왔습니다.-

장기사가 내게 크게 외쳐대는 소리를 들었지만 나는 잠이 너무 고
팠다.

나는 아침에 출발하자고 그에게 대꾸하고는 다시 곧 저 행복의 나
라로 넘어갔다.

다음 날 아침 대열은 다시 행군을 시작했다. 기사들은 조식을 먹었
지만 나와 샹기사는 두 끼를 거른 채였다. 장기사와 다른 기사들이 이
구동성으로 내게 식사를 권했지만 나는 노선을 변경하지 않았다.

샹 기사와 나는 주변의 식당거리에서 과일이라도 사 먹을 수 있을
까 하여 서성거려 봤지만 허사였다. 우리는 물만 들이켰다. 알라가 돌
본 것일까, 다행스럽게도 우리는 그 날 정오 무렵 청진식당을 만날 수
있었다. 굶주린 나와 샹기사는 폭식의 즐거움을 만끽했다. 닝샤회족자
치구에 가까워질수록 이슬람들의 비율이 높아지므로 그 날 이후로는
'청진'이 발목잡는 경우는 사라졌다.

밤마다 차창으로 무수한 별과 은하들이 쏟아져 들어왔다. 밤이면 어
김없이 실크로드는 '실크'라는 명성을 회복하였다. 대륙의 밤은 검고

건조했다. 검고 건조할수록 하늘은 실크를 더욱 밝은 빛으로 조직하고 있었다.

대열은 매일 밤 11시에는 어김없이 노변에 정차하였다. 공동 배뇨를 위해서였다. 각 개인 마다 사정은 달랐어도 단체 생활이 필요했기에, 우리는 갓길에서 1열 횡대로 늘어서서 남녘 황무지를 향해 경쟁적으로 오줌 줄기를 날렸다. 아스라이 멀리에서는 치롄祁連산맥의 능선이 은백색으로 빛을 발하고있었는데, 그것이 눈인지 은하인지는 알 수 없었다. 간혹 대변을 보는 기사도 있었으며 일을 보고나서는 달밤에 체조를 하거나 담배를 피워댔으므로 대개 2,30분이 지체되었다. 또 가끔은 우리와 멀지 않은 곳에서 장거리 버스 승객들이 하차하여 우리와 같은 행사를 치르고 있었다. 특히나 여인네들은 길 건너편에서 북두칠성을 바라보며 길게 늘어 앉아 흰 둔부를 내보이며 일을 보는 모습은 퍽이나 인상적이었다.

또한 그네들의 시골 국도변 식당들은 우리나라의 고속도로 휴게소처럼 철야 영업을 하고 있었으며, 대개 스페셜 서비스를 제공하고 있었다.

어느 날 저녁 우리는 간쑤성 경내에서 그곳의 특색 음식인 삭도면削刀麵과 바오즈(包子:소가 들어간 찐만두)로 식사를 끝내고나서 나와 샹기사는 트럭에 돌아와 한참을 기다렸는데도 기사들은 나타나지 않았다.

내가 길 건너편에 줄지어 서 있는 식당들을 뒤져 볼 요량으로 막 길을 건너려 할 때 장 기사와 서너 명의 젊은 기사들이 키득거리며 내게 다가왔다. 왜 웃느냐는 내 물음에 장 기사는 피식거리면서 생뚱맞게 대답했다.

"라오반, 부하오 이스, 니 짜이둥 반거 샤오스 주오유 바.老板, 不好

意思, 你再等半个小时左右吧."

-사장님 미안하지만, 한 30분쯤 더 기다렸으면 하는데요.-

무슨 영문인지 몰라서 의아한 표정을 짓는 나를 장 기사는 팔을 끌고 트럭 뒤편으로 가더니 역시 키들거리며 장황하게 설명을 늘어놓았다. 그의 설명인즉 노변의 대다수 식당들은 유곽을 겸하고 있는데, 지금 기사들이 건너편 식당들에서 체험 학습 중이라는 것이었다.

대개 20대로 보이는 이곳 식당의 여종업원들은 주방 일을 하다가 한편으로는 고객의 요구나 식당 주인의 요청으로 교접 등의 서비스를 제공하고있다는 것이었다. 그들은 인근 농촌의 빈곤층 여성들로, 생계를 위해 취업한 구냥姑娘들이었다.

장 기사의 설명에 따르면 그들은 고객의 의사 결정이나 선택을 돕기 위해서 여러 단계의 서비스를 제공하고 있었다.

장 기사가 침을 튀겨가며 설명한 단계로서는,

1단계는 고객이 주변 식당의 여러 여종업원들을 불러 입실하게 하고 옷을 입은 상태에서 감상할 경우 그들에게 각각 1위안씩의 대가를 지불하고, 2단계는 나체 상태로 감상을 하면 각각 3위안씩, 그리고 최종 3단계는 고객이 한 사람을 선택하여 체험 학습을 하려면 10위안의 비용을 지불해야 한다는 내용이었다. 장 기사는 이것이 좀 비싸기는 하지만 매우 합리적인 가격이란 점을 덧붙였다.

게다가 그는 힐끗힐끗 내 눈치를 봐가며 내 의향을 묻기까지 했는데 나는 미소를 거둬들이고 단호히 거부했다. 그러나 어느 세계든 유곽이 필연적 산물이라는 것은 그 수급이 균형을 이룬다는 점에서 의심의 여지가 없어 보인다. 대개 20~30대의 우리 트럭 기사들은 10분쯤 지나자 여기저기서 기어 나오기 시작했다.

236

5. 개선장군

대열은 계속하여 동쪽으로 이동하고 눈부신 여명이 트이기 시작할 즈음 나는 졸음에서 벗어났다. 대개 새벽마다 시간은 바로 이 때라는 생각이 내 머리를 스치곤했다.

나는 허리를 곧추 세우고 두 눈은 아래로 내 콧등으로 향해 계속 응시한다. 나는 희로애락애오욕喜怒哀樂愛惡欲의 칠정七情이 내 마음에 침범하지 못하도록 높다란 담을 쌓는다. 바로 '미발未發'을 잡으려하는 것이다. 그리고나서 내 마음이 과연 '미발'인지 '이발已發'인지 확인해 본다. 석연치 않았다.

나는 우리 선조들이 여명의 타이밍에 행했던 정좌를 흉내 내어보곤 했다. 주자는 오랫동안 이런 양심법養心法으로 콧등이 하얗게 변색될 정도로 수행했지만 '중中'을 구하지 못했다고 하고, 퇴계 선생께서도 여명에 늘 같은 방법으로 수양하시며 "이불구구지"以不求求之라는 유명한 말씀을 남겼다. 이는 바로 "구하지 않음을 가지고 중을 구한다." 는 말씀이다.

중세 이후 동아시아의 사상은 '중'에 집약돼 있다고 해도 과언이 아니다. 중이란 '중용'에서 일컫는 "喜怒哀樂之未發 謂之中(희로애락지미발 위지중: 희로애락이 아직 발하지 않은 상태를 중이라 한다)"으로서 일체의 잡념이 없는 순선한 빈 마음 상태를 말한다. 그러므로 '중'은 수신하려 하는 모든 선비들의 바탕이 되었고, 의도하지 않고 비워야하는 일대 명제가 되었던 것이다. 이는 반드시 '고요한 밤'으로부터 여명에 자신의 콧등에 시선을 고정시키는 것으로부터 출발한다. 퇴계 선생의 "구하지 않음으로써 중을 구한다."는 말씀은 장사꾼인 내게는 분명 울림이 크다.

바로 '이불구구부以不求求富'이다.

'중中'을 '부富'로 바꾸면 부를 추구하는 장사꾼의 이치는 아주 간명해진다. 그렇다. 이는 부를 구하지 않음으로써 부에 도달한다는 결론에 이른다. 이것이 곧 장사의 이치가 아닌가, 나는 길바닥에서 새벽이면 늘 부자를 꿈꾸었다.

대열이 간쑤성 경내의 주취안酒泉을 지나 장예張掖에 이를 무렵 우리는 전체 노정의 약 반을 지나고 있다고 장 기사가 내게 일러주었다.

'시작이 반'이라는 속담이 무색하다. 아무리 긍정적으로 생각해 봐도 시작은 시작일 따름이다. 엿새 동안을 열심히 달려서 반에 이르렀으며 앞으로 남아 있는 반의 여정을 시작했다고 해서 그 남은 반의 반을 경과한 것은 결코 아니다.

위먼관에서 하루 동안의 달콤한 휴식은 오히려 더 긴 휴식을 갈망하게 할 뿐, 시작이 반이라는 우리의 속담은 야속하기만 할 따름이다. 그 때부터 나는 아직도 1,300km나 남아있는 목적지를 마음속에서 지우기로 했다. 체념한 것이다. 뒤쪽의 침상에도 미련을 버리기로 했다.

그런데도 솔직히 나는 그런 다짐을 배반한 채 또 계산을 했다. 시속 30km 곱하기 16시간은 480km, 물론 세 끼 식사와 휴식을 넉넉히 잡더라도 역풍을 만나지 않는 한 우리는 앞으로 사흘 뒤에는 덩커우에 도착할 수 있다. 그 후로 다행히도 우리는 순풍에 돛 단 듯 순조롭게 이동했다.

238

빔과 강렬한 염원이 대치하기도 했지만, 하늘이 빔의 손을 들어 주었다. 대열은 7월 3일 오후 우웨이武威를 통과했으며 우리는 점심 식사를 위해 닝샤寧夏회족자치구의 중웨이中衛 시내 노변의 청진 식당에 주차했다.

이제 남은 거리는 400~500km, 서광은 드리웠다. 희망은 손에 잡혔다.

예의 그렇듯이 기사들은 웃통을 벗은 채로 트럭에 물을 채우고 서로 등목을 해주며 깔깔거린다. 내가 피로한 것 이상으로 그들은 더욱 피로할 것이지만, 그 누구도 내색하지 않는다. 중국인들의 낙천적 기질과 자신의 가족을 위한 헌신의 마음이 피로를 압도하는 듯 하다.

내가 아무리 샤워를 않고 견디는 데 강한 체질이라고 하더라도, 또 아무리 중국 서북 지역의 여름 기후가 건조하다고 하더라도 내의를 갈아입은 지 일주일이 지났다. 진땀이 내 등과 겨드랑이를 헤아릴 수 없이 적셨다 말렸다하기를 반복했다. 게다가 대열이 계속 동쪽으로 이동한 탓으로 오전의 태양과 줄곧 맞섰던 내 얼굴이 그렇게 검을 줄은 예상하지 못했다.

거울 속에 비친 흑인 같은 내 얼굴은 화상으로 듬성듬성 껍질이 벗겨져있었으며, 제 멋대로 갈기 친 수염은 도둑놈이 따로 없었다.

나는 체면 불구하고 시내 목욕탕에 들르기로 작정하고 장 기사에게 식당 주인한테 목욕탕의 위치를 알아오라고 일렀다.

중웨이 시내에 단 하나뿐인 목욕탕의 설비는 외관상 한국과 비슷했는데 욕탕의 물은 미지근한데다가 누군가의 몸에서 탈각되어 나온 때들은 적잖이 물 위를 유영하고 있었다. 희미한 형광등은 깜빡거리다가 드디어 정전되었다. 밖에서는 20명의 운전기사들이 나를 기다리고 있었다. 나는 대충대충 비누칠을 뒤집어쓰고 컴컴한 어둠 속에서 감으로 면도를 끝낸 뒤 서둘러 트럭에 돌아올 수밖에 없었다.

그래도 군 복무 시절 2~3분밖에 주어지지 않던 샤워 조건보다는 훨씬 낫다는 생각으로 나 스스로를 위로했다.

우리는 신장위구르족자치구 우루무치를 떠난 뒤 9박 10일만인 7월 5일 새벽 드디어 덩커우에 도착했다.

나는 감격했다.

장 기사가 공장 대문에 대고 경적을 울리기가 무섭게 허페이 형이 뛰쳐나와 나를 맞이했다. 나는 내심 무슨 개선장군과도 같은 생각이 들기도 했지만 전혀 표정은 드러내지 않은 채 많이 피곤하지 않느냐는 형의 위로에 그냥 미소 지어 보였다.

직원들의 출근 시간인 오전 8시까지는 아직 두 시간 남짓 남았기에 나는 운전기사들을 인근 여관으로 안배했다. 나는 형과 마주해 찻잔을 기울이면서 '개선장군'의 전공, 특히 위먼관 전투에 대해 설명해 주었다. 형은 어설프게 맞장구를 칠 뿐 공기가 심상치 않았다.

형수는 보이지 않았다. 허페이 형은 기어드는 목소리로 내게 말했다.

"궁런먼 정짜이 바궁.工人們正在罷工."
-공원들이 지금 파업 중이네.-

6. 파업

나는 침착해야 했다. 내가 취조하듯 파업의 원인을 묻자 허페이 형은 더듬거리며 말했다.

자신이 나와 함께 우루무치에 출장 가서 9일 동안 공장을 비운 사이에 아내 허위즈가 이번에는 대형 사고를 쳤다는 것이었다. 그녀는 장페이메이, 왕린펑, 왕펑어 등을 데리고 몇날 며칠간을 근무 시간은 물론 끼니도 걸러 가면서 마작판을 벌였는데, 이들 공원들의 마작 태도가 과거와는 달랐다. 그녀들은 사전에 서로 짠 것이었다. 이들은 형수를 전혀 봐주지도 않았을뿐더러 형수한테서 딴 돈을 조금도 돌려주지 않았다.

형수는 사흘 만에 10,000위안을 넘게 잃고 빈털터리가 되었다. 할 수 없이 형수는 그들에게 돈을 빌려 달라고 했으나 그들은 담합이라도 한 듯 모두가 이를 냉정하게 거절했다는 것이었다. 형수의 배신감이 하늘을 찔렀음은 불문가지였다.

다음날 형수는 앙갚음으로 공장 작업 공간에 들어가 함께 마작을 했던 파트너 세 명에게는 퇴직을 명했다. 물론 이는 권한 밖이었다. 그녀는 또 나머지 다른 공원들에게도 까닭 없이 폭언을 퍼부었다. 부공장장인 시동생 허중과 형수의 친정아버지가 이를 제지했으나 소용없었다.

이에 공원들의 분노도 극에 달했다. 드디어 반장 격인 장페이메이가 공원들을 선동해서 파업을 일으킨 것이었다.

형이 귀가한 날이 파업 사흘째 되는 날이었다. 허페이 형의 측근인 장페이메이가 형수에게서 딴 돈 모두인 11,000 위안을 모아 형에게 전달하면서 형수의 만행을 고자질했다. 곧바로 형 내외는 전쟁이랄 수 있는 부부 싸움에 돌입했으며, 싸움에서 패퇴한 형수는 남동생인 허쥔의 집으로 피신한 상황이었다.

허페이 형이 더욱 곤란하게 된 것은, 장페이메이 등이 주도하여 파업을 시작하면서 파업 해제 조건으로 장페이메이가 형의 면전에서 요구한 조건이 바로 "허위즈를 공장 밖으로 영원히 축출하라."는 것이었다.

이번 일을 종합해 볼 때, 사태의 직접적 원인은 형수가 마작판을 벌려서 그 빌미를 제공했지만, 기실은 공원들이 형수의 각종 횡포 때문에 쌓인 불만이 원인遠因이 되어 허페이 형이 공장을 비운 사이에 조직적으로 반격한 사건이었다. 은연중에 속으로 미소를 짓지 않을 수 없는 나는 순간 '이이제이以夷制夷'를 떠올렸다. 공원들로하여금 형수를 제압하는 것이 상책이었다.

나는 형에게 걱정 말라고 말한 뒤 자리를 물리게 하고 오래간만에 흔들리지 않는, 지상의 고정된 내 침대에서 아침 식사도 거른 채 단잠에 빠져들었다.

내가 눈을 떠 창밖을 보니 장페이메이를 비롯한 스무 명 남짓한 공원들이 트럭 기사들과 함께 감초 하차 작업으로 시끌벅적했다. 시간은 오후 6시를 넘기고 있었다.

나는 열 시간 이상을 잤다. 그래도 밀린 잠을 자려면 잠은 많이 부족했다. 나는 원렌을 찾아 세수를 한 뒤에 허페이 형과 장페이메이를 내 방으로 불렀다. 나는 장페이메이에게 토마토 계란탕과 마늘쫑 돼지고기 볶음, 쌀밥을 주문하고 형에게는 딸 원신과 함께 즉시 허쥔의 집

으로 가서 형수를 데리고 오라고 일렀다. 나는 잠시 대책을 숙고했고
≪논어≫를 떠올렸다.

"자신에겐 꾸지람을 두터이 하고, 남에게는 가볍게 책망하라. 군자
는 자신의 무능을 걱정할 따름이다.躬自厚責而薄責於人, 君子病無能焉."

이 사태의 책임은 먼저 나 자신으로부터 찾아보아야 했다.

장페이메이는 원래 형과는 바로 이웃이었다. 그녀의 부친은 장張씨
성을 가진 한족이고 모친은 몽고족이었다. 그녀는 힘이 장사로서 공장
에서 톈진으로 감초를 출화하는 날이면 42kg짜리 감초 마대를 한손으
로 치켜올려 트럭에 집어던져 올릴 정도의 파워 우먼이었다.
덩커우에서 동북방 쪽으로 약 150km 떨어진 인산산맥 아래 우라터
전기烏拉特前旗의 몽고족 집단 거주지가 그녀의 고향인데, 허풍인지
사실인지 그녀는 힘자랑을 할 때마다 그녀의 외가 혈통이 바로 위대한
칭기즈칸 가문이라고 떠벌려대고는 했다.

2000년 2월.
장페이메이가 공장 사무동에서
음주하고 있다.

장페이메이는 평소 형수와의 관계와는 달리 동갑내기인 허페이 형하고는 사이가 괜찮았다.

내가 처음 형 집을 방문했을 때 그녀는 형네 집 주방 일을 돕다가 뛰쳐나와 내게 악수를 청했다. 그녀의 거북등짝 같은 크고 거친 손이 내 손을 꽉 잡았는데 서생의 손은 완벽한 감금 상태를 헤어나기가 어려울 지경이었다. 그녀의 여성성은 빵점이었지만 비교적 센 주량과 호쾌하고 활달한 성격 탓에 나와는 줄곧 죽이 잘 맞아온 터였다.

그런 그녀가 내가 식사를 부탁한 지 채 반 시간도 지나지 않아 소반에 음식을 담아 들고 내 방문을 노크했다. 나는 문을 열어주자마자 큰 소리로 그녀에게 말했다.

"뒤셰, 신쿠신쿠! 하오주부젠 라!多謝, 辛苦辛苦! 好久不見啦!"
-많이 고맙고, 고생했네요! 오랜만에 봅니다.-

"나리, 부융 셰, 워 팅숴 니 타이 신쿠 라.哪里, 不用謝, 我听說你太辛苦啦,"
-뭘요, 됐고요, 듣자하니 당신이 되게 고생했다면서요.-

그녀 역시 고래와 같이 우렁찬 목소리로 대꾸하면서 내 손을 덥석 잡았다. 나는 그녀에게 소파를 권하고 형수 사태에 대해 위로의 말을 건네며 그녀의 속마음을 엿보고자 했다. 그녀는 횡하니 문을 열고 나가더니 바이주 한 병을 들고 들어왔다. 우리는 서로 주거니 받거니 맥주 컵에다 한잔씩 가득 붓고 곧바로 술잔을 말렸다. 나는 진지하게 협상에 임했다. 바로 노사 협의인데, 사실은 노동자 대표에 대한 나의 설득이었다.

나는 먼저 그녀의 말을 경청했다. 장페이메이의 형수 축출 요구는 형 부재 중이면 항상 벌어지는 형수의 공원들에 대한 갖가지 패악에 더해 다분히 구원舊怨의 감정을 얹고 있었다.

결론적으로 허위즈는 명대明代의 간신 진회秦檜보다도 훨씬 더 악독한 사람이므로 문외출송門外出送해야 마땅하다고 그녀는 입에 거품을 물었다.

허기를 못이긴 나는 가만히 밥을 먹으면서 제풀에 지칠 때까지 장페이메이의 말을 조용히 그리고 끝까지 연신 고개를 끄덕이며 들었다. 나는 그녀의 말에 크게 공감을 표시하고 젓가락을 내려놓은 다음 단호히 그녀에게 말했다.

"나는 근 1년 동안 이 공장을 내 집이라고 생각했다. 또 그대를 비롯한 우리 공원들을 내 가족으로 여겨 온 정성을 다했다. 허페이 형네 가족 또한 마찬가지이다. 나는 가장이다. 그런데 가장으로서 내 수양과 능력이 부족하다. 나는 내 집안을 화목하게 이끌지 못했다. 사태가 이 지경에 이르렀으므로 나는 통렬하게 반성한다. 나는 즉각 가장을 사임하고 귀국하겠다. 페이메이 그대의 생각은 어떤가?"

"나 스 줴두이 부 커능, 라오반 메이유 선머 춰우.那是絶對不可能,老板沒有什么錯誤,"

-그건 절대 해서는 안 되는 일이고, 사장님은 아무 잘못도 없는데요 뭘.-

장페이메이는 내 말을 듣기가 무섭게 소파를 박차고 일어나면서 고함쳐 말했다. 나는 그녀를 자리에 앉히고 다시 차분히 말했다.

"분명히 이번 사태의 근본적인 잘못과 책임은 내게 있는 것이다. 그래서 내가 물러나야 하는데, 다만 그대가 내 말을 따른다면 재고해 보겠다."

"내 생각으로는 이번에야말로 형수를 선도해야 하겠다. 선도는 내게 맡기도록 하라. 다만 앞으로는 형수는 작업장에 절대로 출입을 못하게 하겠다. 어린 자녀가 있는데 어찌 어미를 내쫓는다는 말인가, 그렇게 할 수 있겠나?"

그녀는 잠시 뒤 체념한 듯 작은 소리로 내게 말했다.

"워 즈다로 라, 안 라오반 더 이쓰 추리 바.我知道啦, 按老板的意思處理吧,"
-알겠습니다, 사장님 뜻대로 처리하세요.-

다만, 장페이메이는 단서를 달았다. 최소 1개월 이상은 형수가 공장에서 없어져야 한다는 조건이었다. 그래야만 공원들의 누적된 분노를 삭일 수가 있다는 것이었다.
나는 그 조건에 즉각 동의했다. 다만 식사 만큼은 공장에 들어와 처리할 것을 요구했다.
장페이메이는 즉시 공원 간부 회의를 소집하고는, 자신과 나와의 협의 결과와 나의 수정 요구 조건 등을 설명하고 그들에게 동의 여부를 물었다. 그들은 만장 일치로 동의했다. 그들은 이 사실을 비밀에 붙였다.

형수를 부르러간 허페이 형은 쉽사리 돌아오지 못했다. 장페이메이의 말에 의하면 형수는 허페이 형에게 구타를 당했다는 것이고, 누나

246

가 제 매형한테 구타당하자 그녀의 동생인 허쥔도 분개하고 있다는 것이었다. 나는 옹졸한 인간들이 그럴 만도 하다고 생각했다.

나는 이번에는 장페이메이에게 원롄과 함께 허쥔의 집으로 가서 그들 모두에게 내가 사임하고 귀국하겠다는 뜻을 전하라고 일렀다.

7. 한족의 생활 문화

나는 대륙의 풍파에 부딪히면서 적응하고 저항을 위해 그들 한족들의 마음을 분석해 왔다. 그들은 체면과 그 체면을 보존하기 위한 허세와, 실리를 도모하려는 두 마음을 동시에 가지고 있다. 모순이 아닐수 없으나 함께 어우러지다 보면 모순 속에서 조화를 발견하게 된다. 결정적 순간에는 그들은 허세를 버린다.

허페이 형은 늘 평소에는 3~4위안짜리 보통 담배를 피우다가도, 50위안이나 하는 '중화' 담배 한 보루를 집에 비축하고 있다가, 출장길에 오르려면 반드시 '중화'를 들고 나간다. 물론 내게도 한 갑 건넨다.

50위안이란 1990년대 당시의 환율로 우리나라 돈으로는 5,000원을 약간 초과하는 가치인데 이는 중국 내륙에 위치한 시골의 보통 일용직 노동자 일당의 일주일 분에 해당하는 거금이다. '중화'는 중국 애연가들의 자부심으로 '국련國煙'이라고 불리는 담배이다.

그토록 값비싼 중화를 형은 상담을 할 때면 줄담배를 피워대면서 상대방에게도 아낌없이 권했다. 보통 하루에 100위안을 과시와 허세로 날린다. 허페이 형만 그런 것이 아니었다. 상대편 또한 대개 마찬가지였다. 그런 행태는 그에 상응하는 재력이 뒷받침된다면 허세나 낭비로 볼 수 없겠지만, 허세를 부리는 중국인들의 현실이 결코 그렇게 넉넉하지는 못했다.

'중화' 뿐만이 아니라 중국 속담에 "솥단지 안에 밥도 없으면서 식객을 청한다."라는 말과 "곳간이 텅텅 비어 있어도 허리춤에는 열쇠가 열 개"라는 말이 있다. 1990년대 보통의 성인 남자들은 누구나 허리띠에 자신의 열쇠 꾸러미를 매달고 다녔으며, 열쇠의 수준과 갯수가 부의 척도가 되는 것임을 그들은 노골적으로 드러내고 있었다. 흥미로운 사실은 중국 사람들에게 그 것은 과시나 허세가 아닌 정상적인 생활로 받아들이는 관행화된 일상의 '문화'라는 점이다.

또 있다. 그것은 그들의 식문화 속에서도 찾아볼 수 있다. 그곳 현장이나 세무서장 같은 고관들이 덩커우 고급식당에 나와 형을 가끔 초대했다. 그들의 초대는 주로 내가 한국에서 준비해 가지고 간 고가의 화장품이나 전기밥솥 같은 물품을 선물한 뒤에 그 답례로 이루어졌다. 그들은 주석에서 항상 필요 이상으로 많은 안주를 주문할 뿐만 아니라, '샥스핀' 같은 고급 안주에는 눈길을 주지 않고 거의 젓가락을 대지도 않았다. 이를 뒤집어 보면, 늘 접하는 신물 나는 음식이라 관심이 없다는 허세의 반증이라고 풀이할 수 있다.

좀 다른 차원이기는 하지만 나와는 숙질 관계가 된 마수馬叔는 자신의 집으로 나를 여러 번 초대했는데 역시 안주로 인해 곤욕을 치르곤 했다. 보통 중국 요리는 찬 음식인 오향장육 같은 냉채로부터 시작해서 생선찜이나 육류 볶음요리 등의 열채로 이어지는 것이 상례인데, 마수의 집도 그랬다.

그네도 오향五香은 아니지만 먼저 돼지고기 장육과 땅콩과 해바라기 씨를 식탁에 올려놓고 연회를 시작했다. 그러나 삶은 양고기나 황하어 생선찜 같은 내가 기다리는 요리는 쉽사리 나오질 않았다.

문제는 그것들이 아직 준비가 덜 되어서가 아니라는 점이다. 주연이 무르익어 두 세 시간을 지나 나를 포함해 좌중이 대취할 무렵, 아무리 좋은 안주라도 위장이 거부할 무렵이 되어야 드디어 가효들이 등장하고는 했다.

그들의 그런 음식 문화는 마수 집뿐만이 아니었다. 방구깨나 뀌는 농업국장이나 공상국장 집도 마찬가지였다.

값 비싼 요리는 가급적 오래 묵혔다가 내옴으로써 상대방을 감격시키고야 말겠다는 그들의 비장의 히든카드 문화는 위장을 해치기만 할 뿐이었다.

그러나 저울질이 끝난 뒤의 결정적 이익 앞에서는 중국 사람들은 과시와 체면, 그리고 허세를 과감하게 던져버린다. 철저하게 체면과 허세를 걷어버리고 실리의 길을 택한다.

가족 구성원끼리 또는 친숙한 공동체 안에서의 식생활이나 흡연은 물론이고 상거래 흥정의 결정적 단계에서는 체면과 허세는 이미 먼 곳에 있다. 잇속에 앞서 한번쯤 생각해 볼 만도 한 체면도 내팽개치고 그들은 곧바로 이익에 줄을 선다.

8. 형수 허위즈의 항복

장페이메이가 내 부탁으로 자전거를 타고 공장을 떠난 지 30분도 지나지 않아 형수를 포함한 허페이 형의 가족 네 명과 허쥔, 왕린펑이 우르르 공장으로 몰려들었다. 장페이메이가 먼저 내 방으로 들어와, 파업 해제라는 말은 그들에게 일언반구도 꺼내지 않았고 다만 내가 모든 걸 내려놓고 귀국하겠다고 한다는 말만 전했다고 귀띔했다.

원렌마저도 심상치 않은 분위기를 눈치 챘는지 내 옆에 다가오지도 못했다. 그들은 긴장한 표정으로 조심스레 내 방으로 들어왔다. 형이 내게 담배를 권할 즈음 나는 무거운 침묵을 깨고 말문을 열었다.

"이번 사태 모두는 나의 잘못입니다."

"사장 동생, 당신은 아무 잘못이 없고, 모든 것은 허위즈의 잘못입니다."

허페이 형은 나를 부를 때면 항상 사장 동생이라고 불렀는데, 그것은 공사公私를 조합한 이름이고 나는 그 호칭이 좋았다. 허페이 형은 말하면서 좌중의 동의를 구하는 듯 장페이메이에게 힐끗 눈길을 보냈다. 그리고 한동안의 침묵이 또 흘렀다.

형수의 눈두덩은 좀 부어 있었고 뾰로통한 입 주위는 더욱 솟은 듯했으며 왼쪽 이마 위쪽에는 퍼런 멍 자국이 선명했다.

내가 원렌을 불러 내 옆자리에 앉힌 뒤, 모든 사람들에게 소파에 앉으라고 하자 형수는 내 대각선 방향에서 엉거주춤 자리를 잡으며 비로소 입을 떼었다.

"한사장, 미안해요.對不起."

그녀는 물론 보통 다른 중국 사람들도 여간해서는 '당신에 대해 고개를 들 수 없다'라는 의미인 '두이부치對不起'라는 말은 잘 하지 않고 보통 우리말의 '미안하다'라는 의미를 담은 '부하오이스不好意思'라는 말을 주로 사용하는데 그때는 달랐다.

나는 황급히 장페이메이를 시켜서 원렌과 원신 남매를 자리에서 물리도록 했다. 나는 형수에게 내가 아니라 장페이메이에게 사과하도록

250

했다. 형수는 내 말을 순순히 따랐다. 나는 알 수 없었다. 그녀의 참된 속마음을. 시간은 오후 8시를 넘겨서 어둑해지고 있었으나, 나는 장페이메이에게 공장 각조의 조장들 열 명을 비상 연락망을 통해 공장으로 즉시 소집하도록 지시했다.

왕린펑이 술상을 차려왔지만, 나는 치우도록 했다. 나는 그날 밤에 끝장을 봐야 했다. '하우불이(下愚不移: 매우 어리석은 사람들은 아무리 가르쳐도 고쳐질 수 없다.)'는 공자의 말씀이다. 과연, 형수는 '하우'에 드는 무리인가, 공자는 우매함과 악함을 뭉뚱그려 말씀하신 걸까, 나는 고개를 가로저었다. 또한 형수가 어리석고 악하다고 해도 '매우'는 아닐 것이라고 생각했다. 그것은 다만 절제가 부족한 탓이라고 마음속으로 결론지었다.

잠시 뒤 공장의 간부 격인 아홉 명의 조장들이 자전거를 타고 공장에 도착했다. 우리는 비좁은 내 방을 벗어나 공장 사무실로 자리를 옮긴 뒤, 나는 우선 조장들에게 내 부덕함과 관리 책임을 들어 스스로를 사과했다. 그리고 나와 허페이 형 부부를 강도 높게 비판하고 나서는 형과 형수에게 그들 스스로에 대해 장페이메이와 조장들에게 사과할 것을 요구했다. 나는 노사협의 결과를 공표했다.

"공원 허위즈는 1개월 동안 공장에 들어올 수 없다. 단, 하루 세 끼 식사는 허용한다."

허페이 형 부부는 내 요구대로 그들 모두에게 사과했으며 형수는 눈물을 흘리기까지 했다. 지금에 와서 생각해 보면 말로만 들은 공산당의 자아비판대회 같은 생각이 들어 쓴웃음을 자아낸다. 나는 그 자리에서 마작도구를 모두 불태웠다. 또 형수 허위즈에 대해 식사 시간을 제외하고 공장 출입을 금지한다는 벌칙 내용을 전달했다.

사람들은 각자 제 자리를 찾아갔다. 형수는 본래 자기가 살던 단독 주택으로 돌아갔다. 나도 내 방으로 돌아왔다. 이곳 중국 네이멍구 덩 커우의 내 방이 과연 내 자리인가 하는 의문과 함께 심한 두통이 일어 나는 서랍 속의 중국제 진통제를 꺼내 먹었다. 나의 고질병인 만성 두통은 장시간의 감초 운반과 형수 사태로 인해 악화되었다. 좀 더 근본 적인 통인痛因은 내가 멀쩡한 직장을 그만 두고 장사꾼이 됐다는 점이고, 또 하나는 나의 재물에 대한 집착이 두통의 원인遠因일 것이다.

형수도 내가 이곳에 오기 전에는 그런 악녀는 아니었다고 한다. 시샘과 심술이 남보다 좀 두드러질 뿐 사마귀처럼 그리 뚜렷하지는 않았다는 것이 이웃들의 평판이었다. 내가 이곳에 공장을 세운 뒤 공장장 사모님이 됨에 따라 탐욕이 도드라진 것이다. 그녀의 마음을 흔들어버린 것은 결국 나다. 내가 이곳에 공장을 세우지 않아서 그녀의 지위나 생활에 변화가 없었다면, 전처럼 그녀의 본성대로 그냥 살았을 것이고 이번 사태도 결코 일어나지 않았을 것이다.

≪장자≫에도 언급돼 있듯이 '지지枝指'는 육손을 의미한다. 형수는 천성적으로 쓸데없는 '시샘' 하나를 더 덧붙이고 태어난 사람인 것 같다. 그것이 그녀의 천성이며 손가락 하나가 더 달린 육손이와 다름없다. 그게 군더더기라고 해서 잘라 내려고 한다면 고통만 더할 뿐, 구태여 그렇게 잘라내려고 하지 않고 그냥 내버려 둬도 그녀는 과거처럼 잘 살아갔을 것이다.

진실로 원치 않는 짧은 오리다리를 늘리려고 한 것은 누구든 간에 그 근본적인 책임은 나의 감초 공장 설립, 즉 내가 아니겠는가! 커다란 이익과 무슨 돼먹지도 않은 인의를 앞세워서 그들을 훈계하여 평정한 것은 사실은 고고한 척 자신의 성가에 집착한 것에 다름 아니다.

목동 A는 독서를 하다가 양 한 마리를 잃어버렸고, 목동 B는 주사위 놀이를 하다가 양 한 마리를 잃어버렸다. 역시 《장자》에서 말하듯이 양 한 마리를 잃어버렸다는 결과는 같다. 그 과정이 독서든 노름이든 인간이 덧칠한 어떤 '유위有爲'일 뿐, 그 누가 A를 두둔하고 B를 비난하겠는가?

나는 서글퍼졌다. 외톨이가 된 나는 밤 9시가 넘었지만 마수에게 전화를 걸고 원렌과 함께 마수 댁으로 향했다. 식식거리며 뒤에 나를 태우고 헤드라이트도 없는 자전거를 익숙하게 모는 원렌이야말로 바로 '장자'라고 나는 생각했다. 별과 은하도 빛을 잃은 검은 밤이었다.

늦은 시각임에도 뜬금없이 전화를 걸고 불쑥 집으로 찾아온 나를 마수는 반갑게 맞아 주었다. 허페이 형이 아닌 원렌과 함께 온 나에게 다행히 마수는 그 사유를 묻지 않았다. 아니, 마수는 이미 공장의 파업 사태에 대해서 그 원인과 진행 상황을 알고 있는 듯했다.
공상은행에서 퇴근한 마옌이 곧바로 거실로 술상을 차려 내왔고, 평소에는 술을 퍽이나 경계하던 마수도 그날은 나의 살같이 빠른 주속酒速에 호흡을 함께 했다. 마옌 또한 동참했다. 우리는 말없이 독한 술잔을 말렸고 원렌은 해바라기 씨를 거실 바닥에 어지럽혔다.
얼마 뒤 마수는 침묵을 깨고 파업 사태는 잘 해결됐느냐고 물었고, 나는 고개를 끄덕여 소리 없이 대답했다. 그리고는 마옌은 내게 진주

한 다음 곧장 한국노래를 청했다. 나는 사양하지 않았다.

"기러기 울어 예는 하늘 구만리, 바람이 싸늘 불어 가을은 깊었네."

때는 7월 상순 한여름을 앞두고 있었는데, 나는 참 생뚱맞기 그지 없었다.

대취한 나는 원롄의 어깨에 매달려 겨우 집으로 돌아왔다. 내 의식 속의 시간이 잠시 정지하여 비록 귀가시간을 알지는 못하지만, 균형을 잃은 내 몸뚱이로 인하여 원롄도, 원롄의 자전거도 비틀거렸던 기억만은 선명하다.

다음 날 나는 정오를 넘겨서야 가까스로 기상했다. 약간의 작은 두통은 남아 있었지만, 덤프트럭이 비에 젖은 모래를 한꺼번에 쓸어 비운 것처럼 가슴은 뻥 뚫렸다. 내가 술을 사랑하고 의지하는 이유이다.

작업장에서는 왈츠 가락으로 들리는 절편기 모터 소리가 흘러나와 경쾌하게 고막을 스치고 지나가고 있었다.

나는 지나치게 많은 것을 보고 들었다. "줄여야겠다, 닫아야겠다."라고 다짐해 본다. 공자는 내 몸과 정신을 구속하여 붙들어 매지만, 장자는 풀어준다. 역시 "네 안을 삼가고, 네 밖을 닫아라.(신여내慎汝內, 폐여외閉汝外.)"라는 경구를 곱씹어 본다. "쓸 데 없이 너풀거리며 엉뚱한 데 정신 팔지 말고, 북적거리는 밖으로 향하는 지각과 감각을 닫으라."는 통쾌한 명령이다.

나는 원롄과 함께 세수를 하고 있을 때 형수가 마침 대문을 통해 들어오고 이었다. 나는 다가가 악수를 청했다. 좀 길게 손을 잡았다. 나도 그녀도 곁에 있던 허페이 형과 원롄, 원신도 입가에는 가벼운 미소가 일었다. 우리 다섯 명은 외식을 위해 자전거를 타고 길을 나섰다. 내가 즐기는 뒷골목의 양 내장탕 집이다. 형수가 먼저 그 식당을 제안했다. 아이들은 별로지만 내가 양 내장탕을 즐기는 것을 허위즈는 잘 알고 있었다.

제8장

리수쩬과의 만남

1. 수입한 약재의 국내 판매

다음날 나는 덩커우를 떠나서 3주 만에 귀국길에 오를 즈음 공장마당을 둘러보았다. 뽕나무밭이 푸른 바다가 아닌, 풀밭이 감초더미가 된 초전황해草田黃海였다. 감초더미가 누런 바다를 이루고 있었다. 나는 풍부한 느낌을 받았다.

나는 역시, 물욕 하나는 대단한 놈이라고 생각하며 기차에 올랐다. 당시 중국 사회의 기반 시설은 요즘과 달리 보잘것없는 수준이었지만 기차 안 4인실 침대칸의 수준은 심신이 피곤했던 나에게는 그야말로 극락이었다. 시트는 정갈했고 소음도 거의 차단되었다. 함께 동승한 나머지 세 명의 승객도 비교적 매너가 있어 휴식을 방해하는 일은 드물었다.

역시 각 개인의 경제 수준이 교양의 수준을 가늠케 한다. 2층 침대에 큰대자로 누운 나는 행복했다. 지극한 불행에서 좀 비껴나는 것이야말로 맛깔나는 행복이다.

김포공항에서는 늘 그렇듯이 아내가 나를 마중한다. 반가움도 잠시, 아내는 운전을 하면서도 쉴 새 없이 귀에 거슬리는 수다를 떨어댄다. 물론 남자 없는 사업 마디마디에 걸림돌도 많았겠지만, 내가 출장 중에 겪었던 고초 따위는 꺼낼 엄두도 내지 못한다. 그렇지만 아무튼 사업은 순조롭게 점핑하고 있었다.

태풍의 피해쯤은 예고에 의해 피해 규모를 좀 줄일 수 있건만, 1997년 그 해 여름은 다가오고 있는 IMF 사태라는 괴물을 전혀 예측

하지 못한 채 한약재 시장은 전성기를 맞고 있었다. 유구무역도 수요와 시장 가격의 비교 우위에 힘입어 활발하게 도약하고 있는 중이었다.

유구무역은 목표엔 좀 미달했지만 상반기에 300여 톤의 감초 매출 실적을 올려서 약 2천만 원의 대손(貸損: 외상 준 물건 값을 떼임)을 감안하고도 수익은 눈덩이처럼 불어났다. 우루무치의 쉬더인에게서도 감초편 18톤에 대한 선적 서류가 도착한데다 쉬더인이 나와 계약한대로 상품을 정기적으로 공급해 주기만 한다면 국내 감초시장의 지배는 시간문제로 보였다.

더욱이 샤오자오가 산시성 베이츠촌에서 보낸 6톤의 원지는 상상을 뛰어넘는 수익성으로 달리는 말에 채찍을 가했다. 아내가 국내 도매와 수금, 회계, 그리고 수입에 따른 은행 업무 등을 꼼꼼히 잘 처리하고 있었지만 문제는 있었다. 바로 과욕이었다.

나는 국내 판매 전략에 있어 항상 시세보다 5~10% 정도 낮춘 가격으로써 대응하여 상품 재고를 거의 남기지 않았었는데, 내가 부재중에 아내의 욕심은 장마철 독버섯처럼 돋아나 슬금슬금 상품 가격을 올려서 시세에 근접시킨 것이다.

똑똑한 영업사원이라도 있다면 상황은 달라지겠지만, 여름철의 약재 재고는 자칫 약재가 습기를 머금어 곰팡이를 피우게 되면 상품 가치는 크게 훼손되어 가격은 대폭 하락함으로 그에 따른 손실을 감수해야만 한다. 다행히 우리의 재고는 10톤에 미달됐고 또 네이멍구에서의 건조도 완벽해서 약재의 가치는 유지되고 있었지만, 나는 기어코 아내를 반복 설득해서 재고를 처분했다.

그럼에도 불구하고 가까스로 현 상태에서 관리의 빈틈을 메우고 수입품목과 수량을 확대하기 위해서는 반드시 사원을 추가로 채용할 필요한 시점은 이미 한참을 지나고 있었다. 나는 아내와의 협의를 거쳐 당시 S제약회사의 사원으로 근무중이던 큰누나의 아들인 생질 L을 설득해서 내 회사로 영입했다.

2. 우리 아버지 그리고 어머니

귀국 다음날이면 으레 그렇듯이 나는 셋째형이 모시고 살고 계신 부모님을 뵈러 하계동 H아파트로 가곤 했다. 당시 아버지는 83세, 어머니는 75세의 노인이셨다. 두 분은, 특히 어머니는 그리움과 안타까움의 대명사였다가 연민의 대상으로 바뀐 지 오래이다. 자식이 얇게 닳아지면 그렇게 바뀌는 것이라고 자위하다가도, 비로소 뵙게 되면 더욱 깊어가는 연민을 억누르기 어렵다.

그때는 부모님을 뵌 지 한 달 가까이 지나고 있었는데, 나는 보통 주말이면 어김없이 가족 모두를 데리고 하계동에 갔으며, 주말에 간혹 특별한 사정으로, 이를 거를 경우에는 주중에라도 틈을 내어 반드시 그 덜어냄을 보충했다. 그것은 내가 1980년 제금 나간 이래로 지켜온 철칙이었다.

나는 주기적인 문안 외에도 하계동에서의 체류 시간도 소홀히 하지 않았다. 밤이 이슥해지면 두 분께서는 우리가 가는 것을 원치 않으면서도, 내 가솔들은 자양동 집으로 가야한다는 것을 당연히 알고 계셨다. 나는 죄인의 멍에를 두른 것처럼 "다시 곧 돌아오겠습니다."라는 낮은 목소리를 남기고 자양동으로 출발했다. 하계동은 비록 셋째형 댁이었지만 "돌아오겠다."라는 표현 속에는 '우리 집'이라는 내 마음이 담겨 있다는 것을 부모님께서는 잘 알고 계셨다.

내가 부모님께 큰절을 하고 맞은편에 앉자마자 선친께서는 대뜸 "그래, 지난주에는 얼마나 팔았니?"라고 묻곤 하셨는데, 나는 대개 만족스런 답변을 드릴 수 있었다. "무항산無恒產이면 무항심無恒心"이라는데, 내가 돌연 은행에서 사직하고 '항산(恒產: 상시적 소득)'으로부터 이탈하자, 선친께서는 나보다도 더욱 노심초사하셨다. 나는 불효를 저지르게 되었는데, 그때에 이르러 비로소 나는 다소라도 불효를 면하게 된 것이었다.

선친께서는 집에서도 항상 한복을 단정하게 입으시고 당신의 몸을 움츠려 작게 하시고 앉아 계셨다. 주무시는 시간 이외에는 거의 눕지 않으셨다. 당신 스스로에 대한 절제와 신독慎獨, 그리고 가문의 영예를 수호하시고자 함의 발로로 나는 이해했다.

우리 집안은 비록 직첩은 한미했어도, 그 강건함은 다른 가문의 추종을 불허했다. 향리에서는 9대진사 집으로 불렸다. 선친께서는 삼대정승 나오기보다 구대 진사 나오기가 더 어려운 일이라고 자랑스러워하셨으며, 우리 형제들에게 가문의 긍지를 심어 주려고 노력하시는 것을 어린 나이에도 느낄 수 있었다.

나는 생각했다. 장사의 노정에서 바른 길을 걷는 것만이 가문의 영예를 존속시킬 수 있을 것이라고.

3. 의약품수출입공사 과장 리수젠

내가 사업에 착수할 무렵인 1996년 1월, 아내는 청량리에 있는 점쟁이 집에 가서 점을 본 적이 있었다. 아내는 아주 용한 점쟁이로 소문난 집이라 하면서, 점쟁이 말이 "밖에서는 날뛰며 벌어들이는데 그냥 두면 밑 빠진 항아리이기 때문에 안에서 반드시 지켜야 한다."라고 말했다며 특히 '밖'보다는 '안'을 강조했다.

나는 쓸데없는 일에 관심을 갖지 말라고 하면서도, 내가 말띠이기 때문에 날뛴다는 말에는 의혹이 일기도 했지만 내색하지 않았다.

나는 덩커우를 비롯해 베이츠촌 그리고 우루무치의 나의 맹방들에게 간간히 전화연락을 취해 동정을 살펴보곤 했다. 형수 허위즈도 마음을 돌린 듯한 것에 안도했으며 모두 자신과 나의 이익에 매진하고 있었다.

나는 날뛰지 않고 그 해 여름을 보내기로 작정하고, 사업 확대 구상에는 마음을 닫아버렸다. 사무실에서 빈둥대면서 낮에는 독서와 인터넷 바둑, 그리고 점심 식사 후의 달달한 오침에 이어 저녁에는 J종합상사의 김사장, D무역회사의 나사장 등과 술판을 벌였다.

8월도 그렇게 때우기로 했었는데, 그 달 상순 어느 날 오후, 손님 한 분이 찾아와 내 낮잠을 중단시켰다. 그는 리수젠李樹建이란 한족이었다. 그가 내미는 명함에는 '중국후베이성의약보건품진출구공사中國湖北省醫藥保健品進出口公司'라는 긴 단위의 명칭이 적혀 있었다. 그의 직책은 과장이었다. 그는 175cm 정도의 키에 다소 비만한 몸매이긴 하지만 준수한 용모의 가진, 중국 의약품 수출입 계열의 공기업 직원이었다. 그는 서투른 한국식 예로 나를 대했고, 나는 중국어로 그에게 응대했다.

당시는 중국 공기업 직원의 한국 방문은 물론, 영업을 위한 출장도 극히 드문 일이었다. 그는 자신의 캐리어에서 주섬주섬 소포장된 약재 샘플을 꺼내 내 책상 위에 펼쳐놓으며, 제기동 내 5~6개 무역회사와 거래하고 있다는 점도 덧붙였다.

복령, 황련, 반하, 갈근, 파극 등 십여 가지의 샘플에 대해 그가 내게 막 설명을 시작하려 할 즈음, 나는 그의 말을 잠시 차단하고 인근 일식집으로 안내해 대낮부터 술판으로 인도했다. 그것이 중국식 상담과 교제라는 것을 모르는 아내가 부담스럽긴 했지만, 우리는 저녁을 넘어 밤으로 대화를 이어갔다.

나는 역시 약재에 관한 얘기는 한마디도 꺼내지 않았다. 나와 그는 인간에 관한 스토리만으로 기꺼이 대화를 나눴다. 그는 1958년생으로 나보다 네 살 어렸다. 얼큰해진 그는 다른 한족들과 마찬가지로 자찬의 언사를 떠벌리다가 자신은 우한대학 중약학과 출신이며 자신의 장점은 '3능三能'이라고 힘주어 말했다.

'능간(能干: 무슨 일이고 잘 할 수 있음)', '능신(能信: 믿을 만함)', '능허(能喝: 술은 얼마든지 마실 수 있음)'라는 바로 자신이 일과 미더움과 술 등 세 가지에 통달한 사람이라는 것이었다. 나는 호쾌한 웃음으로 그의 능력에 찬사를 보냈다. 나는 단지 1능一能도 없지만 능신能信을 추구할 뿐이라고 응수했다.

2005년 겨울, 계림. 왼쪽 필자, 리수젠

그날 밤 나는 그를 자양동 우리 집으로 이끌고 갔다. 나는 아내의 눈총을 그대로 흘려보내고 그를 재웠으며 다음날 아침에는 그에게 북어해장국을 대접했다. 내가 대륙에서 개척하고 있는 것과는 반대로 그는 한국에서의 개척자였다. 그는 다른 제기동 거래처들보다는 좀 낮은 가격의 약재 값을 내게 제시했다. 나는 그의 요구대로 대형컨테이너 세 개 분량인 백복령 33톤을 주문했다.

당시 백복령의 연간 수입 총량은 2천 톤 정도이며, 거래 가격은 감초의 40% 수준으로 저렴한 편이었으나 경쟁은 치열하여 별 메리트는 없었다. 내 관심은 그가 샘플로 지참하고 있고 또한 그가 사는 곳인 후베이성이 주산지인 황련黃連과 반하半夏라는 고가 약재에 있었다. 나는 그 두 가지 약재에 대해 그에게 배팅하기로 했다. 나는 그와의 협의를 끝낸 다음 날 그와 함께 '산지로의 여정'을 다시 시작했다.

4. 황련黃連 산지 답사.

나와 리수젠은 1997년 8월 5일 후베이성의 성도인 우한의 톈허天河공항에 도착했다. 공항 이름에는 낭만이 가득하다. 요즘에는 코로나로 인해 모르는 사람이 없을 정도로 유명해진 세계적 오명을 뒤집어쓴 바로 그 우한이다.

코로나가 우한에 창궐할 때인 2019년 이른 봄에도 그는 봉쇄된 우한에 거주하고 있었다. 나는 간간이 안부 전화를 하곤 했는데, 여름과 가을을 지나 겨울로 접어들면서 한중 양국의 병세가 역전되자 오히려 그가 내게 안부 전화를 했다. 그는 어느 겨울날 전화를 걸어 충남 청양의 김치공장 감염 사태를 먼저 거론하면서 내게 마스크 운운하며 주의를 촉구하기도 했다.

흥미로운 것은 중국인들이 전염병을 대하는 마음과 태도다. 그들은 코로나를 '이칭疫情'이라고 부른다. 전염병을 뜻하는 역疫에다가 정情이라는 글자를 추가함으로써 이름에 부드러움을 더하여 공포심을 줄이는 것으로 보인다.

전염병에 대처하는 방식도 중국은 공산당 독재 국가답게 우리나라나 서구 여러 나라들과는 달리 일사불란하게 국가, 성, 도시, 구역, 동네, 심지어 개별 가정까지 틀어막고 감시 시스템을 작동시킨다. 그들의 오랜 봉건왕조의 지배 체제 전통도 국민을 순응시키는 데 일조하는 듯 중국 인민들은 정부의 강력한 봉쇄 조치를 별 저항 없이 받아들여 2020년 가을을 지나면서는 코로나 바이러스를 어느 정도 극복하고 안정기로 접어들었다.

우한은 도로가 사통팔달로 연결되어 있는 중국 중부지방 교통의 요지이다. 창장長江의 수상 교통을 비롯해 육상의 모든 교통수단이 통달되어 있다. 우리나라로 치면 경부선축의 대전 정도에 해당하는 중국 징광선京廣線 축의 거점 도시이다. 우한은 중국의 배꼽에 해당한다. 옛부터 천하에 군림하려면 쟁취해야 하는 병가필쟁지소兵家必爭之所였다. 또한 우한은 창장이 도시를 동서로 나누고 있는데 동쪽은 우창武昌, 서쪽은 한커우漢口로 불리는 별도의 행정구역이었다. 1949년 중국이 현재의 정부를 수립한 뒤 우한으로 통합했다. 잘 알려진 대로 우창은 청왕조를 전복시키는 신해혁명의 도화선이 된 1911년 10월 '우창봉기'를 일으켜 중국 역사에 한 획을 그은 지역이기도 하다. 지금은 우한대학을 중심으로 교육, 문화의 거점 구역으로 성장했다.

한커우에 대해서도 언급하지 않을 수 없는 것은 산시성 남부에서 발원한 한수이漢水가 동남쪽으로 흘러내려 창장과 합류하는 지점이 바로 한커우이다. 한커우 사람들은 한수이漢水를 한장漢江으로 부르고 있다. 여기서 주목해야 할 점은 한漢자가 우리나라의 한강漢江과 같다는 점이다.

우리 말에서 '한'은 크다는 뜻으로 '한강'은 큰 강을 의미하지만, 한강漢江이라는 한자어는 그 연원이 중국을 뜻하는 '한漢'에서 연유되었을 개연성이 크다. 나는 한강漢江의 漢을 韓으로 바꾸어 한강韓江으로 개명할 것을 제안한다.

600년이 훨씬 더 지난 우리나라의 수도 서울의 조산祖山인 북한산北漢山의 이름도 당연히 북한산北韓山으로 바꿔야 하겠다.

또 하나, 덕수궁 정문인 대한문大漢門에도 한漢자가 역시 들어있다. 조선 말기인 1906년 덕수궁을 중수할 때 대안문大安門의 안安자를 한

漢字로 고쳐 대한문大漢門이라고 바꿔서 덕수궁의 정문으로 삼았다니, 조선에 무슨 독립 의지가 있었다고 하겠는가? 이제 당연히 대한문大韓門으로 개명해야만 한다.

중국인들은 얼마 전 까지는 한청(漢城: 한성)이라고 부르던 서울을 오늘날은 우리의 요구대로 그들이 '서우얼首爾'로 부르고 있다. 이는 단지 우리가 결심하고 우리의 글자를 바르게 고치는 일일 뿐이다. 또 우리는 과거에 한약漢藥이라고 적던 것을 바르게 고쳐서 지금은 이미 한약韓藥으로 표기하고 있지 않는가.

우한의 한 여름은 그야말로 찜통이었다. 공항을 빠져 나오자마자 나는 금새 머리와 등줄기가 흥건해졌다. 리수젠은 내 캐리어를 낚아채어 택시 승차장으로 재빨리 나를 인도했다. 택시 기사의 말로는 그날 40°C를 넘겼다고 하고, 리수젠은 우한은 난징南京, 상하이上海, 충칭重慶과 함께 중국의 4대 찜통이라며 되래 자랑스럽게 떠벌린다.

나는 리수젠의 안배에 따라 그의 집으로부터 도보로 10분 거리에 위치한 창장변의 창장마오밍호텔長江茂名飯店에 자리를 잡았다. 밥 때도 아닌 오후 3시임에도 불구하고 그는 집에 갈 생각은 전혀 하지 않았다. 그는 침대가 두 개 놓인 표준실을 요구하고는 계산도 내 손을 강하게 뿌리치며 스스로 결제했다. 그는 내게 먼저 샤워도 권하고 담배도 타이밍에 맞춰 권하는가 하면 실내 온도를 수시로 점검해 에어컨을 조작했다. 이토록 사근사근한 수행비서가 따로 있을 수 없다.

그는 내게 앞으로의 일정도 간략하게 소개했다. 이틀 동안 우한에 체류한 뒤 후베이성의 이창宜昌, 리촨利川을 거쳐 충칭 관내의 황수이黃水로 갈 계획이다. 그곳이 바로 황련 산지로서 편도 약 700km의 노정을 자신이 책임지고 안내하겠다며 그는 연신 목소리를 높였다.

"니 팡신!(你放心!: 염려마세요!)라고.

그는 내가 샤워 중에 호텔의 식당을 예약하고 회사에 연락을 취한 모양이었다. 식사를 하기에는 아직은 좀 이른 시간인 오후 5시에 그의 직장 동료들 7,8명이 떼거지로 우리 방으로 몰려왔다. 우리는 1층 식당으로 자리를 옮겼다. 수젠은 자신의 상관인 장 징리江經理를 포함해 동료 직원들을 일일이 내게 소개했다. 나도 명함을 내밀며 그들에게 나를 소개했다. 그들 대개는 한자漢字로 표기된 내 끝 이름자인 '섭燮'에 대해 고개를 갸우뚱했다. 그도 그럴 것이 섭燮이란 우리가 항렬에 맞춰 선택한 글자이지만 중국어에선 거의 사용하지 않기 때문이었다. 그들은 발음도 잘 몰랐다. 나는 그들에게 '셰(xie)'라고 발음해 보이고 '셰謝'와 같은 발음이라고 설명했다.

나는 대도시 4성 호텔의 중식당은 그때가 처음이었다. 덩커우와는 비교할 수 없는 곱게 치장한 이름 모를 요리가 화려한 은백색 도기 접시에 담겨 회전식탁 위를 빙빙 돌고 있었다. 나는 애써 허공을 바라보았다. 장 경리를 위시해 그들 모두는 내 금테 두른 크리스털 술잔에 '마오타이'를 아낌없이 따르고 나는 사양하지 않았다. 마오타이는 처음 서너 잔까지는 약한 누룩 냄새와 익숙하지 않은 독특한 향으로 별 맛을 느끼지 못하다가, 취기가 오를 무렵 진가를 드러내 화려한 맛의 세계로 인도한다.

'바이어'란 이런 것인가? 나는 그대로 받아들이기로 했다. 다음날도 나에 대한 리수젠의 열정적인 접대는 이어졌다. 비교적 늦게 일어나는 편인 내가 취침 중인 아침 시간에 그는 짬을 내 자신의 처자식을 잠깐 들여다보고 왔을 뿐, 무더위를 무릅쓰고 내가 전혀 원하지도 않는 관광을 채근했다.

그는 먼저 나를 우창 지역 강변의 정자인, 나로서는 시詩에서만 알고 있던 그 유명한 황허러우黃鶴樓로 안내했다. 장 경리 소유의 '홍치紅旗'라는 브랜드는 그들이 국차國車라고 자랑하는 고급 세단이었다. 회사의 전속 운전기사가 우리에게 편의를 제공했으며, 차내는 청결하기 그지없었다.

황허러우는 창장변의 해발 약 60~70m 정도로 보이는, 주변을 조망하기에 아주 좋은 둔덕에 위치해 있었다. 우리는 주차장에서 잠시 도보로 계단을 걸어 올라가야 했다. 역시 누각 상단에는 내노라 하는 중국의 시인 묵객들의 시가 빼곡히 장식하고 있었다.

나는 이백李白의 〈황학루에서 광릉으로 가는 맹호연을 보내며黃鶴樓送浩然之廣陵〉를 음미하고 나서, 리수젠에게 볼펜과 종이를 부탁했다. 나는 리수젠에게 건네줄 시상을 떠올렸다. 강바람은 진한 스모그로 인해 8세기 당나라 때처럼 그렇게 맑지도 않았고 먼 하늘도 강물과 닿아 있지도 않았다.

황학루黃鶴樓

내 황학루에 올라
장강의 용솟음을 보노라.
그대 노 잡기를 기다렸다가
함께 거대한 여울을 건너리라.

吾登黃鶴樓   오등황학루
唯見長江洶   유견장강흉
待君握櫓棹   대군악노도
偕將渡巨灘.   해장도거탄

한족들의 손님 접대 문화는 단연 세계 제일이라 해도 과언이 아니다. 리수젠과 그가 속한 후베이성의약보건품진출구공사의 직원들은 정말 물심 양면으로 나를 세밀하게 배려했다. 나와 그들의 관계는 물론 상업으로 엮여져 있지만 그래도 그것은 감동이었다.

감동! 그것이 바로 그들이 노리는 것이다. 그들에게는 상商 관계 안쪽에 있는 내 마음을 움직여 열어젖히고야 말겠다는 투철한 의지가 들여다보인다.

상인의 맨정신은 당연히 이익에 머물러 있으므로 그들은 알코올로 내 혼백을 마비시켜 그것을 흔들다가 중무장된 갑옷을 벗겨 그 본성을 엿보기도 하고, 궁극적으로는 감동의 반복적인 학습을 통해 자신들의 의지대로 나를 묶어두려 한다.

나도 다르지 않다. 내 생각에도 그들의 환대가 내게 순수할 까닭이 없다. 물론 그들도 약재나 무역에 관해서는 주석에서는 한마디도 꺼내지 않아 나를 배려하지만 나도 경계를 늦추지 않는다.

그들은 내게 접대비를 포함해 최대 이윤을 목표로 하고 있을 수 있고, 나도 마찬가지로 내 이윤의 축소를 경계한다. 그러나 어쩔 수 없다. 대취하게 되면 그냥 그들의 의도에 맡겨버릴 수 밖에.

우한 체류 이틀째는 나와 리수젠의 출장을 빌미로 장경리를 비롯해 첫 날보다도 더 많은 회사 간부들이 몰려나와 내게 환송연을 베풀어주었다. 이번에는 아담한 호수 가운데의 고급 주점이다. 일주문처럼 멀리 떨어진 바깥문을 통과해 호수 사이에 설치된, 길게 곡선으로 이어진 오색등 돌계단 회랑을 경유해 식당에 이르고, 붉은 등에 비친 젊은 미녀 구냥들이 도열하여 연신 '환잉광린歡迎光臨'을 연호한다.

50대로 보이는 좀 늙수그레한 여성 간부 두 분도 합석했다. 수수한 옷차림에다 화장기 없는 민낯이다. 그 중 한 분은 회사의 서기書記다. 서기는 중국의 공조직에서는 업무 집행에는 참여하지 않지만 조직의 장을 감독하는 시스템이므로 일행 중 최고위직이라 할 수 있었다. 그녀는 성이 후胡였고 내게도 큰 관심을 드러냈다.

후 서기는 내게 중국어 습득과정을 물었다. 내가 서울의 모 대학의 중문과 야간 출신이라고 답하자, 그녀는 함박웃음을 터트리며 자신도 우한 대학 국문계 출신이라고 화답했다. 그녀는 내 옆으로 의자를 바짝 당겨 앉으며 곧바로 《논어》에 대해, 아직은 빈 식탁 위에 말씨를 얹었다.

그녀는 대뜸 '학이시습지學而時習之'를 언급했다. 물론 《논어》의 첫 구절이다. 그녀는 나를 시험하고자 했다. 얄궂은 웃음과 함께 '시時'와 '습習'에 대한 나의 견해를 물었다. 나는 갑작스런 본토의 질문에 잠시 당황했지만, 마음을 차분히 추스르고 대략 다음과 같이 대답했다.

'시時'는 '수시(隨時: 때에 따라)'로 볼 수도 있지만, 《중용》의 '시중(時中: 최적의 때)'의 의미와 같이 공부하는 정해진 시간을 뜻하는 것일 수도 있다. 공자께서 워낙 호학했기 때문에, 나는 '수시'로 본다고 했다. 그리고 '습習'은 글자의 구성(새의 흰 깃털) 면에서 '실천'으로 본다고 답했다.

그녀는 내 답변 모습을 계속 미소 지으며 지켜보고 있다가 내 말이 끝나자 자리에서 일어나 크게 박수를 쳤다. 아홉 명의 좌중도 덩달아 일어나 그녀에게 호응했다. 그녀는 다소 거만한 표정과 어투로 한국의 높은 문학 수준을 칭송하고 나서, 다만 '습'은 복습으로 해석해줬으면 좋겠다고 말하면서 복습이야말로 그때나 지금이나 최상의 학습 방법임을 강조했다. 나도 그녀의 견해에 공감을 표했다.

그 날, 연회는 후 서기가 주도했고 장거리 출장을 앞둔 나와 리수젠을 격려하는 의미로 연달아 '일루순펑'(一路順風일로순풍: 출장길의 순풍을 기원함)이나, 그 말이 그 말인 '일루펑순'(一路風順일로풍순)을 외쳐대며 건배 제의를 했다. 나는 한국식인 '위하여'를 그들에게 학습시켰다.

다음날 이른 아침 나와 리수젠은 우한버스터미널에 나가 이창宜昌행 고속버스에 몸을 싣고 황수이黃水를 향해 출발했다.

우한에서 후베이성 이창까지는 정서 방향으로 약 200여 km이다. 연도에는 온통 밀과 옥수수의 물결이 이어질 뿐, 나지막한 구릉조차도 보이지 않는 곡창지대이다. 그 옛날 형주荊州 관할구역으로, 한 때 촉한의 관우가 통치하던 곳이기도 하다.

5. 현현역색賢賢易色 신신역리信信易利

'현현역색'이란 말씀이 ≪논어·학이≫편에 나온다. '현현賢賢'은 어진 사람을 어질게 여긴다는 뜻이다. 그래서 '현현역색'은 "남의 어짊을 어질다고 여겨(감복하여) 여자를 밝히는 마음과 바꾼다"는 뜻이 된다. 고대 한문 축약의 정수가 그렇듯이 네 글자 안에 좀 긴 풀이를 담고 있다. 내가 보기엔 아무리 어진 사람을 좋아한다 해도 그를 눈앞의 미녀와 견주기는 어려울 것이고, 다른 사내들처럼 나도 미녀와는 바꾸지 않을 것 같다.

위의 글자를 바꾸어, 장사꾼에겐 '신신역리信信易利'라는 말이 그럴듯해 보인다. 바로 "남의 미더움을 스스로 굳게 믿음으로써 (감복하여) 잇속을 챙기려는 마음과 바꾸도록 하는 것"이 장사의 요체라고 할 수도 있다. 그러고 나면 이익은 뒤따라 호박 넝쿨처럼 수월하게 굴러올 수 있다.

그런데, 그게 그렇게 쉽지 않다. 목전의 미녀를, 목전의 이익을 포기하기가 여간 어렵지 않기 때문이다. 그렇지만 나는 이익을 보류하고 진심으로 다가가 내가 먼저 상대편을 믿음으로써 그들이 나를 믿도록 했다. 그리고 그들은 나의 소망대로 나를 믿고 있다.

네이멍구의 허페이 형도 그렇고, 그 형수도 믿어가는 과정에 있다. 사람은 밉더라도 인격 자체를 배척하지는 말아야 한다. 팥쥐 같은 형수에게 처음에는 나도 증오의 불길이 들끓었지만, 나는 그녀를 허페이 형의 입장에서, 또 원롄의 입장에서 참된 마음으로 꾸준히 다가갔다. 결국 이제 그녀는 감화의 조짐을 보이고 있다.

스물한 살의 샤오자오에게도, 물론 형의 말을 기초로 했지만, 대뜸 20만 위안이란 거금을 선뜻 그녀에게 맡김으로써 나는 절대적인 믿음을 확보했다. 그녀 역시 이미 원지를 똑부러지게 수매, 가공하여 부산항에 도착시킴으로써 내게 큰 이익을 남겨주었다.

줄곧 옆에서 동행하며 나를 챙기는 리수젠에게도 나는 '신신역리'의 마음으로 다가섰다. 그는 과장급이지만, 장 징리나 후 서기가 그에게 보내는 신뢰를 감안할 때 리수젠 자신의 말처럼 100%의 업무 처리 권한을 위임받고 있다는 것은 좀 과장으로 보이기도 했지만, 상당한 권한을 가지고 있는 것은 틀림없어 보였다.

며칠 전 서울에서도 내가 먼저 리수젠에게 전폭적인 믿음을 선사했다. 나는 복령 세 컨테이너의 가격을 그가 제시하는 대로 구매계약을 체결했으며, 게다가 나와 경쟁 관계에 있는 우량 업체 두 곳을 그에게 기꺼이 소개하여 그가 계약을 이룰 수 있도록 도왔다. 무엇보다도 내가 먼저 마음을 열어 그를 진정한 벗으로 대했다.

우리네들은 네 살 차이라면 접촉할 경우 대개 곧바로 수직적 언행으로 상대편을 대하기도 하지만, 중국은 10살 차이라도 그렇지 않은 문화인데, 더욱이 나는 그를 대함에 겸양으로 일관했다. 겸양이란 믿음의 초석이기도 하다.

그를 첫 대면한 술자리에서 나는 그에게 취한 나머지 중국 고대의 주周나라의 초석을 놓은 주공周公의 고사에 대해서 장황하게 설파했다.

바로 '토포하사吐哺下士'이다. 이는 먹던 음식을 뱉어버리고 찾아온 선비에게 자신을 낮춘다는 것으로, 인재를 귀하게 여긴다는 뜻이다.

당시 주공은 어린 성왕의 숙부로서, 조선 같으면 수양대군과 같은 권력자였으며, 그는 결코 왕위를 탐하지도 않았기에 주대 이후의 모든 왕조 국가들은 주공을 예(질서)와 겸양의 모범 사례로서 추앙해왔다고 나는 그에게 떠벌린 것이다.

그리고는 나는 줄곧 리수젠에게 '하사下士'의 자세로 임했다. 그도 내게 마찬가지로 대하는 듯했다. 리수젠은 한족이면서도 우리의 성향과 많이 닮아 있었다. 그는 양파처럼 중층도 아니고 유리창에 덧씌운 창호지 같지도 않은 비교적 담백, 질박했다. 오히려 그가 한국인보다도 더욱 치밀한 계획과 실행으로 황수이에로의 여정을 인도하는 것이 오히려 마음에 걸릴 정도였다.

이창 버스터미널에는 리수젠의 지기인 샤오푸小伏가 승용차를 가지고 나와 우리를 영접했다. 반주를 곁들인 푸짐한 점심식사에 이어 우리는 창장長江가의 '구잔창古戰場'이란 사적지로 향했다.

그곳은 창장의 물결이 200m미터쯤 아래로 내려다보이는 축구장만한 창장 남녘의 구릉지였는데, 포장이 안 된 조그만 주차장과 '古戰場'이란 조잡한 팻말만 서 있을 뿐 우리 세 사람 외엔 아무도 없었다.

리수젠이 땀 흘려가며 입에 거품을 물 듯 내게 설명했다.

고전장은 옛 전쟁터인데, 바로 유비가 오吳의 육손陸遜에게 무참하게 대패한 바로 그 전쟁터였다. 당시 유비는 아우 관우에 대한 복수심에 불타 온전한 이성을 회복하지 못한 채 참모 마량馬良의 충언을 뿌리치고 그곳에서 한판 붙었다가 패배하여 대군을 잃고, 백제성白帝城으로 퇴각했다. 나는 생각했다.

"내 장사의 길에는 퇴로란 없다".

6. 언스의 고관들과 야생버섯

고전장을 둘러본 우리는 곧장 샤오푸의 승용차에 눌러앉아 중간 기착지인 언스恩施로 향했다.

리수젠은 샤오푸에게 이창 버스터미널까지만 데려다 달라고 요구했으나 샤오푸는 막무가내였다.

둘의 대화로 미루어 샤오푸는 약재 수집상이고, 리수젠은 그의 바이어로서 둘은 갑·을 관계로 보인다. 리수젠이 샤오푸라고 부르는 것으로 보아서 그는 분명 우리보다 어린 사람이다.

중국인들은 상대방에 대해 좀 살갑게 성姓 앞에 '샤오小'나 '라오老'를 붙여 부른다. 샤오는 자신보다 연하를, 라오는 자신보다 연상을 지칭한다. 역시 샤오푸도 나를 라오한韓이라 부르는데, 그것은 존칭이다. 중국어에 익숙하지 않은 한국인들은 대개 자신이 '라오'라는 접두어를 붙여서 불리는 것을 별로 달가워하지 않는다. '노인네'라는 이미지가 깊이 각인된 연유인 것 같은데, 나도 처음에는 그랬다.

샤오푸는 약재 수집상이다. 만일 나와 직거래를 한다면 수젠의 회사와 거래하는 것보다는 유통과정의 한 단계를 생략할 수 있게 됨으로써 분명 내게는 유리한 조건이 되겠지만 언감생심, 내가 그의 약재에 대해서는 조금도 관심을 두어서는 안된다. 그것은 리수젠에 대한 나의 도리이기도 하다. 나는 샤오푸의 명함을 요구하지도 않았고 그도 마찬가지였다. 샤오푸의 사업이나 그 둘의 대화에 내가 터럭만큼이라도 끼어들지 않는 것이 내가 리수젠으로부터 혐의를 피하는 것임을 나는 잘 알고 있었다.

목적지 황수이에 도달하기 위해서는 언스와 리촨利川 등 두 군데의 도시를 경유해야 하고, 이창에서 언스까지는 210km나 된다. 이창부터는 창장 줄기를 남쪽으로 이탈하여 계속 서진西進해야 한다. 그리고 거기서부터는 평원이 그리울 정도로 계속 끝을 알 수 없는 산악 지대가 이어진다.

한반도와는 정반대인 '서고동저'西高東低라는 대륙의 지형을 실감한다. 여기서부터는 모두가 산을 휘감아 도는 길로서 오르락내리락 반복하여, 뒷좌석에 앉은 승객으로서는 몸을 지탱하는 데 적지 않은 에너지가 소모된다. 산세는 아기자기한 우리의 금수강산과는 달리 좀 뭉뚝하게 한 맥의 산 덩어리가 큰데다 능선의 곡선도 제멋대로 치달려 충청도 내 고향의 산처럼 부드럽지는 않다. 그러나 한여름의 계곡물은 유량이 엄청나고 경사가 급해 그 청량감은 이루 형언하기 어렵다.

리수젠의 설명에 의하면, 그 지역 일대는 대륙의 '화중약고華中藥庫'라고 불리는 약재 창고로서 약재의 보고라고 한다. 우리가 잘 알고 있는 당귀, 황기, 길경, 갈근, 천마, 복령, 오미자, 황련, 토사자 등 수백 종류의 약재가 산 속에서 자생한다.

당시 우리나라 식약청에서는 우리나라 약재 생산 농가를 보호하기 위하여 국내 수요량이 절대 부족한 품목에 대해서만 수입을 허용했다. 그래서 그 지역 약재 중 갈근, 복령, 황련 등을 제외하고는 국내 사용량이 대단히 많은 당귀나 황기 같은 약재는 수입금지 품목으로 분류되어 있어 내게는 그림의 떡이었다.

우리는 그날 밤 9시경 언스恩施에 도착했다. 도시 이름이 상당히 자비롭다. '은시恩施'란 '은혜가 베풀어지다' 또는 '은혜를 베풀다'라고 풀이된다. ≪명심보감≫에 있는 '시은물구보施恩勿求報'라는 구절이 떠오른다. "은혜를 베풀되 그 댓가를 구하지 말라."라는 의미인데, 부처님과 상통하는 발상이다.

언스의 공식 행정단위 명칭은 언스토가족묘족자치주恩施土家族苗族
自治州이다. 언스의 인구 비율은 소수민족인 토가족이 약 80%로 절대
적으로 우세하다. 다음으로는 묘족이 15% 정도이고, 나머지는 한족과
기타 소수 민족으로 구성되어 있으며 총인구는 약 300만 명에 달한
다.

리수젠은 나를 곧장 시내의 한 고급 식당으로 안내했다. 거기에서도
역시 8~9명의 리수젠의 지인들이 룸에서 화들짝 뛰쳐나와 내게 악수
를 청했다. 한족들은 손님을 접대할 때 뜨거운 환영과 자신을 과시하
기 위한 표현으로 가능한 한 자신의 친지는 물론, 자신과 관계있는 유
력한 인사들을 많이 불러들인다.

그날 언스의 만찬도 그랬다. 언스자치주의 외사국장인 궈중화郭中華
선생, 그리고 언스에서 서남쪽으로 80km 떨어진 라이펑來鳳현에서 달
려온 샹훙원向紅文 현장 등은 관내 고위 공무원들로서, 리수젠의 나에
대한 과시용으로 보였다. 나머지는 역시 리수젠에게 '을'의 입장에 있
는 약재 수집상들이었다. 한편으로, 나는 한족들의 그런 과시 성향을
감안한다 하더라도, 리수젠이 나에게 자신을 과시하기 위한 대상인 그
고관들의 태도에서 나에 대한 진심어린 표정을 읽을 수 있었다.

그들에게도 역시 나는 처음 만나는 한국인이었으므로, 늘 그렇듯이
그들은 내게 한국인의 생활상이나 북조선과의 관계를 묻고 내가 답변
하는 질의응답 시간을 갖게 되었다. 그들은 일반적 질문 외에도 산악
지역인들답게 한국의 산과 야생 약초와 버섯에 대한 질문들을 내게 쏟
아내었다.

그런데 약재 상인으로서 나는 정말 겸연쩍게도 한국의 야생 약초나
버섯에 대해서는 그 흔한 갈근(칡뿌리)이나 길경(도라지), 인진(쑥) 등

과 내 고향 유구의 특산인 천마 외에는 아는 게 별로 없었다. 나는 좀 난처한 상황을 맞이했는데 리수젠이 화제를 야생 버섯으로 돌렸다.

식탁 위에는 처음 보는 버섯류의 요리들이 가득했다. 토가족인 샹 현장이 식탁 위의 야생 버섯에 대해 내게 주로 설명했다. 그것들은 모두 내가 듣도 보도 못한 것들이었다. 소의 간처럼 생긴 뉴간쥔牛肝菌 비롯해 호랑이 발바닥처럼 생긴 후장쥔虎掌菌, 그리고 양의 장처럼 생긴 양두쥔羊肚菌 등이 매우 이채로웠다. 쥔菌은 바로 버섯을 뜻한다. 그것들의 맛과 냄새는 깊은 산중의 향기가 그대로 식탁에 배어 있었다.

그때 내가 더욱 호사를 누리지 않을 수 없었던 것은 바로 야생 송이버섯이었다. 당시 그 지역 상품 야생 송이의 가격은 한 근에 8위안 정도였다. 지나치게 환상적인 값이 그 명예를 다소 반감시키기도 했지만, 샹 현장은 송이버섯을 쟁반 가득히 주문해 내게 식도의 즐거움을 안겨주었다. 그리고 내게 건배를 권하며 산중메뉴의 효능에 대해 게슴츠레 속삭이기도 했다.

좡양!(壯陽!: 양기를 북돋움)

다음 날도 샤오푸가 운전대를 잡은 채로 우리는 서둘러 길을 떠났다. 리수젠이 인근의 언스다샤구恩施大峽谷를 둘러보고 갈 것을 권했지만, 나는 오로지 '황련'만을 그리며 사양했다.

남은 200여 km의 여정은 그들이 "부하오저우루'不好走路"라고 표현한대로 정말 완전히 좋지 않은 도로였다. 산은 더욱 높아지고 왕복 2차선 포장도로는 반 이상이 노후화돼 비포장과 별반 다름이 없는데다 곳곳엔 도로 수리 공사로 여차하면 한 시간 이상씩을 지체하였다. 노변엔 가느다란 폭포들이 즐비하여 차 천정에 내려치는 물벼락의 굉음으로 놀라기가 일쑤였다.

우리는 리촨에서 칼국수로 가볍게 점심 요기를 하고 다시 길을 재촉하여 해질 무렵에는 드디어 충칭시 황수이진黃水鎭의 첩첩산중, 뤄융하오羅永鎬라는 약재 수집상의 집에 도착했다.

그의 집은 지방도를 벗어나, 다시 농로로 3km 정도 구불구불 내려가 구덩이처럼 패인 작은 분지 가운데 있었다. 해발이 무려 1600여 미터에 달하는 산속 마을로서, 여남은 가구 중 하나였다. 마을은 항아리 밑바닥에 눌러앉은 모양으로 주위는 깎아지른 원통형 산들이 마을을 감쌌다. 하늘은 더할 나위 없이 좁아져, 아직 해는 넘어가지 않았어도 비껴진 커다란 그림자로 덮여 어두워지고 있었다.

뤄융하오의 집은 그 지역의 전형적인 2층 농가 주택으로, 1층은 창고와 헛간 용도로 사용하고 2층은 살림 칸이다. 20평 남짓한 앞마당의 정원은 깎지 않은 긴 잔디가 볼썽사납게 널브러져 있고 그나마 숭숭 구멍이 나 있어 파편처럼 황토의 민낯을 드러내고 있다. 나는 불현듯, 내 머리털도 이럴까 하며 땀에 전 머리카락을 뒤로 쓸어 넘겨본다. 뒷곁에는 배추와 공심채空心菜가 역시 무성하게 자라나고 있다.

우리는 뤄 라오반羅老板의 안내에 따라 가옥 내부 계단을 통해 2층으로 올라갔다. 역시 중국의 입식가옥 형태로 신발을 그대로 신고 입실하는데, 세간살이 수준은 네이멍구 형네의 것보다는 좀 빈곤해 보이는 편이지만, 훨씬 깔끔했다. 출입문 반대편 벽 중앙 상단에는 마오쩌둥의 컬러 사진이 붙어 있고, 그 밑에는 옛날 우리네들처럼 빛바랜 가족사진이 액자 안을 빼곡히 장식하고 있다.

주방 일을 하고 있던 그의 부인이 땀을 훔치며 달려 나와 우리에게 반갑게 인사를 건넸다. 리수젠은 친숙한 척 젊은 부인과 악수를 하고 너스레를 떨었다. 두 부부는 붉게 그을린, 서로 많이 닮아 있는 순박한 얼굴로 30대 초반으로 보이고, 10살 남짓해 보이는 딸내미가 어미 치마에 붙어 우리를 번갈아 살폈다. 나는 한여름에 번거롭게 해 몹시 미안하다고 말하며 그녀에게 목례를 건넸다. 그녀는 낯선 이방인에게 수줍은 미소로 답례했다.

만찬은 훠궈(火锅:샤브샤브)였다. 텃밭의 배추와 공심채, 야생 버섯류 그리고 당근과 오이가 채반에 수북했다. 소, 양, 돼지고기에다, 특이한 식재료로서 뱀의 살집을 저며 낸 것과 청개구리, 노루고기 등이 접시를 가득 메우고 있었다. 술은 뤄가 직접 빚었다는 플라스틱 통에 담겨있는 60도짜리 고량주로서 그야말로 주지육림이 따로 없었다.
리수젠이 정색을 하고 내게 말했다.

"이것이 진짜배기 정통 충칭훠궈인데, 한 번 맛 좀 보시죠."

내가 리수젠에게 1층 마당에 놓여 있는 평상으로 식사 자리를 옮길 것을 부탁하자 뤄 부인은 행주로 평상 위를 훔쳐내고 샤오푸와 함께 즉각 식재료와 무쇠 솥을 아래로 운반해 왔다.

그날 밤, 그곳은 해발이 높은 탓인지 모기도 없을뿐더러 우리의 가을처럼 산바람은 청량했다. 무엇보다 하늘은 좁지만 뭇 별들이 우리들 머리 위로 쏟아져 우리의 축제를 빛내어 주었다. 우리는 별들과 어우러져 취해갔다. 내 독촉을 이기지 못한 리수젠이 어물정한 발음으로 그의 18번인 김수희의 〈애모〉를 열창했다. 나도 〈선구자〉를 불렀다.

"일송정 푸른 솔은~~" 순간, 일송一松은 산 병풍에 부딪힌 메아리가 되어 일송이 아닌 백송百松의 함성으로 내게 화답하고 있었다.

열 시를 넘겨, 뤄 부인은 국수를 말아왔고 식사를 끝낸 나는 축제를 마치려 했는데, 리수젠이 다른 사람들을 물리게 하고 다시 두 개의 술잔을 가득 채웠다. 그는 대취하여 붉은 낯빛이 다시 창백해진 채로, 게다가 더욱 결연한 표정으로 내게 제의했다.

"우리 형제 결연을 맺읍시다! 좋습니까?"

나도 즉시 응답했다.
"아주 좋습니다."

우리는 곧바로 두 잔을 부딪치며 술잔을 말려버리고 '다거大哥'와 '디디弟弟'를 연호한 다음, 나는 정색을 하고 동생에게 한 구절의 글로써 정감을 드러내 보였다.

"마음을 함께하는 말은 그 향기로움이 난초와 같다.(동심지언同心之言, 기취여란其臭如蘭.)"

나는 이어서 말했다. "동생이 제의한 것은 결연結緣인데, 인연은 우리 둘이 이미 얽혀져 있다. 그러므로 우리는 기왕이면 결의結義를 맺어야 마땅한 것이다."라고 설명하고 나서, ≪논어≫를 인용하여 리수젠에게 적어 주었다.

"군자는 의로써 바탕으로 삼고, 믿음으로 이룬다. (君子義以爲質, 信以成之.)"라는 대목이었다. 나는 '군자'를 '형제'로 바꾸어 리수젠에게 전했다 "兄弟義以爲質, 信以成之".

결의의 감흥에 더해 취기가 오른 나는 리수젠에게 계속 말을 이어 갔다.

"내가 너에게 적어준 대로 형제는 의義를 마음의 토대로 하여 믿음 으로써 행동해야만 할 것이다. 무릇 '의'라는 것은 의족義足이나 의치 義齒와 마찬가지로 없어졌을 때 대치할 수 있는 대상을 의미하기도 한 다. 그래서 장자도 말씀하지 않았는가. 형제는 수족과 같은 것이다.(형 제위수족兄弟爲手足)라고. 그러므로 의형제인 우리는 앞으로 서로의 수 족을 대신할 수 있어야만 할 것이다."

리수젠은 나의 말을 경청하고 나서, 형의 손발이 되겠다고 말했다. 나는 손사래 치면서 "아우는 내 자애 만을 받으라."라고 말하고 '황수 이결의黃水結義'를 마무리 했다.

황색은 '오행五行'의 오방색五方色 가운데 중앙을 차지한다. 또한 '흙土'에 상응하고 이는 부를 상징한다. 고백하자면 사실 나는 그 여름 밤 황수이라는 지명을 곱씹으며 취중에도 쉽게 잠들지 못하고 들떠 있 었다.

황수이에서의 이틀째는 1997년 8월 10일로 기억된다. '가는 날이 장날'이라고, 마침 그날이 황수이 장날이었다. 그 지역은 우리와는 달 리 3일장이 섰다. 그들 말로는 장을 '간지(赶集 간집)'라고 불렀다.

생각해 보면 사흘장은 닷새장보다는 매매를 더욱 촉진시켜 경제 활성화에 보탬이 될 듯도 한데, 보부상들 입장에선 세 군데 장만을 돌아야 하니 시장이 축소될 듯도 하다. 우리는 아침 일찍 뤄 라오반과 함께 샤오푸의 승용차를 타고 장터로 향했다.

황수이 시내는 행길 초입부터 사람들로 가득 차있었다. 군중들과 자전거 행렬에 우마차와 리어카 그리고 소형 화물차들이 뒤엉켜 샤오푸가 제아무리 클랙션을 눌러대도 시전市廛에는 진입하기 어려웠다. 우리는 노변의 적당한 곳을 찾아 주차하고 발걸음을 옮겼다.

노변에는 노점상들의 상품들, 수박과 미과蜜瓜 그리고 이름 모를 야생버섯들과 채소들이 산더미를 이루고 있었다. 형형색색의 의류와 신발, 또 한편의 푸줏간에는 큼지막한 덩어리로 썰린 돼지고기가 처마 밑에서 굵은 철사 갈고리에 매달려 있는데, 우리들 옛적처럼 냉장고가 부족한 탓인지 익힌 덩어리도 눈에 띄었다. 토종닭과 산양, 산토끼는 물론 멧돼지, 노루, 고라니 그리고 그물망 안에서 서로를 휘감고 있는 뱀 등 야생 동물도 적지 않았다. 우리나라 물고기보다 좀 못생긴 덩치 큰 민물고기들과 자라도 수두룩한데, 오직 메기만이 우리나라 물고기와 비슷했다. 바다가 멀어 해산물이라곤 비린내 풍기는 거무튀튀한 염장 갈치가 유일했다.

우리는 10분 남짓 걸어 시전의 약재 골목으로 진입해 뤄 라오반의 거래처로 보이는 약재 가게로 들어갔다. 10평 정도의 좌판과 시렁에는 약초가 가득했다. 나는 오로지 황련에만 주목했다.

뤄 라오반과 리수젠은 가게 사장과 최근의 약재 시세 동향에 대해 대화를 나누는 듯 했다. 나는 멀찍이 떨어진 의자에 앉아 황련 몇 뿌리를 손바닥에 펼치고 들여다보았다.

황련은 닭발처럼 생겼다. 샛노란 색깔로 닭발과 흡사한데, 닭발의 굵기와 색상의 선명도 그리고 건조 정도가 가격을 결정한다. 황수이가 황련의 주산지답게 다른 가게들에서도 황련의 쌉쌀한 냄새가 진동한다.

잠시 뒤 리수젠은 내게 근간의 황련 물량과 시세 동향에 대해 내게 상세하게 설명했다. 제기동과는 비교할 수 없이 저렴한 가격이었다. 리수젠은 내 손을 끌고 장터 후미진 곳을 찾아가 내게 귓속말로 하릴없이 속삭였다. 황련에 대해서는 절대 마진을 붙이지 않을 테니 확보 물량을 말해 달라는 것이었다.

리수젠이 내게 노마진으로 황련을 수집해 공급한다는 것은 아무리 형제 관계라 하더라도 내가 덜컥 그것을 접수하는 것은 무리였다. 나는 리수젠 회사의 입장을 고려해 적정 이윤을 붙여 단가를 책정하라고 수젠에게 권고했다. 그는 굽히지 않았다.

우리는 황수이 시장 외에 인근 산지인 위츠진魚池鎮과 룽사진龍沙鎮으로 이동하여 뤄 라오반의 또다른 거래처들을 만났다. 종합적인 황련의 재고를 확인한 결과 황수이, 위츠, 룽사 등 세 지역의 황련 물량은 10여 톤에 달했다. 나는 아우에게 이들 전부를 수매해 달라고 요청했으며, 우리는 귀가했다.

제기동에서 황련, 그중에서도 A급 천황련(川黃連: 황수이 일대는 과거 행정구역 변경 전에는 쓰촨성四川省에 속해 있었으므로 '촨川'자를 따 천황련이라고 부르고 있음)은 대단히 비싼 고가에 거래됐으므로 보통 제기동 무역업자들의 수입물량 단위는 많아야 1~2톤에 불과했다.

나는 당시 가능한 한 모든 역량을 황련에 집중하기로 했다.

다음날 나는 1997년 8월 15일 개업 1주년 기념을 위해 네이멍구 덩커우 공장으로 출발해야만 했기에, 리수젠 아우를 횡수이에 남겨두고 떠나기로 했다. 이른 아침 조반을 마친 나와 샤오푸가 리촨 기차역으로 출발하려 할 즈음 리수젠 아우는 내게로 다가와 은밀히 말했다.

"나는 내년에 독립하려 하는데, 바로 무역회사예요"

나도 아우의 말이 끝나기가 무섭게 곧바로 축하인사를 건넸다.

"그거 잘했네, 축하하네. 큰 돈 벌기를 바라겠네!"

아우 리수젠은 100km도 넘는 리촨역까지 나를 배웅하겠다고 우겨댔지만, 내가 완강히 사양했다. 샤오푸도 더 이상 횡수이에 머무를 수는 없었으므로 그의 귀로에 나는 리촨역까지 그의 승용차를 이용할 수 있었다.

아우는 전날 리촨의 지인에 연락해 베이징행 침대표 예약을 부탁해놓았다. 나는 덕분에 안락하게 다음날 베이징에 도착할 수 있었다. 그리고 역시 침대표를 위해 미리 연락해 놓은 베이징이바오北京医保의 왕지창王吉昌을 통해 덩커우행 기차표를 받았다. 나는 8월 13일 출렁이는 해바라기꽃 물결과 함께 덩커우에 도착했다.

7. 감초 가공창 개업 1주년 기념 연회

언제나 그렇듯, 허페이 형네 가족을 비롯해 마수 그리고 그 사위인 샤오밍과 공상국장이 나를 맞이했다. 형수는 대개 공장에서 나와 마주했었는데, 그날은 역에서 나를 맞이했다. 그녀의 단독주택 연금 기간 1개월은 이미 경과했다. 그녀는 잔뜩 풀이 죽은 얼굴로 나와 악수했다. 장페이메이 등 공원들의 말에 의하면, 지난 마작 사태 이후 그녀는 줄곧 단독주택에 처박혀 있기만 했다. 식사를 위해 공장에 출현하여 간간이 작업장 앞을 지나칠 때에는 공원들과 마주쳐도 피식 웃기만 할 뿐, 사람이 완전 딴판이 됐다는 것이었다.

형의 말로는 그녀는 당뇨가 좀 악화돼 형이 바오터우의 종합병원에 데리고 가 약을 타왔다고 했다. 나는 그녀의 상황을 정확히 알 수가 없었다. 그녀의 변화가 당뇨 때문인지, 개과천선 때문인지.

그날 저녁 나는 형을 위시해 수많은 사람들이 청하는 술판을 뿌리치고 마작을 학습했다. 나는 원렌과 함께 그의 모친으로부터 밤늦도록 마작을 익혔으며 마지막 실전에서는 거금 300위안을 그녀에게 털려주었다.

1997년 8월 15일, 광복절이자 훙카이간차오자궁창(宏开甘草加工廠: 굉개감초가공창)의 1주년 기념 연회가 당일 오후 시내 음식점에서 개최되었다.

현장을 위시해 공상, 농업담당 부현장 두 분, 그리고 현정부 고위직 다수가 참석했다. 형네 가족과 형의 장인 장모, 그리고 친인척들과 마수 가족들, 공장의 공원과 그 가족들, 또 왕화이이를 비롯한 감초 거래처들 등 800여 명의 하객들이 참석했다. 그야말로 연회장은 동네 잔칫날처럼 북적였다. 나는 식당 앞에 서성거리는 동네 주민과 리어카꾼들도 모두 입장하도록 허쥔에게 일렀다. 간단한 의식이 시작되었다.

먼저 리마오李茂 현장이 축사를 했고 이어 내가 마이크를 잡았다.

"존경하는 리마오 현장, 현정부 각위各位 영도인, 각위 아름다운 우리의 손님 그리고 사랑하는 허페이 형 내외분, 원공員工과 그 가족 여러분!

오늘 우리는 축하의 자리를 함께 했습니다. 나는 삼가 홍카이창宏開廠을 대표하여 현장을 비롯한 현 영도인들 그리고 가빈들께 우리 공장의 첫돌을 맞이하여 충심의 감사와 감격을 표합니다. 우리 원공들과 그 가족 여러분께도 깊은 위로와 감사의 말씀을 드립니다.

이제는 황금빛 계절입니다. 맑은 바람은 상쾌하게 불고 계화桂花는 향기로움에 나부낍니다. 나는 오늘 1년간의 수확의 기쁨을 원공 여러분과 덩커우 현민 모두와 함께합니다. 여러분이 있는 한 우리의 사업은 창성할 것이며 우리의 앞길 또한 비단과 같을 것입니다. 다시 한 번 우리의 1주년을 자축하며, 현장과 영도인, 내빈 여러분 그리고 우리 원공 가족 여러분의 건강과 행복을 기원합니다. 감사합니다."

나는 그날 미리 계획한 대로 형의 급여를 5,000위안에서 10,000위안으로 인상했으며, 공원들의 급여도 30% 인상과 더불어 100%의 상여금을 지급했다. 한편으로 그해 봄에 내가 형에게 건네준 초청장을 기초로 리마오 현장과 허페이 형네 가족들은 한국 비자를 발급 받을 수 있었다. 그러나 원롄은 한국에 왔다가 돈벌이를 위해 눌러 앉을 수도 있다는 이유로 베이징영사관에서 비자발급이 거부되었다.

홍카이창 개창 1주년 기념 연회를 원만하게 치른 다음날 내가 귀국길에 올랐다. 공장 마당에는 통감초 60톤의 원료가 쌓여 있었지만, 나는 가을 약재 성수기에 대비하기 위해 100톤 이상의 재고를 채워줄 것을 허페이 형에게 단단히 부탁했다.

나는 중국 출장 2주만인 8월 17일 귀국했다. 곧바로 리수젠 아우와 전화 협의를 끝내고, 황련 구매자금 총 미화 40만 달러 가운데 20만 달러를 선결제 자금조로 T.T송금(무역대금 결제의 한 방식)하기로 결정했다.

아내는 "도대체 무얼 믿고 거액을 선송금하느냐?"고 강력하게 반대했지만, 나는 대표이사 사장 직함을 큰 소리로 내걸고 밀어붙였다.

국제무역 결제 방법 가운데 일반적으로 수출업자는 수입업자의 상품대금 결제를 의심할 수밖에 없으므로, 수출업자는 상품 선적 전에 수입업자로 하여금 수입업자 거래은행에 대금 지급보증을 요구하게 된다. 이때 수입업자 거래은행이 수출업자에 대해 발급한 보증서를 신용장(Letter of Credit)이라 한다. 이는 국제적으로 약속한 '신용장통일규칙'에 의거 실행된다. 이와는 달리 거래 쌍방 사이에 신뢰가 형성됐을 경우에는 신용장을 배제하고 간편한 단순 송금하는 방식을 취한다. 나는 '황수이결의'를 통해 아우를 전적으로 신뢰했으므로 거액의 대금을 그 방식으로 리수젠 아우에게 먼저 송금한 것이다.

9월 상순에는 샤오자오를 다시 산시성 베이츠촌으로 출장을 보내서 원지를 수매해야 했기에, 나는 미리 부족한 재원 마련을 위해 당시 P은행 장위동 지점장으로 근무 중인 절친인 N공에게 자금 지원을 요청했으며, 그는 즉각 수락했다.

9월 상순에 이르러 리수젠 아우의 회사로부터 복령 세 컨테이너 33

톤이 선전항으로부터 부산항에 도착해 식약청에 성분 검사를 의뢰한 결과, 그중 한 컨테이너가 중금속 기준치 초과로 불합격 판정을 받았다. 식약처는 반품을 명령했다. 뜻밖의 사건이 발생했다.

나는 리수젠에게 연락해 연유를 물었다. 리수젠은 나를 위한 장기간의 황련 수매일정 탓에 자신이 복령 거래처인 후난성 화이化懷化로 직접 가서 상품 검사를 할 수 없었다는 것이었고, 잠시 반품을 미뤄 달라는 것이었다. 물론 나는 아우의 의사에 따랐다. 나의 믿음은 흔들리지 않았다.

그러나 아내는 그것 보라며 나를 질타했고 회사 다 망했다고 엄포를 놓았다. 지칠 줄 모르고 바가지를 긁었다.

제9장

원지 마을과 육종용

1. 베이츠촌의 풍속 교화를 제의하다.

나는 그해 9월 10일 아내의 바가지를 뒤로하고, 베이츠촌 출장길에 나섰다. 나는 베이징발 시안행 기차를 이용해 다음날 신장新絳역에 내렸다. 돼지고기, 술 등 왕 촌장에 대한 예물과 내 주식인 쌀을 사들고 베이츠촌에 도착했다.

나는 베이츠촌 마을 광장에서 택시에서 내렸다. 맑은 가을 햇볕이 광장 맞은편 과수원의 붉은 사과를 더욱 붉게 빛나게 하는 오후였다. 마을 사람들은 지난봄과 마찬가지로 각각의 원지 자루를 소지하고 뱀처럼 길게 열 지어 늘어서서 샤오자오와의 흥정을 기다리고 있었다. 왕이리王毅力 촌장은 대열의 전면에 쪼그려 앉아 있다가 벌떡 일어나 샤오자오와 함께 반갑게 나를 맞이했다. 나도 머리 숙여 그에게 예를 표했다. 그가 내미는 손을 여전히 두터웠다.
　왕 촌장은 내 손을 잡아끌며 자신의 장남인 왕허王河 집으로 나를 안내했다. 헛간 앞 멍석 위에는 사과가 높은 담장 위보다 더 높이 산더미처럼 쌓여 있고, 나머지 마당은 우리가 수매한 원지가 멍석 위에 빼곡히 채워져 햇볕에 말려지고 있었다.

왕허 내외와 덩커우에서 온 다섯 명의 낯익은 우리 공원들이 햇살과 함께 내 주위를 감쌌다. 나는 그들 모두와 악수를 나눴다. 왕 촌장은 베이츠촌의 양대 특산품인 원지와 사과가 비교적 풍작이라고 미소 가득한 얼굴로 내게 설명했다. 특히 베이츠촌의 원지 총생산량은 작년보다 5톤 정도 증가한 35톤 정도로 예상된다고 말했다.

나는 그에게 지난 봄 우리의 원지 수매에 협력한 데 대해 깊은 감사의 말씀을 전하면서, 이번 가을 수매에도 관심을 가져 달라고 말했다. 그는 곧이어 내게 물었다.

"이번에 당신이 수매할 물량은 대략 얼마나 됩니까?"
"이 마을 생산량 전부를 수매하겠습니다. 잘 부탁드리겠습니다."

나는 촌장에게 즉각 대답했고, 그는 고개를 끄덕여 공감을 표시했다.

원렌 만큼이나 나를 잘 따르는 17살 난 왕허의 딸내미 왕쥐안王娟은 나를 이끌고 동네 산책길에 나섰다.

왕 촌장에 의하면, 베이츠촌은 중국 고대의 주周왕국 시대까지 거슬러 올라가야 하는, 무려 3천여 년의 역사를 간직한 동네이다. 왕王씨가 먼저 이 마을의 터전을 잡았고, 이어 사돈 격인 양楊씨가 얹혀졌는데, 지금은 오히려 양씨의 인구가 60% 정도로 더 많다.

마을 사람들은 큰 집과 커다란 대문과 높다란 담장을 무척이나 열망한다. 주민들은 몇몇 해에 걸쳐 절약해 모은 돈으로 오직 자신의 주택과 대문을 더 크게 개축하고 더 높이 담장을 올린다. 그들의 집사랑은 우리 한국인들의 집에 대한 애착을 넘어서는 것으로 보였다. 그것은 곧 그들의 부와 성공의 상징이다.

네이멍구의 한족들이 1년 내내 모은 돈을 춘절(설)을 기다렸다가 몽땅 먹고 입는 데에 써버리는 것과는 달리, 그곳 사람들은 저축의 목적을 오로지 고대광실高臺廣室에 두고 있다. 이러한 이질적 성향은 두

지역 공동체 사이의 정주定住 역사의 장단과 연관이 있어 보인다. 네이멍구의 한족들이 네이멍구에 정착한 역사는 대다수가 한 세기에 지나지 않는데다가 강제로 이주된 초기에 그들이 그 척박한 땅에서 살아남기 위해서는 고대광실 같은 체면보다는 우선 먹고 입는 것이 훨씬 더 긴요했기 때문일 것이다.

베이츠촌 집집마다 대문 틈 사이로 보이는 마당엔 대개 사과 더미가 마당을 메우고 있다. 한곁에서는 아낙들이 갓 캐낸 원지를 정리하고 있었다. 나와 왕쥐안은 동네를 한 바퀴 돌아 해질녘에 다시 마을광장으로 들어왔다. 참으로 오래간만에 보이는 광장에 드리운 가늘고 긴 나그네의 그림자가 정겹다.

샤오자오와 그의 동생 융샤 그리고 왕허의 동생인 왕장이 거의 끝나가는 수매 작업의 마무리에 민첩하게 움직이고 있었다. 당일 수매한 원지는 융샤 곁 명석 위에 수북이 쌓여있다. 샤오자오의 목소리는 막바지 흥정에 지쳐서 잦아들어 있었으며, 상대편은 원지 자루를 명석 위에 쏟으며 자루 위아래의 굵기가 별 차이 없음을 큰 소리로 강조하고 있었다.

그날 저녁, 나는 쌀밥과 감자돼지고기볶음 그리고 사과 한 개로 저녁 식사를 마친 뒤에 왕 촌장에게 샤오자오와 함께 회동할 것을 요청했다.

나는 먼저 촌장에게 제안했다.

"대개 동네 주민들의 원지 자루의 상·하 굵기가 다른 것은 그들의 욕망을 대변한 것이고 또 전통적인 것으로 이해합니다만, 그것은 남을 속이려는 행위로서 촌장의 덕을 어지럽힘에 다름 아닙니다. 또 그런 행위가 반복됨으로써 촌장과 주민들 명예를 스스로 훼손하고 베이츠촌의 아름다운 풍속을 덜어내고 있습니다. 그뿐만 아니라 개별 흥정의 번거로움과 함께 서로 간에 상당한 시간을 낭비하는 결과를 초래하고 있습니다. 나는 상인으로서 이익을 바라지만 그 욕망이 지나친 탐욕에 이르지 않도록 저 자신을 제어하고 있습니다. 감히 청컨대, 촌장께서는 이 점을 헤아려 주셔서 동네의 풍속을 아름답게 바로잡아 주시기를 부탁드리겠습니다."

촌장은 찬찬히 내 말을 경청하고 있다가 응답했다.

"내일 당장 주민회의를 소집해 그대의 말대로 주민들에게 강력하게 상·하 오차를 없앨 것을 주문하겠습니다. 그러나 결과는 지켜봐야 할 것 같습니다."

2. 장사, 마음을 얻는 길

왕 촌장이 내게 답변을 끝내고 귀가하자, 나는 샤오자오에게 수매 과정의 문제점을 제시해 달라고 했고, 그녀는 기다렸다는 듯 장황하게 말하기 시작했다.

우선은 젖은 원지를 사들였기 때문에 그 생물을 어느 정도 건조시킨 다음에는 원지통筒 가운데 박혀 있는 심(직경 1밀리 정도의 가는 철사 모양의 줄기)을 제거해야 하는데, 우리 대여섯 명의 인력으로는 깜냥도 되지 않으므로, 동네 부녀자들 30~40명을 고용해 심을 제거하는 작업을 해야 한다는 것이었다.

또한 원지 수매 과정에서 개별 흥정이 결렬되면 상대편은 그대로 물건을 들고 귀가하는데, 오전에 결렬됐던 바로 그 물건을 오후에는 그 사람의 부인이 다시 흥정 대열에 끼어 있다가 재차 흥정을 시도하고, 2차에도 또다시 성사되지 못하면 다음날에는 그 부인의 남동생이 같은 자루를 들고 와 애를 먹인다는 것이었다. 그리고 그런 상황이 한두 집이 아니라는 것이었다. 샤오쟈오는 봄에도 한 달 남짓 수매한 경험이 있기도 하지만, 그녀는 천여 명에 이르는 마을 사람 구성원들의 친인척 관계를 줄줄이 꿰고 있을 정도로 총기가 대단했다.

나는 바로 그녀에게 응답했다. 작업 인부 고용과 인건비 책정에 대해서는 그녀에게 전권을 위임하겠다고 말했다. 세부적인 사항은 왕 촌장과 협의할 것을 권고했다.

나는 이제 그녀가 겨우 스물한 살에 불과한데다 바이어의 입장에서 자칫 빠질 수 있는 그녀의 오만함에 대해 경계하지 않을 수 없었다. 나는 말을 이어갔다.

"장사란 이익을 위해 물건을 사고파는 것인데, 물론 물건을 사는 것부터 출발한다. 그러나 그 물건이 장사의 시작은 아니다. 장사는 중국어에서 '성이生意'라고 말하듯이, 물건에 앞서 마음이 피어나는 것이 장사다. 따라서 너는 물건을 흥정하기에 앞서 동네 사람들의 마음을 네게 피어나게 해야 한다. 그리고 그 마음을 너는 얻어야 한다. 그러려면 너는 그들의 마음을 열게 해야 한다. 열어젖히고자 한다면, 너부터 네 마음을 그들에게 먼저 열어야 한다. 그 방법은 바로 너 자신을 낮추는 데에 있는 것이다.

너는 사장인 나에게는 무척 공손하게 대하는데 동네 사람들에게는 그렇지 않다. 그래서는 그들의 마음을 얻지 못하고, 마땅히 물건의 흥정에도 어려움을 겪을 것이다. 그들에게 너를 낮춤에서 오는 유익함이

어찌 그뿐이겠는가? 겸양은 곧 네가 당할지도 모르는 모욕을 멀리하는 유일한 길이기도 한 것이다."

"그리고 너는 이 동네에서는 유일한 대졸 학력자로서 교양과 학식을 갖춘 최고의 엘리트이다. 내가 보기에 장사와 학식은 별개의 것이다. 내가 앞서 말한 '마음'은 물론 지식과는 다르고 흥정의 핵심인 겸양과 믿음은 학식과는 더더욱 거리가 멀다. 내 말은 너의 그 학벌이 혹여라도 네가 동네 사람들에게 겸손으로 다가서는 데에 걸림돌이 될 수 있겠다 싶어 하는 말이다. 유의해야 할 것이다."

"너는 흥정에 임해서는 정밀하게 목측하여 공평하다는 믿음을 모두에게 주어야만 한다. 동네 사람들이 각각 들고 온 원지 한 자루는 그들이 1년 동안 흘린 피와 땀의 결실이다. 그것은 곧 그들의 생명과 다름없다. 그래서 반드시 공평해야만 하고, 공평하지 못하면 너는 원한을 사게 될 것이다. 생명을 흥정함에 있어 자신은 말을 아끼되 상대방의 말은 경청해야한다. 꼭 말이 필요한 경우에는 그 말이 간명하여 상대편이 금방 알 수 있도록 말해야 한다."

"그리고 '총聰'이란 귀가 밝은 것을 뜻하며, '명明'이란 눈이 밝은 것을 뜻하는데, 너는 특히나 이 타관 땅에서는 밝지 못한 것들을 듣거나 보았더라도 즉시 버릴 줄 알아야 한다. 너는 매우 총명하니, 나는 네가 총명하게 처신할 것으로 굳게 믿는다."

나는 그녀에 대해 내가 염려하고 있던 바를 비교적 진지하면서도 소상하게 말해 주었다. 다행히 샤오자오는 연신 고개를 끄덕이며 내 말을 경청하고 나서는 응답했다.

"사장님 말씀대로 실행하도록 최대한 노력하겠습니다. 염려 마세요"

나는 젖은 원지를 수매해 심을 빼내고 말렸을 때, 감량이 얼마나 되는지 무척이나 궁금해 넌지시 그녀에게 물었다. 그녀는 정말 간명하게 다섯 마디 말로 답했다.

"네 근 말려야 한 근입니다.(쓰진깐이진四斤干一斤.)"

나는 즉시 암산으로 샤오자오가 수매한 평균가격에 4를 곱하고 게다가 부대비용을 얹은 다음, 지난봄의 수매 가격과 제기동의 현물 시세 등을 비교하고 나서는 대단히 만족스러웠다. 분명 원지는 감초의 수익성을 능가하고 있었다.

3. 왕 촌장에 대해 의리를 지키다.

1997년 당시 중국은 덩샤오핑鄧小平 주석의 치세였다.

'소평小平'이라는 이름이 우리가 보기에는 좀 이채롭다. '작게 평정한다.' 또는 '작은 것부터 평정한다.' '작은 평화로움' 등 그 이름에서 겸양이 엿보인다.

우리나라에서 이름 짓는 것을 보면 인명이나 지명 또는 가게나 점포 또는 회사의 상호명에서 어지간이들 '대大'자를 좋아한다. 대우, 대림, 대명, 대보, 대상, 대성, 대영, 대동, 대순, 대구, 대전 등 이루 헤아릴 수가 없다. 이는 큰 형상을 이름으로 지었거나 커지기를 염원하는 마음을 담고 있다.

이에 반해 중국에서는 '소小'자를 이름에 사용하는 것을 선호한다. 특히 인명의 경우 '소'자를 가진 중국인들은 적어도 수십만 명에 이를 것으로 보인다. 소평을 비롯하여 소룡, 소기 등등, 그 이름들은 물론 작아지는 것을 원하는 게 아니라 남들에 대한 겸양을 의미하기도 한다.

그러한 덩샤오핑이 1978년 중국의 '개혁·개방'을 천명했다. 정책의 실행은 매우 느린 과정으로 그 이름에 걸맞게 소에서 대로 이루어지고 있었다. '개혁'은 자본주의의 사유재산 용인과 시장경제의 도입을 의미하고 '개방'은 외국 자본의 수용과 자유무역 시스템의 확장을 의미했다. 그것은 중국 역사상 엄청난 경제사적 일대 전환점이었기 때문에 당국은 긴장 속에서 실험적 점진 정책을 지속했다.

그러므로 개혁·개방은 20년이 지난 1997년에도 선전, 상하이를 비롯한 중국 동부 연안 도시들 만의 혜택일 뿐, 내가 묵고 있는 산시山西의 시골 마을인 베이츠촌의 개혁 바람은 약한 미풍에 그치고 있었다.

참으로 생소하고 특이한 것은 바로 마을의 자치 행정력이었다. 그곳에는 봉건 왕조시대나 마오쩌둥의 강권 통치 시대의 잔재가 그대로 남아있는 듯이 보였다. 주민들에게는 부역의 의무가 있었고, 촌장은 부역을 위한 주민 소집 권한을 행사하고 있었다. 주민들은 왕 촌장에게 겉으로는 스스럼없이 대하는 듯해도 내심 그의 권력을 두려워하는 모양새였다.

왕 촌장과 회동한 다음 날, 나는 어제의 여독으로 아침 8시를 넘겨 기상했다. 그때는 이미 왕 촌장이 주민회의를 소집해, 원지 자루 안의 품질 상하 균등에 대한 '교육'을 끝낸 상황이었다.

그날부터는 샤오자오의 일거리가 크게 줄어들었을 정도로 왕 촌장의 영향력은 대단했다. 주민을 교육시킬 때 원지 자루의 상하 오차가 발견되는 농가는 완전히 수매를 중단하겠다고 왕 촌장이 엄포를 놓은 것도 작용했겠지만, 원지가 담긴 자루를 멍석에 쏟아 손바닥으로 고루 펼친 다음 원지의 굵기를 확인해야만 했던 번거로운 절차는 거의 생략되었다.

베이츠촌에는 당시 세 집에만 전화가 놓여 있었다. 물론 우리가 기숙하는 왕허 집에는 전화가 없었다. 왕 촌장 댁과 우리의 바로 이웃인 양씨네 그리고 동네 어귀의 주막집에만 전화가 있는 형편이었다. 나는 제기둥 사무실과 덩커우, 우루무치의 쉬더인 그리고 리수젠 아우 등과 소통이 필요한 경우에는 실비를 지불하기로 하고 이웃인 양씨네 집의 전화를 이용하고 있었다. 하루는 내 나이 또래로서 다소 배불뚝이인 그 양씨가 내게 은밀히 접근해 와서 귓속말로 제의했다.

그것은 바로 자기 집으로 우리 일행의 숙소를 옮겨 달라는 부탁이었다. 자기 집은 전화뿐만 아니라 마당도 한 무(畝: 약 200평)가 넘어 구태여 광장에 나가 수매하고 건조시키는 번거로움을 덜 뿐만 아니라, 숙식비도 왕허 집의 반값인 하루에 50위안만 받겠다고 나를 꼬드겼다. 나는 일언지하에 거절했다.

"워 부야오.我不要."
-나는 아니하겠습니다.-

4. 원지 직접 가공 착수

그날 샤오자오는 작업 인부에 대한 인건비 문제로 내게 의견을 구했다. 그녀에 의하면 그곳의 성인 여성 일당은 보통 7~8위안 정도인데 얼마로 책정하는 것이 적절하겠느냐는 것이었다.

나는 대답했다.

"이 일의 전부를 네게 맡기지 않았나?"

그녀는 씩 웃음 지으며 내게 답했다.

"그럼 좋습니다. 제가 결정하겠습니다."

그것으로 대화는 끝날 수도 있었고, 나는 내심 그녀의 일당 책정이 너무 인색하지나 않을까 염려되기도 했다. 그녀는 내 꺼림칙한 마음을 들여다보는 듯 다시 질문했다.

"5킬로 거심을 기준으로 10위안이면 되겠습니까?"

나는 마땅히 동의했다.

사실 나는 제기동과 영천 등 도매상들로부터 원지 8톤을 예약 받아 9월 말까지는 부산항에 도착시켜야만 했기에 마음은 급했다. 따라서 일당을 12위안 정도로 넉넉히 책정했으면 싶었다. 그러나 그녀의 제의를 변경하고 싶지는 않았다.

샤오자오가 왕 촌장에게 인부를 구하는 일에 협조를 요청하자, 왕 촌장은 두 아들과 이웃에 알렸다. 소문은 불과 3시간도 채 지나지 않아서 삽시간에 이웃 동네인 난츠촌南池村까지 번져나갔다. 그곳에서도 금새 대여섯의 젊은 부인네들이 자전거를 타고 몰려왔다. 배불뚝이 양씨도 세 사람을 추천해 왔다. 샤오자오는 그들 모두를 접수했다. 왕 촌장의 아들 왕허, 왕장과 손녀인 왕쥐안을 비롯해 두 명의 질부 등 친인척들 여남은 명을 즉시 고용해 당일 30명 전원이 채워졌다.

샤오자오는 왕장을 작업반장에, 왕허를 운반 및 보관책에 임명하고 또 내게 의견을 구했다. 바로 이들 로열패밀리들에 대한 보수였다. 나는 왕허와 왕장을 각각 일당 30위안, 왕쥐안과 두 질부는 각각 20위안으로 하고 나머지 먼 친인척은 12위안으로 정했다. 그녀는 잠시 과도하다는 듯 마뜩치 않은 표정을 지었다. 곧이어 나는 왕 촌장에게도 이 사실을 알렸으며, 다음 날 곧바로 거심 작업에 돌입했다.

왕허 형제는 새벽부터 광장에 대형 천막을 가설했다. 또 앉은뱅이 의자를 이웃으로부터 거둬들여 마주 보도록 2열 횡대로 펼쳐 놓았다. 대열의 사이엔 기다랗게 멍석을 연결하여 붙여서 깔아놓고 집에 보관해 놓은 원지를 광에서 삼태기로 운반해 멍석 위에 펼쳤다.

8시에는 모든 인부들이 집결했다. 중국인답게 서로 수다를 떠는 시간이 반 시간을 경과했다. 왁자지껄 작업은 시작되었다. 중국식 오침午睡을 반영하여 12시부터는 점심시간으로 각자 귀가했다가 2시에 다시 출근해서 저녁 6시에 일과를 끝내기로 했다. 작업반장인 왕장은 어디서 구했는지 홍위병처럼 붉은 완장을 차고 있었다. 수매하고 있는 샤오자오와 작업 천막 사이를 어슬렁거렸다.

작업 이틀째에는 베이츠촌이 속해 있는 양왕진陽旺鎭 진장인 웨이중궈魏忠國 진장이 왕 촌장과 함께 광장에 나타났다. 그는 내게 감사 표시를 하고 나서는, 그 지역방송국인 신장뎬스타이(新絳电视台: 신장방송국)에 연락을 취했다. 조만간 한국인의 원지 수매 가공작업을 취재

하고 인터뷰하기 위해 기자들이 나온다는 것이었다.

5. 잦은 혼사로 인한 작업 지연

원지 거심 작업 나흘째는 마을에 혼사가 있어 만사휴의였다. 베이츠촌의 왕 총각, 촌장의 재종질인 왕씨네와 난츠촌의 양씨댁 규수와의 혼례날이다. 샤오자오는 내 명의로 된 홍바오(紅包: 붉은색 축의금 봉투)에 200위안을 담아 이른 아침 촌장을 통해 신랑 댁에 전달했다. 샤오자오가 50위안이면 적당하다고 우기는 것을 나는 촌장의 얼굴을 살리고자 증액했다.

나는 작업에 쫓기는 마음을 접어두기로 하고, 촌장의 권유에 따라 신부 댁으로 길을 나섰다. 난츠촌까지의 거리는 약 1km, 촌장 가족 전부와 나와 샤오자오 그리고 우리 공원 모두는 베이츠촌의 높다란 골목을 빠져나와 밭두렁 길을 지나갔다.

두 잔칫집으로 사람들이 몰려간 탓인지 마을은 텅 비었다. 과수원길과 캐다 만 원지 밭길을 번갈아 걷다가, 작은 계곡이 길을 막아서기도 한다. '그랜드 캐니언'이 아닌 '리틀 캐니언'이라 할 만큼 3,40 미터 정도 수직으로 깎여져 내려간 곳, 1,000 여평 가량의 밭에서는 무, 배추가 자라고 있었다.

우리는 길을 돌아 신부 댁 어귀에 도착했다. 두 마을의 수많은 하객들이 우리를 에워쌌다. 그들은 신랑 댁의 어른 격인 촌장에게도 축하 인사를 건넸다. 내게도 군중들이 악수를 청했다. 이방인은 괜스레 무안해져 애써 군중 속을 빠져나왔다.

신랑 댁의 마당은 대형 차일로 가을 하늘을 틀어막고 있었다. 하객들은 빼곡히 혼례 상 주위로 둥글게 진을 치고 있었다. 나와 촌장은 혼례상 정면의 몇 안 되는 의자를 배정받고 좌정했다.

대문과 기둥마다에는 모두 붉은 네모난 종이에 황금색으로 쌍 '희囍'자를 써 붙여놓고, 혼례 상 위에는 요리와 과일들이 수북이 쌓여있었다.

신랑은 스물, 신부는 열아홉, 참 적합하고 자연스런 나이이다. 우리네 한국의 젊은이들이 싱글로서 흘려보내는 오랜 시간들과는 대조적이었다.

신랑은 몹시도 어색한 짙은 곤색 새 양복에다 빨간 넥타이에 짓눌려 귀밑머리엔 땀방울을 흘린 채로 신부를 기다리고 있었다. 중국의 혼례는 우리네 전통 혼례처럼 장중한 맛은 없다. 예식 전인데도 양가 부모들은 하객들 속에 섞여 술을 마시며 법석을 떨다가, 나와 촌장에게도 술잔을 권한다.

드디어 신부가 방을 나와 툇마루를 걸어 내려왔다. 신부가 빨간 투피스의 양장 차림에 빨간 면사포를 턱밑까지 드리우고 출연하는 순간, 모든 하객의 시선이 그녀의 면사포 위에 꽂혔다. 신부가 천천히 걸어 나와 혼례 상 앞 중앙에 위치하자 신랑이 한걸음에 그녀에게 접근하여 긴 베일과도 같은 그녀의 면사포를 걷어 올리려 하는데, 동작이 어설프기 짝이 없다. 하객들의 박장대소 속에 신부의 몹시도 궁금한 민낯이 드러났다. 입술 루즈만을 칠한 맨 얼굴이 신랑처럼 그을린 채 땀방울이 귀 밑머리에 맺혀있다.

왕 촌장이 주례였다. 그가 혼례를 주관하고 나서야 군중의 소란은 잠시 멈추었다. 촌장이 먼저 하늘과 땅에 잔을 바치는 것으로 예식은

시작되었다. 그는 신랑 신부에게도 역시 먼저 천지에 술잔을 올리게 한 다음,

"신랑 일 배" 했는데, 그런데 이게 웬일인가! 절을 해야 할 신랑은 절을 하는 척하다가 상 밑으로 슬그머니 신부에게 기어가 그대로 포옹하는 것이 아닌가! 하객들은 또 한바탕 박장대소하고, 소위 친영례라는 예식은 그것으로 끝이었다.

더욱 놀라운 장면은 신부 아버지가 바깥사돈에게 달려가 머리와 얼굴에 밀가루 세례를 퍼붓고 피폭된 사돈은 하객들 사이로 달아나기를 반복하는 것이었다. 촌장의 말에 의하면 이는 신랑의 부를 기원하는 뒤풀이라고 한다.

우리 일행은 거실에 들어가 '신랑상'에 합석했다. 신랑상은 신랑이 신랑의 신분이 되어 신부 댁에 와 받는 첫 하례 상으로, 상다리가 부러질 만큼의 산해진미가 쌓여 있었다. 나도 신랑에게 축하주를 따르고는 촌장과 함께 건배했다.

방안과 거실 주위에는 백발인 신부 친척들이 잔칫상들마다 에워싸고 있었다. 그들은 이미 1주일 전부터 신부 집에 와서 죽치고 있었다. 그들은 처음 보는 이방인에게 슬금슬금 다가와 거푸 술잔을 권하기도 했다.

우리는 해질녘에야 베이츠촌으로 돌아왔다. 촌장은 이번에는 또 나를 베이츠촌의 신랑 잔칫집으로 이끌고자 했지만 나는 정중히 사양했다.

그때 제기동 사무실의 아내에게서 전화가 걸려 왔다. 보세창고에서 반송 절차를 밟고 있는 복령 11톤이 탕 나기 시작했다는 것이었다.

나는 리수젠 아우를 배려하여 해상운임을 포함한 모든 반송 비용을

우리 측 지출로 처리했다. 아내에게는 반송을 서둘러 달라고 일렀다. 역시 예상대로 수화기는 따갑도록 무언가 반발하고 있었다. 나는 점잖게 '형제의 의리는 무역의 기초'임을 강조하고는 지청구를 물렸다.

곧이어 나는 리수젠 아우를 전화로 연결했다. 리수젠은 어제까지 예정된 황련 수매를 모두 끝내고 화물 트럭과 함께 선전항으로 향하는 중이었다.

수젠 아우의 복령으로 인한 손실이 아내의 입장에서는 커 보이는 것도 당연했겠지만, 장래 그에게서 얻게 될 이익에 비하면 겸 값에 불과한 것이었다. 내가 아내에게 그 점을 아무리 반복하여 해명해도 그것은 아직 실현되지 않은 미래의 불확실한 이익일 뿐이라고, 아내는 나를 불신한다. 다른 사람들은 다 나를 믿는데 오직 아내에게는 실패한 것이라는 생각에 쓴웃음이 절로 나온다. 아내에게 나의 굳센 믿음과 모험을 납득시키지 못한 것이 나의 과오이다.

다음날 나는 아내에게 전화를 걸어 리수젠의 황련 12톤은 이미 제기동을 향해 출발했으며, 단일 품목으로서는 우리에게 회사 설립 이후 최대의 마진을 안겨 줄 것이라고 위로했다. 덩커우와 우루무치에서도 주기적으로 감초는 바다를 건너와 우리회사는 풍요를 구가하고 있었다. 문제는 이곳 원지의 한국 거래처들에 대한 납기에 있었다.

원지 가공 속도는 지리하기만 했다. 9월 말까지는 불과 20일밖에 남지 않았는데, 결혼은 가을이 아니면 절대로 하지 않는 마을의 풍습이 야속하기만 했다. 일주일에 한두 번씩 동네잔치가 열릴라치면 작업은 어김없이 중단됐다. 나는 촌장과 왕장에게 촉박한 원지 납기에 대해 설명하고 대책을 물었다. 왕장이 해법을 내놓았다. 그것은 바로 원시闻喜의 수집상들이었다. 그들은 봄 수확기에 이곳에 와 10톤 정도를 수매해 갔으므로 필경 재고가 있을 것이라는 추측이었다.

물론 우리가 직접 수매, 가공하는 물건에 비하면 원가는 상승되겠지만 상황은 변통을 요구하고 있었다. 나는 베이츠에서 약 20km 떨어진 원시로 샤오자오와 왕장을 보냈다. 다행히도 그들은 6톤의 원지를 구매해 왔다. 나는 다음날 즉시 트럭을 수배하여 원시에서 구입해 온 원지에다 이미 가공을 마친 5톤을 더해 모두 11톤의 원지를 융샤에게 맡겨 톈진으로 출발시키고, 이를 제기동의 아내에게 알렸다.

6. 지역방송국의 인터뷰 요청 사양

그날 오후에는 굳이 나의 사양을 무릅쓰고, 웨이진장魏鎭長이 신장 방송국의 기자와 카메라맨을 이끌고 베이츠촌에 출현했다. 성이 나와 같은 20대로 보이는 한 기자는 대뜸 내게 인터뷰를 요청했지만, 나는 딱히 그에 응해 마땅한 할 말이 없었다. 나는 애써 사양하고 마이크를 물렸다. 나의 판단으로는 지역방송이라고는 하지만 우리가 원지를 대량으로 수매한다는 사실이 알려져서 유익할 것이 전혀 없는 무모한 짓이기 때문이었다.

웨이 진장은 자신의 관할 지역에 대한 홍보를 열망했다. 촌장도 웨이 진장의 체면을 위해 나를 채근했다. 나는 끝내 거부하고 대신 샤오자오를 내세웠다.

게다가 한 기자가 구상한 인터뷰 내용에는 웨이 진장의 영도 아래 베이츠촌이 원지 특화 정책에 힘입어 부촌으로 성장하고 있다는 등의 내용이 담겨져 있었다. 나는 그것도 일부 수정했다. 바로 왕 촌장의 덕망과 촌민들의 성실함을 추가했다. 샤오자오는 그 내용을 달달 외워서 기자와 함께 카메라에 담았다.

촌장의 입장에서 진장(한국의 읍·면장 급에 해당)은 상전이기도 한 큰 손님이기에 며느리에게 술상을 봐오라 일렀다. 벽장에 간직했던 고급 펀주汾酒도 꺼냈다. 한 기자와 웨이 진장은 동향으로 그곳에서 남쪽으로 150km 가량 떨어진 한청韓城이 고향이었다.

나는 한 기자에게 한청이 전국시대 한韓나라의 수도였느냐고 물어보았다. 한 기자는 맞다고 대답했다. 곧바로 화제는 그 지역의 역사로 옮겨졌다.

그들의 말에 의하면, 산시성 일대는 춘추시대 진晉나라의 영토였다가 전국시대인 기원전 5세기 초에 삼가분진三家分晉에 의해 한韓·위魏·조趙로 나뉘었는데, 산시의 북부는 조趙나라로, 남부는 한韓나라로 쪼개졌다는 것이었다.

이에 대해 내가 삼가분진의 기점인 기원전 403년 허울뿐인 주왕周王이 한·위·조 세 성씨에게 각각 국가로서 공인해 준 바로 그때를 전국시대의 출발점으로 상정한 것이라고 한 기자에게 말하자, 좌중은 술잔을 내려놓고 나를 휘둥그레 바라다보았다. 때마침 귀뚜라미는 울어 댔다. 객기가 발동한 나는 한 걸음 더 나아갔다. 나는 왕쉬안에게 종이와 펜을 가져오라 이르고 짤막한 시 한 수를 적어 내려갔다.

귀뚜라미 집 안에 드니
이 해도 다 갔구려
지금 우리 즐기지 않으면

세월만 (헛되이)흘러가리.'

蟋蟀入堂 此歲其逝
今我不樂 春秋其邁

내가 그들에게 내 글을 보여주자 한 기자가 낭송했다. 그들은 모두가 손뼉을 치면서 환호했다. 나는 그들에게 이 시의 배경을 설명했다.

"춘추시대보다 훨씬 이전인 요순堯舜 시대의 요 관할 지역은 당요唐堯로 불렸는데, 바로 이 고장이 고대 당의 강역입니다. 공자께서 이 지역의 민요를 채집하여 엮은 것이 바로 ≪시경≫ 가운데의 〈당풍唐風〉이라하고, 나는 그중 일부를 인용했을 따름입니다."

7. 전갈 사냥

베이츠의 작업은 더디기는 해도 제기동이나 다른 중국의 사업장들은 안정적이었다. 나는 베이츠에 눌러앉아 좀 느긋이 빈둥거렸다. 왕허 부인은 내게 이틀에 한 번꼴로 쌀밥을 제공해 끼니 걱정도 별로 없었다.

그곳 역시 화장실은 덩커우와 마찬가지로 뒷간 스타일이지만, 나는 유소년기의 익숙한 체험 탓에 큰일을 볼 때에는 입으로 호흡하는 요령을 금세 터득할 수 있어 전혀 거리낄 게 없었다. 그런데 내가 묵고 있는 비좁은 주방 문간방이 좀 나를 번거롭게 했다. 특히 내가 밤에 뒷간 용무가 있을 때는 젊은 공원 아줌마들이 잠들어 있는 거실을 경유할 수밖에 없었다. 바로 그것이 나를 몹시 불편하게 만들었다.

엊그제 웨이진장 일행과 과음한 다음날 밤에도 나는 똥배가 부글거려 밤새 뒷간을 들락날락해야만 했다. 여간 민망스러운 게 아니었다.

나는 바로 이웃인 집 전화 주인 배불뚝이 양씨에게 접근하기로 했다. 고래등 같은 그의 집에는 빈방도 많다는 것을 나는 꿰고 있었다. 다만 양씨가 제안한 자기 집 숙식 요청을 내가 매몰차게 뿌리친 바가 있었기에 약간 껄끄러웠다. 그러나 내가 그동안 국제전화나 시외전화의 비용을 넉넉히 지급해 왔기 때문에 둘의 관계가 그리 나쁜 편은 아니었다.

내가 덩커우의 허페이형에게 전화도 걸 겸 해서 양씨 집 거실에 들어갔을 때, 양씨 부부는 좀 늦은 점심밥을 먹고 있었다. 양씨는 황급히 일어나 내게도 식사를 권했다. 그때 나는 커다란 만두와 사과 하나로 배를 채웠기에 당연히 사양했다. 그러나 그날따라 양씨는 무슨 특식을 차렸다고 강권하고 나를 식탁으로 이끌어 앉혔다. 특식은 특식으로 바로 전갈 튀김이었다. 처음에는 양씨가 내게

"셰즈를 좀 드시죠, 한 번 맛 좀 보세요"라고 말했다.

사실 나는 '셰즈歇子'가 처음 듣는 말로 알아듣지를 못했다. 그가 종이에 '취안셰全蝎'라고 써서 내게 들춰 보였을 때에야 나는 비로소 이해했다. 바로 전갈이었다.

비위가 약한 나는 외면하려 했지만, 그는 오히려 더욱 거세게 나를 윽박질러 기어코 보게하였다. 나는 양은 냄비 안을 빼꼼히 쳐다보았다. 딱정벌레보다는 다리가 많고 길이는 3~5cm 정도에다 양어깨에 게처럼 두 개의 집게가 달린 것들이 노릇노릇 튀겨져 있었다.

급기야 양씨는 젓가락으로 전갈 하나를 집어 들고 내 입 앞으로 돌진해왔다. 전갈 튀김은 느낌상 좀 약한 노린 내음이 뒷맛으로 남았지만, 고소한 것이 그런대로 죽을 맛은 아니었다. 양씨는 그것이 약재로도 쓰여 경락의 소통을 도와 중풍에 특효가 되는 약이라고 목청을 높였다. 전갈은 '리틀 캐니언'인 동네 협곡에 우글거린다는 것이었다.

나는 즉시 아내에게 전화를 걸어 전갈의 약재 이름인 전충全蟲의 모양새를 자세히 설명했다. 한국 수입 통계와 시세를 알아볼 것을 부탁했다. 잠시 뒤 걸려온 아내의 답변에 의하면, 적잖이 돈이 될 것 같으니 시험 삼아 전충 100Kg을 원지 컨테이너에 함께 담아 보내줄 것을 요청했다.

나는 양씨에게 빈방 하나에 하루에 10위안이란 숙박비를 제의했다. 그가 수락하여 그 날로 거처를 옮겼다. 그 다음날에는 가을걷이가 끝난 동네 장정들을 이끌고 전갈 사냥에 나섰다.

동네 장정 5명과 나는 비교적 완만한 경사를 이루고 있는 협곡의 북녘 기슭으로 거슬러 올라갔다가 다시 협곡 안쪽으로 내려가야만 했다. 사냥꾼들은 각각 30cm 정도 길이의 집게와 마대자루를 들고 빈손인 나와 함께 검은 벽돌 계단을 통해 구부러진 길을 내려갔다.

벽돌은 낡아서 모퉁이가 부스러졌지만, 통행이 위태롭지는 않을 만큼 견고했다. 벽돌 틈에서는 씀바귀와 민들레가 억센 생명을 비집고 있었다. 내가 장정들에게 축로築路 연대를 물어보니 누구는 300년이 됐다 하고, 누구는 천년도 넘었다고 대견스러워 했다. 분명한 것은 그들이 벽돌 계단 부역에 동원되지 않은 것으로 미루어 적어도 20년은 넘어 보였다.

우리는 벽돌 경사로를 70~80m쯤 내려가 사냥터에 도착했다. 위에서 내려다볼 때와는 달리 황토 빛 수직 바위들이 거대한 절벽을 이루고 평탄한 분지도 수천 평은 돼 보였다. 전갈은 분지 서북쪽에 땅이 움푹 꺼진 절벽 아래 음습한 자갈 밑에 서식하고 있었다.

이름하여 '극동전갈'이다. 한반도에서는 오직 황해도 황주에서만이 약간의 개체가 보인다고 할 뿐 남쪽에는 없다. 리틀 캐니언의 전갈들도 야행성으로 낮에는 자갈 밑 음습한 곳에서 떼 지어 낮잠을 즐기다가 우리에게 포획 당한다.

그곳 전갈은 보통 5~6cm의 길이로 양어깨로부터 길게 솟은 두 개의 긴 집게와 몸통 곁으로 나란히 달린 네 쌍의 다리를 달고 있다. 일곱 개의 마디를 이룬 몸통 하단부에는 역시 다섯 개의 마디를 이룬 날렵한 꼬리 부분으로 나뉘는데, 꼬리 끝에는 뾰족하고 단단한 침을 달고 있다. 바로 독침이다. 그러나 쏘여도 벌에 쏘인 것처럼 매우 따갑기는 하지만, 한두 시간 뒤면 자연 치유될 정도이다. 익히면 곧바로 중화될 정도의 약한 독이기 때문에 전혀 두려워할 만한 것이 아니라는 게 장정들의 설명이다.

흥미로운 것은 그들이 동물의 '다리'를 지칭하는 단어였다. 돼지족발 猪手이나 닭다리鷄手와 마찬가지로 전갈의 다리도 그들은 '손'으로 불러 '갈수蝎手'라고 하고 있었다. 물론 이는 언어문화의 차이일 뿐이다.

장정들 가운데 베이츠에서는 드물게 고졸 출신인 양군이 내게 비교적 상세하게 전갈에 대한 동물 체계의 분류를 설명했다. 전갈은 갑각류甲殼類의 절지節肢 동물이라는 것이다. 나는 다행히 갑각과 절지를 금방 이해한다. 전갈은 등껍질이 갑옷처럼 딱딱하고 사지는 마디로 이루어졌다는 말이다. 물론 뜻글자로서 모국어인 중국어를 습득하는 중국인들은 초등학교 3,4학년만 되더라도 그 말을 즉각 알아듣건만, 한국인들은 대학을 졸업한 사람들도 대부분 갑각이나 절지의 정확한 의미를 제대로 알지 못한다. 단어는 우리말화 되었는데도 알아듣지 못하는 우리네 교육의 비극이 여기에 있다.

우리말 중 70% 정도는 한자로 구성돼있다. 그 70%에 해당하는 단어의 연원도 꽤 깊다. 전문가들의 분석에 따르면 우리나라에 한자가 도입된 시기는 기원전 1세기 무렵으로, 이미 2000여 년이나 흘러 우리말화되었다.

한글의 독창적 과학성과 수월성은 이미 세계적으로 인정받은 바이다. 그러나 2000여 년을 사용해온 한자를 외국문자로 간주하여 한글의 주체성만을 강조한 나머지 한글만을 사용하게 하면 무리가 따르지 않을 수 없다. 요즘 세대는 한자와 단절돼 있고, 이런 단절의 여파는 한국인들을 OECD 국가 중 문장해독력 면에서 최하위권에 머무르게 하였다.

그뿐만 아니라 우리 선조들의 수많은 한자로 된 주옥같은 문집류들은 분명 우리의 문화유산이다. 오늘날 상당한 국비를 들여 한국고전번역원 등에서 이들을 번역해내고 있지만, 이는 극소수의 학생들과 전문가들을 대상으로 한 이용가치 외에는 일반인들에게는 그림의 떡이 된다. 그러므로 한자와의 단절 기간이 길어질수록 우리는 우리의 소중한 자산을 스스로 사장하는 결과를 초래할 것이다.

알파벳은 본래 페니키아(Phoenicia)에서 유래되었는데 오늘날의 영어권 국민들이 우리가 왜 외국문자를 사용하는가? 라고 말하지 않는다. 이러한 의미에서 과거처럼 국·한문을 겸용한다고 해서 그것이 우리의 독립성이나 문자 주권을 결코 악화시키지는 않을 것이다.

한자는 이미 한국의 오래된 문화일 뿐 그 뿌리가 중국이라고 해서 지금은 그것이 중국 전유專有의 문화라고 할 수는 없다. 그것은 오늘

날 AI의 기술이 특정 국가 고유의 것이라고 칭할 수 없는 것과 마찬가지이다.

전갈의 마디는 다리뿐 아니라 꼬리에도 있다. 돌을 들춰내면 그 마디의 유연성을 활용해 꼬리를 곤추세우고 각자 도생하기 위해 뿔뿔이 도주한다. 전갈들은 전력 질주로 달리는 것이겠지만 문제는 게처럼 그 속도가 너무 느려 인간의 집게 포착을 피하지 못한다. 나는 안쓰러움에 한편으로는 조물주를 탓하기도 했다. 그리고는 나는 또 후회했다.

이것은 내가 집에서 고깃국을 먹는 것과는 차원이 크게 다른, 잔인한 돈벌이라는데 생각이 미쳤다. 다른 식물성 약재가 무수히 많은데도 불구하고 구태여 전갈을 잡아서 팔아야만 할까? 결국 나는 약재로서의 '전충'이라는 아이템 추가를 포기하기로 했다. 나는 불교도는 아니었지만 베이츠에서 무수한 살생을 자행하면서까지 설령 내가 직접 가담하지는 않는다 하더라도 할 짓이 못 된다고 결론지었다. 나는 두 시간도 채 되지 않아 캐니언에서 철수해 귀가했다.

8. 왕 부인의 요리

양씨네로 거처를 옮기고 나흘째 되던 날 덩커우의 허페이 형에게서 나를 급히 소환하는 전화가 걸려왔다. 나는 열흘 남짓한 베이츠촌 생활을 끝내고 네이멍구로 이동해야 했다.

내가 베이츠를 떠나기 전날 저녁 왕 촌장은 내게 성대한 송별연을 마련해주었다. 며느리인 왕허 부인이 주방에서 분주하게 움직이고 왕 쥐안이 도왔다. 왼쪽 다리를 심하게 절며 좁은 공간에서 힘겹게 움직이며 조리하는 그녀의 요리는 누구라도 차마 먹기 어려울 정도였다. 그날 나도 그녀에게 여러 차례나 간단히 차릴 것을 부탁했다. 그곳의 주식은 만두이므로 다른 한족들이 늘상 즐기는 차오차이(炒菜:볶음요리)는 접하기 어려웠다. 그녀는 보통 이틀에 한 번꼴로 내게 백반을 지어 줄 때에는 단 한 가지 투더우러우쓰(감자돼지고기볶음)같은 반찬을 만들어 주었다.

투더우러우쓰의 그 환상적인 모양과 맛은 지금도 잊을 수 없다. 너무도 질박하고 담담한 맛이었다. 아주 가는 감자채에다 감자채보다 훨씬 더 가는 실처럼 잘게 썬 돼지고기를 소금 외에는 그 무엇도 첨가하지 않은 채로 살짝 볶아 낸 요리이다. 육류 애호가인 나로서는 그 누구에게도 내색할 수는 없는 형편이었지만 사실은 항상 고기의 양이 너무 적은 것이 내심 불만이었다.

나는 베이츠의 왕허 집을 방문할 때면 언제나 돼지고기 20근(10kg)과 술 한 병을 예물로 준비했다. 사실 절대로 서운한 것은 아니지만, 그 조리에 소용되는 적은 고기의 양과 또 그 집에 냉장고가 없다는 점을 감안할 때 남겨진 많은 고기의 행방은 늘 작은 미스터리였다. 왜냐하면 술안주로는 투더우러우쓰뿐만 아니라 쏸타이러우쓰(마늘종돼지고기볶음)같은 요리도 역시 너무도 고기의 양이 적었기 때문이다.

당시 보통 채소 가격에 비해 고기는 다섯 배 이상으로 비싼데다가 그 동네의 엄청난 절용 문화를 충분히 이해한다고 하더라도 그 독한 고량주 앞에서는 사실 넉넉하지는 않더라도 씹힐 만큼의 고기는 필요한 것이 나의 안주 습관이기도 했다.

그런데 그날 저녁은 달랐다. 샤오자오가 미리 귀띔을 했는지 몰라도 내가 좋아하는 양충차오양러우(洋蔥炒羊肉: 양파양고기볶음)을 비롯한 대여섯 가지의 볶음요리에다 토마토계란탕에 이르기까지 안주는 푸짐했다. 더욱이 고기의 양도 넉넉했다.

송별연에는 촌장 가족과 네이멍구 가족 모두가 함께 한자리에서 우리는 오붓하게 주흥을 탐닉했다. 으레 그렇듯이 중국인들은 흘러간 옛 노래인 〈칭짱가오위안(靑藏高原: 칭하이·시짱 고원)〉이나 〈황투가오보(黃土高波: 황토고원의 물결)〉 등을 고래고래 불렀다. 나도 그들이 알아듣지 못하는 〈전선야곡〉에 이어 그들이 외쳐대는 '짜이창'(再唱: 앵콜)을 그대로 접수해 〈고향역〉까지 뽑아댔다. 얼근해진 나는 객 주제에 왕쥐안을 시켜 이웃집 양씨 부부를 초청, 합석하도록 했다. 귀뚜라미도 지쳐 잠들 때까지 목청을 돋웠다.

샤오자오와 우리 공원들의 수매 가공 속도로 볼 때 목표에 도달하려면 앞으로도 족히 두 달은 더 걸려 그들이 귀향하려면 11월 하순은 되어야만 가능할 것으로 보였다.
대다수 마을 사람들은 1년간의 원지 농사에서 최대 이윤을 확보하기 위해 이웃들의 흥정 결과와 시세의 흐름을 주시할 뿐, 선뜻 수매 대열에 합류하지 않는 것이 속도의 걸림돌이 되고 있었다. 샤오쟈오도 만만치 않아서 웬만해서는 흥정에서 밀리지 않았다. 세월은 지연되고 있었다.

나는 덩커우로 출발하기에 앞서 불안감을 감추지 못하고 샤오자오를 불러 또다시 강조했다.

"네가 계속 큰 이익을 위해 곧은 외길 타기만을 한다면 표범의 아름다운 무늬가 사냥꾼을 불러들이고 숲속의 곧은 나무가 목수를 불러들이듯, 오히려 송두리째 우리의 이익이 뽑혀버릴 수도 있는 것이다.

너는 총명할 뿐만 아니라 수매자로서 마을 사람보다 우월한 지위를 갖고 있는데 흥정의 다툼에서 전혀 밀리지 않고 상대방의 작은 이익마저도 끝내 거스르려 한다면 또 그런 경우가 잦아진다면, 그들은 침묵하겠지만 원망하는 마음은 소리 없이 번지게 될 것이다. 무릇 원망이란 것은 동정보다 그 속도가 훨씬 빠를 수밖에 없기 때문에 이 베이츠는 삽시간에 우리에 대한 원망으로 짙게 물들고 말 것이다. 너는 이 점을 반드시 명심해야 한다."

나는 결론을 그녀에게 메모해 주었다.

"조금 어리석고 어두운 듯하라."

9. 우라터전기烏拉特前旗의 육종용肉苁蓉

샤오자오는 내 가르침을 명심하겠다고 해서 내 발걸음을 가볍게 했다. 이틀 뒤 나는 덩커우역에 내려 허페이 형과 원롄의 마중을 받았다.

허페이 형과 나는 공적인 입장에서는 사장과 공장장의 수직적 관계이지만, 사적으론 내가 아우로서 그 위치가 뒤바뀐다. 그런데 지난 파업 사태만 보더라도, 형수로 인한 일은 허페이 형네 가족 내부의 사건임과 동시에 회사의 일이기도 했다. 경우에 따라서는 공·사 구분이 쉽지 않아 갈등 요인이 내재되어 있었다. 그럼에도 불구하고 우리 형제는 어떠한 사건이든 원만하게 타개해왔다.

물론 가장 결정적인 것은 재무 관리였는데, 형이 한 달에 수억 원씩을 독자적으로 운용하고 내게는 달랑 매월 A4용지 반 장 분량의 수지 내역을 팩스로 전송한 데 대해서 나는 1년이 넘도록 단 한 번도 토를 달지 않았다. 그에게 전폭적인 신임을 보여주었으며, 형도 나와 같은 믿음으로 내게 부응했다.

"믿을 사람을 쓰고 썼다면 의심하지 말라."라는 조조曹操) 용인술을 나도 철저히 준용한 셈이었다. 사실 허페이 형의 언행은 언제 봐도 믿음직스러웠고 말하지 않아도 우리는 이심전심으로 마음을 함께 했다.

그런 형은 그래야만 마음이 놓였는지는 몰라도 나는 전혀 그럴 필요를 느끼지 못했는데, 감초 시세를 내게 확인이라도 시키려는 듯 나의 방문 시기에 맞추어 감초 원료 구입 건수를 조금이라도 마련해 놓고는 했다.

그런데 이번에는 감초가 아닌 육종용이라는 새로운 약재 구입에 대해 내 의사를 타진하기 위해서 나를 부른 것이었다. 본래 육종용은 재배가 불가능한 자연산으로, 북위 40° 안팎의 황무지나 네이멍구와 신장 또는 중앙아시아의 사막지대가 그 산지이다. 그런데 얼마 전 장페이메이의 고향인 우라터전기(烏拉特前旗:이하 전기로 표기함)에 거주하는 그녀의 숙부가 육종용 샘플을 들고 공장을 방문했다. 형은 심각한 표정으로 내게 그것을 보여 주었다.

육종용의 원형은 나도 그때 처음 보았지만 내색하지 않고 찬찬히 훑어보았다. 겉모양은 솔방울 같은 비늘로 쌓여 있고 직경은 3~4cm에 길이는 15~30cm 정도의 버섯 같기도 하고 남근을 연상케 하기도 하는 황갈색 식물이다.

허페이 형은 그것이 최고의 정력제로 쓰인다면서 그것의 절단면을 내게 보여주었다. 그것은 끈끈한 점액 같은 섬유질로 구성되어 있어 정력제라는 신빙성을 뒷받침하는 듯했다. 더욱 그럴 듯한 것은 육종용이라는 식물은 초원의 말들이 교미하다 흘린 유정이 있는 곳에서만 자라난다는 것이었다. 나중에 확인했지만 그것은 속설에 불과했다.

나는 제기동으로 전화해 육종용의 시황과 수입 통계를 확인하고 충분한 돈벌이를 확신했다. 다음날 마수의 지프차를 빌려 장페이메이를 앞세우고 형과 함께 전기로 향했다. 덩커우에서 전기까지는 약 150km로 동북 방향으로 황하 변 국도를 따라 린허를 경유한 뒤에 정북 쪽으로 100km 이상의 비포장도로를 달려가야 했다.

나는 원거리 출장이 잦은 허페이 형에게 지프차 한 대를 사줘야겠다고 마음먹고 차 안에서 자동차 운전면허를 취득할 것을 형에게 제의했다. 그 순간 형은 기쁨에 꽉 차 지프가 솟구칠 듯한 너털웃음을 빵 터트렸다.

우리는 덩커우를 떠난 지 여섯 시간만인 오후 1시경에 전기의 인산陰山 아래 장페이메이의 뱌오수(表叔: 외삼촌) 댁에 도착했다.

나무라고는 없는 황갈색 바위 산맥인 인산 줄기로부터 남녘으로 1km 정도 떨어진 성근 초원에 20호 가량의 멍구바오蒙古包가 보통 50~60m의 간격으로 산재되어 있었다. 그 중의 한 집이었다.

장페이메이의 외삼촌은 50대의 몽고족으로 키는 180cm도 넘는 장신이다. 종아리는 울퉁불퉁한 근육질로 곧지 않아 한족들과는 곧바로 구분된다. 가슴과 어깨는 전형적인 몽고족의 체형으로 두텁고 넓어 한때 세계를 제패했던 기상이 건장한 체구에서 엿보이기도 한다. 악수를 청하는 손은 말갈기처럼 억셌으나 좀 길게 째진 눈매는 우리나라 사람과 흡사하여 금방 정감을 느끼게한다.

그는 광대뼈가 약간 튀어나오고 볼은 붉고 눈가 주름이 깊은, 역시 큰 체격의 자기 부인을 우리에게 소개하고는 곧장 자신의 집으로 우리를 안내했다. 그 집의 양털을 가열하여 만든 두꺼운 천인 펠트(felt)로 된 문 앞에는 커다란 말 두 필이 나무 말뚝에 묶여 있었다. 그 곁에 삐죽 삐져나온 한 더미 육종용은 부직포에 싸여있었다. 그 앞으로이어지는 광활한 초원이 그의 정원이다.

원통형인 그의 집 안은 밖에서 보기보다는 널찍하여 족히 30평은 넘어 보였다. 집 중앙의 지지대는 우리의 전봇대처럼 시멘트로 돼 있었으며, 지지대를 중심으로 방사형으로 목재를 엮어 지붕을 만들었다. 그 위에 캔버스 같은 두껍고도 질긴 흰색 천을 덮어서 하늘을 가렸다. 통풍구인 듯, 센터 지지대를 중심으로 직경 1m 정도의 구멍이 하늘을 볼 수 있도록 뻥 뚫려 있는 것이 인상적이었다.

'멍구蒙古'라는 중국어를 곱씹어 보면 웃음이 절로 나온다. 몽골(mongol)은 몽골어로서 몽골족이 자기 민족을 지칭하는 말이다. 한족들은 무려 기원전 10세기경부터 그들의 골칫거리이며 강력한 북방의 적수인 몽골을 중국어로 옮길 때에 멍구(어둡고도 고리타분함)로 번역하여 한껏 멸시의 의미를 담았다,

포자만두와 같이 둥글게 싸여있는 형태의 '바오包'는 몽골가옥을 일컫는다. 중국어인 '바오包'는 몽골어로는 게르(ger)라고 하는 전통 가옥이다. 게르는 원래 유목민인 몽골 사람들의 이동의 편의를 위한 조립식이었다. 지금은 몽골 사람들 대부분이 한곳에 정착하여 목양과 농경에 종사하고 있으므로 정착 생활에 맞도록 견고하게 짓는다. 천정까

지의 높이는 중앙은 5m 정도이나 팔각형인 사이드에는 2m 안팎으로 낮아져 있다. 역시 천으로 된 벽에 낸 두 개의 작은 유리창으로는 햇살이 쏟아져 들어온다.

집 안에는 두 세트의 침대와 대형 목재식탁이 놓여 있다. 식탁 위에는 수북이 쌓인 삶은 양고기인 둔양러우가 식욕을 자극했다. 안 주인이 의자를 정돈하며 우리를 식탁으로 다가오라고 손짓했다. 그녀는 빨간색 차후茶壺 마개를 열고 그곳 특산인 말 젖을 끓여 숙성시킨 마나이차馬奶茶를 맥주 컵에 가득 따랐다. 그 남편인 장페이메이의 외삼촌 역시 주전자에 담긴 말 젖을 누룩과 함께 발효시킨 술인 마나이주馬奶酒을 대접에 따랐다.

술과 차는 모두 덩커우의 식당에서 제공하는 것들과는 달리 더 걸쭉하고 보다 탁한 우윳빛을 띠고 있었다. 완벽하게 숙성, 발효된 듯 비린내는 약하고, 고소한 향기는 코를 찔렀다. 나는 잠시 대취의 두려움과 육종용도 잊은 채 거푸 서너 잔을 마셨다.

허페이 형은 덩커우를 출발하기 전부터 장페이메이를 통해 물건 값을 흥정해 놓았다. 다만 물건의 건조 정도가 작은 시빗거리가 되었다. 우리는 잠시 문밖으로 나가 2톤 가량의 육종용 더미를 확인했다. 허페이 형은 흥정할 때면 으레 그렇듯이,

"우리는 수분을 사는 게 아니라 육종용만을 삽니다."라고 큰 소리로 호기롭게 기선을 제압하려 했다. 사실 당시 육종용의 시세는 감초의 10배를 넘는 고가 약재였다. 또한 육종용은 그 절단면 자체가 끈끈하기 때문에 허페이 형이나 나나 육종용 초보자인 우리로서는 건조도를 가늠하기가 몹시 어려웠다. 나는 뒷짐을 지고 있고 물건 주인과 허페

이 형이 설왕설래했다. 평소 결기 있는 성격의 장페이메이가 중간에 외숙의 말을 제지하고 나섬으로써 거래는 타결되었다.

　장페이메이의 제안은 바로 자신이 사흘 동안 남아서 책임지고 물건을 햇볕에 더 말려 덩커우로 가져가겠으니 그때 무게를 달아서 값을 매겨 주라는 것이었다. 그 말을 들은 그녀의 외삼촌이 이내 떨떠름한 표정을 지었다. 허페이 형은 그의 등을 두드리며 그를 집안으로 끌고 들어와 곧장 건배 제의를 했다. 우리는 원 샷을 했다.
　그러나 떨떠름하기는 나도 마찬가지였다. 내가 물건의 건조 일수를 사흘에서 이틀로 줄임으로써 협상은 완전 타결되었다. 그리고 나는 돌아갈 길을 잊었다. 나는 내 몸을 술과 초원에 맡겨버렸다.

　나는 덜컹거리며 달리는 지프 안에서 잠에서 깨어났다. 차창 밖은 은구슬이 부딪치는 밤이다. 운전대를 잡은 허쥔이 연신 하품을 하는 품새로 보아 많이 졸린 듯하다. 비포장 길에서 지프의 진동은 거센 파도 위의 항해처럼 넘실거린다. 나는 허쥔을 쉬게 하려고 차를 세웠다. 그의 말로는 장페이메이의 외숙 집에서 작별하고 나서 이미 세 시간도 넘게 달렸다는 것이다. 허페이 형은 조수석에서 커다란 코골음 소리를 멈추지 않았다.

　세 시간을 달려왔어도 음산陰山은 달과 별이 끌어당긴 듯 병풍처럼 가깝다. 음산!, 태극太極이 음坤·양乾을 창조했는데 음陰이 먼저이다. 음의 고요함으로부터 양陽의 움직임으로 나아가듯, 음산은 대지를 품고 만물의 생성을 준비한다.
　나는 차를 멈추게하고 초원으로 내렸다. 고개를 치켜들어 음산 너머의 밤하늘을 바라보았다. 하늘은 자신의 덕을 온통 음산의 생성에 쏟아 부으려 눈부시게 반짝이고 있었다.

하늘은 높고 땅은 낮아 '천존지비天尊地卑'라 하지만 지금은 그렇지 않다. 바로 장엄한 '천지교접의 향연'이다.

사람이 꽃보다 아름답다고들 하지만 갑자기 나는 자연의 장엄함에 오그라들었다. 인간의 사악한 욕망들이 그렇게 하찮을 수가 없었다. 악하기로 말한다면, 동물계에서 영장이라고 으쓱대는 인간보다 더 추악한 동물은 없을 것이다.

"자연과 그 아름다움을 다툴 수는 없으며, 인간과 그 추함을 다툴 수는 없다.(莫能與自然爭其美, 莫能與人間爭其醜.)"

다음날 오전 나는 허페이 형과 지프차에 대해 다시 다짐했다. 그 때는 이미 허페이 형네 가족과 리마오李茂 현장이 항공권 예약을 포함한 모든 방한 수속을 마쳤다. 1997년 10월 2일 그들과 서울에서 만날 것을 약속하고 나는 덩커우를 떠나 우루무치로 향했다.

나는 그날 귀국하려고 했는데, 우루무치의 쉬더인이 보내오는 감초 편의 품질이 점차 나빠지고 있다는 아내의 푸념을 전해 듣고 쉬더인을 직접 만나서 품질 향상을 독려하기 위해 우루무치로 방향을 바꾼 것이다. 1997년 9월, 나의 장삿길은 하염없이 길기만 했다.

김포 - 베이징 - 산시 베이츠촌 - 네이멍구 덩커우 - 우라터전기 - 덩커우 - 신장 우루무치 - 베이징 - 김포.
총 이동거리 11,000km.
항공 약 2,000km. 기차 약 8,600km. 지프 약 400km.

제10장

중국인들의 방한과 IMF

1. 허페이 형 가족과 리마오李茂 현장의 한국 방문

1997년 초가을 왼쪽으로부터
허페이의 부인 허 위즈, 필자, 필자의 처

1997년 10월 2일 원롄은 안타깝게도 비자 발급이 거부되어 합류하지 못한 채, 허페이 형네 가족과 리마오 덩커우 현장이 김포공항에 도착했다. 나는 운전면허를 나이 50에 억지로 취득했으므로 렌트한 대형 승합차를 아내가 운전하여 나와 함께 공항에 나가 그들을 영접했다.

그들은 나의 은인들이고 소중한 손님들이었다. 나는 그들을 접대하기 위한 세밀한 접대 계획을 세웠고 지극한 마음으로 환대했다.

5박 6일의 일정 중 첫날은 자양동 우리 집에서 유숙하도록 하여 아내가 차린 음식으로 접대했으며, 다음날부터는 인근의 호텔로 안배했다.

술자리에서는 언제나 내가 먼저 취해서 그들의 마음을 이완시키도록 노력했으며, 먹고 잠자는 데에도 그들의 마음이 행여 불편하지나 않을까 노심초사하지 않을 수 없었다.

나는 서울의 고궁과 남산, 설악산과 동해 바다 그리고 용인의 민속촌과 에버랜드 등지로 그들을 안내했다. 쇼핑을 위해 명동과 남대문시장에도 들렀다. 역시 형수는 옷가지나 화장품에는 탐욕을 숨기지 못해 아내의 빈축을 샀지만, 나는 그녀의 모든 욕구에 부응해 주었다.

그들 모두는 한국의 교통질서 및 시골에까지 이르는 포장된 도로와 각종 사회 기반 시설의 청결함에 대해 감탄하고 내게 부러움을 숨기지 않았다. 나는 그것이 한국이 중국에 비해 단지 약간 일찍 배가 부른데 기인한 것일 뿐이고, 다소 먼저 돈을 벌었거나 먼저 기술을 축적했다고 해서 교만해진 그런 한국인은 거의 없다고 나는 그들에게 말해 주었다.

당시 여든 셋인 하계동의 선친께서는 그들의 귀국 전날 그들을 데려와 달라고 내게 일렀다. 사실 아내는 시큰둥했지만 내가 그들을 데리고 가서 안방 선친의 안전에 내가 먼저 큰절을 올리고 나서 의도적으로 앉지 않고 서 있자, 선친께선 극구 만류하셨지만, 그들도 서둘러 선친께 절을 했다. 그들의 방한 기간 중 서울에서 교직에 몸담고 있던 셋째 형이 태릉의 한 돼지갈비 집에서 그들을 환대했다. 특히 그들이 귀국하기 전날 저녁에는 나의 절친이며 P은행 장위동 지점장인 N공이 그들을 만찬에 초대했다. 나의 무역 거래를 포함해 모든 은행 업무를 도맡아 주었던 그는 북한산 자락 밑 우이동의 고급 한정식 집인 '고향산천'에서 지극한 정성으로 송별연을 베풀어 주었다.

내게 가장 은혜로운 손님들은 돌아갔다.

허페이 형은 큰 바위처럼 내 사업을 지탱 발전시키는 수호신이며, 현장은 그 바위를 에워싸고 있는 숲의 지킴이였다.

나는 손님 접대에 최선을 다했지만 우리나라와 중국의 음식 문화가 너무 달라서 손님들은 다소 힘들어 했다.

1997년 한국을 방문 중인 허페이형(중앙)과 필자(오른쪽), 필자의 동생 한건섭(왼쪽)

고래로부터 우리나라의 음식 문화는 소략하다고 할 수 있다. 풍족하지 않은 물산으로 많은 사람들이 나누어 먹으려면 가능한 한 많은 물을 섞어야 하므로, 큰 틀에서 우리 음식은 '국 문화' 비중이 클 수밖에 없다. 국물만 너무 많이 넘쳐나서 유영하는 건더기들을 집어 들기가 만만치 않았던 '멀떡국' 문화는 그리 멀지 않은 수십 년 전의 우리 모습이다. 국의 재료는 거의 모두가 푸성귀였으며 어쩌다가 맛보는 육류도 말할 것도 없이 국이었다. 일부 부유층을 제외하고는 구이나 볶음 문화가 대중화된 것은 불과 20 여 년 전의 일이다.

그러나 우리들 대부분이 체험한 바대로, 중국 음식의 주류는 볶음 문화에 터 잡고 있으며 한족들은 대부분 진한 향료들을 즐긴다.

사실 음식의 충분한 양이 확보되어 배가 부르고 난 뒤에야 향신료로써 맛에 멋을 부리게 되는 것이 음식 발달의 순리이겠는데, 참으로 아이러니컬하게도 우리나라 사람들 대부분은 향신료의 냄새를 싫어하다 못해 혐오스러워한 나머지 그것을 '꾸린 내'로 치부해버리기도 한다.

풍부한 물산을 바탕으로 음식 문화가 발달하면 그 재료의 다양성과 구분성도 확장되게 마련이다. 이를테면 돼지의 혀나 성대를 훠궈 등 특정 조리에 국한시키는 등 육류의 부위를 더욱 세분화하여 사용하고, 무의 경우도 식감이 쫄깃한 속껍질만을 벗겨낸 무 껍질이 무보다 더 비싼 값에 거래되는 것이 이를 뒷받침한다.

그러한 식문화의 차이 때문에 대다수의 한국인은 중국 손님 접대에 애를 먹는데 나 역시 다르지 않았다. 불고기나 삼계탕 또는 해산물을 돌아가며 대접한다고 해도 메뉴를 계속 바꿔야만 했으므로 여간 신경 쓰이는 것이 아니었다.

또한 그들은 차 안에서도 평원의 굽지도 비뚤어지지도 않은 똑바른 길에서는 익숙하지만, 굴곡진 굽은 길에는 잘 적응하지 못해, 대관령의 오르내리막 길을 거의 다 통과할 무렵에는 허페이 형과 리마오 현장이 차멀미를 견디지 못하고 차 안에 토해버리는 작은 참극이 빚어지기도 했다.

2. IMF 사태

그들이 귀국한 뒤, 달포 가량 지난 1997년 11월 하순 무슨 예고도 없이 우리나라는 거대한 국난의 소용돌이에 휩싸이게 되었다.

국내 자본시장과 주식, 외환시장이 들썩이기 시작하더니, 정부는 급기야 11월 21일, IMF에 구제 금융을 신청하겠다고 공식 발표했다. 그 때까지만 해도 IMF는 우리가 교과서에서 배운 바대로 단지 '국제통화기금'(International Moneytery Fund)으로만 알고 있었는데, 그것은 우리에게는 예고 없이 찾아온 괴물이었다.

가정이나 회사, 그리고 국가도 마찬가지로 감당할 수 있는 만큼의 빚을 져야 갚을 수 있고 채권자도 채무자에게 일정한 상환 기간을 확보하도록 해서 빌려 준 돈을 받아내는 것이 고금의 상례이다. 그런데, 한국의 IMF 외환위기 사태는 채권자인 일본을 포함한 서방 자본가들이 시장의 사채꾼들처럼 한국에서 또박또박 이자를 따먹다가 일시에 원금을 회수함으로써 촉발된 측면이 컸다.

후에 밝혀졌듯이 그해 10월 28일 미국의 대형 투자기관인 모건 스탠리는 "서방 투자자들은 아시아를 떠나라."라는 보고서를 통해 채권자들을 부추겼는데, 이것이 한국에 대해 결정적 한방이 된 것으로 밝혀진 바도 있다.

채권자들은 태국, 말레이시아, 인도네시아 등 동남아시아 국가들에게 빌려준 돈을 떼일까 염려하여 1997년 여름부터 일시에 원금을 회수하는 바람에 그들 국가의 경제가 휘청거렸다. 사실 한국은 그네들과는 차원이 다른, 보다 높은 수준의 경제구조를 가지고 있다는 인식을 한국정부나 대다수의 채권자들이 공유하고 있었기에, 당시 우리나라에서는 강경식 경제부총리를 비롯한 고위 경제 관료들이 방심을 했던 것도 사태의 촉발에 한몫을 했다고 볼 수 있다.

금융계에서 사용하는 외환外換이란 용어는 외국환外國換의 준말인데, 외환 위기에서의 외환은 외국 화폐를 뜻하는 '외화外貨'라고 불러야 보다 쉽게 이해가 된다. 그래서 그것은 '외화 위기'이고, 바로 외국 돈의 대표인 미국 돈(U.S. doller)의 부족 사태를 일컫는 것이다.

1990년대 초반부터 일기 시작한 '자본 자유화'도 우리의 위기 사태에 근본적인 영향을 끼쳤다. 자본 자유화란 쉽게 말하면 미국을 위시한 부자나라의 전주들에게 신흥국들의 돈 될 만한 산업 주체를 사들일 수 있는 권리를 인정해 주는 것을 의미한다. 그러므로 이는 거대한 국제 자본의 글로벌한 시장의 확장 의도가 담겨 있는 것이다

앞으로도 국제 금융 위기의 원인을 다른 나라의 탓으로만 돌려서는 우리는 대처할 길이 없게 된다. 물론 당시에는 위기 사태의 발생이 국제적 원인에 기인한 탓도 크지만, 이에 대처하여 수습할 수 있는 방안을 우리나라 내부에서 미리 찾아 원인을 분석하고 대비해야만 재발 방지를 위한 근본적인 계책이 될 것이다.

당시 정관계의 비호 아래 소위 수많은 종합금융사(이하 종금사)들이 출범해서 성세를 구가했다. 이들 회사의 임직원들이 아니었으면 강남의 룸살롱들이 파리를 날릴 것이라는 말이 떠돌 정도로 흥청망청했다. 종금사들은 사실상 허가받은 고리 대금 업자에 불과했다. 이들은 금리

가 싼 부자 나라들로부터 돈을 마구 빌려와 국내 기업들에게 어음을 받고 단기 고리로 돈을 빌려주고 이자의 차액을 챙기는 국제 사채업자에 다름 아니었다.

그런데 외국의 전주들이 자금을 일시에 회수하려 하자, 이들 종금사들은 기존 채무자들에 대한 대출을 돌연 중단하고 원금 회수를 요구할수밖에 없게 된 것이다.

종금사들이 외국으로부터 달러나 엔화를 빌려 올 때는 한국 돈의 가치가 안정되어 있었으나, 금융 위기의 낌새가 보이자 원화의 가치는 폭락하기 시작했다. 가령 1만 달러를 빌려 올 때는 한국 돈 800만원에 불과하던 것이 1997년 12월에 이르러 그 빚을 갚으려면 두 배도 넘는 1,800만원이 필요하게 되었으므로, 모든 종금사들이 예외 없이 문을 닫았다. 이것이 외화 위기의 직접적 원인이 되었다.

당시 위기 사태는 위와 같이 국가 재정상태가 불량하여 일어난 것이 아니라 달러의 부족에서 비롯되었다. 큰 틀에서 보면 88올림픽 전까지 쌓아 올린 빛나는 민족적 성과가 1990년대 초·중반부터 탐욕을 드러낸 일부 특권층과 재벌들의 이완과 일탈에 의해 무너져 내린 결과라고 볼 수도 있다.

'IMF'가 까탈스러운 것은 그들이 달러를 빌려주는 대신, 우리나라에 입성해 관련 기업 및 금융기관에 대해 강압적인 관리에 들어갔다는 점이다. 이를 우리는 'IMF 관리체제'라고 부른다. 일반적인 경우 채권자는 채무자에게 일정기간의 상환기간을 공여하고 채무자는 자신의 자율적인 경제활동의 결과로 얻어진 과실로써 상환 기간 내에 변제하는 것이 통례이다. 그러나 IMF는 채무자의 등을 밟고 올라서서 복잡하고 엄격한 규정, 지침, 조건 등을 만들고 사사건건 규제하고 관리했다. 그 것은 그들이 빌려준 돈을 확실히 상환받기 위해서라기보다는 우리 국내 산업 중 수익성 좋은 알짜배기 일부 기업을 취하고자 하는 노림수가 숨어 있기도 했다. 자본시장 확대 개방, 공기업 민영화, 기업 인수합병의 간소화, 정리해고 간소화, 금리 인상 등의 관리지침들이 바로 그것들이다. 이런 조치들은 과거 지주의 소작농들에 대한 관리와 비견되리만큼 가혹한 것으로 그 결과 무수한 기업들이 도산하거나 거덜 났고 IMF는 소기의 목적을 달성했다.

영문도 모른 채 유탄을 맞은 국민들은 거리에 내몰리고 금 모으기 운동으로 애국심을 불태웠지만 그 후폭풍은 엄청났다. 소비 촉진 운동의 지침은 카드 대란과 신용불량자를 양산하는 결과로 나타났으며, 기업들의 무한 경쟁 체제의 산물인 '비정규직'이 태동하고 오늘날까지도 그 불평등 구조가 고착화 되어 커다란 사회 문제가 되고 말았다.

당시 IMF의 출자 지분을 보면 미국이 20% 가까이 돼 역시 미국이 전권을 휘두를 정도로 막강했다. 만일 앞으로 최대 주주가 다른 나라로 바뀐다고 해도 채권자로서 강압적인 조치를 취하는 것은 마찬가지일 것으로, 그것은 '국제지상정'으로 보아야 한다. 우리는 두 번 다시 이런 수모를 당해서는 안된다. 이미 사태가 지나간 지 20여년이 흐른 지금, 국민들이 혹 그때의 아픔을 잊지나 않았을까 하는 두려움이 엄습하기도 하는 것은 나 혼자만의 염려는 아닐 것이다.

앞서 언급했듯이 그해 11월 하순부터 이듬해 1월까지 환율은 널뛰기를 거듭했고 결국 한국 돈의 가치는 폭락했다. 그런데 거국적 재앙 속에서도 동전의 양면처럼 양지는 존재했다. 단단한 수출업자들은 급등한 환율에 의탁해 달러를 벌어 들였다. 고통 받은 수많은 이웃에게 는 염치없는 일이지만 나도 환율의 수혜자가 되었다.

　그것은 바로 모든 수입 상품 물가의 폭등 때문이었는데, 나는 운 좋게도 다량의 재고를 보유하고 있었다. 리수젠으로부터 접수한 황련 과 베이츠의 원지 등 고가의 수입 약재 그리고 덩커우 공장 마당에 산적해 놓은 감초 원료들은 내가 이미 달러당 800원대로 매입한 것들 이었다. 그해 겨울에는 그 가치가 가만히 앉아서 거의 두 배로 뛰었기 때문이었다.

　≪논어·자장子張≫편 가운데는 단편적이기는 하나 이러한 형국과 어 울리는 증자의 문구가 떠오른다.

　"만약 이런 정황을 받아들인다면, 불쌍하게 여겨야지 기뻐해서는 안 될 것이다.(如得其情, 則哀矜而勿喜.)"

3. IMF의 후폭풍

　IMF의 해독 가운데 우리 국민을 가장 어렵게 한 것은 그들의 관리 지침을 종합한 '구조 조정'이었다.

　말을 부드럽게 표현해 구조를 조정한다는 것이지, 그것의 실체는 국 가의 산업구조를 전면적으로 개편하는 방향으로 끌고 갔다. 당시 심각 하게 정경 유착에 가담해 국민경제를 오도하던 H그룹과 같은 일부 재 벌들에 대해서는 조정이 필요하겠지만, 가벼운 감기나 소화불량 증세 에 그친 충분히 살 만한 수많은 기업들이 구조조정의 미명 하에 도산 하고 말았다.

≪논어·요왈≫ 편의 말씀처럼, "국민이 유익하다고 생각하는 바에 따라, 바로 그 유익한 사업을 지속시켜주어야 한다.(因民之所利而利之.)"는 것은 국가의 의무이기도 한데 정부는 그럴만한 역량을 이미 상실했던 것이다.

정권이 바뀌고 난 1998년 봄, 다행히 경제 소생의 기미가 싹틀 무렵 정부가 할 일은 국민화합도 좋지만 무엇보다도 먼저 국난의 원인을 제공한 자를 물색해 따끔하게 처벌했어야 하는데 변죽만 울리는데 그치고 말았다.

"처벌할 만한 사람을 처벌하지 않으면, 곧 큰 도적들이 발호한다.(可殺而不殺, 大賊乃發.)" 이 말은 우리가 잘 알고 있는 주 왕국의 개국공신으로 후에 제나라의 군주에 봉해진 강태공이 국가경영에 대해 설파한 ≪육도六韜≫의 언급이다. 이 말은 치세의 보편적 준칙이기도 하다. 우리나라는 국민의 원성을 뒤로한 채 어물쩍 솜방망이 처벌로 넘어갔다.

내가 운영하는 유구무역은 일시적으로 환차익의 수혜를 입긴 했지만, 그것이 결코 혜택만이 아닌 것으로 서서히 드러나기 시작했다.

먼저, 잘 나가던 고려증권에 근무하던 막내아우가 실직해 내 회사에 합류해야만 했으며, 1998년 봄 건국대학교 축산과를 졸업한 당질도 마땅한 일자리를 찾지 못해 내게 맡겨졌다. 그뿐만 아니라 그해 여름 S은행에 근무 중이던 매부조차 구조조정에 희생되어 나를 찾았다.

당시 모든 산업은 졸지에 어두운 그림자가 드리워졌다. 한약 관련 산업도 예외일 수가 없었다.

1998년 초 나와 합류하게 된, 10남매 중의 막내는 성정이 여리기는 하나 선량하고 실질에 힘을 다하는 기질을 갖춘 아우이므로 유구무역에서 빠르게 적응했다. 다만, 대륙에서 나를 대신하려면 중국어 습득이 필수적이었는데, 마침 종로학원에서는 IMF 타개를 위한 범국가적 노력에 동참해 중국어 무료 강좌를 설치했으며, 아우는 몇 달간 주경야독을 마다하지 않았다.

물론 외국어 습득의 지름길은 현지인과의 접촉 기간이 중요하게 작용하므로 기회만 되면 나는 그를 덩커우로, 베이츠로 출장 보냈다. 이미 천자문 정도의 소양을 갖추고 있던 아우는 반년도 되지 않아 일상적 중국어의 소통이 가능해졌고 회사 업무에도 익숙해졌다.

그런 정황에서 1998년 여름, 나는 실직한 내 사랑하는 여동생의 남편을 떠안아야 하는 곤란한 입장에 처했다. 동생과 당질까지는 유구무역이 가까스로 흡수할 형편은 됐지만 매부는 나이도 나보다 네 살이나 많은데다가 더욱이 비좁은 사무실 공간에서 아내가 시누이 남편과 같이 생활하기가 여간 꺼림칙한 게 아니었다. 나는 장고를 거듭할 수밖에 없었다.

여동생 중에서도 내 바로 밑의 두 살 터울인 영숙이는 내게는 언제나 살뜰 상냥했다. 영숙이는 인문계 고등학교를 졸업했다. 당시 서울은행의 임원이었던 친척의 주선으로 같은 은행에 입행했다.

내가 서울 수경사에서 군 복무중일 때는 서울 시내의 지점에서 근무 중이었는데, 가끔 외박을 나온 나는 소득이 없는 부모님께 용돈을 의지할 수는 없었으므로 참으로 구차하게도 그 동생에게 막걸리 값을 구걸하곤 했다.

내가 군복을 입은 채 을지로에 있는 동생이 근무하는 은행 지점의 정문을 밀고 들어갈라치면 다소 육중하기도 했지만, 그 문은 남대문만큼이나 무거웠다. 유리박스 안에서 출납을 담당하던 동생은 금새 나를 알아보고는 객장으로 쪼르르 달려 나오곤 했다. 언제나 그렇듯 나의 의도를 빤히 들여다보고 있는 영숙이는 빈손이 아니었다. 영숙이는 반갑게 내 손을 끌고 손님들의 통행이 뜸한 후문 쪽으로 나를 데리고 가서는, 곤색 유니폼 치마 옆구리 주머니에서 잽싸게 빳빳한 은행봉투를 꺼내 내 주머니에 찔러주곤 했다.

요즘 화폐 가치로 치면 그 돈은 10만 원가량 이었는데, 동생도 어머니 살림에 보태다 보니 그렇게 여유롭지 못한 것을 알기에 나도 웬만큼은 염치를 차려 은행 출입을 조정하기도 했다.

그 동생은 효성도 지극했다. 은행 내 동료와 결혼한 뒤에도 부모님께 정기적으로 용돈을 드리는 것은 물론이고 신랑과 함께 하계동 친정집을 그 어느 자매보다도 열성적으로 드나들었다. 당연히 그 매부도 내게는 절친 이상으로 소중한 사람인 것은 말할 나위도 없었다. 세상에서 가장 믿을만한 동지는 대개 형제를 제외하고는 처남 매부 사이이기 때문이다.

4. 매부에게 사업처 일부 양도

나는 며칠간 숙고에 숙고를 거듭하다가 매부를 불러 약재 사업을 권유했다. 나는 매부가 장사 체질이 아니라는 것은 잘 알고 있었지만, 다른 방도는 없고 이 길밖에 없는 것으로 결론을 내렸다. 물론 아내와 동생의 반대가 예견되었지만, 나는 그에게 우루무치의 쉬더인과 똘똘한 유구무역의 국내 판매처 서너 군데를 떼어 주기로 결심했다.

1998년 8월 당시 유구무역에 대한 중국 공급처로서는 네이멍구 덩커우를 중심으로, 산시山西의 베이츠北池와 우한의 리수젠 아우 그리고 신장 우루무치의 쉬더인을 아웃포스트로 두고 있었다. 회사의 입장에서 볼 때 쉬더인도 매우 중요한 공급처였다. 그는 매월 평균 20~30톤의 감초편을 우리에게 보내와 짭짤한 수익을 안기는 상황이었으며, 그와의 거래로 인한 연간 순수익은 당시 어림잡아도 대략 2억원을 웃돌았다. 게다가 국내에서 쉬더인의 감초를 수월하게 판매할 수 있도록 유구무역의 일부 기존 거래처마저 떼어주는 조건이었으므로, 매부는 내 제안을 받아들였다.

나는 이십여 년의 은행원 생활을 과거로 돌린 초짜 장사꾼 매부에게 '촌심상조寸心相照' 네 글자를 적어주었다. 그것은 물론 연인들 사이에서나 상통될 성싶은 말도 되겠지만 상도의 핵심이기도 하다. 나는 매부에게 설명했다. "촌심상조란 아주 작은 좁쌀만한 마음이라도 거래 상대방과 함께 서로의 마음이 유리알처럼 투명하게 비쳐야 한다."라는 것이며, "1996년 1월, 내가 처음 사업을 시작할 때 우리 회사 이름을 '서로무역'이라고 지은 것도 바로 '촌심상조'에서 비롯했다."고 덧붙였다.

그날 저녁, 예상은 했지만 저항은 만만치 않았다. 나는 막내를 부른 자리에서 그럴듯한 식당을 택해 아내와 함께 외식을 했다. 매부에게 우리 사업처 일부를 할양해 주는 것에 대해 양해를 구하고자 함이었다. 내가 말을 꺼내기가 무섭게 아내는 벌컥 화부터 냈다.

나는 주위 사람들의 시선이 집중되고 있음을 지적해주고는, 힘겨운 해명을 하느라고 진땀을 흘려야만 했다. 주로 '효도'와 장래 우리 회사의 '개척'이라는 두 갈래 관점이었다.

"효도란 백행의 근본이라 했는데, 말로만 조잘거리면 그것은 불효일 뿐이며, 참으로 자식이 부모님의 마음을 미리 헤아려 그 마음을 모든 행동거지의 근본으로 삼는 것을 효도라 한다. 나는 이에 따라 매부에 관한 일도 결정했을 뿐이다. 쉬더인과 국내 거래처 일부를 할양한 것은 다시 개척하면 그뿐이다. 다만, 당신과 미리 상의하지 않은 것은 내 큰 불찰이다. 미안하게 생각한다."라는 요지로 나는 아내를 설득했다. 다행히도 옆에 있던 막내가 내 마음을 이해하고 나를 거들었다.

나는 아내에게 비싼 와인을 마구 따라 주었다. 고깃덩어리도 잘게 잘라 전례 없는 서비스로 일관했다.

이런 말은 분명히 팔불출에 속하겠지만, 그때까지 아내는 시집에 대해서는 내게 일언반구의 불평을 한 적이 없었다. 스물다섯에 시집와서 이태 동안 제금 나기 전까지 열한 식구를 건사하느라 아침상만도 새벽부터 네 번씩을 차려야 했다. 더욱이 손위 동서가 출퇴근하는 초등 교사인 관계로 살림에 대한 부담이 컸다. 제삿날은 한 해에 열한 번씩 돌아왔다. 설 추석의 차례 준비, 부모님의 생신 등 1년이면 열다섯 번이나 치러야 하는 힘겨운 집안 행사에도 아내는 군말이 없는 어지간한 여인네였다.

이웃으로 제금 난 후에도 남편이 출근하면 곧장 시어머니가 시집으로 호출하시는 것에 대해서도 별 불평이 없었다. 지금까지도 모든 기일忌日을 외우고 있는, 웬만한 효부 축에는 낄 수 있는 그런 아내였기에, 나는 아내에게 '효도'의 기치를 들고 나온 것이었다.

다소 누그러진 아내는 "그럼 왜 미리 나하고 상의하지 않았느냐?"고 왜가리처럼 볼먹은 소리를 내게 퍼부었다. 나는 그저 말없이 아내의 와인 잔을 채워주기만 할 따름이었다.

사실은 나도 사전에 아내와 먼저 상의하는 것이 옳다고 생각하고 상당히 망설였지만, 그렇게 하다가 잘못되면 일이 복잡해질 뿐만 아니라 내가 의도한 대로의 목적을 달성하기가 쉽지 않을 수도 있다는 계산에 따른 것이기도 했다.

나는 그해 9월 매부로 하여금 사업자등록을 필하게 하고 곧바로 매부와 동행하여 우루무치의 쉬더인을 만나 인계인수 절차를 마쳤다. 국내 거래처들에 대해서도 같은 절차를 수행했다.

5. 부모님의 베이징 관광

한약의 주 소비층은 노년층이 압도적이다. 그 가운데 70~ 80%는 보약용으로 업계에서는 추산하고 있다. IMF의 충격 속에서 가장 먼저 주머니가 비는 층은 노년층이라고 볼 수 있겠지만, '문화'의 생명력은 그렇게 쉽게 부스러지지는 않았다. 1998년의 약재 수요는 크게 격감하지는 않았다. 그에 따라 그해 가을도 유구무역은 가격 경쟁력에서 비교 우위를 점한 채 원만한 상승 곡선을 달리고 있었다. 그해 10월 나는 진작부터 계획했던 부모님의 베이징 여행을 실행했다.

당시 선친은 84세, 모친은 76세의 고령이셨다. 특히 어머니께서는 파킨슨씨병에 무릎 관절의 연골을 인조연골로 교체하는 수술의 후유증으로 거동이 불편하셨다. 나는 여행의 기획에 만전을 기해야만 했다.

나는 약속대로 허페이 형에게는 지프차를 안겨줄 요량으로 형에게 연락해서 양친의 베이징 여행에 때맞춰 허쥔과 함께 상경해 달라고 일렀다. 한편으로는 베이징의약보건품진출구공사의 왕 경리에게도 연락을 취해 휠체어 임차를 부탁했다. 다행스럽게도 왕 경리는 휠체어는 물론 우리에게 미쓰비시 차량과 기사를 제공해 주었다.

1998년 10월 12일 부모님은 나와 함께 드디어 베이징 수도공항에 내려서 허페이 형과 조우했다.

선친께서는 일제강점기에 중국 동북 지방을 여행하신 적은 있지만, 베이징 여행은 처음이셨다. 모화까지는 아니라도 한학을 공부하신 선친께서는 중국 대륙을 가보고 싶어 하셨다.

당시 특기할 만한 작은 사건 하나가 바로 자금성 유람 중에 벌어졌다.

당시 우리 어머니께서는 좀 비만한 편이기는 해도 체중이 65kg을 넘지는 않았는데, 허페이 형이 어머니의 휠체어를 밀고 나는 선친을 부축해서 고궁 정문을 통과해 널따란 돌길을 통과하던 중, 그만 휠체어의 오른쪽 바퀴가 부서져 내린 것이다. 우리는 참으로 몹시도 어려운 상황에 봉착했지만, 선친께서 꿈에도 그리던 자금성이었으므로 중도에 포기한다는 것은 불가능했다. 나는 허페이 형과 함께 번갈아 어머니를 등에 업고 힘든 자금성 여정을 소화할 수밖에 없었다.

우리는 또 다른 휠체어를 다시 빌려서 이허위안頤和園과 완리창청萬里長城 등 3박 4일간의 부모님 유람을 무사히 보좌했다. 그리고 베이징 수도공항에서 아버지와 어머니 두 분을 전송해드렸다. 아내에게는 때 맞춰 김포공항에 마중 나와 대기하고 있다가 부모님을 맞이할 것을 부탁했다. 빌린 휠체어를 반납하고 나서, 인상이 괜찮아 보이는 한국

학생에게 부모님의 출국 수속을 부탁했다. 그는 흔쾌히 수락했다.

≪맹자≫에서도 설파했듯이 "남의 노인을 자신의 어버이처럼 대하라."는 자비스러운 문화가 우리 대한한국의 젊은이들 속에도 녹아 있음을 보았다. 나는 안도했다.

6. 허페이 형에게 지프 선물

나와 허페이 형은 곧장 왕푸징王府井의 자동차 대리점으로 향했다. 왕푸징은 청대에 황제의 아들들이 거처하던 마을의 우물터이다. 우물은 보이지 않고 자동차 판매점은 그 번화한 거리의 외곽에 위치하고 있었다.

족히 500평은 넘어 보이는 전시장이 곧 차량 매장이었다. 당시 중국의 차량 판매는 우리와는 달리 현장 인도 방식이었다. 허쥔이 판매점 직원과 함께 구매를 희망하는 차량에 동승하여 시동을 걸고 차량 사이의 통로에서 반복해서 시험운전을 했다. 구매 차량을 결정하면 현장에서 대금을 지급하고 차량을 인수하는 매매 방식이었다. 이는 신용 상거래가 정착되지 못한데 기인한 것으로 보였다.

우리는 대여섯 차례의 시험 운행을 한 뒤 '베이징 2023'이란 '둥펑東風' 브랜드를 구입했다. 당시 중국산 서민용 브랜드로서는 마수의 '베이징 2020'과 같은 국방색 차량이 대세였다. '베이징 2023'은 그보다 한 수 위의 개량형 지프였다.

허쥔이 새 차의 운전대를 잡고 허페이 형은 휘파람을 불며 우리는 장장 1,200km 노정의 덩커우 귀갓길에 올랐다. 차에 타고 출발한지 불과 두 시간도 채 지나지 않아서 조수석에 앉은 내 구두 안의 발바 닥이 상당한 뜨거움을 느낄 정도로 열기가 전해져 왔다. 허쥔은 웃으 며 다 그런 것이라고 내게 아무렇지도 않게 말했다.

형은 귀가하자마자 곧바로 불법으로 운전면허를 취득했다. 덩커우에 자동차 운전학원이 없는 탓이기도 하지만, 검은 돈 이라는 뜻의 헤이 첸을 무려 1,800위안이나 관계 공무원에게 전달했다. 면허증을 사들 였던 것이다. 그리고는 밥만 먹으면 허쥔과 함께 별을 볼 때까지 초원 에서 운전 연습에 열을 올렸다.

제11장

패모貝母를 개척하다.

1. 패모를 찾아서

나는 덩커우를 방문할 때면 으레 그렇듯이 공원들과 그 가족들에게 회식을 베풀어주었다. 그리고 패모라는 고가의 약재 탐색을 위해 1998년 10월 20일 덩커우에서 기차로 출장길에 올랐다.

몸이 그 어느 때보다 피로한 것은 부모님에 대한 베이징 여행 뒷바라지보다는 전날 과음의 영향이 더 큰 것으로 느껴졌다. 그런데 그곳은 딱히 2차가 없는 술 문화인데다 시내에 마땅한 호프집도 없어서 서울처럼 내 질긴 2, 3차의 음주 습관을 받아줄 수가 없었는데, 마침 덩커우 시내에 카바레 한 곳이 오픈을 한 것이다.

내가 생각해 보아도 나는 참으로 애주가이다. 애주라기보다 주벽이라고 해야 할 정도이다. 술상만 보면 나도 모르게 군침이 돌면서 벌어진 입을 다물 수가 없는 것이 솔직한 나의 술 사랑이다. 게다가 1차로서 오장육부와 가슴이 데워져 우주의 정감을 흡수한 뒤에 이어지는 2차의 술상은 마치 별천지의 선경에 빠진 신선이 되어 달아오르곤 했다.
생전에 선친께서는 내게 그칠 줄 모르고 술을 당겨 마시는 증세인 인음증을 경계하라고 그토록 역정을 내셨는데도, 천성적으로 분방한 내 기질은 대개 언제나 그 경계의 벽을 허물어트리기가 일쑤였다.

그날 나는 1차로 회식을 마치고 허페이 형네 가족과 공원들 그리고 그 공원들의 남편과 아이들 줄잡아 200여 명과 함께 2차를 위해 신장 개업한 카바레로 이동했다.

200평 정도의 창고를 개조한 카바레는 만국기 줄에 매달린 어슴푸레한 오색 등불과 벽면의 조잡한 오렌지 빛 반짝 등이 깜빡거렸다. 직사각형 홀의 안쪽엔 달리 조명등도 없이 널찍한 베니아 판 무대가 설치돼 있었다. 무대 깊숙한 왼편 구석에서는 동네 악사의 손풍금 소리가 고막을 흔들었다. 서로 고함치지 않으면 소통이 불가능한데, 입장료는 1인당 1위안이고 어린이는 공짜에다 맥주와 음료수는 무조건 1병당 1위안이다.

　　당시 중국을 뒤흔든 유행가인 〈후이자칸칸回家看看〉이나 〈신위心雨〉 같은 가락에 맞춰서 내가 흔히 보아 왔던 역전 광장류의 전통 댄스를 그들 남녀들은 이웃집 서방 또는 아내들과 스스럼없이 양손을 맞잡고 무대 위를 선회했다. 아이들은 떼거리로 무대에 올라 우리네 대보름날 저녁 불깡통 돌리듯 날뛰었다. 형수를 비롯한 장페이메이 등 친근한 여러 공원들이 "사장님, 나와 함께 춤 한번 추시지요."라고 권했다. 나는 모두　사양하고 맥주잔만 말렸다. 나는 몸치인데다가 한족들의 춤 문화가 아무리 개방적이라도 쓸데없이 혐의를 덮어쓸 까닭이 없기 때문이었다.

　　나는 베이징까지 식사도 거른 채 기차 침대에서 곯아 떨어졌다가 그 날 오후 베이징발 원저우溫州행 열차로 갈아탔다.
　　패모의 주산지는 저장성浙江省 중부에 위치한 둥양東陽과 판안磐安으로 약재 안내서에 표시되어 있었으며, 그곳에 접근하려면 저장성 남부 도시인 원저우행 열차를 타고 중간에 이우義烏에서 하차하는 여정이었다. 베이징에서 약 1,400km 남녘에 위치한 지역이었다.

　　당시 패모 개척 여정에서 나는 대륙에서는 처음으로 비서와 동행했다. 그 역시 허페이 형이 내게 붙여 준 덩커우 청년으로 나이는 스물 셋에 바로 샤오자오의 대학 동창이자 남친이었다.

160cm도 안 되는 작달만한 키에 얼굴은 내 두 배나 될 정도로 넓고 어깨와 배의 두께도 역시 만만치 않은, 대륙의 시골에서는 드물게 보는 비만 체구로 체중은 90kg에 육박했다. 소처럼 큰 눈은 흰자에 비해 눈동자가 좀 적은 편이기는 하지만, 빛을 잃지 않고 반짝이는 그의 이름은 쑹후이宋慧이다.

그는 자신이 자기 이름처럼 그렇게 지혜롭지는 못하지만 수호지의 송강宋江이나 춘추시대 송宋나라의 양공襄公처럼 의로움을 중시하기 때문에 자기 이름을 송의宋義로 바꾸고 싶다고 떠벌리기도 했다.

세상에 비서가 내 곁에 있다는 게 그렇게 편할 수가 없다. 기차표 구입이나 숙식, 생수 챙기기, 택시 잡기 등 잔신경을 쓸 필요도 없거니와 현찰 배낭과 캐리어도 모두 다 알아서 처리해 준다. 나는 잠시 부원군 못지않은 행복감에 젖기도 했다.

쑹후이는 저장성 이우역에 내려서 내가 코치한 대로 곧장 길게 늘어선 택시 승차장으로 달려갔다. 그는 기사들에게 패모 산지에 대한 정보를 열심히 수집한 데 이어 적합한 택시를 골라서 나를 인도했다. 우리는 수월하게 이우역을 벗어났다.

패모란 약재는 감초와 마찬가지로 한국에서는 자생하지 않는다. 중국의 쓰촨과 저장에서 생산된다. 한국에선 전통적으로 절패모浙貝母라고 불리는 저장산 패모를 주로 사용하여 왔다. 그 모양이 아주 작은 백합조개를 닮아 패모라고 이름했는데, 대략 직경과 길이는 1~3cm 정도의 흰색으로 모래알만한 황반黃斑이 점점이 박혀 있다. 대개 기관지 질환이나 기침을 멈추게하는 효능이 있고 한국에선 상당히 고가로 분류되는 약재였다. 가격의 등락이 심해 제대로 타이밍을 맞추기만 하면 홈런도 내다볼 수 있는 매력적인 품목이었다.

목적지는 그로부터 동남쪽으로 150km 정도 떨어진 판안시磐安市 쌍시촌雙溪村의 촌장 댁이었다. 저장성은 물의 향리답게 연도에는 크고 작은 호수가 연달아 펼쳐지면서 양버짐나무(플라타너스) 가로수의 단풍과 어우러져 장사꾼의 번뇌를 몰아낸다.

호수들의 대열을 벗어나 구릉 지대로 접어들면 야산엔 소나무들이 적잖게 있어 내 고향 충청도의 정경과도 크게 다르지 않다.

2. 쌍시촌의 천 촌장陳村長

과거 내가 홀로 산시성의 베이츠촌을 찾아 헤매었던 것과는 달리 쑹후이가 택시의 조수석에 앉아서 길라잡이 역할을 훌륭하게 수행했으므로, 우리는 덩커우를 떠난 지 이틀째 날 오후에 쌍시촌 촌장 댁에 도착했다. 나는 미리 준비한 돼지고기와 술을 촌장에게 건네며 나를 소개했다. 촌장은 사양하는 기미도 없이 덥썩 예물을 받았다. 60대로 보이는 깡마르고 까무잡잡한 촌장은 우리를 거실로 안내했다. 자신을 천陳 촌장이라고만 간단히 소개하고 우리에게 소파에 앉을 것을 권했다.

20평 남짓한 거실은 매우 넓고 천정도 높은 데다 고풍스러운 궤櫃 위에는 정교하게 빚어진 매끈한 청자가 즐비하게 장식되어 있었다. 안방으로 통하는 문 위에는 역시 마오쩌둥의 흑백사진이 고급 액자에 넣어져 걸려 있었다.

마오쩌둥 사진 바로 밑에는 결혼 기념사진이 걸려 있는데, 남자가 천 촌장을 닮은 것으로 미루어 그의 아들과 며느리로 보였다. 내외는 달리 예복을 입지 않은 채 둘 다 마오쩌둥과 비슷한 인민복 차림에다 신부는 화환을 목에 걸고 신랑은 꽃다발을 든 채 웃음 짓고 있으며, 사진 하단에 인쇄된 1974년이 문화대혁명 기간 중임을 말해주고 있었다.

1966년 5월에 마오쩌둥이 '대약진운동(1957~1959)'의 실패를 만회하고 정적인 덩샤오핑 등을 제거하기 위해 일으킨 사회 변혁이 바로 문화대혁명으로, 당초엔 '무산계급 문화대혁명'으로 명명하여 문화 혁파를 기치로 내걸었다

1950년 마오쩌둥은 6·25동란 당시 북한을 지원해, 오늘날까지도 북·중은 혈맹관계를 자처하고 있다. 1953년 7월 휴전에 이르기까지 참전 대가로 중국도 상당한 출혈을 감수해야만 했다. 그들은 당시 무기 생산 용도로서의 철이 부족해지자 전국의 농촌에서 농기구를 강제 수거해 무기로 만들어 전선에 쏟아 부은 결과, 급격한 농업 생산성의 하락을 초래했다. 1957년 마오쩌둥이 창시한 '대약진운동'은 10년 내에 미국을 추월하겠다는 청사진을 제시했다. 그 방편으로 농업 생산성 증대와 철강 산업 육성을 내세웠다. 당시 도시에 수많은 공장을 건설함은 물론 향촌에 이르기까지 쇠를 만들기 위한 고로를 설치했으나, 그 철들은 대부분 미숙한 기술로 급조한 탓에 겨우 원시적 농기구 제작에나 쓰였을 뿐 공작기계 등의 원료로서는 크게 미달되었다. 더욱이 1958년의 대홍수로 인한 여파는 3년간의 대기근으로 이어져 줄잡아 2천만 명 이상의 아사자가 속출했다.

이런 정책의 실패와 국민적 기아라는 대재앙이 문화혁명의 배경으

로 작용했다.

1966년은 내가 "중공 오랑캐의 침략을 받아"라는 노랫말이 나오는 〈6·25의 노래〉를 목청껏 부르던 중학교 1학년 때이다. 그때부터 대륙은 혁명이 아닌 그들 스스로도 그렇게 평가하고 있듯이 '10년 동란' 또는 '10년 광풍'의 시대인 암흑기에 접어들었다.

문화대혁명은 혁명이 아니라 파괴와 살인과 약탈이었다. 홍위병과 노동계급의 "옛것일수록 반동이다."라는 기치 아래 문화재를 파괴하고 기존의 사회 질서를 무너뜨렸다. 티베트에서는 6천여 개의 사찰을 파괴했다. 유교 관련 문물을 비롯한 봉건적 잔재를 일소한다는 명분 아래 자행된 홍위병의 만행으로 이와 관련된 사당, 서적, 학자 들은 환란을 피해갈 수 없었다. 일부 청대淸代로부터 세습된 지주 계층도 몰락했다.

이 때 대륙에 나붙었던 벽보가 문화 파괴의 핵심을 잘 드러내고 있다.

"노동자의 뼈는 단단하다. 총검 아래 강산을 굴복 시켰다."
"부모는 나를 사랑한다. 그러나 마오毛주석 만큼은 못하다."

이 시기에 마오쩌둥의 우상화 작업도 병행되었다. 마오의 뒤를 이은 덩샤오핑은 1980년 중국공산당의 공식 '결의'를 통해 마오쩌둥의 공과功過를 '7:3공과'로 공표했다. 마오쩌둥에 대한 중국 인민의 긍정적 인식을 대변했다.

마오쩌둥 말년의 잇따른 정책 실패와 이에 따른 국가적 재난에도 불구하고 그의 항일과 대륙 통일, 그리고 안민 사상과 행적을 더욱 높이 평가한 것이다. 여론이 그랬다. 마오쩌둥은 오늘날까지도 중국 근·현대 역사상 덩샤오핑을 뛰어넘는 가장 존경받는 지도자로서 대륙 인민들의 뇌리에 각인되어 있다. 뿐만 아니라 그들의 초·중 교과서는 물론 7080 대중가요 속에서도 마오쩌둥은 '홍태양紅太陽'으로 계속 그 빛을 발하고 있다. 그들의 화폐도 온통 마오쩌둥 일색이다.

천 촌장은 잠시 뒤 우리를 집 밖으로 이끌어 넓은 비포장 신작로 변에 위치한 가게로 안내했다. 3~4평에 불과한 가게는 '수패모收貝母'라고 쓴 조잡한 세로 입간판을 세워놓고 있는, 바로 자신의 아들이 운영하는 패모 가게였다.

천중룽陳中龍이라고 자신을 소개한 점포 주인은 사진 속의 사내보다는 훨씬 늙어 보였다. 그는 부인과 함께 자리에서 일어나 우리를 살피자마자 대뜸 내게 물었다.

"사스?啥事?"
"당신 무슨 일로 왔나요?"라고 억센 사투리로 묻는 물음에
"워 샹 랴오제 베이무 항칭.我想了解貝母行情."
"패모 동정을 살피고자 합니다."라고 나는 응수했다.

천중룽은 장황하게 최근 수년간의 패모 작황과 시세에 대해 내게 설명했다. 무릇 대부분의 농산물이 규칙적이진 않지만 주기적으로 생산량의 과다에 따라 가격이 등락을 반복한다는 것은 보통 사람이면 다 알고 있는 것을 그는 반시간이 넘도록 내게 열변을 토해냈다.

그때는 나도 사전에 제기동의 도매 시황은 물론 안후이성에 있는 약재 도매시장인 보저우시장亳州市場의 패모 정황을 메이옌梅岩을 통해 꿰뚫고 있었다 천중룽의 말은 내가 파악하고 있는 것과는 차이가 적지 않을뿐더러 말의 모순과 가벼움이 드러났다.

그의 말에 의하면 3년 전에 패모 가격이 최고점인 1kg당 110위안을 찍을 무렵 농민들의 다량 파종으로 인한 과잉 생산으로 하락세를 보이다가 근래에 가격이 다시 상승세를 타고 있다는 것이었다. 패모가 다년생 식물이고 파종 후 2~3년 뒤에 수확한다는 점을 감안할 때 그가 한국에서 온 상인을 얕잡아 보고 농단을 부려볼 심산이 아닌가 하는 나의 의혹은 당연한 것이었다.

나는 그의 웅변에 아무런 반응도 내비치지 않았다. 우리는 그의 제안에 따라 그의 집 창고로 되짚어 가서 패모를 확인했다. 물건은 2톤가량으로 50kg씩 마대에 담겨 있었다. 대체로 상등품이었다. 그러나 창문 하나도 없는 전혀 통풍이 되지 않는 창고 환경 탓에 그가 마대에서 한 움큼 집어 주는 샘플의 건조 상태는 불량한 편이었다. 겨우 부패하지 않을 만큼의 건조도를 드러내고 있었다. 나는 쑹후이를 시켜 창고 안쪽 하단의 마대에서 샘플을 채취해 살펴보았다. 약간의 푸른 곰팡이 기미가 서려 있었다.

약재는 당연히 수분 함량의 정도가 그 가치를 결정짓는 중요한 잣대가 되므로 거래 쌍방이 이견을 좁히기가 매우 어렵다. 현실적으로 수분의 함량을 재기 위해서 측정 기계를 동원할 수도 없는 노릇이기 때문이다. 그래서 거래 쌍방이 전통적이고 관행적인 수분 함량 정도를 인정하는 선에서 거래를 성사시키곤 한다. 허페이 형이나 샤오자오의 경우 거래 단위가 클 때에는 접점을 찾는 데에 며칠을 끌기도 한다.

하물며 감초의 10배 가격에 달하는 패모의 경우에는 당연히 상품 건조도는 쌍방 간 초미의 관심사가 아닐 수 없다. 천중룽이라는 수집상도 썩지 않을 만큼의 수분을 고이 간직하여 중량을 최대한 늘리려고 하다가 자칫 썩어버리기라도 한다면 낭패에 이른다는 점을 잘 알고 있

356

었다. 그들 부부와 촌장은 내 손바닥 안 샘플의 푸른 곰팡이를 보자마자 경악하고는 곧바로 마대 더미를 해체하여 마당으로 끌어내기 시작했다.

우리는 내일 다시 보자라는 말을 남기고 그들과 작별했다. 아들 내외는 경황도 없었겠지만, 저녁때가 다 되어가는 데도 우리를 잡지도 않았다.

장사꾼을 봄에 있어서, 사람을 판별하는 방법과, 말을 골라 하는 택언을 가늠함으로써 대체로 상대를 알 수가 있다. 이 두 가지는 장사 뿐만 아니라 일반적 인간관계에 있어서도 마찬가지이다. 우리는 살면서 알아간다. 배워서 알거나 또는 배우지 않고도 알게 된다. 우리는 앎을 지식, 인식, 인지 등 여러 언어로 표현하는데, 사실은 그게 그 말이다. 또 많이 아는 것을 박식이라 하지만 아무리 박식하더라도 남을 제대로 알지 못하면 그 앎은 고독할 뿐이다. 최상의 앎은 남을 안다는 것이다.

천중룽의 경우, 외국 고객인 나를 맞이할 때에 허언으로 으쓱거리고 기롱하는 품새가 장황하기 짝이 없었다. 그는 내가 묻지도 않은 자기 물건의 원가가 상당히 높다는 둥 엄살을 떨기도 했다. 무릇 자신의 상품에 대해 원가를 토설하는 상인치고 그 천박함이나 진실성을 의심받지 않을 수 없는 장사치가 대부분이다. 만일 내가 이를 폄하하거나 자신에게 불리한 근거를 들어 반박하면 자신의 위세가 꺾일까 근심할 것이 뻔히 들여다보인다. 실제로도 자신의 패모 흠결을 내가 지적하자 남들이 이를 알지나 않을까 저어하여 노여워하는 형적이 역력했다.

그러나 평범한 상인들의 입장에서 가늠해 볼 때 천중룽 역시 보통

이하인 사람이라고 평가하긴 어려운 그저 그런 사람으로, 오히려 내가 다루기 쉬운 상대가 될 수도 있다고 생각했다.

나와 쑹후이는 골목을 빠져나와 대로변의 동네에 하나뿐인 여인숙에 여장을 풀고는 바로 옆 식당에 들어갔다. 바로 중릉의 가게가 마주 보이는 간이식당이었다.

3. 중국의 해장국

나는 중국 출장길에서는 언제나 늘상 먹는 것에 주의를 기울였다. 나의 그 못된 음주벽 탓에 해장국이 필요할 때가 적지 않았다. 딱히 해장 문화가 세련되지 못한 중국 서민 사회 속에서 나는 특히 대륙 생활 초기에 곤욕을 치를 수밖에 없었다. 그러다가 그들의 음식과 식당 문화에 점차 익숙해졌다. 나서는 스스로 타개하기에 이르렀다.

네이멍구에서는 주로 우리나라의 내장탕에 해당하는 양짜탕羊雜湯으로 해결했다. 기타 지역에서는 토마토를 넣어 끓인 국인 판체탕蕃茄湯이 훌륭한 해장국으로 자리매김을 했다.

중국의 식당에서는 토마토 탕에는 반드시 계란을 풀어넣기 마련인데, 거기에다 취향에 따라, 물론 우리네처럼 북어 같은 재료는 없지만 특정 채소나 고기류 첨가를 요청하면 이를 거절하는 식당은 드물었다. 특히 작고 초라한 식당일수록 고객의 요구에 잘 따라 주었다.

그날 저녁 쑹시촌 간이식당의 오동통한 청년 주방장도 무척 사근사근했다. 그 식당의 메뉴판이라고는 A4 용지에 몇 십 가지의 메뉴를 볼펜으로 적고 얇은 비닐로 코팅한, 그 비닐마저도 기름에 절어 너덜거리는 메뉴 쪼가리 달랑 한 장이었다. 나는 그것을 밀치고 주방장을 불렀다.

주방장은 메뉴 외의 주문도 가능하냐는 내 물음에 모두 된다는 뜻으로 흔쾌히 "더우 커이!都可以!"라고 대답했다. 나는 피망쇠고기볶음인 '칭자오차오뉴러우靑椒炒牛肉'와 토마토계란채소탕인 '판체지단수차이탕蕃茄鸡蛋蔬菜汤'에다 마늘쫑고기채볶음인 '쏸타이러우스蒜台肉絲를 주문했다. 나는 나 홀로 출장길에서는 주로 1찬 1탕으로 해결했지만 쑹후이를 감안해 2찬 1탕으로 주문했다. 그 세 가지 요리는 내가 늘상 즐기는 것들이었다.

사실 장기간 출장에서 대륙을 휘젓고 다니다 보면 내 마음대로 음식을 섭취하지 못하는 경우가 많지만, 그럴수록 굳이 해장이 아니더라도 가끔은 몸 생각을 하기도 한다. "비타민과 단백질, 그리고 기타 영양소는 충분한가?"라는 쪼잔한 염려가 내 머릿속을 스치기도 했다. 내가 스스로 조합한 반찬류가 바로 위에 주문한 3종 메뉴였다. 그 메뉴의 재료는 내가 생각해도, 물론 내가 전문가는 아니지만, 괜찮아 보였다.

쇠고기, 피망, 토마토, 계란, 채소, 마늘쫑, 돼지고기 등과 밥 한 공기, 게다가 중국에서 김치까지 바란다면 그건 사치일 것이다. 나는 대체로 만족한 식생활을 누렸다.

우리는 다음날 아침 마을 뒤의 쐉시雙溪라 이름한, 안개가 그윽한 가을 계곡물에서 세수했다. 엊저녁의 그 식당에서 가볍게 요기한 다음, 우리는 대로변을 산책하다가 천중릉의 패모 가게와는 다른 다소 규모가 작은 패모 점포 두 곳을 발견했다.

우리 둘은 곧장 다시 여인숙으로 돌아와 대책 회의를 열었다. 내가 먼저 쑹후이에게 포상을 내걸었다. 그것은 바로 돈과 여자였다. 이번

업무, 즉 이곳에서 원만한 붙박이 패모 거래처를 확보할 경우 나는 쑹후이에게 별도의 포상금인 1,000위안과 함께, 그 당시 베이츠촌에서 원지 수매 일을 하고 있는, 바로 자신의 여친인 샤오자오에게 곧바로 보내줄 것을 약속했다. 그는 돈보다도 샤오자오라는 이름이 나오자, 눈썹을 치켜세울 정도로 기쁨을 드러내고 전의를 불태웠다.

나는 내 명함을 쑹후이에게 건네주고는 "네이멍구에서 대형 감초 가공창을 운영하고 있는 한국의 거상이 이곳으로 패모를 살피러 왔다."라고 천중룽을 제외한 패모 가게들에 들러 소문을 내라고 일렀다. 또 동향을 면밀히 살피고 신중하고도 느긋하게 움직일 것을 강조했다.

쑹후이는 어느 날은 밥때가 되어도 돌아오지 않았다. 그곳 상인과 어울려 식사까지 함께 하는 등 탐색과 유인에 열을 올렸다. 나는 방구석에 처박혀 독서와 빈둥거림으로 일관했다.

쑹후이의 활약 성과는 여인숙 유숙 나흘 만에 나타났다. 그는 그곳의 패모 시세를 제대로 파악했다. 인근의 둥양東陽, 솽펑雙峰 등지의 또 다른 패모 산지 정황에 대해서도 파악하고 있었다. 그곳 산지의 패모 도매 시세는 대체로 제기동의 50% 수준이고 보저우亳州 약재시장의 80% 수준인 것으로 드러났다.

물론 그 시세는 천중룽이 말했던 가격대와는 큰 격차를 보였다. 쑹후이가 노변의 다른 두 곳의 패모 상인들과 접촉하고 얼마 지나지 않아 300호 가량의 마을 속으로 한국 상인에 대한 소문은 삽시간에 퍼져나갔다. 쑹후이는 간판을 달지 않은 동네 안쪽의 서너 명의 상인들과도 접촉할 수가 있게 되었다.

그날 오후 내가 낮잠에서 깨어날 무렵 누군가가 내 방문을 노크했다. 바로 천중룽이었다. 그는 무척이나 반가워하는 표정으로 나를 찾았고 나를 자신의 집으로 만찬에 초대했다. 나는 담담하게 그의 초대에 응했다. 그는 내 방에 들어와 겸연쩍은 표정으로 몇 마디 너스레를 떨다가 재회를 다짐하고 돌아갔다.

4. 천중룽의 만찬 초대

나는 약속된 시간에 쑹후이를 데리고 여인숙에서 5분 거리인 그의 집을 방문했다. 거실 중앙에 상다리가 부러질 만큼 음식을 차려놓고 촌장 부자는 우리를 반갑게 맞이했다. 거실 안쪽에 붙어 있는 주방에서는 천중룽의 부인과 딸이 달려 나와 우리에게 인사했다. 나도 습관적으로 아녀자들에게 예를 차렸다.

20대로 보이는 딸의 이름은 샤오루曉露이다. 항저우杭州대학의 대학원생이라고 자신을 소개했다. 다행히 모친을 닮아 피부색은 그리 까맣지 않았으며 콧등도 아빠처럼 주저앉지는 않았다.

천중룽이 나를 거실 안쪽의 상석으로 안내했지만 나는 애써 천중룽의 팔을 뿌리쳐 촌장에게 양보했다. 촌장 좌우 곁에 나와 쑹후이가 착석했고, 맞은편에 천중룽 내외와 샤오루가 자리했다.

비교적 세련된 매너로 샤오루가 먼저 내 잔에 바이주를 따랐다. 으레 그렇듯이 나는 원 샷하고 잔을 거꾸로 들어 보였다.

중국은 문화대혁명기를 거치면서 사회의 권위주의는 약화되고 여권은 크게 신장되었다. 가정 내에서 며느리들의 위상도 상승했다. 그렇다고 해서 시부모에 대한 효의 관념까지 줄어든 것은 아니었다. 적어도 한족들의 경우 시부모와 며느리의 거리는 우리나라와는 크게 달라 무척 친밀한 문화를 형성하고 있었다. 천 부인 모녀도 우리와 합석해 술잔을 들이켜는 품새가 여간 자연스럽지가 않았다.

촌장은 우리네 소주잔의 반도 안 되는 작은 유리잔 한 잔을 앞에 두고 홀짝거렸지만, 나머지는 화통했다. 역시 술이란 관계를 부드럽게 하는 최상의 윤활유이다. 좌중은 기름칠로 윤택해지기 시작했다.

천중룽은 내게
"당신 무슨 띠입니까?"라고 강한 사투리로 물었다.
"나는 말띠인데요." 라고 대답하자, 그는 내가 별로 동안도 아님에도 눈을 동그랗게 뜨고는 혹시 자기와 띠 동갑이 아니냐는 둥 내게 찰싹 접근해 왔다. 사실 둘은 동갑내기였다.

나도 얼큰해지면서부터는 말 수가 늘어나기 시작했다. 급기야는 나는 천중룽의 이름풀이에 대해 그 식구들에게 장황하게 늘어놓았다.

나는 '중中'이란 여러분의 조상이며 주자朱子의 스승인 정명도程明道 선생께서 "중은 천하의 대본이니 천지간에 정정당당한 올바른 이치이다. 오로지 중을 벗어나지 말아야만 무궁해질 수 있다."라고 말했다. 나는 중룽의 손을 끌어당겨 잡았다.

나는 촌장에게 참 훌륭한 작명을 하셨다고 너스레를 떨었다. 촌장은 자신의 조부는 청나라 말기의 지방관이었다고 말했다. 벽에 진열된 도자기도 모두 조부로부터 물려받은 것들이라고 목을 치켜들며 내게 자랑스레 말했다. 나는 중룽의 잡은 손을 놓지 않은 채 당신은 절대로 '중'을 벗어나지 말아야 이름값을 할 수 있다고 말했다. 나는 그의 잔을 가득 채웠다.

주석은 무르익고 샤오루가 내게 노래를 청하자 나는 곧바로 응했다.

가오산 칭, 젠수이 란高山靑 澗水藍
아리산 디 구냥 메이 루 수이 야阿里山的故娘美如水呀
아리산 디 사오녠 좡 루 산 아~~阿里山的少年壯如山啊~~

높은산 은 푸르고
계곡물도 푸르네
아리산의 아가씨
물처럼 아름답고
아리산의 소년은
산처럼 늠름하다네.

나는 학창 시절에 익혔던, 대륙인들도 익숙한 타이완 민요를 걸쭉하게 뽑았다.

나는 서울에서의 술버릇처럼 그날 밤도 2차를 했다. 나는 천중룽 집에서 1차를 마친 뒤 천중룽을 이끌고 여인숙 옆 간이식당으로 향했다. 천중룽이 대취했다고 엄살을 떨었으나 그 부인은 외려 내게 동조했다. 우리 일행 넷은 식당에 들어섰다.
주방장은 문을 닫으려다 단골이 된 나를 즉시 알아보고는 휘파람을 불며 다시 주방으로 들어갔다. 나는 토마토탕과 맥주를 주문했다. 나는 천 부인에게는 만찬 초대에 대한 감사의 말씀을 전했다. 또 다시 천중룽의 손을 끌어당겨 잡고는 천중룽 집에서 못 다한 말과 술을 이어갔다.

"그대는 나흘 전 나를 처음 만났을 때 이곳 패모의 정황과 시세를 무리하게 왜곡 과장했다. 그러고 나서 우리 쏭후이가 그대의 주변 상인들에게서 진실된 패모 정보를 수집하자 그대도 이를 눈치 챘다. 그래서 그대는 우리가 다른 상인들과 거래를 틀까봐 조바심이 난 나머지 드디어 오늘 우리를 초청한 것이 아닌가?"라고 내가 공박했다. 그는 돌연 내 말을 잘랐다.

"참으로 죄송합니다!" 라고 말하고 의자에서 허리를 곧추세우고 부질없이 머리카락을 쓸어 넘겼다. 그는 내가 그 부인을 보기에 민망스러울 정도로 안절부절 못하였다.

"사실은 그때 그대는 나를 한번 떠보려고 한 게 아닌가?"라고 나는 내 말을 다소 누그러뜨렸다. 이번에는 천 부인이 곧바로 내 말을 따라 잡았다.

"맞고 말구요, 그렇습니다!"라고 맞장구를 쳤다.

나는 서너 순배 그들에게 맥주잔을 부딪쳐 간베이를 권하고는 계속 말을 이어갔다.
"무릇 장사란 독식하려 하면 망하고, 망하지 않으면 조무래기로서 근근이 유지해갈 뿐 성취를 기대할 수 없습니다. 원래 '잇속의 독식'이란 세상의 이치와 크게 어긋나기 때문에, 상대방과 고르게 나누는 것은 물고기들이 무리지어 다니는 것과 같이 아주 자연스러운 현상입니다. 이는 당신들이 홀로 무인도에서 장사를 하면 곧바로 망해버린다는 이치와 같습니다.

364

"또한 상도商道는 그대 이름자처럼 '중'에 거처해야만 하는데, 중에 이르는 길은 바로 믿음信과 진실誠입니다. 그런데 그대들이 불신불성不信不誠한 태도로 나를 시험하려 했다면, 어찌 그것이 그대들 사업의 장구한 계책이 되겠습니까? 한족들은 흔히 말합니다. '선인후물先人後物'이라고. 말은 그럴듯한데 그대들은 왜 실천하지 않는겁니까?"

나는 다소 장황하고도 거칠게 그들을 몰아세웠다. 그들 부부는 예상대로 연신 고개를 끄덕여 가며 내 말을 경청했다. 우리는 각자 숙소로 향했다.

다음날 나는 귀국 길에 올라야 했다. 목적을 이룬 것이다. 그들 부부는 물건의 흥정을 요청했지만 나는 애써 다음으로 미뤘다. 나는 이익을 유예했다. 다만 그로부터 한 달 뒤인 11월 그들을 덩커우에 초청했다. 그들도 흔쾌히 동의했다. 사실 나는 준비해간 거액의 현금도 있었다. 나는 배가 아팠다.

나는 쑹후이에게는 약속을 지켰다. 그는 베이츠촌으로 향했다. 나는 천중룽 부부의 전송을 뒤로 한 채 베이징행 열차에 몸을 실었다.

제12장

원렌의 사망과 세금 폭탄.

1. 원롄의 죽음.

1999년에 들어서면서 IMF의 여파가 한약 시장에도 본격적으로 밀려오기 시작했다. 그 해부터는 약재의 수요가 확연히 줄어들었다. 응당 도매 마진도 약세를 면치 못하고 경쟁은 격화되었다. 한의약 산업 전반에 걸친 쇠퇴기에 접어든 것이다.

IMF의 영향뿐만 아니라 일부 몰지각한 상인들의 부실 약재 유통과 역시 일부 한의원, 한약방들의 첩약 폭리로 인한 수요자 층의 부정적 인식이 누적된 데다 홍삼을 비롯한 건강식품들의 전통적인 한약시장 잠식도 한 몫 했다.

세상은 반드시 '변變'으로 움직이기 시작하여 '화化'로 낙착되게 마련이다. 유구무역의 입장에서는 다행히도 시장의 변화에 대처할 가격 경쟁력을 확보하고 있었다. 다만 제기동에서 베이징이나 칭다오 등지의 대도시에 거래처를 두고 있었던 무역상들이 허베이 최대의 약재시장인 안궈 시장에 둥지를 틀기 시작했다. 변화는 두드러졌다. 게다가 중국의 생약 수요가 그곳의 경제 성장에 비례하여 폭증세에 있는 탓으로 중국의 내수 시장도 경쟁을 부채질했다.

이에 따라 1999년부터는 덩커우와 베이츠에도 중국 도매상인들의 발걸음이 부쩍 늘어났다. 급기야는 한국 무역상들도 중국의 약재 산지에 출현하기 시작했다. 그러나 중국 산지에서의 나의 경쟁 업체인 한국 상인들의 약재 수매는 사람에 터 잡는 중국의 거래 방식에 미숙했다. 그들은 중국 상인들의 농단에 걸려들기가 일쑤였다. 1999년 유구무역의 성과는 일부 품목의 마진 축소에 그쳤을 뿐 성장세는 꺾이지 않았다.

그해 봄에 나와 막내아우는 다시 중국 약재 산지 개척에 나섰다. 우리 형제는 한국 상인들의 손길을 따돌리기 적절한 대륙의 오지인 서남부로 향했다. 막내는 구이저우貴州와 광시廣西에서의 약 3주간의 약재 탐색 여정 끝에 파극巴戟이란 약재를 개척했다.

나는 리수젠 아우의 안내를 받아 충칭시 다쭈현大足縣에서 반하半夏라는 약재 개척에 한창 열을 올렸다.

그해 5월 나는 리수젠과 함께 다쭈의 반하 수집상인 궁 라오반龔老板이 벌인 접대 술판에서 대낮부터 얼근해져 있었다. 허페이 형으로부터 황급한 비보를 받았다.

1999년 5월12일이었다.

그것은 바로 오늘 새벽 원롄이 갑자기 사망했다는 것이었다. 는 소스라치게 놀라 자리를 박차고 일어났다. 나는 리수젠에게 덩커우에 이르는 가장 빠른 교통수단을 예약해 달라고 부탁하고는 곧장 충칭 공항으로 내달렸다.

나는 충칭에서 네이멍구 바오터우包头공항까지 국내선 항공편을 이용하고 그곳에서는 곧바로 택시를 타고 300여km를 달린 끝에 다음날 덩커우 공장에 도착했다. 마을의 화장장으로 원롄의 관을 막 운구하려고 출발할 무렵이었다.

원롄은 무슨 까닭인지, 아마도 부모의 그에 대한 돌봄이 소홀한 탓이겠지만, 사망 전날 밤에 공장 살림집이 아닌 형네 가족이 원래 거처

하던 단독주택에서 홀로 잠들었다가 석탄난로의 일산화탄소를 마시고
죽음에 이르렀다. 왜 홀로 잠들게 했는지는 그 누구도 해명하지 않았
으며, 물론 원롄의 임종에는 그 누구도 함께 하지 못했다.

　나는 상여도 없는 초라한 관 뚜껑을 열게 하고는 통곡했다. 내가 그
를 보고 싶어 하기보다는 원롄이 훨씬 더 나를 그리워했기 때문이다.
내가 귀국하고 나면 그의 일과는 나를 기다리는 것뿐이었다. 그의 최
상의 기쁨은 덩커우역에서 아빠와 함께 나를 맞이하는 것이었고, 그
반대는 물론 나와 작별하는 것이라는 걸 나는 잘 알고 있었다.

　내가 덩커우에 체류 중일 때에는 언제나 그는 내 그림자를 뛰어넘
어 거머리처럼 내게 찰싹 붙어 헤~ 하고 입을 반쯤 벌린 채 나만을
응시하는 열일곱 빈 머리 소년이었다.

　내가 누군가와 대화할 때나 술을 마실 때도 그는 절대로 나를 이탈
하는 일이 없었다. 마수 같은 사람은 원롄을 귀찮은 꼬마라는 뜻의
'샤오마小麻'라고까지 불러 그를 조롱했지만, 나는 그 귀찮음을 인내하
곤 했다. 그것은 바로 내가 어린 가슴의 지순함을 끌어안고 있는 것에
다름 아니었기 때문이었다.

2. 원롄을 곡하다

　원롄의 영구는 덩커우현 민생국이 운영하는 화장장으로 옮겨져 불
살라졌다. 그 부모와 나는 오열했다.

　망자의 노자 돈으로 부모가 지전을 불살랐다. 나는 지전 한 장을 가
져와 만시輓詩를 지어 원롄을 위로했다.

"원렌을 곡하다哭文聯"

하늘은 아직 받아들이려하지 않는데,
너는 어찌 나의 어깨를 밀치고,
홀연히 내 앞을 사라져,
무얼 그리 바삐 돌아갔느냐,
슬피 우노라 하늘이 너를 데려감이여!
하늘의 마음은 정녕 후회도 없는 것인가,
하늘은 외로움과 기쁨을 나누지 않으며,
하늘은 우둔함과 총명함도
구별하지 않으니,
일찌기 하늘은 너의 집이었도다.
내 너를 보내며 허리 굽혀 통곡하노니,
내 항상 바라고 또 원하노니,
다시 돌아오라!
다시 만날 것이다!

天界未欲受 천계미욕수
汝豈排吾肩 여기배오견
零落忽我前 영락홀아전
何逝恩恩回 하서총총회
嗚呼汝遷天 오호여천천
天心寧無悔 천심영무회
天無分孤喜 천무분고희
天無別愚聰 천무별우총
曾是天汝家 증시천여가

372

伛伛送汝哭 구구송여곡
歲歲願再回 세세원재회
年年望再會 연연망재회

장례를 끝낸 나는 서둘러 덩커우를 떠나고 싶어졌다. 나는 전 직원에 대해 닷새간의 유급 애도 기간을 정해 원렌을 추모하도록 했다. 물론 허페이 형 내외를 위로했다. 그러나 사실 형수는 아니었다. 그녀는 자식에 대한 애정보다는 마작놀이에 더 치우쳤으며, 그로 인한 결핍이 원렌으로 하여금 내게 더욱 집착하도록 만들었을 것이다.

나는 한편으로는 형수에 대한 원망을 애써 억제하면서도 원렌의 죽음의 보다 근원적인 사인은 내게 있음을 인정하지 않을 수 없었다. 아무리 운명적이라고 하더라도 내가 덩커우에 둥지를 틀지 않았다면, 그 가족들이 나누어 잠들지 않았을 것이기에 나의 회한 또한 운명이었다.
다음날 도망치듯 귀국길에 오른 나는 귀국해서도 보름간은 일은 생각하지도 않았다. 술도 입에 대지 않았다.

3. 세금 폭탄과 홍바오

붉은 봉투를 뜻하는 중국의 홍바오 문화는 그 봉투가 붉다는 것 외에는 우리의 '봉투 문화'와 크게 다른 것이 없다.
조사에는 물론이고 음력 설날인 춘절 그리고 생일에 봉투가 오가는 것은 중국의 아주 뿌리 깊은 전통이다. 지금은 좀 달라졌는지 모르지만 사업자들과 유관 공무원들 사이에서는 춘절의 홍바오는 일종의 관례였다.

허페이 형도 설 때만 되면 알아서 우리 감초 가공창과 관계있는 공상, 세무 등 당국의 간부 공무원들에게 적절히 훙바오를 돌리곤 했다. 그런데 그것을 1년에 한 번으로 그치고 말면 관시 유지가 위태로울 수도 있으므로 형은 간간히 돌아가며 관련 공무원들을 초청해서 식사를 대접하는 '칭리츠판請吏吃饭'을 하거나, 또 상당한 요인에게는 거기에 더해 예물을 보내는 '쑹리送禮'까지 곁들이는 등, 관시 강화에 힘썼다.

물론 나도 그 일을 십분 이해했으므로 그 일은 형에게 전권을 맡기고 일절 관여하지 않았는데, 원렌 변고를 겪고 난 3개월 뒤인 1999년 8월 우리가 공장 내부에서 감초공장 3주년 기념식을 조촐하게 치른 후, 얼마 지나지 않아 공장에 고지서 한 장이 날라 들었다.

세금 추징 고지서였다. 80만 위안(당시 환율로 우리 돈 약 1억 2천만 원)이라는 거액의 덩커우현 세무서장 발행 고지서였다. 무슨 이렇다 할 내역도 적혀 있지 않았다. 형은 내 등을 두드리며 "놀라지 말라."라는 말만을 반복했다.

본래 탐관오리들은 길들이고 있는 말처럼 기쁘면 목을 대고 비벼대고 성나면 등지고 걸어 차버리는 것이 그들의 속성이라고 한다. 그러나 자식을 잃은 아픔은 시력을 잃은 것만큼이나 아프다는 '상명지통喪明之痛'의 질곡에 놓여있는 형에게 지역 공무원이 불쑥 내민 고지서는 야만스럽기 짝이 없었다.

나는 허페이 형을 위로할 겸 거의 덩커우에서 그해 여름을 보냈다. 형의 참척 속에서도 공장은 그런 대로 가동되었다. 형은 공장에 쳐박혀 외출하지 않았다. 그는 공원들과도 애써 눈길을 회피했다. 나는 리수젠 아우와 베이츠촌의 왕 촌장과 천중릉 등을 번갈아 덩커우에 초청해 형과 함께 술판을 벌이고는 했다. 그것은 단순한 우의 증진보다도 형의 모진 세월을 재촉하기 위한 의도를 은닉하고 있기도 했다.

형은 그 여름 전혀 매가리가 없었다. 동네 사람 그 누구와도 접촉하길 꺼려함은 물론 친근했던 공무원들과의 접촉도 회피했다. 대취하기만 하면 늘 길게 울음을 토해냈다. 나도 울었다.

내가 생각하기에는 탐관들이 그 틈을 비집고 우리를 세금 폭탄으로 공격한 것이었다. 나는 허페이 형의 "놀라지 말라."라는 충고에 "한국 최대의 배포인 이 아우를 우습게 보지 말라."라고 반농 조로 응수했다. 그리고 시간을 두고 세무서장을 만나 차분히 내막을 살펴볼 것을 주문했다.

그 때는 유구무역도 여유분을 넉넉히 비축하고 있었다. 형의 피폐된 가슴을 더욱 조이고 싶지 않은 것이 나의 마땅한 의리였다. 나는 원론적인 대처 방식만을 완곡하게 형에게 전달했다.

그러나 그곳 덩커우 의약공사에서 20여 년을 재직했던 베테랑이며 중국인으로 잔뼈가 굵은 형의 판단은 달랐다.

"이 일은 알아서 처리할 테니, 아우는 이제 귀국해서 푹 쉬라."라는 말만을 되풀이 할 따름이었다. 나는 떠밀려 귀국했다.

나는 좀 심하게 게으른 편이다. 집안 내력까지 들먹이면 자칫 조상을 모독할 수도 있기에 퍽이나 조심스럽지만, 돌이켜봐도 우리 5형제 중 부지런한 사람은 별로 없다. 내 형님 중 한 분은 반론을 제기할 수도 있겠지만 사실 우리 집안은 분명히 근면과는 거리가 있고 그중 가장 게을러터진 사람은 바로 나다.

"작은 부자는 부지런함에서 비롯된다.小富在勉."고 했지만, 변명하자면 그건 주로 과거의 노동집약적 농업 시대의 농민 그룹에게나 해당된다고 생각한다. 또 가만히 살펴보면, '근면'이란 것은 부지런히 몸을 움직여 힘을 쓰거나 또는 머리를 쓰는 것을 일컫는다. 이는 인간이 주창하여 스스로를 근면과 서로 다투게 함으로써 인간을 노고의 질곡에 얽어맨 못된 속성으로 상정할 수도 있다. 물론 이 말을 나태한 자의 변명이라 치부하고, 많은 사람들은 이를 궤변이라고 하겠지만, 인간의 본성은 본능적으로 몸과 마음이 편안함을 추구한다. 즉 본래 게으름에 자리 잡고 있다.

분명 '근면'보다는 한참 아래인 '노장老莊'의 '무위無爲'를 칭송하는 사람들은 그 근본 개념이 '근면'과는 다르지만 나의 주장에 동조할 수도 있다.

동양의 봉건 관료들은 독서를 제외하고는 대부분 근면과는 거리가 있었고, 그 '거리'를 '덕德'으로 메우고자 했다.

중요한 것은, 게으른데다 덕德도 없는 나 같은 사람은 장사꾼으로서 반드시 그 누군가에게 일을 맡기지 않으면 안 되었다. 또 그런 시스템을 구축하지 못하면 깡통이나 찰 위인이었다.

세금 폭탄 사건 이후 나는 제기동 사무실에 출근해서 하는 일이라고는 빈둥거림이었다. 그게 지겨워질 때면 독서 아니면 바둑, 그리고 퇴근 시간이 되면 함께 귀가하자는 아내를 뿌리치고 업자들과 어울리는 것이 나의 일과였다. 무슨 영업 대책회의 같은 것과 회계, 무역 일 등도 모두 아우나 아내에게 맡겨버렸다. 나의 제기동 생활은 한량으로 일관했다.

사실 날마다 조바심을 칠 정도로 몹시나 궁금한 것이 덩커우의 세

금 처리 정황이었다. 나는 귀국 후 사무실에서는 누구에게도 발설하지
않았다. 그렇다고 허페이 형에게 내가 먼저 묻는 것 또한 자발머리없
는 짓이었다. 나는 형의 소식만을 기다렸다. 왕왕 울리는 사무실 전화
벨소리에 나도 모르게 고개를 돌려 귀를 기울였지만, 가끔 형에게서
내게 걸려온 전화는 통상적인 업무 내용일 뿐이었다. 나는 묻지 않았
다.

그렇게 세 달 가까이 지난 그 해 11월, 형은 나를 덩커우로 불렀
다. 나는 즉각 덩커우로 향했다.

4. 훙바오의 위력

덩커우역에서는 허페이 형과 형수가 나를 마중했다. 불법 면허증으
로 운전을 시작한 형의 운전 실력은 동승자들이 편안해할 정도로 향상
됐지만, 늘 내 옆자리를 지키던 원롄의 부재로 결코 마음은 편치 않았
다. 삶과 죽음이 차안에 공존했다. 차안에서 형은 세금 사건은 잘 마
무리 될 것 같다고만 귀띔했다.

공장에 도착하자마자 나는 형의 손을 이끌고 내 방으로 들어와 세
금 처리 경위를 물었다. 형은 내게 담배 한대를 권하고 자신도 깊게
한 모금을 삼켜 내뿜은 뒤 설명을 시작했다.

형은 3개월간 무려 10번 이상을 실무자인 세무서 장張 과장과 접촉
했다. 그리고 그의 요구대로 형은 지극히 형식적인 소득세와 갑근세
자료를 만들어 세무서에 제출했으며 추징 액수의 부당함을 호소했다.
둘은 식당을 전전하며 밀담을 거듭했다. 지난 8월 하순 회동 초기 장
과장이 공식 세금 추징액을 80만 위안에서 2만 위안으로 낮추는 조건

으로 서장, 과장 각각 검은 돈 3천 위안을 요구한 바 있었다.

사실 나는 거기까지의 추진 과정을 듣고 안도했다. 형은 이에 그치지 않고 계속 전진했다.

9월 들어 형은 작전상 뜸들이기에 들어갔다. 약 3주간의 휴지기에 들어간 것이다. 그런데 바로 그때 허페이 형은 장 과장이 마수의 사위인 현장 비서실장인 장샤오밍과 재종형제간이란 것을 탐지해냈다. 허페이 형은 마수를 통해 그의 사위인 장샤오밍에게 협력을 구했다. 나의 아우이기도 한 샤오밍은 마땅히 이에 응했다. 급기야 현장의 오른팔인 샤오밍이 사건에 개입했다. 형과 장 과장 및 샤오밍은 다시 두 차례의 3자 회동에 들어갔고 최종적으로 장 과장의 상관인 장江세무서장을 포함한 4자회동에서 대못을 박았다. 결론은 바로 사흘 전에 확정지어진 것이었다.

*공식 추징세액 1,000위안, 장江 서장 및 장張 과장 각각 흑전
 2,000위안, 도합 5,000위안.

80만 위안의 추징세 액수가 1천 위안(약 150,000원)으로 줄었다. 흑전을 모두 합해도 5천 위안(약 750,000원)으로 줄어든 것이다. 1억 2천만 원의 부담이 75만원으로 줄어든다는 것은 정상적으로는 상상도 할수 없는 일이지만, 당시 중국의 네이멍구에서는 가능했고 현실이었다.

내가 보기에 그 결론은 참으로 엄청난 성과였다. 형은 장황한 설명을 마치고 내게 간단히 물었다.

"당신은 이 결과에 만족한가?"

사실 나는 만족했지만 왠지 그 말을 내뱉기가 싫어 미소로만 응답했다. 나는 마수와 샤오밍에게도 은혜를 갚아야 할 것이 아니냐고 물

었다. 형은 각각 1,000위안씩이면 어떻겠냐고 내게 되물었다. 나는 현찰은 부적절하니 샤오밍의 구닥다리 오토바이를 새 것으로 바꾸어 줄 것을 제안했다. 허페이 형은 당시 5,000위안에 달하는 일제 스즈키 오토바이는 좀 과한 것 같다고 말하면서도 내게 동의했다. 나는 보은 은 아무리 과해도 지나치지 않은 것이라고 말해 주었다.

그날 저녁 나와 형은 공무원들과 약속된 시각에 시내 식당에 함께 나갔다. 나는 내 손에 오물을 묻히기가 꺼림칙했다. 공장에 남아 있으려고 했지만, 허페이 형은 막무가내였다.

안면이 있는 듯한 장江 서장과 장張 과장은 식당 룸에서 나와 상견 례하고 자리에 앉자마자, 형은 곧바로 준비한 홍바오를 안주머니에서 꺼내 그들에게 건넸다. 그때 그들의 행동은 참 놀라웠다. 그들은 그런 행위가 익숙한 듯 봉투를 받고 곧장 그것을 북 찢어 개봉하고는 액수를 확인했다. 그들의 표정은 사뭇 당당해 보였을 뿐만 아니라, 장 서장은 내게 커다란 아량을 베푼 듯한 말투를 쏟아 내기도 했다.

나는 그들과 유쾌한 듯 대작했다. 나는 견강부회 식으로 "하나이지만 바꾸지 않을 수 없는 것이 길이다.一而不可不易者, 道也."라는 ≪장자≫의 구절을 떠올리며 나 스스로를 위로했다. 사실은 그들이 지혜를 위장하여 내게서 재물을 끌어오려한데 대해 형이 애써 그들의 욕망을 줄인 것이었다. 이것은 좋게 포장하면 소득 재분배였다. 곧바로 술맛은 되살아났다.

5. 헤이첸과 관시關係

　헤이첸이라 불리는 검은 돈은 정도의 차이일 뿐, 돈이 도는 사회라면 지구상 어디에서라도 따라 붙게 마련이다. 검은 돈은 당장에 실현되는 이익은 물론이고 미실현 이익의 댓가, 또는 자리나 명성에 대한 댓가를 머금고 자라난다. 그것은 돈이 귀한 국가나 사회일수록 또한 사회의 폐쇄 정도가 강할수록 보다 깊고 은밀하게 광범위한 현상으로 작동된다. 또한 그것이 태고적 인류 사회의 태동과 함께 출현되었듯이 인류 멸망의 순간까지 존속될 것은 뻔한 이치이기도 하다.

　이 흑전 세계에서의 지하거래 수법이나 과단성 면에서 중국은 단연 여타 국가의 추종을 불허한다. 중국 당국은 큰 틀에서 감·면세 등 외자 유치를 적극적으로 추진한다고 하지만, 실제로는 사촌도 아닌 외국인이 중국 땅에서 돈을 벌어들이는 낌새를 보이기만 하면, 중국 관리들의 습격의 표적이 되기 일쑤이다. 기업들이 이러한 표적을 회피하기 위해 소위 관시라는 그물망을 제작해야만 하는 수고로움을 아끼지 않는 것은 장래 감당해야하는 가혹한 덫에 비해 그물 제작의 비용이 훨씬 더 저렴하기 때문이다.

　중국 관시의 기원을 살펴 보건대, 그들의 오랜 공동체 생활, 이를테면 우리에게 익숙한 장자제張家界나 스자좡石家莊 등과 같은 지명이 대륙에 헤아릴 수 없을 정도로 많다. 이것은 중국의 씨족 사회의 전통과 그 내부에서의 자연발생적 관시를 잘 보여준다. 그러한 유대감이나 정서적 연대 의식이 현대 중국의 이익 사회로 확대 재생산된 개념이 바로 관시이다. 이는 그 견고함의 정도에 차이가 날 뿐이지 한국도 마찬가지로서 비단 중국만의 것은 아니다.

다만 중국은 연대 의식 밖의 사람이 이 연대 사회에 진입할 경우, 그물 제작의 방법을 잘 모르거나, 알아도 그 그물이 너무 성글어서 큰 물고기도 포획하기 어려울 정도라면 그 어부는 생존하기 힘들 정도로, 관시라는 것이 강고하기 그지없다는 데 문제가 있다.

따라서 2,000년대 초반까지도 산동의 칭다오, 따롄 등지에 진출했던 수천 개의 한국 기업들이 지금은 상당 부분 철수해버린 사유가 그쪽의 임금 상승 등 제품 원가 상승의 요인도 있겠지만, 관시 형성에의 실패도 한몫 했다. 바로 느닷없는 세금 폭격을 당한 우리 기업들은 안타깝게도 허페이 형처럼 장기전은 생각도 못한 채 퇴각만을 떠올렸기 때문이다.

제13장

국내 한약시장의 변화와 퇴로 모색

1. 부富와 게으름의 관계

기원전 3세기말 항우項羽를 제압하고 한漢나라를 건국한 유방劉邦의 자손 중 한 사람인 유향劉向은 참 훌륭한 학자라는 생각이 든다. 그가 찬술한 현인들의 일화집인 《설원說苑》을 음미하다 보면 몇천 년 전에 살았던 중국 사람임에도 정말로 된장 냄새가 물씬 풍긴다.

관리들은 벼슬을 성취하면서 게을러지고,
병은 조금 나으면서 더욱 악화되기 마련이다.
재앙은 나태하고 게으른데서 생겨나고,
효성은 처자식으로 인해 쇠퇴해진다.

官怠於宦成 관태어환성
病加於小愈 병가어소유
禍生於懈怠 화생어해태
孝衰於妻子 효쇠어처자

유향은 이런 금언을 후세에 전하면서 "위의 네 가지 경구를 살펴 처음과 끝을 신중히 하라."고 경고했다. 위 네 가지를 종합해 보면 인간이 초심을 끝까지 유지하기가 얼마나 어려운 것인가를 새삼 느낄 수 있다.

장사꾼들도 대개 이 범주에서 벗어나기 힘든 것으로 보이는데, 새로운 세기에 들뜬 서기 2,000년, 특히 천성이 게으른 나도 마찬가지였다.

바로 "장사란 돈 좀 벌면 게을러진다.商怠於挣錢."라는, 유향의 변설에 장사꾼인 나를 대입해 보면 딱 들어맞는 것이 아닌가 싶기도 했다.

2000년 들어 약재 사업 환경은 체감할 수 있을 만큼 악화되기 시작했다. 예를 들면 내가 1998년 국내외 거래처를 일부 떼어준 매부의 경우, 1999년에는 순수익만도 1억원 이상을 남겨 딸을 미국으로 유학도 보내고 승용차를 구입하는 등 성세를 누리다가 2000년 들어서는 답보 상태를 면치 못하게 됐다. 무역협회의 통계 자료를 보더라도 1994년 대표적 약재인 감초의 국내 총 수입량은 8천 여 톤으로 정점을 찍었다가 IMF의 후폭풍이 뼛속까지 스며든 2000년에는 그 반 토막에도 미달하는 2천여 톤에 불과했다.

업자들은 나만의 영역이었던 중국의 약재 산지로 눈에 띄게 진출하기 시작했고 경쟁은 중국 산지에서부터 격화돼 가는 양상으로 변모되었다. 리수젠 아우도 회사에 사표를 내고 독립한 뒤 해마다 서울로 출장 와서 제기동 한약 업자들로부터 적잖은 약재를 주문받아 갔었지만, 나의 열성적 도움에도 불구하고 상황은 기울어만 갔다.

유구무역은 워낙 탄탄한 시스템 덕분으로 경쟁 우위는 지속할 수 있었지만, 나의 나태함에 더해 덩커우 원료 조달 여건에도 큰 차질이 빚어졌다. 바로 이 시기에 중국 당국이 사막화 예방을 위해 내린 '감초 채취 면적 축소 및 제한'이란 통제 조치였다.

드디어 변화는 본격화 되는 것인가?, 나는 2000년 후반부터 ≪장자≫의 "오래갈 만한 것들은 하늘 아래 없다.可長久者, 天下無之."라는 말을 실감하면서 게으름을 떨치고 행동에 나설 수밖에 없었다. 나는 두려웠다. 나는 초심으로 돌아가야 했다.

2. 덩커우 감초 가공창 개업 4주년 기념식.

나는 2000년 8월 15일의 덩커우 공장 건립 4주년 기념일 행사를 위해서 일주일 전에 덩커우를 찾았다.

나는 미리 허페이 형에게 연락해 그 어느 때보다 성대하게 기념식을 치를 것을 예고하고 주문했다. 덩커우 현장과 세무서장을 비롯한 지역 고위 공무원을 식장에 초대하도록 하고, 특별히 야생 감초 기지를 관장하는 항진기 농업국장과 재배 감초기지를 통괄하는 우라터전기 각 병단兵團의 단장들을 초대했다.

다른 한편으로는 가능한 한 감초 원료를 최대한 많이 사들여 공장 마당을 채워줄 것을 신신당부했다. 나는 여느 때와는 달리 손님들에게 나누어 줄 선물을 우리나라에서 미리 마련했다.

시골 고관들의 선호도가 높은 금딱지 손목시계, 고급 화장품 세트에다 손톱깎이 세트, 그리고 한국 브랜드를 단 티셔츠에 이르기까지, 2개의 대형 캐리어를 허리가 휘도록 덩커우로 운반했다.

기념식장은 시내 식당을 전세 내는 대신 공장의 넓은 선편실을 말끔히 치우도록 했다. 나는 새로이 페인트칠을 하게 한 다음, 장샤오밍을 통해 현 정부에서 1,000개의 플라스틱 의자와 간이 식탁을 빌려와 식장과 마당에 깔아 놓도록 조치했다. 특별히 200위안을 투입해 포장실 한쪽을 막아 공장 건립 후 최초로 간이 샤워장도 마련했다.

나는 샤워를 하지 않고도 2~3주는 너끈히 견뎌낼 수 있는 체질이기에 샤워 시설이 없어도 그런대로 참고 견딜 수 있었지만, 공원들을 배려할 수 있는데다 방문객들에게 우리 공장은 '문명 직장'이라는 이미지를 심어주려 함이었다.

나는 돼지 10마리와 양 30마리를 사들여 쑹후이와 허쥔의 지휘 하에 마을 전문가들의 손을 이용해 잔치에 대비했다. 또 음식 솜씨가 출중한 공원 20명을 선발하도록 해 주방 일을 맡겼다.

나는 또 리수젠 아우와 베이징이바오北京醫保의 왕지창에게도 연락을 취해 기념일 하루 전까지는 반드시 덩커우에 도착하도록 했다.

이러한 조치들은 대륙의 과시 문화를 역으로 내가 차용하여 실리를 거두고자 함이었다. 또 나는 기념식 전날 밤 리마오 현장 댁을 방문해 공장의 장래 예견되는 원료 부족 사태를 설명하고 이튿날 공장을 방문하는 항진기의 농업국장과 전기의 병단장들이 내게 협력할 수 있도록 그들과 별도로 접촉해 줄 것을 요청했다. 현장은 흔쾌히 수락했다.

4주년 기념식은 당일 오전 11시에 거행됐다. 나는 풍채와 언변이 뛰어난 리수젠 아우에게 사회를 맡겼다. 현장과 왕지창 그리고 항진기 농업국장등의 축사에 이어 내가 가설무대에 등단했다.

나는 그들이 전례典禮에 사용하는 정형화된 어휘, 이를테면 거룩한 링다오런領導人들의 고을 지도에 대한 찬양이나 곧 다가올 가을에 대한 찬미 외에도 '감사'와 '호혜' 그리고 '공동 발전' 등을 거론했다. 특별히 '자원방래自遠訪來'라는(사실은 그리 멀지도 않은 곳이지만) 표현을 두 번씩이나 써가며 항진기와 병단의 감초 관계자들의 방문을 열렬히 환영했다.

나는 걸쭉하게 잔치를 베풀었다. 공원들의 식솔들은 물론이고 바라궁의 왕화이이와 항진기, 전기前旗의 감초 거래처들도 다수 참여토록 했다. 이웃 주민들과 불청객인 가까운 마을의 거지들까지도 소문을 듣고 몰려왔다. 공장 앞 왕복 2차로 도로는 자전거와 삼륜차, 리어카들로 메워져 북새통을 이뤘다. 급기야 출동한 교통경찰들도 잔치에 합류했다.

헤드테이블에는 나와 허페이 형, 현장과 세무서장 그리고 리수젠 아우와 왕지창, 항진기 농업국장과 세 명의 병단장들이 자리 잡고 앉았다. 헤드테이블에 안배한 인사들은 그럴 듯하게 구색을 맞춘 것 같아도, 헤드의 품격에 어울리지 않는 감초 관계자 네 명을 동석시킨 내 의도를 나머지 합석자들은 충분히 이해했다.

항진기 야생감초를 관장하는 농업국장의 이름은 후모胡默였다. 그는 급수는 그리 높지 않았지만 핵심 귀빈이었다. 그는 중앙의 지침에 따라 구체적인 채취 면적을 한정하고 농민들에게 배분하는 막강한 감초 권력을 갖고 있는 실권자였다. 농민뿐만 아니라 중간 수집상들도 모두 그와 연결될 수밖에 없는 것은 그가 농민들의 판로까지도 제어할 수 있기 때문이었다. 따라서 그의 의도에 따라 제기동의 최애품인 네이멍구 야생 감초를 내가 과점할 수 있느냐가 달려 있었다.

3. 상유정책上有政策 하유대책下有對策

중국 중앙은 사막화 예방을 위해 2000년 하반기부터 중국 전역의 야생 감초 채취 면적을 본래의 30%로 축소시켰다.

중국의 행정 집행 역량은 참으로 놀랍다. 그 역량은 기원전 221년 진시황의 대륙 통일에 이은 중앙집권제의 구축에 시원을 두고 2천 여

년을 발전시켜온 것으로 볼 수 있다. 현대 중국의 중앙으로부터 각 성급 단위 그리고 시·현에 따라붙는 향·촌이라는 말단 행정 단위까지 명령 계통의 일사불란함과 그 속도는, "심장박동은 발톱 끝에까지 동시에 뛴다."라는 구호처럼 순식간에 전국에 하달되어 집행된다.

또한 그네들의 촌장은 우리나라의 이장과는 그 권력이 다르다. 촌장은 봉건 시대의 바통을 이어받아 아직도 주민 부역의 권한을 행사한다. 주민 불법 행위에 대한 고발 권한은 물론 경미한 사안의 분쟁 조정 권한도 합법적으로 가지고 있을뿐더러 중앙 지침에 대한 이행 의무도 동시에 부여받고 있다.

나는 이와 같은 중국 중앙으로부터 향촌에까지 이르는 네트워크와 소통 시스템의 위력을 잘 보여주는 사례를 목도할 수가 있었다. 바로 중국의 주 5일제 근무였다.

중국은 단 1년간의 예고 기간을 거쳐 1999년 1월부터 일부 중소 개인 사업자와 자영업자를 제외하고 전국적으로 주 5일제를 시행했다. 공무원, 은행, 국유, 국영기업은 물론 각급 학교, 학원과 모든 산업체에 이르기까지 중국의 모든 세포들은 중앙정부의 바뀐 지침을 하루아침에 일제히 준수했다.

이는 노동 복지와 소비 진작을 목적으로 한 중국 당국의 납득할 수 있는 조치였다. 그러나 이 제도는 근로자의 반대편에 있는 생산이나 공급 주체의 다양성을 충분히 고려하거나, 한국이나 서방처럼 수년간의 단계적 시행을 통해 변혁에 대한 부작용을 최소화하려는 과정은 생략한 채 전격적으로 이루어졌다.

그러한 주 5일제의 시행을 두고 서방의 자본주의와 중국의 사회주의 시장경제 체제라는 '특색사회주의'와의 차이에 대해 내가 감히 경제사회에 미칠 수 있는 공효를 논할 수는 없다. 다만 감초 장사꾼인 나로서는 당국의 감초 채취 통제가 중국의 주 5일제처럼 강력하게 시행될지의 여부가 초미의 관심사였을 뿐이었다. 다행히 그곳의 감초와 관련한 사업에 종사하는 사람들의 여론은 어느 정도의 융통성을 예고했다.

헤드테이블에 동석한 세 명의 병단장들은 다소 특수한 감초 권력자들이었다.

중국 변방의 병단 역사는 기원전 2세기 한漢 제국의 한무제까지 거슬러 올라간다. 덩커우와 인근의 우위안五原현 일대는 한무제가 그 지역을 정벌한 뒤 식민 통치를 위해 오원군이란 강점 통치 조직을 설치한 곳이기도 하다. 이것은 그들이 우리나라 고조선 시대에 한사군을 설치한 것과 같은 맥락이며 거의 동시대의 상황이다.

군郡을 설치하면 피지배 민족을 수탈하거나 직접 농사를 지어 군대를 유지해야 하는데, 군대의 유지를 위한 농토를 둔전이라 하고 바로 그 농민 군사 조직을 병단이라고 일컬었다. 물론 덩커우 일대는 그 주인이 한족과 몽골족 사이에서 여러 번 바뀌었으나, 당시는 병단의 끝자락을 한족들이 쥐고 인민해방군 퇴역 장교들이 명맥만 남은 둔전을 운영하고 있었다. 그들의 주력 사업이 바로 감초 재배 농사였다.

나는 그 병단장들에게 그들의 판로를 우리 공장에 집중시켜 줄 것과 감초 재배 면적을 확대해 줄 것을 요청했다. 항진기의 후胡국장에게도 역시 관할 농민이나 수집상들에 대한 우리 공장과의 협력을 당부했다. 동석한 현장도 그들에게 중언부언 나를 거들었다.

잔치는 종일토록 이어졌다. 게다가 우리나라에서도 근대까지는 그랬듯이 리수젠과 같은 외지 손님들은 몇날 며칠을 덩커우에 눌러앉아 잔 칫집의 주흥과 함께 세월을 죽였다. 핵심 감초 손님 4인방은 그날 밤 자리를 뜨려 했지만, 형이 덩커우현 현립 초대소(호텔)에 이틀간 억류 하다시피 붙들어놓고 술과 고기의 연못에 그들을 빠뜨렸다.

그들의 덩커우 체류 사흘째 되던 날 나는 형에게 그 4인방에게 기 대 이상의 노잣돈을 홍바오에 담아 건넬 것을 주문했다. 그런 행위를 무릅쓸 수밖에 없는 것은 당시 유구무역의 유지를 위한 불가피한 고육 책이었다.

덩커우 공장 4주년 기념 잔치의 효과는 서서히 나타났다. 당국이 강력하게 시행한 야생 감초 채취 제한 정책의 영향으로 공급 부족 사 태가 그 지역의 감초 가격을 다소 상승시켰지만, 네이멍구 최대 감초 공급지인 항진기, 전기 등의 감초 권력자들이 내게 줄을 섰다. 덩커우 공장의 원료 조달 문제는 어느 정도 해결할 수 있었다. 우리 가공창은 블랙홀이었다.

중국 사람들이 당 간부나 관리들 앞에서 드러내 놓고 말하지는 않 지만, "중앙에 정책이 있으면 인민에게는 이를 극복하고 살아남을 대 책이 있다."는 '상유정책上有政策, 하유대책下有對策'이라는 말을 모르 는 사람은 없다. 실제로 네이멍구 지방의 사막화 확대를 미리 방지하 기 위해서 야생 감초 채취 면적을 30%로 축소한다는 당 중앙의 정책 에도 불구하고 농민들이 채취하는 야생 감초가 30%로 줄지는 않은 듯 했다. 나는 농민들에게서 야생 감초를 사들이면서 '상유정책, 하유대 책'을 실감할 수 있었다.

4. 제2 감초 가공창 건립

감초 가공창 건립 4주년 기념 잔치의 효과는 뜻밖에 다른 곳에서도 나타났다. 우리 공장에서 거의 무한대의 통감초를 수매한다는 소문은 멀리 퍼져나갔는데, 그 해 10월에는 덩커우에서 동쪽으로 약 400km 떨어진 투모터우기(土默特右旗: 이하 우기로 표기)라는 곳에서 감초 재배 농민 10여 명이 5톤 트럭에 감초를 가득 싣고 우리 공장을 찾아왔다.

마치 황소가 뒷걸음을 치다가 개구리 잡은 양, 뜻밖에 원료의 품질이 괜찮았다. 그들이 요구하는 가격도 전기의 반값에 불과하리만큼 매우 저렴했다. 허페이 형은 귀국하여 제기동에 있던 내게 곧바로 낭보를 전하면서 우기 전반의 감초 정황을 탐색하기 위해 출장에 나서겠다는 뜻을 알려 왔다.

나도 궁금증을 이기지 못해 중국 현지 출장길에 오르고, 나와 허페이 형은 우기에서 조우했다. 우기는 후어하오터呼和浩特와 바오터우라는 양대 도시의 중간에 위치하고 있다. 우기역에서 하차하여 승용차로 10분 정도면 감초 재배 단지에 이를 수 있을 만큼 교통의 편의성도 상당히 좋았다. 우리는 바이어의 입장에서 우기 농가들의 환대를 받았다.

소문을 듣고 달려온 우기의 농업 담당 부기장副旗長이 우리를 안내했다. 그의 설명에 따르면, 그곳 감초 재배 기지는 지방 정부에서 정책적으로 추진한 약 10만 평의 면적으로, 감초를 파종한 뒤 1~2년이면 상등품 감초를 수확할 수 있을 정도의 최적의 토양이라는 것이었다.

나는 귀국하여 약재 산업의 사양 추세에 대비하면서 원지, 황련, 패모, 육종용, 파극 등 고가 약재의 수익성 관리에 집중하는 한편, 우기의 감초 정황도 주시했는데 결과는 긍정적이었다.

이듬해인 2001년 초에도 나는 연거푸 세 차례나 우기를 방문했다. 나는 그곳 공무원들과의 논의를 거치고 형의 동의를 받아 제2의 감초 가공창 설립 계획을 확정했다. 우기는 수출항인 톈진까지의 거리가 덩커우에 비해 400km나 가까운 만큼, 그곳에서 원료를 덩커우에 가져다 가공하여 다시 톈진으로 운송하는 경우보다 800km의 운임을 절약할 수 있었다.

또한 연초부터는 허베이 안궈 약재시장 상인들은 물론 제기동 상인들의 발걸음도 그곳에 출현하기 시작했다. 나는 그곳의 지리적 이점을 활용하고 감초 장악력을 지속하기 위해서는 현지 공장 설립이 유용한 카드가 될 것이라고 판단했다.

당시 신장 지역도 당국의 야생 감초 통제 조치에서 예외일 수 없었으므로 매부도 감초 사업에서 고전할 수밖에 없었다. 나는 그런 매부의 처지를 고려해 그를 우기로 불러들였다. 나는 그에게 별도의 독립적인 공장 건립을 매부에게 종용함과 동시에, 설비 및 인적 지원을 그에게 약속했다.

성리학의 희로애락애오욕喜怒哀樂愛惡欲이라는 칠정 중에서 '욕'은 그 중심이라고 할 수 있다. 그 욕에 대해서 선인들은 과거에도 그 존재를 인정하기는 했지만, 사농공상士農工商의 순서에서 알 수 있듯이 장사로 돈을 벌어들이는 것을 점잖지 못한 욕망으로 인식했다. 하물며 연암 박지원의 '양반전'에는 수무집전手毌執錢이라는 말까지 등장한다.

손으로 돈을 만지지 말라는 의미이다. 그러나 욕欲의 '돈 많이 벌어서 부자가 되고자 하는 욕망'이 오늘날의 자본주의를 태동시켰다.

부욕을 실현하는 장으로서 시장과 사유재산 제도는 자본주의의 핵심 도구이다. 현실적으로 나는 그 시장에서 아주 작은 한 모퉁이를 차지하고 있었다. 그 뜨거운 욕망을 더욱 확장하기 위해 2001년 4월 2일 네이멍구 투모터우기에 제2 감초 가공창을 설립했다. 동시에 매부의 가공창 건립도 같은 날 순전히 나의 조력으로 이루어졌다.

그런데, 내가 아끼고 사랑하는 여동생의 남편이며 내 부모님의 사위인 매부로 말미암아 나는 우여곡절을 겪지 않을 수 없었다. 그것은 바로 부욕富欲에 대한 나와 아내의 시각차였다. 아내는 부욕을 주인으로 삼는 데 반해 나는 단지 객으로 삼을 뿐이었다. 이런 차이는 곧 첨예한 충돌로 나타날 수밖에 없었다. 제2공장의 책임자로서 나는 샤오자오와 쑹후이를 공동 책임자로 임명하고 이들을 허페이 형의 지휘 아래 두었다. 그러나 형이 워낙 원거리에 위치해 사실상 약혼 관계에 있던 그 예비 부부가 실질적으로 2공장을 운영하게 됐다. 게다가 나는 쑹후이로 하여금 인근에 있는 매부의 공장도 도와주도록 지시했다.

문제는 내가 그런 정황을 우리 회사 간부 사원인 아내와 막내에게 사전에 알리지 않은 것이 얼마 지나지 않아 백일하에 들통났다. 커다란 충돌은 회피하는 것이 상책이므로, 나는 그해 초여름까지 전장戰場에서 이탈하였다. 나는 허구한 날들을 중국 출장 명목으로 덩커우, 우기 그리고 우한, 충칭, 베이츠, 쌍시 등지를 전전했다.

내외가 같은 사업장에서 일할 경우, 이를 경험했거나 또는 현재 진행형인 사람들은 공감하겠지만, 인건비를 절약하고 상호 신뢰 속에서 이루어지는 부부의 공동 근로는 조직의 이익에 크게 기여한다는 차원에서는 매우 유용한 근로 집합이다. 하지만 그 반대편의 부작용도 만만치 않다.

아내가 생산 공동 주체로 나서 5년이 경과한 2001년쯤 아내는 판매 가격의 책정 등, 조직 내 주요한 의사 결정에 서서히 태클을 걸기 시작했다. 또 급기야는 각 수입 약재별 자금의 배분이나 여유 자금의 활용 등 조직 내의 핵심적 의사 결정에까지 간섭하기에 이르렀다. 심지어 내가 부재중에는 전횡을 일삼기도 했는데, 사실 아내의 물욕과 이에 따른 집착은 나를 크게 능가했다. 그런데도 당시에 나는 그런 상황을 객관화해서 판단했다. 많은 경우 아내의 욕심과 집착이 꼭 부정적인 것만은 아니라고 생각하고는 방임하기가 일쑤였다. 아니 사실은 방임이 아니라 세태와 풍속 변화를 내가 발전적 조화와 변혁으로서 받아들이기 시작한 것일 수도 있었다.

부부 공동 근로의 단점은 또 있다. 원래 남녀 간의 애정, 애욕처럼 비스킷 같은 것은 없으므로, 가급적 부부란 낮 시간 동안만이라도 분리되어 있어야 그 정을 존속시키는데 보탬이 된다. 하물며 매부 사건과 같은 갈등이 폭발했을 경우에는 다소 장기적 격리가 가정 평화의 유지에도 유익한 것이라고 나는 생각했다.

물론 아내의 성격도 그렇게 느긋하지는 못했다. 나의 중국으로의 도피성 출장이 보름 쯤 지났을 무렵, 전화 속 아내의 음성은 나를 염려하는 기색이 역력했다. 많이 유연해져 있었다.

5. 궁궈칭 사장

그때 나는 우기를 떠나 리수젠 아우와 함께 충칭의 다쭈大足에 머무르고 있었다. 중국의 야생 반하半夏 최대 산지인 그곳에는 궁궈칭龔国庆이라는 약재상 사장이 있었다. 그는 우리가 방문할 때면 엄청나게 환대했다. 또 그와 거래에 따른 실익도 적지 않았기 때문에 우리는 그곳을 즐겨 찾았다.

원래 충칭은 중국 서남부에 위치한 쓰촨성의 한 도시였다가 1980년대에 쓰촨으로부터 분리된 거대한 직할시이다. 면적은 8만여km²로 우리나라의 남한보다는 작고 인구는 약 3천 2백만 명에 달한다. 창장長江과 그 지류인 자링강嘉陵江이 그곳에서 합류해 도시를 휘감고 있으므로, 지독한 안개로 런던보다도 더 일조량이 적은 것으로 알려져 있다. 충칭에서 유명한 것으로는 창장삼협과 안개, 그리고 전국 사대 화로로서의 엄청난 무더위이다. 적은 일조량 탓인지 미녀의 고장으로도 손색이 없다.

그러나 그곳의 단연 압도적인 특색은 바로 후한 손님 접대 문화라 할 수 있다. 우리의 거래처인 궁궈칭 라오반은 그 대표 격이라고 할 만큼 접대의 선수였다. 그는 자신의 이익은 별로 탐하지도 않은 채 접대에 열성적이었다. 궁 라오반은 으레 그렇듯이 우리를 접수하기만 하면 우리의 숙식을 자신이 도맡아 처리했다. 열렬한 환영의 표시로서 여남은 명의 친구들을 미리 대기시켜 놓았다가 우리를 환대하곤 했다. 몇날 며칠이 지나도록 그 진지한 표정과 마음 씀씀이는 변할 줄을 몰랐다.

궁 라오반은 우리가 과음한 다음날 오전에는 느지막하게 우리 호텔 방문을 두드렸다. 그는 우리에게 해장을 시켜주고 나서는 어김없이 발 마사지 가게로 안내했다. 우리는 여독을 푸는 과정에서 잠깐씩 거래에 대해 그와 대화를 나누고는 했다. 그때부터 나는 그의 도움으로 중국 내수 시장의 감초 거래에도 손길을 뻗칠 수가 있게 되었다.

궁궈칭은 리수젠 보다는 또 네 살이 어렸는데 리수젠이 나를 보고 '다거大哥'라고 부르는 것을 듣고는 그도 덩달아서 나와는 무슨 형제의 연을 맺지도 않았는데 어느 순간부터 나를 '다거'라고 호칭했다. 나도 그에 화답해 그를 '디디弟弟'로 부르며 자연스럽게 그를 아우로 받아 들였다.

그는 덩샤오핑과 고향이 같은 쓰촨 사람인데 덩샤오핑보다 눈이 조금 더 크다. 작달만한 키에 덩치는 다부졌다. 담배도 골초라 덩샤오핑과 아주 흡사한 인상을 풍겼다. 그의 말은 어눌하고 조리가 없는데다 충칭 사투리마저 섞여 있어서 알아듣기 어렵기도 하고, 심지어는 말 자체가 비어 있는 듯 허허虛虛롭기도 하다. 그 빔 속에 밝음이 깃들어 있다.

그는 조무래기 장사꾼처럼 자기 물건의 원가에 대해서는 결코 말하지 않았다. 우리가 작별하기 직전 흥정에 돌입할 즈음 가볍게 한마디 내뱉는 정도였다. 나는 그에 대해 한 번도 토를 달지 않고 받아들였다. 대개 원가 운운하는 장사치들은 상호간 불신만 조장할 뿐 비루하기 짝이 없다는 것이 점잖은 상계商界의 중론이기도 한데, 그는 분명 비루한 장사치와는 거리가 있는 상인이었다. 결론적으로 내가 그와 거래를 할 때마다 그가 제시하는 물건 값은 그의 엄청난 접대 비용에도 불구하고 내 마음에 미혹을 일게 하거나 어긋나지 않았다. 실제로 제 기동에서의 판매 결과도 만족한 수준이었다.

한 여름에 수확함으로 여름의 중간이란 의미로 반하半夏라고 불리는 그 약재는 당시에도 한 근에 2~3만원 하는 초고가 품목이었다. 등급 마다 가격 폭은 크게 벌어졌으며 나는 항상 A급으로 치는 진주반하만 을 5~6톤씩 사들였다.

반하의 모양은 머리꼭지가 움푹 꺼진, 둥그런 사과의 아주 작은 축 소판 형태이다. 대개 직경 1~2cm의 덩굴뿌리에 달려있는 황백색 열 매이다. 잘 건조한 반하는 거의 조약돌처럼 매우 단단해 희고 반들반 들한 공깃돌을 연상시킨다. 우리나라에서는 직경 1cm 이하인 작고 윤 기가 나는 진주처럼 생긴 소위 진주반하를 최상품으로 치고 가격도 보 통 반하의 50%이상 비싸게 거래되었다.

그런데 약재 성분 함량에 관한 시험 연구소들의 반하에 대한 시험 결과는 다른 약재와 같이 크기나 색깔에 관계없이 마찬가지였다. 이는 최종 소비자인 한의원과 한약방의 전통적인 선호도가 약재 등급에 관 한 불합리한 차별을 입증하는 것이었다. 이런 현상은 반하뿐만 아니라 모든 약재에 통용되어 아주 뿌리 깊은 문화를 형성하고 있었다. 그런 데 그것이 비단 약재에만 국한되겠는가? 내가 보건대 농산물도 더하면 더하지 크게 벗어나지 않을 것이다.

6. 국내 농산물 거래 관행

논의를 확장시켜 볼 때, 답답하고 불합리한 우리의 유통문화는 확실히 농식품류에 만연되어 있다. 재래시장이나 노변 점포는 물론 번듯한 일부 마트에 이르기까지 특히 과일이나 채소 등의 경우 우리는 보통 갯수나 비닐봉지 또는 박스 단위로 거래를 한다.

이런 관행은 소비자들이 그 중량이나 맛을 가늠하기가 몹시 어려워서 상품을 선택하기 위한 시간도 낭비하게 되고, 구입한 뒤의 뒷맛 또한 개운치 않지만 우리나라의 상거래에서는 일반화되어 있다. 이런 거래 관행은 오랜 세월을 이어져 온 우리의 문화라고도 할 수 있다. 오늘날은 표준화된 전자저울도 널려 있건만, 이러한 거래 관행에 이의를 제기하는 사람은 별로 없다. 대부분의 사람들은 시장의 유통 질서 개선에 대해서는 침묵하고 있다.

내가 세계 여러 나라를 숱하게 돌아 다녀 보아도 우리와 같은 주먹구구식 농산물 거래 형태는 후진국에서도 거의 사라졌다.

특히 우리는 흔히 얕잡아 보지만 중국의 농산물 거래는 예외 없이 소비자가 중량과 품질을 즉각 확인할 수 있는 합리적 유통시스템을 갖추고 있다.

예를 들면 중국은 시골 과일가게에서도 특정 과일을 등급별로 구분한 다음, 소비자가 일별할 수 있도록 가격 팻말을 꽂아놓고 있다. 그 가격은 무조건 한 근인 500g당 가격을 의미한다. 당연히 그 가격이 비쌀수록 신선도와 당도는 높아진다는 것을 모든 소비자는 인식하고 있다.

그것이 우리에게 참 부럽고 한편 민망한 사태일 수밖에 없는 것은 우리의 농산물 유통 문화가 비단 소비자에게 해악을 끼치는 것으로 끝나는 것이 아니라, 사회 공동체가 묵인한 가운데 불공정과 부당함을 스스로에게 잠재적으로 스며들게 하는 점이다. 선량한 풍속에까지도 해를 끼치고있는 것이다.

제기동에서 '감초대왕'으로 불리는 나도 불합리한 우리의 감초 소비 문화로 인해 여간 애를 먹은 게 아니었다. 덩커우 공장에서 감초를 절단할 때 절단면의 매끄러움과 일정한 길이와 두께를 제대로 유지해야만 한국에서 제값을 받을 수 있었다. 나는 허페이 형에게 지속적으로 강조하여 우수한 상품을 생산할 수 있었다. 하지만 아쉽게도 중국의 감초 소비문화는 매우 실용적이었다. 중국의 약재 소비는 그것이 야생인가 재배인가를 따지고 재배의 경우 육안으로 재배 햇수만 가늠해 가격에 차등을 둘 뿐, 우리처럼 절단 모양이나 길이는 전혀 가격 책정의 고려 대상이 아니었다. 그러므로 우리 공원들도 내게 질문을 하지는 않았지만, 왜 그렇게 꼭 예쁘게 썰고 선별해야 하는 것인지에 대해 의아해 했다.

감초 가공 공정에서 나오는 문제는 또 있었다. 그것은 바로 절단 공정에서 쏟아져 나올 수밖에 없는 감초 가루였다. 전체 가공량 중에서 부득불 1% 정도의 가루가 나오는 것은 피할 수 없는 상황으로, 2001년에는 그 누적된 감초 가루만도 수십 톤에 달했다. 상품화하기 곤란한, 심히 일그러진 등외품의 감초편도 적잖았다. 그런데 당시 이를 궁궈칭이 나서서 중국 내에서 판로를 확보해 준 것이었다.

궁궈칭은 중국내 상장기업이면서 굴지의 제약회사인 타이지그룹太極

集團에 약재를 납품하고 있었다. 그의 말에 의하면 그곳 공장장과 상당한 관시를 유지하고 있었으므로 매월 그가 공급하는 약재의 품목만도 30여 종에 달했다. 그런데 다행히도 그가 타이지그룹에 납품하는 약재 중에 감초는 없었으며, 내가 그에게 덩커우의 감초분말에 대한 정황을 설명하자, 그는 내가 요청하기도 전에 바로 움직였다.

그는 내 면전에서 즉각 그곳 타이지그룹 공장장과 통화를 하고 내게 곧바로 덩커우로부터의 샘플을 요구했다. 그로부터 채 한 달도 지나지 않아 나는 덩커우에서 감초 가루와 등외 감초를 출고할 수 있게 되었다. 감초 가루와 등외 감초 각 3톤씩의 화물이 6톤 트럭으로 매월 궁궈칭이 지정하는 제약회사의 창고로 운송되었다. 납품가액도 통감초 평균가액의 반값을 웃도는 만족할 만한 금액이었다.

나는 2001년 6월 하순 충칭으로부터 베이츠를 방문한데 이어 천중룽의 저장성을 거쳐 그 해 새로 문을 연 인천공항을 통해 입국했다. 그 때는 이미 매부로 인한 갈등은 눈 녹듯 사라졌다. 게다가 내가 덩커우 공장의 부산물을 훌륭하게 처리하였고 회사의 업황도 원만했으므로 나는 공항에서 아내의 융숭한 영접을 받았다.

7. 쇠락하는 국내 한약시장

2001년 하반기부터는 IMF의 후폭풍이 국내 한약 산업을 더욱 위축시킴으로써 업계의 종사자들도 고통을 체감하기에 이르렀다.

약재 수요의 대부분이 보약용이고 소비의 주력은 노년층임을 감안할 때, IMF가 발발하고 3년이 지난 2001년 후반쯤 되어서는 아마도 노년층의 소비 여력이 고갈된 탓이랄까, 여름이 지나고 가을로 접어들면 보약도 성수기에 접어들어 약재 거래도 단연 활기를 띠게 마련이었는데, 그해 가을은 뜨뜻미지근한 상황이 지속되었다.

값비싼 보약보다는 상대적으로 저렴한 건강 식품류의 약진세가 두드러졌다. 특히 1999년경부터 국내에 유입된 비아그라로 인해 보약 수요가 더욱 위축됐다는 말들이 썰렁해진 제기동 골목에 나돌았다. 실제로 유구무역의 주력 품목으로 자리매김했던, 대표 정력제 재료 중 하나인 육종용의 시장 수요도 뚜렷한 하향세를 면치 못했다.

고가 약재를 제외하고는 보통 약재의 도매 거래 단위도 보통 천근에서 만근 단위로 이루어지던 것들이 이제는 만근 단위는 자취를 감추기에 이르렀다.

더구나 감초 분야에서도 변화의 바람은 크게 출렁거렸다. 감초 정보를 입수한 제기동의 일부 억센 개척자들이 우즈베키스탄, 카자흐스탄 등지의 중앙아시아로 진출, 지극히 저렴한 그 지역의 야생 감초를 들여오기 시작한 것이다. 중앙아시아에서는 감초를 땔감으로 쓸 정도로 들판에 널려 있다는 소문이 흉흉하게 들려왔고, 유구무역이 그 소문을 사실로 확인하기까지는 그리 오랜 시간이 걸리지 않았다.

물론 네이멍구 감초와 중앙아시아 감초의 모양새는 육안으로도 금새 식별이 가능했다. 가격대도 이분화 되어 있는데다가 보수적인 최종 소비자인 한의원 등의 중앙아시아 감초에 대한 선호도가 초기에는 퍽이나 제한적이긴 했다. 그렇지만 경영난에 봉착한 한의원 등의 태도 변화를 예측하기는 그리 어렵지 않았다.

2002년 초에 결산한 유구무역의 2001년 흑자 규모는 매출액 증가에도 불구하고 직전년 대비 약 60% 정도로 감소했다. 무역협회의 통계자료가 보여주는 전체 약재 수입량도 품목마다 예외 없이 대폭 감소했다. 나는 이미 불길한 조짐과 이에 따른 기미가 드러난 것으로 판단했다.

8. 출구 전략

나는 2002년 2월부터 은밀히 제기동 출구 전략을 모색했다. 인간사 중에서도 상사商事의 승강昇降과 진퇴進退는 그 타이밍이 특별히 중요하다고 하겠다. 나는 '감초대왕'의 지위가 크게 흔들리지 않을 때 하산하는 것이 내 이름과 실질을 지키는 길이라고 단정했다. 나는 그해 봄부터 전직에 착수했다.

전직의 착수는 아내의 동의를 구하는 것으로부터 출발해야 했다. 그러나 아내의 보수적 성향으로 미루어 대단한 난관이 될 것이 틀림없었다. 나는 신중에 신중을 기할 수밖에 없었다.

그해 4월 초 주말 나는 아내와 진달래 흐드러진 수락산 등산을 마치고, 그럴듯한 식당을 골라 외식을 하는 자리에서 전직에 대해 운을 뗐다. 예상했던 대로 아내는 "지금 벌써 무슨 전직을 논할 때냐?"고 벌컥 언성을 높였다. 나는 개의치 않고 차분히 '때'에 대해서 설명을 시작했다.

"사람은 편안할 때에 위태로움을 생각해야 하고, 장사꾼은 돈이 벌릴 때 까먹을 것을 생각해야 한다. 지금이 바로 그때이다. 까먹을 때가 임박하거나 또는 이미 까먹기 시작한 뒤에 그치려고 하면 이미 때는 늦어 적당한 때로 되돌릴 수 없게 된다."

아내는 무어라 반론을 제기하려 했지만, 나는 큰 소리로 종업원을 불러 펜과 종이를 주문했다. 나는 간단히 몇 자 적은 다음 메모를 아내가 잘 보이도록 식탁 위에 펼쳐놓았다. 아내는 평소에 술 한 잔 걸치고 귀가한 내게서 생소한 사자성어를 듣는 것을 좋아했다. 나는 또 그 틈을 비집고 들어갔다.

'시지즉지, 시행즉행.時止卽止, 時行卽行.'이라고 쓰여있었다. "이는 성현의 말씀이다. 때에 맞추어 멈추는 것이 곧 제대로 멈추는 것이고, 때에 맞추어 행동하는 것이 곧 제대로 행동하는 것이다."라고 나는 설득을 이어갔다.

아내는 나의 변론에 수긍하는 듯하면서도 '때'에 대해서는 강하게 반론을 제기했다. 그것은 바로 큰 탈만 없으면 앞으로 꺾어지는 추세라고 해도 최소한 2~3년 동안은 매년 수억씩 벌어들일 수가 있다는 것이었다. 또 그래야만 노후에 대비할 수 있다는 논지였다.

이에 대해 둘은 노후자금에 대해 논쟁을 벌이기도 했다. 나는 당장 멈추어도 그런 대로 감당할 수 있다는 견해인 데 반해, 아내는 크게 부족하다는 것으로 평행선을 달렸다. 내가 직업을 바꿔 더 큰 돈을 벌게 해주겠다 라고 말하자, 아내가 나를 향해 한바탕 깔깔 비웃었다. 설득은 일단 중단되었다.

나는 이것이 쉽지 않은 일임을 잘 알고 있었다. 나는 한족들의 반복 화법을 구사해 틈만 나면 아내에게 설득 공작을 펼쳐 나갔다. 드디어 그해 6월 월드컵 개최를 목전에 두고 누구나가 들뜰 무렵, 아내는 내게 정색을 하고 질문했다.

"그러면 이 사업을 접고 뭘 할 건데?"

나는 즉각 아내에게 '지지이후유정知止而後有定'을 메모해 보였다. ≪장자≫의 변이다.

"그칠 것을 확인한 뒤에 비로소 정해질 수 있는 것이다."라고 나는 아내에게 웃으며 설명한 다음 내 계획을 말했다.

"첫째, 약재가 아닌 중국 내수시장 사업으로 자동차 대리점 혹은 한국화장품 사업의 가능성을 탐색한다.
둘째, 그게 여의치 않을 경우 국내에서 기타 사업을 모색한다.
셋째, 뻗을 자리가 확정됨과 동시에 현 사업 마무리에 착수한다."

이와 같은 요지에 대해서 아내는 대체로 동의했지만, 떼돈을 벌지 못하는 한 가급적 국내 사업을 선택할 것을 요구했다.
당시 나는 마흔아홉 살의 아직은 연부역강한 나이였다. 두려움은 없었지만, 잠잠했던 탈모는 또다시 눈에 띄게 진행되기 시작했다.

9. 현지 정리 시작

2022년 6월, 대한민국이 월드컵 조별 리그에서 첫 승리를 따낸 폴란드와의 경기를 시청한 뒤, 나는 곧바로 베이징행 비행기에 탑승했다. 나라가 온통 환호의 도가니였지만 나는 깊숙이 침잠했다. 가라앉으면 고요해야 하는데 일지 말아야 할 소용돌이는 거세게 일기가 일쑤였다. 그럴 때마다 수면 위로 드러날 수밖에 없는 물결을 잠재우기 위해 나는 무던히도 나를 억눌러댔다. 아름다운 독버섯처럼 삐죽삐죽 변심이 솟구칠라치면 단호히 잘라냈다. 힘든 날들이 이어졌다.

나는 굴곡 속에서도 내 의지를 더 뜨겁게 달구고 더 세게 내려쳐 정금精金으로 만들고자 했다. 나는 노선을 견지했다. 나는 스스로를 위로했다.

나는 으레 그렇듯이 베이징서역北京西站에서 덩커우행 열차에 몸을 맡겼다. 감회는 전과 달랐다. 돌이켜 보면 나는 7년이 가깝도록 거의 매월 한번 이상 덩커우를 찾았다. 매 분기마다 한번 이상은 대륙의 약재 거점을 순회했으며 그때마다 열차를 이용했다.

지겨울 만도 했지만 그날은 정겨웠다. 기차 바닥에는 씹어 내뱉은 해바라기 씨 껍질들이 수북이 쌓였다. 바람에 분해된 벚꽃 잎처럼 곱게 보였다. 나뒹구는 컵라면과 스티로폼 도시락 껍질들도 자연처럼 친근했다.

몹시도 거만한 냄새를 풍기며 하릴없이 통로를 오가는 열차장이나 승경장 등의 제복들도 그날은 그리 뻣뻣하게 보이지도 않았다. 특히 과거에는 각 차량의 승무원들이 승객들에게 요청하는 설문조사에 나는 응한 적이 없었다. 나도 남들과 마찬가지로 "나는 문맹입니다."라는 뜻의 "워 메이유 원화.我沒有文化."라고 대꾸하고는 응답하지 않았었다. 그 날은 선선히 그 설문 쪽지를 받아들였다. 나는 승무원의 친절도와 차내 위생 환경 등 모든 항목에 만점을 주어 돌려주었다.

나는 투모터우기土默特右旗에서 하차했다. 제 2 가공창에서 쑹후이와 샤오자오를 격려했다. 매부도 함께한 자리에서 쑹후이가 상차림한 안주로 태연히 술판을 벌이고는 다음날 덩커우로 이동했다. 매부 공장을 포함해 우기는 그런대로 안정적이었다. 쑹宋과 자오趙는 내게 결혼 청첩장을 내밀었다. 날짜는 2002년 10월 2일이었다.

나는 덩커우에서도 허페이 형과 통상적 업무에 관해서만 대화를 나눴을 뿐 내 전직 의지를 내비치지 않았다. 늘 그렇듯이 정답게 술잔을 기울였다. 나는 자칫 대취하면 속마음이 토설될까 봐 언뜻언뜻 나와 형을 번갈아 살피기도 했다.

허페이賀飛 형은 이름과는 달리 별로 날렵한 맛은 없었다. 오히려 비교적 무거운 사내였다. 덩커우 교외 야간 고교 출신으로 가방끈은 길지 않았지만, 학력 이상으로 합리적이었다. 고전을 접한 경험은 별로 없는 것 같았는데도 '군자'에 가까운 풍모와 행동거지가 몸에 배어 있었다.

내가 어쩌다 거슬리는 말을 할지라도 그는 항상 기꺼이 들어주고 담박하게 받아들였다. 언제나 그는 낙문담수樂聞淡受의 자세였다. 나는 마땅히 그의 장래에 대해서도 고민하고 설계해야 했다.

10. 3형제의 다쭈大足 회동

나는 덩커우에서 충칭의 다쭈로 이동했다. 나는 미리 리수전 아우에게 연락해 궁궈칭과 함께 조우할 것을 주문했다. 우리 세 형제는 나의 주관으로 다쭈에서 대책 회의에 들어갔다.

나는 두 아우와 다쭈의 한 식당에서 마주했다. 대륙 서남부의 열기가 찜통으로 내닫기 시작하는 6월 중순이었다. 궁궈칭은 내가 즐겨 마시는 마오타이를 주문했다. 술이 몇 순배 돌았는데도 나는 그 향기 그 윽한 술맛을 잃었다.

말을 하긴 해야 하겠는데 타이밍을 찾기가 힘들었다. 발설의 실마리를 풀어내지 못하고 말은 혓바닥 안에서만 맴돌았다. 나는 쓸 데 없이 화장실에 들러 심호흡을 했다. 나는 드디어 말문을 열었다.

"내 매우 중요한 일이 있으니, 당신들은 좀 들어보시게." 라고 나는 어렵사리 운을 뗐다. 두 아우는 내 표정을 살피며 의자를 당겨 곧추 앉았다. 나는 마치 헬기처럼 굉음을 울리는 고물 에어컨을 끈 다음, 말을 이었다. 나는 덥지 않았다.

나는 먼저 한국 약재시장의 동향과 전망에 대해 그들에게 설명했다. 나는 내 전직 의사를 분명히 밝혔다. 나는 그들의 아연실색한 표정 변화에 아랑곳하지 않았다. 나는 다시 술잔을 채워 간베이를 외치고 곧바로 원샷했다. 그들이 무언가 반론하려는 것을 제지한 채, 나는 또 밀어 붙였다.

"아우들과 나는 몇 해 전부터 마음을 열고 그 마음을 조금도 거리낌 없이 통해 왔다. 바로 창통暢通이다. 나는 항상 그대들에게 나 자신을 낮추어 내 못난 돌을 그대들의 아름다운 옥으로 다듬으려 했다. 그대들도 이 형을 대함에 하찮은 상리보다는 우도와 의리를 앞세웠다. 나는 그대들과의 교감으로부터 크게 감발하였다. 그래서 참된 우도에 대해서도 깨달았다. 또 그동안 그대들에게 의탁하여 황량한 대륙에서 편안함을 누릴 수가 있었다. 나는 장래 상로商路를 달리 하더라도 마땅히 아우들의 은혜를 절대 잊지 않을 것이다.

그런데, 내가 사업을 접음에 문제가 하나 있다. 두 분이 도와주기를 희망한다."

바로 그때 두 아우는 동시에 눈을 크게 뜨고 참았던 말문을 열었다.

"무슨 특별한 문제가 있읍니까?"
"그것은 바로 네이멍구에 있는 내 형의 문제이다."

나는 비로소 허페이 형에 대해 거론했다. 그들도 이미 덩커우 공장을 방문한 바 있어 형의 존재에 대해 잘 알고 있었다. 그들은 내게 이구동성으로 걱정하지 말라고 큰 목소리로 말했다. 그보다는 나의 전직 결심을 바꿀 것을 끈질기게 반복해 요구했다. 그러나 나는 단호했다.

다음날 그들은 서로 협의한 듯 형에 대한 구체적 대책을 내게 제시했다. 리수젠은 자신이 다니던 회사에서 형이 가공한 감초편을 사들이도록 회사 간부들과 적극적으로 협의해 관철시키겠다는 것이었고, 궁궈칭은 타이지그룹과의 관시를 이용해 역시 형의 감초는 물론이고, 그외에도 육종용, 마황 등 네이멍구 특산 약재들도 형이 그곳에 납품하도록 쟁취하겠다는 것이었다.

나는 그들에게 감읍했다. 나는 그에 따라 발생하게 될 관시 강화 비용을 부담하겠다고 나서자, 둘 다 핏대를 세우며 나를 공박했다.

제14장

우리유치원 개원

1. 나아갈 때, 멈출 때

물러나는 사람은 사뭇 몸을 작게 하고 마음은 지극히 삼가하고 말도 적게 해야만 한다. 그것이 과도기에 스스로를 지키고 진정시키는 방편이 된다.

나는 그날, 허페이 형에 대한 도움 요청과 그에 따른 아우들의 과분한 답변을 듣고 나서 안도했다. 그리고는 주취를 억누르고 침묵으로 일관했다. 다만 리수젠 아우가 당시에도 기울어가는 대 한국 무역에 상당한 집착을 가지고 있었다. 나는 그에게 충고하지 않을 수 없었다. 나는 사업의 생장과 소멸 과정의 기미를 헤아려 자신의 미래에 대해 숙고할 것을 강조했다.

결과적으로, 필자가 이 글을 쓰는 2022년 한국의 한약 시장은 거의 붕괴 단계라고 해도 과언이 아니다. 2000년대 초반까지 당시 국내 생산량으로 자급할 수 있어 수입금지 품목으로 지정됐던 당귀, 황기, 구기자 등의 2021년 국내 재배 면적은 2000년 대비 20%에도 미달한다. 감초 수입량도 1995년 대비 10%에도 미달될 정도로 축소되었다.

결국 리수젠도 등차藤茶라는 약차藥茶 농장의 운영에 착수했으며 지금은 성공 가도를 달리고 있다.

나는 당시 충칭 다쭈에서 이틀을 머물고 귀국했다.

나는 그해 7월 막내에게 중국 내 자동차 판매나 화장품 유통 사업에 대한 가능성을 리수젠과 함께 파악해 줄 것을 주문했다. 우한에서 리수젠과 회동한 막내는 달포 가량이나 대륙에 머물며 관련 사업에 대해서 파악한 결과, 우리는 당시 최소한 한화 200억 원 이상의 자금이 소요되는 자동차 판매 사업을 제외하였다. 오로지 한국 화장품 유통 사업에 치중하였다. 막내는 중국 내 한국의 양대 현지 생산 공장인 태평양과 LG 등의 공장장을 만나 유통 사업에 관한 구체적 정보를 확보해 가지고 귀국했다.

2002년 당시 이들 양대 화장품 메이커들은 중국 내 시장 점유율을 높여 가고 있을 때였다. 이들은 이미 중국 내 대·중 도시마다 독점 관할 사업자를 두어 독점적 이윤을 확보하도록 하는 시스템으로 유통망을 확장해가고 있었는데, 관할 사업자가 비어 있는 도시는 대개 중국 중서부의 소도시밖에 남아 있지 않았다.

우리는 내부에서 장래를 두고 숙고와 토의를 거듭했다.

당시 중국의 성인 가운데 화장을 하는 인구의 비율은 남성을 포함하더라도 대략 10%에도 미치지 못하고 있었다. 장래 중국의 화장 인구는 경제 성장 및 인구의 도시 집중과 맞물려 폭발적으로 증가할 것이라는 데는 모두가 이견이 없었다.

우리는 중국의 소도시에 속하는 백만 명 이하의 도시들을 설정했다. 이를테면 후베이의 이창宜昌이나 산시山西의 린펀臨汾 등지를 사업 대상지로 가정하고 월 순수익을 산출해 보았다. 약 5~6백만 원에 불과했다. 이는 당시 기존 사업의 이익 수준에 비추어 너무 빈약했다. 아내와 막내는 실망감을 감추지 못했다. 하지만 나는 밀어붙일 것을 주장하기도 했다.

안타깝게도, 나의 의도대로 당시 중국 내 화장품 유통 사업에 착수했다면, 나는 중국 내의 믿을만한 인맥을 동원, 활용해서 아마 지금쯤 나는 거부의 반열에 올랐을 가능성이 크다. 이에 따라 이 글도 2부가 필요했을 것으로 보인다.

2. 전업 결정.

나는 약재 사업을 존속시킨 채로, 2002년 연말부터는 더욱 국내 업종을 대상으로 고심과 번뇌의 미로를 헤매다가 돌파구 마련을 위해 행동에 나섰다.

그해 12월 30일 오후 나는 수원에서 사립 유치원을 운영 중인 작은형 친구인 Y씨를 만나기 위해 수원행 전철에 올랐다. 내가 Y씨를 만나 뵌 것은 여러 차례였다. 그런데 그때마다 나는 작은형을 따라간 자리에 합석하여 따라주는 술잔만 덥석덥석 받아 마실 뿐이었다. 다만 그분이 질문하는 내 업황에 대해 간략히 답변하는데 그쳤을 뿐, 나보다 열네 살이나 연상이었던 Y씨와 나 사이에 이렇다 할 대화는 없었다. 그분의 유치원 사업이 소득도 상당하고 안정적이라는 것을 나는 작은형을 통해 간접적으로 알고 있는 정도였다.

나는 Y씨에게 미리 연락을 드리고, 그 분이 정한 수원 시내 음식점으로 가기 위해 약속 시간보다 훨씬 이른 시각에 제기동 사무실에서 출발했다.

수원시내 모 일식집 룸에 내가 먼저 도착했고 나는 정시에 그분과 대면했다. 그분은 나와는 달리 머리카락을 거의 온전한 상태로 보존하고 있는 반백의 60대 전반으로, 원래는 흰 피부의 얼굴이 홍백색으로 변화되어 두터운 경륜을 말해주는 듯한 신사였다. 내게 악수를 청하며 미소 짓는 그의 깊은 눈은 몹시 부드러운듯하였다. 동공의 광채는 은연중 나를 압도했다.

"창섭아, 오느라고 고생 많았지? 잘 왔다. 내 오늘 한 턱 쏘마. 그래, 상의할 게 뭐냐?"

"네 연말이라 인사도 드릴 겸... 천천히 말씀드리겠습니다."

그분은 으레 그렇듯 내 등을 토닥거리며 친밀감을 표시했다. 맥주잔에 내가 잔을 비우기가 무섭게 정종을 가득 채워주었다.

"그래 요즘도 사업은 여전하지?"

나는 사실 취기가 더해갈수록 정신을 가다듬고 있었다. 드디어 기다리던 질문이 내게 던져졌다. 나는 간단히 약재 산업의 사양화에 대해 설명 드리고 나서 곧바로 내 전업 문제로 나아갔다.

"형님이 하시는 유치원 교육사업 쪽으로 제가 갈아탈 수도 있겠습니까? 오늘 형님을 뵌 용건이 바로 여기에 있습니다."

"물론이지, 그런데 지금 자네가 하고 있는 약재 사업보다는 벌이가 시원찮을 텐데, 출산율도 감소 추세가 계속될 테고,"

"관계없습니다. 형님 연세까지도 일할 수 있지 않겠습니까,"

"아하! 그런가, 그럼 내가 도와주겠네. 언제 착수할 건가?"

"제 사업을 접는 대로 곧장 말씀드리겠습니다."

Y형님은 내게 다시 힘주어 건배를 제의했다. 잠시 침묵이 흘렀으며 나는 무거운 짐을 벗었다.

"이제 내가 인仁을 당하여 절대로 사양하면 안 되겠지,"

Y형님은 나를 안심시키려는 듯 ≪논어≫를 끄집어내어 내게 확신을 심어주었다. 더 들어볼 것도 없이 인仁의 대상은 바로 나이기 때문이었다.

나는 곧바로 술잔을 내려놓고 자리에서 일어나 사례의 인사를 올렸다.

그분은 헤어지기 직전, 가급적 아파트 단지 안 또는 지자체에서 사립 유치원 부지로 지정된 곳 등은 피할 것을 내게 충고했다. 또 후보지 확정 전에 자신에게 자문을 구할 것을 내게 일렀다.

밤늦게 귀가하여 냄새를 풍기는 나를 외면한 아내에게 나는 "당신 이제는 약장사 마누라에서 유치원장으로 승격시켜 주겠네."라고 운을 뗐다. 아내는 무슨 귀신 씻나락 까먹는 소리냐고 버럭 내질러 댈 뿐이었다.

그날 밤, 여느 때 같으면 나는 주취라는 최면제에 기대 단잠을 잤건만, 다가올 두려움이 최면 상태를 밀어냈다.

나는 다음날 아침 제기동에서 아내와 막내에게 어제의 회동 결과를 설명했다. 막내에게는 내가 전직할 경우 유구무역을 승계받아 계속 운영할 것인지의 여부를 물었는데, 막내도 역시 부정적이었다.

나는 막내에게 은밀히 회사 정리 작업에 착수할 것을 알렸다. 나는 행동에 나섰다.

덩커우와 부산 보세창고 및 제기동 창고의 재고 처리는 물론, 상당한 금액의 외상 매출금이 핵심 과제로 떠올랐다. 막내가 은밀히 업계에 탐문한 결과, 업계를 떠난다는 소문이 돌면 외상값 받기가 몹시 어려워진다는, 내가 보기에는 말도 안 되는 상황이 장애물로 가로놓일 줄은 미처 생각지도 못했다.

나는 수원 회동 직후 사업 정리 방안에 숙고를 거듭했다. 나는 2003년 2월 동종업종에 종사하는 D상사의 K사장을 괜찮은 음식점으로 초대했다. 그의 의사를 타진했다.

나와 K사장은 한약 상가내에서 절친한 술친구였을 뿐만 아니라 과거 내가 덩커우에 초청했을 정도로 믿음직한 업자였다. 또한 그는 회사 규모면에서도 나의 재고와 외상값을 일괄 인수할 수 있는 거의 유일한 업자였다. 인계 인수 과정에서 비밀을 존속시킬 수 있는 입도 무거운 사내였다.

나는 내 사업의 중단과 그에 따른 재고 등의 인계인수에 대해 그의 의향을 물었다. 그는 원론적으로 수락했다. 재고와 외상의 시세 대비 평가액 등 구체적 조건에 대해서는 상호 대리인을 두어 결정해 나가자는 합의에 도달했다.

나는 그날 밤 귀가하는 전철에서 생각했다.

사업을 접으면 상당한 외상을 떼일 수 있다는 게 도대체 말이 되는가? 그것은 밭 갈려고 소를 빌려 간 사람이 소 주인이 이사 간다고 해서 소를 못 돌려주겠다는 심보가 아닌가?

K사장과의 인계인수 과정은 내가 떠나는 사람이므로 만일 그가 변심하여 무리하게 욕심을 채우려 한다면 나는 단연 불리한 입장에 놓이는 것은 아닌가?

나는 그 밤 전철 유리창에 비친 내 머리카락이 유난히도 성글어졌다고 느꼈다.

다음날 나는 막내와 회동하여, D상사의 직원과 우리의 외상 대금과 재고에 대해 은밀히 평가 작업에 착수할 것을 일렀다.

내 말을 경청하고 있던 막내가 내게 곧바로 질문해왔다.

"국내 재고와 외상은 각각 대략 시세의 85% 정도면 되나요?"
"그것은 네가 결정하고, 대금결제 방법도 네가 결정해라."라고 나는 단호히 대답해주었다.

제기동에서도 이런 협상은 선례가 없었다. 각 품목마다의 재고 가치와 외상 매출처의 신용도 또한 일정하지 않을 것이므로 나는 이 협상이 지리할 것으로 예상했다. 그러나 한 달을 넘기도록 상대방은 먼저 연락조차 해 오지 않았다. 나도 막내에게 절대로 먼저 액션을 취하지 말도록 했다. 다만 제기동에 우리의 거취에 대해 특별한 소문이 돌지 않은 것으로 미루어 K사장이 잔뜩 웅크리고 있음을 짐작할 수 있었다.

유구무역도 숨죽이며 지극히 정상적인 사업을 수행하고 있었다.
그해 2월부터는 사스(SARS: 중증급성호흡기증후군)라는 역병이 중국 광둥성 발로 돌기 시작하더니 동남아로 급속히 번져나갔다. 급기야 베이징에서는 생필품 사재기가 만연했다. 덩커우 허페이 형의 전언에 의하면 덩커우에도 환자가 발생하여 2명이 희생됐다는 것이었다.
중국의 민심은 뒤숭숭해졌다. 중국내 유력 제약회사들은 생약 치료제 개발에 박차를 가했다. 그중 선두주자인 동인당同仁堂그룹이 2003년 4월 첩약 치료제를 최초로 출시했는데, 그것은 바로 여덟 가지 약재의 조합이란 것이었다.
동인당의 비방祕方은 순식간에 엄청난 판매량을 보였다. 하루에도 7만 첩의 다림약이 팔려 나갔으며 해당 약재가 급등세에 있다는 것이었다. 그것은 그야말로 비밀스런 조합이라는 말들이 시장에 돌았다. 또 며칠 지나지 않아 다시 소문은 돌기 시작했다.

당시 중국내 급등세에 있는 판람근을 필두로 황련, 감초 등이 비방에 포함되었다는 것이었다. 급기야 4월 초부터는 우리나라 시장에도 영향을 미치기 시작했다.

유구무역 주력 상품인 감초와 황련은 2배 가까이 급등했다. 고객들의 주문은 쇄도했다. 나는 막내와 직원들에게 더 오르기를 기다리지 말도록 이르고는 넉넉한 가격으로 현금 판매를 지시했다. 나는 허페이 형에게도 연락해 통감초 자체를 중국 국내에서도 판매할 것을 주문했다. 나는 재고 상품의 슬림화에 회사의 역량을 집중시켰다.

2003년 5월 비로소 D상사의 J로부터 막내에게 회동하자는 연락이 왔다. 나는 막내에게 일렀다.

"회동 장소를 D상사 사무실로 해서는 안 된다."

D상사와의 협상은 여름 장마철을 넘기도록 지시했다.
전업에 대한 내 굳은 결심이 흔들리기도 했다. 깊은 물속처럼 고요하다가도 번개도 없이 우레가 몰려와 물결은 크게 출렁거렸다.

나는 목을 길게 뺀 채로 발뒤꿈치를 곧추세우고 나 자신과 타인들을 새삼 다시 둘러보기도 했다. 나는 한없이 초라하고 제기동 상인들이 부러워지기도 했다. 그러다가 소나기를 흠씬 맞고 나면 내 가슴의 빗장은 다시 채워졌다.
"빗장을 단단히 결속하자!"가 그해 여름, 나의 소리 없는 구호였다.
그해 봄부터 우리가 일관되게 현금 위주로 판매해 외상 비중을 줄이자, 업계에서는 "유구무역이 자금난에 시달리고 있다."라는 소문이

돌았다. 이에 더해 "유구무역은 곧 망할 것이다."라는 유언비어마저 나돌기도 했다.

그런 와중에 7월도 저물 무렵 다행스럽게도 리수젠과 궁궈칭으로부터 희소식이 날아들었다.

리수젠의 전직 회사에서는 허페이 형으로부터 매년 20톤의 감초를 구매하기로 하는 계약서에 곧 서명하기로 했으며, 궁궈칭도 '타이지그룹' 공장장에 대해 수개월에 걸쳐 공략한 결과, 허페이 형이 매월 감초편 3톤과 마황 2톤 등의 약재를 납품할 수 있게 되었다.

나는 내심 안도하고 곧바로 덩커우로 건너갔다. 허페이 형에게 악화된 한국의 시장 상황을 자세히 설명하고 나의 사직 의지를 알렸다. 나는 실망을 감추지 못하는 형을 위로했다.

2003년 광복절은 덩커우 감초가공창 7주년 기념일이었다. 나는 공장 한편에서 '韓老板辭任典禮한사장 사임식'이란 현수막을 걸고 조촐한 사임식을 치렀다.

나는 공장 가족들만이 회동한 자리에서 단 두 마디로서 사임사를 대신했다.

"헌 두이부치! 뒤셰!很对不起! 多谢!"
-대단히 미안합니다! 대단히 감사합니다!-

공원들은 입을 다물지 못하고 술렁거렸다. 등단한 허페이 형이 내 입장을 상세히 대변함으로써 나는 일변한 공원들의 동정과 아쉬움의 눈길을 맞아야만 했다.

나는 미리 계획한 대로 신속하게 정리하기 시작했다. 나는 허페이 형을 이끌고 우한과 충칭을 돌며 리수젠과 궁궈칭의 협력 하에 각각의 계약에 허페이 형이 서명하도록 하였으며, 허페이 형에게 차량을 포함한 덩커우 공장의 모든 설비를 무상으로 넘겼다. 또한 우기 제 2공장의 폐쇄와 덩커우공장 생산 규모 축소에 따른 인력 구조조정에 따른 비용도 형은 거부했지만, 나는 끝내 적절한 보상금을 지급했다.

다만, 매부는 우기의 공장을 유지하기를 강력 희망했다. 나는 쑹후이 부부로 하여금 매부를 보좌하도록 조치하는 한편, 무주택자인 그들에게 쑹후이 고향인 린허에 단독주택 한 채를 마련해 주었다.

나는 마수 가족과 덩커우현 관리들 그리고 왕화이이 등 지역 감초 관계자들이 각각 베풀어준 송별연을 끝으로 8월 하순 귀국했다. 9월 초에는 D상사와의 인계인수 협상도 마침표를 찍었다.

- 유구무역(주) 일체의 재고 자산과 매출 채권(외상)은 2003년 9월 2일 자로 D종합상사(주)에 인계한다. 그 금액은 재고 자산은 75%로 하고 외상 매출 채권은 잔액의 80%로 한다.

- D종합상사(주)는 2003년 12월 말까지 위 인수 대금을 유구무역(주)에 지급한다. 매출 채권에 대해서는 D종합상사(주)가 당해 거래처에서 수납하게 될 어음, 수표 등 유가증권은 그대로 유구무역에 지급한다.

아내와 막내는 목표치보다 2~3억 원의 손실을 봤다고 불평했지만, 나는 홀가분하기 그지없었다. 이제 우리 직원들의 진로만이 나의 과제로 남게 되었다. 내가 데리고 있던 생질은 당시 이미 한약시장에서 독립했었으며, 막내는 자신의 희망에 따라 부산에 둥지를 틀었다. 나는 사업 수익금의 일부를 떼어 막내가 독립하는 데 필요한 상가와 주택 구입 등에 대한 자금을 지원했다. 당질은 장래 내가 영위할 사립유치원에 남아 있기로 했다.

3. 아! 내 인생 제2막이 드디어 막을 내리다

나는 즉각 유치원 후보지 물색에 나섰다. 아내는 남양주, 평촌, 의왕, 용인 등 수도권을 주장했지만, 나는 내심 수구초심, 고향인 충남 쪽을 염두에 두고 있었다.

결국 나는 2004년 2월, 천안에 사립유치원 부지를 마련했다. 곧바로 착공하여, 그해 9월 2일 당국으로부터 12학급 300명 정원의 유치원을 인가 받았다.

나는 우리의 유치원을 '우리유치원'으로 이름 지었다. "친구가 될 수 없으면, 스승이 아니다.不可爲朋, 不可爲師."라는 이탁오李卓吾선생의 문구를 표구하여 강당 한편에 부착했다.

물론 원장 자격증도 없이 개원한 우리 부부였기에, 나는 부득이 원장 자격 취득을 위해 2006년 3월, 청주 근교에 위치한 주성대학 아동문화과에 입학했다. 나는 2008년 2월 유치원 교사 자격증을 취득한데 이어 2012년에는 원장 자격을 취득했다.

내가 원장 자격을 취득한 2012년, 쉰아홉 이후 나는 너무 일찍 한가해졌다. 나는 다시 내 욕망을 더듬어 보다가 2014년, 내가 회갑이 되던 해에 호서대학교에 입학했다.

호서대학교 대학원 국문과(박사과정, 고전문학 분야)였다. 나는 입학 전 지역사회에서 훌륭한 교수님을 수소문한 결과, 바로 그 대학에 김성룡金成龍 선생님이 계시다는 것을 알아냈다. 나는 곧바로 그분께 의탁했다. 그분은 나의 독선생獨先生이시며 참 스승으로서 나를 가르쳤다.

코로나19가 기승을 부리기 시작하던 2020년 4월, 누구나 군 전역 후 짜릿한 꿈을 꾸듯이 나도 그런 꿈을 꾸었다. 그러나 꿈의 무대는 병영이 아니라 중국 대륙이었다.

나는 덩커우에 있었고 원롄과 함께 덩커우 교외의 작은 둠벙에서 수영을 하고 있었다. 사실 원롄은 전혀 수영을 할 줄 몰랐는데, 그만 순식간에 원롄이 소용돌이 속으로 잠겨 들어가고 있었다. 물론 나는 안간힘을 다해 10여m를 헤엄쳐 원롄에게 이르렀지만, 그는 자취도 없이 사라져 버렸다. 나는 한동안 울부짖다 절망하여 베이징행 K178차 기차에 오르려 하는데 순간, 원롄이 내 배낭을 잡고 매달리고 있었다.

나는 잠에서 깨어났다. 나는 건넌방 서재로 가 약장사 시절의 메모들을 주섬주섬 뒤척여 보았다. 그 속에는 몇 장의 빛바랜 사진들, 원롄이 거기서 나를 보고 웃고 있었다. 그 새벽 나는 잠을 이루지 못했다.

바로 그날 아침에는 코로나가 창궐했던 우한의 리수젠 아우가 짤막한 시 한 수를 보내왔다.

"도시와 도로를 틀어막는다 해도 마음만은 막을 수 없고,
강산을 떼어놓는다 해도 정만은 떨칠 수 없다오."

封城封路不封心　봉성봉로불봉심
隔山隔水不隔情　격산격수불격정

나는 곧바로 우한에 답시를 보냈다.

"봄이 왔다 가더라도 마음은 들썩이지 않고,
전염병이 왔다 간들 정이야 옮겨갈 수 있으랴."

春來春去不動心　춘래춘거부동심
疫來疫去不移情　역래역거불이정

나는 그날부터 곧 내 장사의 기억을 소환하여 글로 옮기기 시작했다.
나는 만 8년간에 걸쳐 대륙을 달렸다. 천성이 게으르기는 해도 쉬
는 것을 이기지 못하는 '태이염휴怠而厭休'의 내 체질이 ≪장자≫의 말
대로 "허벅지와 정강이의 털이 닳아 없어질 고무발股無肬, 경무모脛無
毛정도"로 대륙을 달리게 했다.

실로 오랜 시간이 흘렀다. 이제는 잊었다고 생각했던 일들이 내 의
식의 저편 까마득한 무의식, 아니 그 너머의 어느 곳을 유영하다가 어
느 날 갑자기 생생하게 내 앞에 펼쳐졌다. 피지 못한 채 진 꽃, 지금도
네이멍구의 푸른 초원을 호흡하고 있을 해맑은 소년의 순수한 영혼이
불쑥 나를 찾아왔다. 1996년 5월 어느 날, 불쑥 덩커우에 나타난 나를
반기고 진정으로 정을 주었던 아! 원렌, 그가 꿈속에서 날 찾았다.
아니 내가 그를 찾았는지도 모른다. 우리는 잠시 만났으나, 내 삶의
암실 속에 고이 숨어 있던 흑백사진처럼 빛 바랜 기억들이 '우우우' 하

는 굉음과 함께 한꺼번에 떠올랐다. 원렌의 맑디맑은 영혼을 달래며 내 푸르던 날의 발자국을 기록하여 두고 싶은 생각이 불현듯 밀려왔다.

미래의 우리 후상後商들께 부족하나마 이 글을 바친다. 끝.

이것이 장사다

초판 발행 2024년 1월 25일

지은이 한창섭

펴낸이 김복환

펴낸곳 도서출판 지식나무

등록번호 제301-2014-078호

주소 서울시 중구 수표로 12길 24

전화 02-2264-2305(010-6732-6006)

팩스 02-2267-2833

이메일 booksesang@hanmail.net

ISBN 979-11-87170-64-8 (03190)

값 18,000원